Das farbige KINDER LEXIKON

Antonia Gatz

Das farbige KINDER LEXIKON

BASSERMANN

ISBN 3-8094-0112-9

© 1993/1995 by Bassermann'sche Verlagsbuchhandlung, 65527 Niedernhausen/Ts.
Die Verwertung der Texte und Bilder, auch auszugsweise, ist ohne Zustimmung des Verlags urheberrechtswidrig und strafbar. Dies gilt auch für Vervielfältigungen, Übersetzungen, Mikroverfilmung und für die Verarbeitung mit elektronischen Systemen.
Umschlaggestaltung: Adolf Bachmann, Reischach
Umschlagfotos: li. u. Archiv, Kaßbaum/Weine; alle übrigen Silvestris Fotoservice, Kastl/Obb., Fotografen li. u.: SUNSET, re. Mi.: Lothar Lenz, re. u.: Alfred Albinger
Redaktionelle Bearbeitung: Kristiane Müller, Offenbach
Ideen und grafische Gestaltung: Antonia Gatz
Zeichnungen: Zora Davidović, Wiesbaden; Verlagsarchiv
Bildquellen: Archiv; Toni Angermayer, Holzkirchen, S. 102 u., 151 u., 162, 169, 183, 196 u., 238 u., 241, 249, 269 o., 292, 293, 315 o.; Archiv für Kunst und Geschichte, Berlin, S. 10 u., 22, 27, 28, 56, 86, 90 o., 100, 105 o., 117 o., 127 o., 140 o., 157, 158 o., 173 u., 174, 179, 191 r., 222 u., 275, 277 o., 291, 318; Archiv Gerstenberg, Wietze, S. 133 o., 136 u.; Bayerische Volkssternwarte e. V., München, S. 281; Bildarchiv der Österreichischen Nationalbibliothek, Wien, S. 33 u.; Bildarchiv Preußischer Kulturbesitz, Berlin, S. 13, 32, 71, 73 r., 159, 217, 263; BMW AG, München, S. 38 r., 260 o.; Daimler Benz AG, Stuttgart, S. 38 l.; Degussa AG, Frankfurt a. M., S. 95 o., 150 o.; Der Bundesminister für das Post- und Fernmeldewesen, Bonn, S. 61 u., 246; Deutsche Lufthansa AG, Köln, S. 74 u.; Deutsches Institut für Filmkunde, Frankfurt a. M., S. 81 u.; Deutsches Museum, München, S. 149 u., 181; Dornier GmbH, München, S. 127 u.; dpa, Frankfurt a. M., S. 15 o. + u., 18 o., 23, 25, 26, 35, 42, 49, 58, 61 o., 64, 72, 73 l., 74 o., 79 u. (ANP), 80, 81 o., 84, 87 o., 88 u., 89 u., 90 o., 93 o., 99, 112 u., 120, 133 u., 140 u., 164 o., 176, 186, 187 l. (Wieseler), 196 o. (Patzelt), 202, 203, 208 l. + r., 212, 225, 227 l., 231 l. (epa), 232, 234, 236 M. + o., 238 o., 239 o. + u., 240, 245, 248, 259 u., 260 u., 276, 278 o., 280 (Larsen), 282 u., 286, 296 u., 301 ll., 311 o., 317; Drägerwerk AG, Lübeck, S. 287 o.; Dresdner Bank AG, Frankfurt a. M., S. 45; Gutenberg Museum, Mainz, S. 54 o., 65; C. + L. Hansmann, Stockdorf, S. 66; Prof. Dr. Alfred Herold, Gerbrunn, S. 63 o. + u., 235, 262 u.; Horstmüller, Düsseldorf, S. 33 o., 60 u.; Interia GmbH, Beverungen, S. 209; Friedrich Jantzen, Arolsen, S. 50, 70 u.; Keystone Pressedienst GmbH, Hamburg, S. 187 r.; Ursula Kopp, München; Kristall-Verarbeitung, Nekkar-Bischofsheim, S. 250 u.; Mannesmann Demag Baumaschinen, Düsseldorf, S. 41; M.A.N.-Roland Druckmaschinen AG, Augsburg, S. 316 u.; MBB, München, S. 167, 253 (NASA), 255, 265, 274; Fritz Pölking, Greven, S. 16; Presse- und Informationsamt der Bundesregierung, Bonn, S. 82; PUMA, Herzogenaurach, S. 290; Dr. Lothar Reinbacher, Kempten, S. 29 u.; Reinhard Tierfoto, Heiligkreuzsteinach/Eiterbach, S. 6, 11 u., 14 o. + u., 21, 44 u., 46, 67 o., 69, 70 o., 97 o. + u., 98, 105 u., 111 l., 112 o., 118 u., 121, 124 o., 131, 134, 137 u., 147 r., 150 u., 151 o., 158 u., 164 u., 180 r., 182 o. + u., 184 u., 204, 207, 211, 213, 230, 251 l. + r., 257, 259 o., 266 r., 268 u., 269 u., 272, 273, 277 u., 278 u., 279, 284, 307 u., 312; Schott-Glaswerke, Zwiesel, S. 148 o.; Siemens AG, München, S. 79 o.; Silvestris Fotoservice, Kastl/Obb., S. 9 u., 19, 29 o. (Daily Telegraph), 39 (Daily Telegraph/Morris), 43 u., 51, 68, 94 u., 102 o., 107 o., 111 r., 117 u., 132, 138 o., 145 u., 148 u., 156, 163 u., 172, 184 o., 200 u. (Archiv Lindenburger/Daily Telegraph), 201, 216 u., 220, 221 l. + r., 224, 229, 231 r., 233, 242, 243, 256, 258, 268 o., 287 u., 297, 298, 307 o., 311 u., 313 o. + u.; Süddeutscher Verlag Bilderdienst, München, S. 88 o., 138 u., 152, 175; Telefunken, Hannover, S. 115 o.; Texas Instruments Deutschland GmbH, Freising, S. 75 u.; USIS, Bonn-Bad Godesberg, S. 31; V-Dia, Heidelberg, S. 52; Walt Disney Productions (Germany) GmbH, Frankfurt a. M., S. 75 o., 315 u.; WEREK, München, S. 101 o. + u., 173 o., 177 o. + u.
Die Ratschläge in diesem Buch sind von der Autorin und vom Verlag sorgfältig erwogen und geprüft, dennoch kann eine Garantie nicht übernommen werden. Eine Haftung der Autorin bzw. des Verlages und seiner Beauftragten für Personen-, Sach- und Vermögensschäden ist ausgeschlossen.
Gesamtkonzeption: Bassermann'sche Verlagsbuchhandlung, D-65527 Niedernhausen/Ts.

817 2635 4453

Wie benutzt man dieses Buch?

Dieses Lexikon erklärt zahlreiche Begriffe für Kinder zwischen 8 und 12 Jahren und hilft Erwachsenen, auf viele Fragen »einfache« Antworten zu geben.

Stichworte
Die Stichworte aus den Bereichen Natur, Erdkunde, Umwelt, Technik, Geschichte und Kunst sind nach dem Alphabet geordnet. Die Umlaute ä, ö und ü werden dabei wie a, o und u behandelt. Jedes Stichwort ist dem dazugehörenden Text fett gedruckt vorangestellt und daher leicht zu finden. Als zusätzliche Hilfe stehen seitlich am oberen Rand der linken Buchseite die Anfangsbuchstaben des ersten Stichworts (der linken Buchseite), seitlich am Rand der rechten Seite die des letzten Stichworts (der rechten Buchseite). Jeder Buchstabenblock ist mit dem entsprechenden Buchstaben, der groß in einem hellblauen Kasten steht, gekennzeichnet.

Querverweise
Begriffe, die im Stichworttext fett gedruckt vorkommen, werden an anderer Stelle als eigenes Stichwort ausführlich abgehandelt und enthalten weiterführende Informationen.

Zusatzinformationen
Vielfach ist innerhalb eines Begriffs noch einiges zusätzlich zu erfahren. Die ergänzend aufgeführten Namen und Fakten sind kursiv (schräg) gedruckt und dadurch besonders hervorgehoben.

Bilder
Die vielen meist farbigen Fotos, anschaulichen Zeichnungen und grafischen Darstellungen, erleichtern das Verständnis des Textes.

Abkürzungen
Es gibt nur wenige Abkürzungen, wie »v. Chr.« (vor Christus), »n. Chr.« (nach Christus) und »°C« (Grad Celsius). Die Abkürzungen für Maße und Gewichte sind in einer Tabelle unter dem Stichwort »Maßeinheiten« aufgeführt und erläutert.

Aal

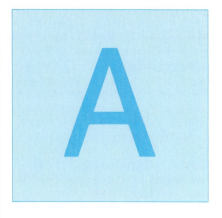

Aal Dieser schlangenähnliche Wanderfisch unternimmt sehr weite Reisen, um Plätze zu finden, an denen es ausreichend Futter gibt und er seine Eier ablegen kann. Jährlich im Frühling erscheinen dort, wo die Flüsse Europas in den Atlantischen Ozean münden, riesige Scharen von sogenannten *Glasaalen.* So nennt man die 3 Jahre alten, nahezu durchsichtigen Aale. Von den

Wanderfische wie der Aal wechseln zum Laichen zwischen Salz- und Süßwasser hin und her

Mündungen aus wandern sie nun flußaufwärts. Zu fressen beginnen sie erst im Süßwasser. Auf ihrer großen Wanderung von ihrem Geburtsort, der Sargassosee, vor der Ostküste Amerikas, bis zu den europäischen Flußmündungen, haben sie kein Futter zu sich genommen. Am Ziel ihrer Reise sind sie in irgendeinem See, Bach oder Graben. Hier verbringen sie nun als ausgewachsene Flußaale 5–7 Jahre. In diesem Zeitraum erreicht das Männchen eine Länge von etwa 50 cm, das Weibchen von bis zu 150 cm. Nach 10 Jahren beginnt die große Rückreise in die Sargassosee. Für den Rückweg brauchen die Aale bei einer durchschnittlichen Reisegeschwindigkeit von etwa 15 km pro Tag ungefähr ein Jahr. Dann legen sie ihre Eier ab (sie »laichen«) und sterben.

Aas So bezeichnet man ein totes Tier. Tiere, die von Aas leben, werden *Aasfresser* genannt. Zu den bekanntesten zählen **Geier,** Schakale und Hyänen. Bestimmte **Insekten,** wie der Aaskäfer (»Totengräber«), beseitigen tote Tiere und helfen so verhindern, daß sich Krankheiten ausbreiten.

Abrüstung

Abendstern Vor allen anderen Sternen wird am westlichen Himmel der Abendstern sichtbar. In der **Astronomie** nennt man ihn den **Planeten** *Venus*. Der Abendstern ist etwa halb so groß wie die **Erde** und strahlt am Himmel besonders hell, weil er immer von einer dichten Wolkenschicht umgeben ist, die das Sonnenlicht besonders stark widerspiegelt. Die Venus kreist etwas näher, also schneller um die **Sonne** als die Erde. Einmal geht sie später als diese unter und ist deshalb als Abendstern zu sehen, ein andermal geht sie im Osten vor der Sonne auf und erscheint als *Morgenstern*.

Aberglaube Wer glaubt, daß Scherben Glück und schwarze Katzen, die über den Weg laufen, Unglück bringen, der ist abergläubisch. Sowohl die Furcht vor Zauberei, Geistern und unglücksbringenden Vorzeichen als auch Glückszeichen, wie die Begegnung mit einem Kaminkehrer, ein vierblättriges Kleeblatt oder ein Hufeisen gehören zum Aberglauben. In früheren Zeiten waren die Menschen noch viel abergläubischer. Aber auch heute glauben noch viele Menschen an Dinge und Ereignisse, die ihnen ihr **Horoskop** voraussagt.

Abgas Über vielen Großstädten liegt bei bestimmten Witterungseinflüssen eine graue, von weitem sichtbare Dunstschicht. Sie ist häufig so dicht, daß sie nicht einmal mehr das Sonnenlicht richtig durchläßt. In großen Städten fahren viele Autos, die durch ihren Auspuff **Gase,** die beim Verbrennen des **Benzins** entstehen, ausstoßen. Durch die Fabrikschornsteine in Industriestädten und die Schornsteine von Heizwerken steigen riesige Schwaden von giftigen Abgasen in die Luft. Beim Start von Flugzeugen gelangen durch die Düsen mehr Abgase in die Luft als aus den Auspuffrohren von 5000 Autos. Mit den giftigen Gasen steigen Unmengen kleinster Schmutzteilchen in die Luft auf, die dann die graue Dunstwolke über der Stadt bilden. Die Abgase sind schädlich für die Gesundheit der Menschen, sie erschweren beispielsweise das Atmen und reizen die Augen. Sie fügen aber auch den Pflanzen Schaden zu und zerstören sogar Bauwerke aus Holz und Stein. Heute bemühen sich die Menschen, zum Schutze der **Umwelt** die Menge der Abgase, die in die Luft gelangen, zu verringern. So werden bei Autos **Katalysatoren** eingebaut, durch die sich die Schadstoffe im Abgas um fast 90 Prozent herabsetzen lassen. In den Schornsteinen der Fabriken und Heizwerke werden die giftigen Gase zurückgehalten und nochmals verbrannt. All diese Maßnahmen reichen aber bei weitem noch nicht aus, um die Luft in den Städten wieder völlig sauber zu bekommen.

Abgeordneter Die Bewohner eines **Staates** haben ganz bestimmte Vorstellungen, durch wen und auf welche Weise ihr Land regiert werden soll. Weil sich nun aber nicht jeder einzelne um die **Regierung** kümmern kann, ist es ihm möglich, durch **Wahlen** einen Mitbürger zu bestimmen, der sein Vertrauen hat und seine Interessen im **Parlament** vertreten soll. Diese gewählten Volksvertreter sind die Abgeordneten, aus denen sich das Parlament zusammensetzt.

Abrüstung In der Geschichte der Menschheit hat es immer wieder viele und große, schreckliche **Kriege** gegeben. Die **Waffen** dafür fanden die ersten Menschen in der Natur: Steine, Knüppel und Tierknochen. Dann begann der Mensch diese Kampfgeräte zu verfeinern und zu bearbeiten. Als die **Metalle** entdeckt wurden, entwickelte er Speer, Pfeil und Bogen und Schwert. Ein Ritter, der in den Kampf zog, trug eine

Abstammungslehre

Rüstung, zu der Harnisch, Brustpanzer, Helm und Schutzschild gehörten. Vor etwa 500 Jahren kamen die ersten Feuerwaffen und Geschütze auf, die sehr zerstörerisch wirkten. Je mehr und größere Kriege es gab, um so perfektere und zugleich schrecklichere Waffen wurden entwickelt und gebaut. 1945 wurde die erste **Atombombe** abgeworfen. Seither lebt die Menschheit in Angst vor einem Atomkrieg, der das Ende der Menschen und der Erde bedeutet. Nach dem Zweiten Weltkrieg schlossen sich die Staaten des Westens und die Staaten des Ostens in verschiedenen Militärbündnissen zusammen, und es begann ein furchtbares Wettrüsten. Durch dieses »Gleichgewicht des Schreckens« sollte der Weltfrieden aufrechterhalten werden. Doch bald fingen die Menschen in aller Welt an zu begreifen, daß die ungeheure Ansammlung von Vernichtungswaffen den Frieden und Fortbestand der Menschheit mehr denn je gefährdet. Deshalb begannen die Staatsmänner von Ost und West miteinander zu verhandeln, um sich auf eine stufenweise Abrüstung zu einigen. Diese Abrüstungsverhandlungen gestalteten sich sehr schwierig und blieben lange nahezu ergebnislos. Beide Militärblöcke machten unterschiedliche Angaben über die tatsächliche Anzahl ihrer Waffensysteme, und in den verschiedenen Waffengattungen herrschte ein deutliches Ungleichgewicht. Seit Anfang 1989 gibt es jedoch konkrete Angebote von beiden Seiten, Waffensysteme zu zerstören. Durch die politischen Ereignisse von 1989, die die Länder des Ostblocks den Ländern des Westens näher gebracht haben, haben sich die Abrüstungsverhandlungen beschleunigt. 1992 wurden zwischen **Rußland** und Amerika weitgehende Abrüstungsverträge geschlossen.

Abstammungslehre Schon immer wollte der Mensch wissen, woher er und alles Leben, also auch Tiere und Pflanzen auf unserer **Erde,** kommen. In erster Linie versuchten von alters her die **Religionen** eine Antwort auf diese Frage zu finden und zu geben. Für Christen, Juden und Anhänger des Islam hat **Gott** den Menschen und die Erde mit allem Leben darin erschaffen. Aber auch die Naturforscher suchten schon früh nach einer Erklärung. Der englische Naturforscher *Charles Darwin* stellte vor 125 Jahren die Behauptung auf, daß sich alle Lebewesen im Laufe vieler Jahrtausende aus einfacheren Lebewesen fortlaufend weiter und höher entwickelt haben. Diese Weiterentwicklung wurde dadurch ausgelöst, daß alle Lebewesen täglich ums Überleben zu kämpfen hatten. Den Überlebenskampf gewann derjenige, der sich am besten seiner natürlichen **Umwelt** angepaßt hatte. Über die Abstammung des Menschen sagt Darwin, daß dieser und die heutigen *Menschenaffen* gemeinsame Vorfahren hatten.

Abstimmung Wenn – in welcher Angelegenheit auch immer – verschiedene Vorschläge gemacht werden und man zu einer Entscheidung kommen möchte, wird abgestimmt. Die Empfehlung mit den meisten Stimmen wird angenommen. So zu verfahren ist gerecht, weil jeder Vorschlag die gleiche Chance hat zu gewinnen. Eine Abstimmung kann durch Handzeichen, Zuruf oder Abgabe eines Stimmzettels erfolgen.

Abtragung Von der Erdoberfläche wird Boden durch fließendes Wasser und Wind abgetragen. Auf diese Weise formten im Laufe der **Erdgeschichte** Flüsse, Bäche, Regen, Wind und Eiswasser der **Gletscher** die Gebirge und Täler. Werden in einem Gebiet zu viele Wälder abgeholzt, tragen Wind und Wasser die lockere, fruchtbare, oberste Bodenschicht ab, die nicht mehr durch

Abwasser

Abstimmung

Offene Abstimmung

Wer stimmt mit Ja?

Und wer mit Nein?

Geheime Abstimmung

In der Wahlkabine kann niemand sehen, wohin man sein Kreuzchen macht

die Wurzeln der Bäume gefestigt ist. So wird der Boden unfruchtbar, es kann nichts mehr wachsen. Wenn dann noch über Wochen, Monate oder Jahre kein Regen mehr fällt, wie in vielen Ländern des Mittelmeerraumes, trocknet der Boden völlig aus. Dürrekatastrophen und Hungersnöte sind die Folge.

Abwasser Darunter versteht man alles **Wasser,** das in Haushalten und in der **Industrie** verbraucht und dabei verschmutzt wird. Im Abwasser der Haushalte sind beispielsweise Spül- und Waschmittel oder Seife enthalten. Giftige Stoffe wie **Säuren,** Salze oder Insektenvernichtungsmittel finden sich im Industrieabwasser. Wenn Abwasser nur mit Stoffen, die auch in der Natur und in Lebewesen vorkommen, verunreinigt ist, werden diese Schmutzstoffe im Wasser durch winzig kleine Lebewesen abgebaut, die von diesen Stoffen leben. Auf diese Weise reinigt sich das Wasser selbst. Liegt aber eine Verschmut-

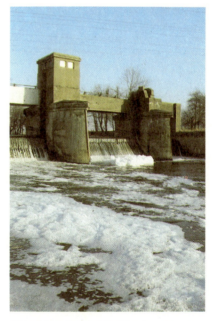

Abwasser, das wie hier Waschmittelrückstände enthält, muß in Kläranlagen gereinigt werden

Achse

zung aufgrund chemischer oder giftiger Stoffe vor, muß das Wasser in **Kläranlagen** gereinigt werden.

Achse So nennt man einen runden Stab aus Holz oder Metall, um den sich ein **Rad** dreht. Es gibt auch Achsen, die man nicht sehen kann. So zum Beispiel die *Erdachse,* um die sich unsere Erde dreht und die durch den **Süd-** und **Nordpol** geht.

Ackerbau In frühester Zeit lebten die Menschen von erlegten Tieren, wilden Früchten und Beeren. Später stellten sie Werkzeuge aus Stein her und bearbeiteten damit den Boden, um Kartoffeln, Salat, Futterpflanzen und Getreide anzubauen. So verdrängte der Ackerbau mehr und mehr die **Jagd** und das Sammeln. Heute ist er weltweit die Hauptnahrungsquelle, denn ein Drittel des Landes auf der Welt ist Ackerland. Die meistangebauten Feldfrüchte sind Weizen und Reis.

Ackersleute beim Pflügen, eine Darstellung aus dem Mittelalter

Adel Das Volk wurde im **Mittelalter** nach »Ständen«, also nach Herkunft, Beruf und Lebensweise, gegliedert. Der »Erste Stand« war der Adel. Dem Volk

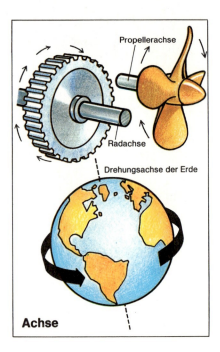

Achse

Adler

gegenüber besaß er mehr Rechte und als äußere Kennzeichen ein **Wappen** und einen Titel (Herzog, Graf oder Baron). Auf seine Herkunft zeigt das »von« hinter dem Vornamen des Adeligen. Der Adel war erblich. Als es in späteren Zeiten neben dem Adel als »Erstem Stand« und der *Geistlichkeit* als »Zweitem Stand« noch das *Bürgertum* als »Dritten Stand« gab, konnte auch ein **Bürger** für besondere Dienste geadelt werden. Nach einer großen **Revolution** vor 200 Jahren in Frankreich verlor der Adel in ganz Europa seine mächtige Stellung. In unserem Land hob man zu Beginn dieses Jahrhunderts die Vorrechte des Adels auf. Heute ist der Adelstitel nur noch ein Teil des bürgerlichen Namens.

Adern In ihnen fließt das **Blut** durch den Körper. Dicke Adern sieht man bläulich durch die Haut schimmern. Sie können sich aber auch als hauchdünne Äderchen im ganzen Körper verzweigen. In den Schlagadern oder *Arterien* fließt das Blut vom **Herz** weg. Durch die Blutadern oder *Venen* wird das verbrauchte Blut wieder zum Herzen hingeführt. Auch in den Blättern von Pflanzen verlaufen kleine Adern, durch die die Pflanze mit Saft versorgt wird. Kleine Gesteinsrinnen, in denen **Erze** liegen (Erzgänge), werden ebenfalls Adern genannt (wie zum Beispiel Goldadern).

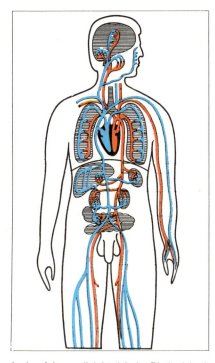

In den Adern vollzieht sich der Blutkreislauf

Adler Das sind große *Raub-* oder *Greifvögel* mit einem großen Hakenschnabel. Mit seinem kraftvollen und majestätischen Flug wird der Adler auch als »König der Vögel« bezeichnet. Bei uns sind Adler schon selten geworden. Der *Steinadler* nistet in Deutschland nur noch in den **Alpen.** Den *Horst* (das Nest) legt er in Felswänden an.

Raubvögel wie der Adler (hier der Steinadler) greifen ihre Beute mit den Krallen

Adoption

Das Weibchen legt in der Regel nur zwei Eier und meist überlebt nur ein Junges. Der Steinadler ernährt sich von Kleingetier und Vögeln, greift aber ab und zu auch ein Hirschkalb. Selten geworden ist auch der *Seeadler*, der größte Adler. Tagelang jagt er über Seen und Meeren Wasservögeln aller Art nach. Der viel kleinere *Fischadler* lebt nur von Fischen. Wie ein Pfeil stößt er aus 20–30 m Höhe ins Wasser und packt dort seine Beute. Regelmäßig nistet er in see- oder waldreichen Gebieten Norddeutschlands. Da er häufig von Fischzüchtern erschossen wird, die ihre Fischteiche schützen wollen, ist auch er gefährdet. Alle Adler stehen unter **Tierschutz,** weil sie in ihrem Gesamtbestand bedroht sind.

Adoption Kann ein Ehepaar kein eigenes Kind bekommen, ist es ihm möglich, ein fremdes zu adoptieren. Auch hilfsbereite Menschen mit eigenen Kindern nehmen oft ein fremdes Kind »an Kindes statt« an. Es trägt den Namen seiner neuen Eltern und lebt bei ihnen mit allen Rechten, als ob es ihr eigenes wäre. Eine Adoption muß vertraglich geregelt und von einem **Gericht** bestätigt werden.

Adresse Sie gibt Auskunft über Namen, Straße und Ort einer Person, Behörde oder Firma. Wenn man einen Brief schreibt, steht die Adresse des Empfängers auf der Vorderseite des Umschlags; auf der Rückseite steht der *Absender*, ebenfalls mit Namen, Straße und Ort vermerkt.

Affen Sie sind die **Säugetiere,** die dem Menschen am ähnlichsten sind. Affen leben gesellig in Horden und Familienverbänden zusammen. Das Oberhaupt der Familie ist der starke Affenmann. Affen gibt es in den warmen Ländern der Erde, in Wäldern, Steppen oder im Gebirge. Ihre Nahrung besteht in erster Linie aus Pflanzen und Früchten. Affen werden in zwei große Gruppen gegliedert: die *Schmalnasen* und die *Breitnasen*. Zu den in Afrika und Asien vorkommenden Schmalnasen zählen die *Paviane*, *Meerkatzen* und *Menschenaffen* **(Orang-Utan, Gorilla, Schimpanse).** Die kleineren Breitnasen wohnen in den Wäldern von Südamerika. Zu ihnen zählt das zierliche *Seidenäffchen* und der kleine *Brüllaffe*. Die Menschenaffen besitzen einen ähnlichen Knochenbau wie der Mensch, haben wie er 32 Zähne und keine Schwänze.

Afrika Der drittgrößte Erdteil der Welt reicht vom Mittelmeer im Norden bis zum »Kap der Guten Hoffnung« an seiner Südspitze im Atlantischen Ozean. Weite Gebiete sind ödes, unfruchtbares Land, wie die **Wüste** *Sahara* im Norden. Weiter südlich schließen sich Halbwüsten und Grassteppen mit Dornengestrüpp, die *Savannen* an. In den großen Flußbetten des *Niger, Tschad* und *Weißen Nil* dehnen sich große Wälder aus. Beiderseits des **Äquators,** der durch die Mitte von Afrika verläuft, und an der Westküste gibt es riesige Berge und **Urwälder.** Die Bäume stehen dort so dicht beieinander, daß durch ihr dunkles Dach kein Sonnenstrahl dringen kann. Der Süden Afrikas ist reich an Flüssen, Seen, sumpfigen Urwäldern und Gebirgen. Der größte Strom ist der **Nil,** der größte See der *Viktoriasee*. Mit 5895 m ist der *Kilimandscharo* der höchste Berg. Der Gipfel dieses erloschenen **Vulkans** ist ständig mit Schnee bedeckt. Die Tierwelt umfaßt viele Arten wie **Giraffe, Zebra, Strauß, Nilpferd, Schimpanse** und **Gorilla;** auf **Elefanten, Löwen, Nashörner** und **Antilopen** wurde rücksichtslos Jagd gemacht. Deshalb hat man heute große Teile ihres Lebensraumes zu Schutzgebieten erklärt, damit sie nicht aussterben. Vor der Südostküste Afrikas liegt die Insel

Ägypten

Madagaskar. Sie ist größer als jedes europäische Land. Über 10 Prozent der Weltbevölkerung – 610 Millionen Menschen – leben in Afrika. 80 Prozent sind **Neger** (Schwarze) verschiedener Stämme, 20 Prozent hellhäutige **Araber.** Lange Zeit waren die König- und Stammesreiche Afrikas wegen des heißen Klimas vor Eroberungen geschützt. Dann jedoch hatten sie jahrhundertelang unter dem Sklavenhandel zu leiden. Millionen von **Sklaven** wurden nach Amerika verschleppt. Im 19. Jahrhundert wurde der ganze Erdteil als Kolonialland **(Kolonie)** unter die europäischen Länder aufgeteilt. Im 20. Jahrhundert gewannen die Afrikaner nach und nach ihre Unabhängigkeit zurück. Im Süden Afrikas kämpft jedoch die schwarze Bevölkerung immer noch gegen die Vorherrschaft der weißen Minderheit **(Apartheid).** Zu den Bodenschätzen Afrikas zählen **Kupfer,** *Zinn,* **Gold** und **Diamanten. Baumwolle, Kaffee, Kakao** und *Kautschuk* werden angebaut. Trotz ihres natürlichen Reichtums sind die meisten Länder Afrikas **Entwicklungsländer,** denen es an Kapital und Industrie, vor allem aber an gut ausgebildeten Fachleuten mangelt. Besonders arm aber sind die Länder, die in der Sahara liegen oder an sie grenzen *(Sahelzone).* Jahrelange Trockenheit und Dürre haben große Hungersnöte zur Folge; täglich sterben viele tausend Menschen, vor allem Kinder. Durch **Entwicklungshilfe** versuchen die Industrieländer diese Not, so weit dies möglich ist, zu lindern.

Agent So wird jemand genannt, der eine Handelsgesellschaft oder Versicherung beim Verhandeln mit Kunden vertritt. Er arbeitet entweder in einer *Agentur* oder reist für seinen Auftraggeber und besucht Kunden. Ein *Geheimagent* oder Spion bringt für seine Auftraggeber wichtige Dinge ganz im Geheimen in Erfahrung.

Ägypten Dieses Land im Norden **Afrikas** hat rund 56 Millionen Einwohner, die in der Mehrzahl Bauern *(Fellachen)* sind. Sie sind Anhänger des **Islam** und sprechen arabisch. Nur ein kleiner Teil der Landesfläche von 1 Million km^2 entlang des **Nils** ist fruchtbar und besiedelt. Das übrige Gebiet sind **Wüsten,** in denen nur viehzüchtende *Nomaden* leben. Ägypten hat eine sehr alte Geschichte. Bereits 3000 Jahre

Aus schwerem Gold und mit Edelsteinen verziert ist dieser Sarg des Tutanchamun, Pharao von Ägypten (1347–1339 v. Chr.)

Ahorn

v. Chr. gab es dort eine hochentwickelte **Kultur.** Das wissen wir heute aus den **Hieroglyphen.** In den **Pyramiden** ließen sich die Könige *(Pharaonen)* begraben. Das Jahr teilten die Ägypter schon vor 5000 Jahre nach den Sternen in 365 Tage ein. Wichtige Kenntnisse aus der **Mathematik** und **Chemie** übernahmen die Europäer von den alten Ägyptern. Unter dem großen Pharao *Ramses II.* erreichte das alte ägyptische Reich seine größte Ausdehnung und erlebte die ruhmvollste Zeit. Um 1150 v. Chr. verlor Ägypten seine Macht und wurde in den folgenden Jahrhunderten von fremden Völkern (*Perser, Griechen* und *Römer*) erobert. Im Jahre 640 n. Chr. unterwarfen die **Araber,** 1517 die Türken das Land. Mit dem Bau des *Suezkanals* wurde es von den Engländern abhängig. Seine Unabhängigkeit erreichte Ägypten erst 1953.

Ahorn Aus dem hellen und harten Holz dieses *Laubbaums* werden Möbel und Musikinstrumente hergestellt. Die Blätter des Ahornbaums verfärben sich im Herbst zunächst rot, dann leuchtend gelb. Das Ahornblatt ist das Nationalsymbol in der Flagge Kanadas. In zwei langen, dünnen Flügeln, den sogenannten Spaltfrüchten, liegen die Samen des Ahorns, die im Volksmund »Nasenzwicker« genannt werden, weil man sie wie eine Wäscheklammer auf die Nase setzen kann.

Roggen, ein in Mittel- und Nordeuropa weit verbreitetes Getreide, erkennt man an seiner vierreihigen Ähre

Ahornblatt

Ähre Darunter versteht man den Blütenstand der Getreidepflanzen wie *Weizen, Hafer, Roggen* und *Gerste*. Er besteht aus vielen kleinen Ährchen, die sich wiederum aus zwei ganz kleinen Blüten zusammensetzen, in denen die Samenkörner liegen. Die Ähren sorgen für die **Fortpflanzung** der Getreidepflanzen.

Aids Das ist die Bezeichnung für eine bis heute unheilbare Infektionskrankheit **(Infektion),** bei der das menschliche, körpereigene Abwehrsystem zunehmend zusammenbricht. Aids ist die Abkürzung für die englische Bezeichnung »Acquired Immune Deficiency Syndrome«. Als möglicher Ausgangs-

Akupunktur

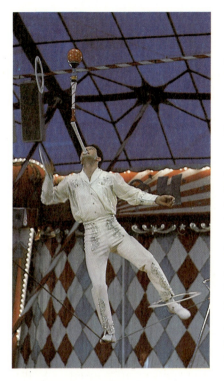

Verwegene Kunststücke vollbringt dieser Akrobat auf dem Seil

Akrobat Das ist eine Bezeichnung für Turner, die die schwierigsten und geschicktesten Kunststücke machen. Sie halten das Gleichgewicht auf großen rollenden Bällen, wippenden Brettern oder stehen auf fahrenden Rädern. Am Trapez führen sie die gewagtesten Schwünge aus. Ihren Körper können sie verbiegen wie Gummi. Akrobaten trainieren den ganzen Tag hart, damit sie ihre Kraft und Geschicklichkeit nicht verlieren. Denn eine einzige unsichere Bewegung kann für sie und für diejenigen, die mit ihnen zusammenarbeiten, zu einem schlimmen Unfall führen.

Akupunktur Das ist ein Verfahren, mit dem man Krankheiten erkennen und heilen kann. Es wurde erstmals in China (bereits vor 5000 Jahren) und Japan angewandt. Heute setzt man auch in den westlichen Ländern vielfach die Akupunktur bei Schmerzen und bestimmten Krankheiten (wie Migräne, Rheuma) sowie bei **Operationen**

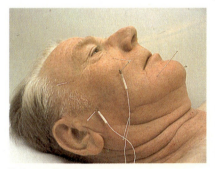

Patient während einer Akupunkturbehandlung

punkt für diese Krankheit gelten die Länder Zentralafrikas. In den USA trat diese Krankheit erstmals 1979 auf, in der Bundesrepublik 1981. Heute bedroht Aids immer mehr Menschen, nach Schätzungen der Weltgesundheitsorganisation (WHO) waren 1991 rund 366 000 Menschen an Aids erkrankt, rund 15 Millionen mit dem Aids-**Virus** infiziert. Als Erreger gelten Viren, die durch Blut und andere Körperflüssigkeiten (wie Sperma) vor allem beim Geschlechtsverkehr übertragen werden. Die Zeit zwischen Ansteckung und Auftreten der Krankheit kann zwischen einem halben Jahr und zehn Jahren betragen. Gefährdet sind vor allem Homosexuelle, Menschen mit häufig wechselnden Geschlechtspartnern sowie Drogenabhängige.

ein. Mit ihrer Hilfe versucht man auch, sich das Rauchen oder übermäßiges Essen abzugewöhnen. Akupunktur wird von einem speziell ausgebildeten Arzt ausgeführt. Dabei werden Gold-, Silber- oder Stahlnadeln an bestimmten Körperstellen in das Unterhautgewebe gestochen.

Akustik

Akustik Das ist ein Begriff aus der **Physik** und bezeichnet die Lehre vom **Schall.** Er wird auch für einen Teil der Musikwissenschaften benutzt, der sich mit Klangerscheinungen befaßt. Man sagt beispielsweise: »Dieser Saal hat eine gute Akustik.« Das bedeutet, man kann in ihm jeden Ton und jedes Wort unverfälscht und klar hören.

Alaska Dieser größte und nördlichste Bundesstaat der Vereinigten Staaten von **Amerika** ist reich an Bodenschätzen. Im **Bergbau** werden **Kohle,** Zinn, **Blei, Eisen** und **Kupfer** gefördert. Auch **Uran** hat man vor kurzem gefunden. Nach **Erdöl** und **Erdgas** wird erfolgreich gebohrt. Berühmt wurde Alaska vor 100 Jahren wegen seines Goldreichtums. Auch die Pelztierjäger konnten reich werden. In Alaska gibt es viele Wälder und Berge, ein Teil von ihnen liegt in der **Arktis.** Die Bevölkerung lebt von der Holzwirtschaft, dem Fischfang und auch heute noch von der Pelztierjagd.

Albatros Früher war dieser riesige Seevogel oft das einzig fremde Lebewesen, das Seeleute während der langen Monate auf hoher See zu Gesicht bekamen. Über Hunderte von Kilometern folgte der Albatros ihren Schiffen. Er ernährt sich von den Küchenabfällen der Schiffe, von Tintenfischen, Krebsen, Fischen und anderem Seegetier. Den Großteil seines Lebens verbringt er als Bewohner der südlichen Ozeane segelnd in der Luft. Zum Brüten und bei stürmischem Wetter fliegt er an die Küste.

Algen Algen sind Wasserpflanzen, können aber auch an der **Luft** leben. Sie besitzen *Blattgrün*, mit dessen Hilfe sie sich selbständig ernähren. Für viele Wassertiere liefern die Algen Nahrung und **Sauerstoff.** Unter den *Grünalgen* gibt es mit dem bloßen Auge nicht erkennbare Einzeller und vielzellige, gut sichtbare Arten. Viele Grünalgen bewegen sich durch Geißelschlag fort, manche schweben im Wasser, andere sind festgewachsen. *Blaualgen* haben kugelige und fadenartige Formen. Ihre **Zellen** haben keinen echten Zellkern, aber Blattgrün. *Braunalgen* oder *Tange* sind große Meeresalgen. Riesentange können bis zu 300 m lang werden und zählen zu den größten Pflanzen.

Alkohol Reiner Alkohol ist eine klare, farblose, leicht brennbare Flüssigkeit. In der **Medizin** wird er zur Desinfektion verwendet. Da Alkohol Fett löst, läßt er sich auch zur Reinigung verwenden. Mit *Brennspiritus* kann man Feuer entzünden. In Getränken (Wein, Schnaps usw.) brennt er leicht auf der Zunge und versetzt – in kleineren Mengen genossen – Menschen in eine fröhliche Stimmung. **Bier** enthält rund 3 Prozent, Wein rund 10–13 Prozent und Schnaps rund 30–55 Prozent Alkohol. Wenn man zuviel von einem dieser Getränke trinkt, bekommt man einen »Rausch«. Man kann nicht mehr gerade auf den Beinen stehen, sagt und macht Dinge, die man in »nüchternem« Zustand nicht

Albatros

Altertum

sagen oder tun würde. In diesem Zustand darf man nichts unternehmen, was Aufmerksamkeit und einen klaren Kopf verlangt. Autofahren zum Beispiel ist sehr gefährlich. Ein Großteil der tödlichen Verkehrsunfälle wird von betrunkenen Autofahrern verursacht. Wenn ein Mensch sich über eine lange Zeit angewöhnt hat, regelmäßig Alkohol zu trinken, so hat dies schlimme Folgen. Dann braucht er ständig eine bestimmte Menge, um sich bei guter Laune zu halten. Er ist dann ein *Alkoholiker*. Er fügt seinem Körper großen Schaden zu. Von allen Organen wird bei Alkoholikern die Leber am meisten angegriffen. Um vom *Alkoholismus* loszukommen, kann man sich einer Entziehungskur unterziehen.

Allah Das ist für die Anhänger des **Islam** der Name Gottes. Wie bei den Christen ist er ein überirdisches, höchstes Wesen, das alles erschaffen hat und am Leben erhält. Am Ende der Welt wird Allah wie der christliche Gott über alle Menschen richten.

Allergie Darunter versteht man eine teils angeborene, teils erworbene Überempfindlichkeit bestimmten Stoffen gegenüber. Ist ein Mensch zum Beispiel gegen bestimmte Metalle, Waschmittel oder Medikamente allergisch, versucht sich sein Körper dagegen zu wehren. Das kann sich auf verschiedene Weise zeigen: juckende Flecken oder Bläschen auf der Haut, Atembeschwerden oder Übelkeit. Eine weit verbreitete Allergie ist der »Heuschnupfen«. Weht im Frühjahr der Wind den Blütenstaub von Bäumen, Sträuchern, Gras und Blumen, bekommen viele Menschen einen schlimmen Schnupfen, bei dem auch die Augen stark entzündet sind. Dieser Schnupfen kann wochenlang anhalten, solange eben, bis kein Blütenstaub mehr in der Luft ist. Mit verschiedenen Tests läßt sich herausfinden, wogegen ein Mensch allergisch ist. Er kann dann den Umgang oder den Kontakt mit bestimmten Stoffen von vornherein vermeiden.

Alpen Dieses höchste Gebirge Europas erstreckt sich von Westen nach Osten über eine Länge von 1200 km und von Norden nach Süden in einer Breite von 150–250 km. Der mächtige Gebirgszug verläuft durch Deutschland, Österreich, die Schweiz, Frankreich, Italien und Jugoslawien. Sein höchster Gipfel ist der *Mont Blanc* mit 4807 m. Während der **Eiszeit** waren die Alpen von Eis bedeckt. Als sich das **Klima** erwärmte, zogen sich die Eisströme im Laufe der Zeit zurück und hinterließen viele Seen und **Gletscher**. Der größte Alpensee ist der *Genfer See*; der längste und breiteste Alpengletscher der *Aletschgletscher*. Auf vielen Paßstraßen *(Brenner, St. Gotthard)* kann man heute mit dem Auto die Alpen überqueren oder in großen Tunnels *(Felbertauern, Simplon)* durchqueren. Auf viele Gipfel führen Berg- und Seilbahnen. In allen Alpenländern gibt es groß angelegte Skigebiete, und auch im Sommer sind die Alpen wegen ihrer landschaftlichen Schönheit für Wanderer und Bergsteiger ein beliebtes Ausflugsziel sowie Ferien- und Sportgebiet. (Bild S. 18)

Alphabet So wird die Reihenfolge der Buchstaben einer **Sprache** bezeichnet. Wie im deutschen »Abc« ist das Wort nach den ersten beiden griechischen Buchstaben, »alpha« und »beta«, benannt. Das älteste Alphabet entstand vor etwa 3500 Jahren. Unser Alphabet hat 26 Buchstaben. Wie auch in diesem Lexikon sind in den meisten Nachschlagewerken alle Begriffe alphabetisch geordnet. (Bild S. 18)

Altertum Die Menschheitsgeschichte teilt sich in zwei große Abschnitte: die

Altertum

Die Berninagruppe mit dem Morteratschgletscher in den Schweizer Alpen

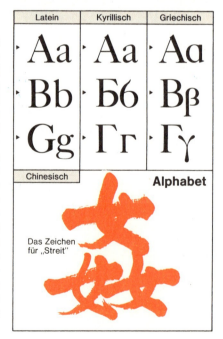

Das Zeichen für „Streit"

Alphabet

Vorgeschichte oder *Vorzeit* (aus der es keine Aufzeichnungen gibt) und die geschichtliche Zeit. Die letztere beginnt mit dem Altertum; danach folgen das **Mittelalter** und die **Neuzeit**. Zu Beginn des Altertums vor rund 6000 Jahren stand die Gründung der Reiche von *Babylon* und **Ägypten**. An der Geschichte des europäischen Altertums waren nur Völker beteiligt, die rund um das Mittelmeer lebten. Zu ihnen gehörten die *Sumerer, Assyrer, Ägypter, Babylonier,* **Juden***, Perser, Griechen, Römer* und *Kelten*. Damals war die Welt für die Menschen an den Alpen, dem Atlantischen Ozean und dem Schwarzen Meer zu Ende. Die **Kultur** des Altertums wirkte jedoch über die Grenzen von Zeit und Raum. Etwa 300 Jahre n. Chr. begannen die Völker jenseits der Alpen, die germanischen Stämme,

Ameise

von Norden nach Süden, also auch über die Alpen zu ziehen. Mit dieser **Völkerwanderung** endete auch das Altertum.

Aluminium Dieses silberweiße, sehr leichte **Metall** zählt zu den *Leichtmetallen*. In Verbindung mit anderen Stoffen kommt es auf der ganzen Welt vor. Mit einem besonderen Schmelzverfahren wird es in erster Linie aus *Bauxit*, einer Tonerde, gewonnen. Dieses Leichtmetall rostet nicht und leitet Wärme sowie **Elektrizität** gut. Aluminium wird unter anderem im Flugzeugbau, Bootsbau, in der Autoherstellung und bei Sportgeräten (Ski und Tennisschläger) verarbeitet. Im Haushalt findet es als Alufolie Verwendung.

Amateur So nennt man jemanden, der eine Tätigkeit nicht als Beruf, sondern zur eigenen Freude und aus Liebhaberei (Hobby) ausübt. So gibt es zum Beispiel Berufsfotografen und Fotoamateure. Letztere beschäftigen sich mit dem Fotografieren nicht aus beruflichen Gründen, sondern in ihrer Freizeit und zum Vergnügen. Einen Sportler, der seinen Lebensunterhalt mit einer sportlichen Tätigkeit verdient, nennt man einen *Profi* und den, der mit dem Sporttreiben kein Geld verdient, einen Amateur. An den **Olympischen Spielen** zum Beispiel nehmen überwiegend nur Amateure teil.

Amazonas Die Quellflüsse dieses größten Stroms von Südamerika entspringen in den **Anden**. Von dort fließt er 6518 km in erster Linie durch Brasilien zum Atlantischen Ozean. Auf einer Strecke von etwa 5200 km kann er von Schiffen befahren werden und ist damit auch der längste schiffbare Strom der Welt. An seiner engsten Stelle ist er 5 km, dort, wo er ins Meer mündet, 250 km breit. Der Amazonas hat über 200 Nebenflüsse. In seinem Stromgebiet liegt das größte zusammenhängende Waldgebiet der Erde mit 6,5 Millionen km^2.

Sanitäter und Arzt der Ambulanz bemühen sich am Unfallort um einen Verletzten

Ambulanz Das ist eine bestimmte Abteilung im **Krankenhaus**. Bei einer ambulanten Behandlung kommt der Patient ins Krankenhaus oder in die Praxis eines **Arztes,** wird dort versorgt und kann danach wieder nach Hause gehen. Er muß also nicht im Krankenhaus bleiben. Ambulanz nennt man auch einen Krankenwagen, der an einem Unfallort oder bei einem Kranken erste Hilfe leistet. Er ist mit Blaulicht und Sirene ausgestattet.

Ameise Diese **Insekten** gehören zu der Gruppe der *Hauptflügler*. Sie leben in ihrem Nest, dem Ameisenhaufen, in großen Völkern zusammen, in denen es eine Aufgabenverteilung und Rangordnung gibt. Der Bau der *Roten Waldameise* ist teils unter der Erde und teils aus Pflanzenresten kuppelartig darüber angelegt. In ihm leben oft bis zu 5000 *Königinnen*, die wie die Männchen vier dünnhäutige Flügel besitzen. Die weitaus größere Zahl der *Arbeiterinnen* ist ungeflügelt. Eier können nur die Köni-

Ameisenbär

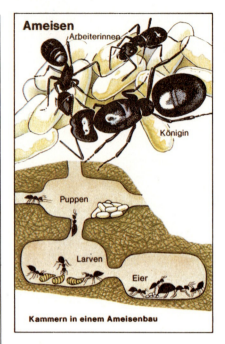

Kammern in einem Ameisenbau

ginnen legen. Im Mai starten sie zusammen mit den Männchen einen »Hochzeitsflug« und paaren sich. Danach verlieren die Königinnen ihre Flügel und leben nur noch im Nest; die Männchen sterben. Die Arbeiterinnen können keine Eier legen, leisten aber die meiste Arbeit. Sie bauen das Nest, sorgen für Nahrung, ziehen die **Brut** auf und verteidigen den Bau. Die Ameise beißt ihre Feinde und spritzt in die Wunde Ameisensäure aus einer in ihrem Hinterleib gelegenen Giftblase. Wird man von einer oder mehreren Ameisen gebissen, spürt man ein scharfes Brennen auf der Haut. Da Ameisen am Tag viele tausend Raupen und schädliche Insekten vertilgen, steht der Bau der Roten Waldameise unter **Naturschutz**.

Ameisenbär Dieses sonderbar aussehende Tier lebt in Südamerika und heißt so, weil es sich nur von Ameisen und *Termiten* (im Aussehen den Ameisen sehr ähnliche Insekten) ernährt.

Der Ameisenbär reißt mit seinen starken Krallen den Ameisenbau auseinander, fährt mit seiner langen, klebrigen Zunge in den Bau hinein und leckt seine Beute auf. Der Ameisenbär hat keine Zähne. Die Nahrung wird in der Speiseröhre vorverdaut und mit besonderen Muskeln im Magen zerquetscht.

Amerika Der zweitgrößte Erdteil liegt zwischen dem Atlantischen und dem Pazifischen Ozean und hat 600 Millionen Einwohner. Amerika ist ein Doppelkontinent und gliedert sich in *Nordamerika*, *Mittelamerika* und *Südamerika*. Bereits 1000 n. Chr. kamen die *Wikinger* nach Amerika, trieben eine Weile Handel mit den Ureinwohnern und gründeten einige Siedlungen. Danach hörte man lange Zeit nichts mehr von dem neuen Erdteil. 1492 landete der Italiener Christoph Kolumbus in spanischem Auftrag auf den mittelamerikanischen Inseln Kuba und Haiti. Nach dieser Entdeckung wurde der Doppelerdteil die »Neue Welt« im Gegensatz zur »Alten Welt« **(Europa)** genannt. Viele Entdecker und Abenteurer wurden von den sagenhaften Goldschätzen der *Azteken* in Mexiko, der *Maya* in Mittelamerika und der *Inka* in Südamerika nach Amerika gelockt. Die Goldgier der fremden Eroberer wurde den Ureinwohnern zum Verhängnis. Blühende Reiche wurden zerstört, die Ureinwohner nahezu ausgerottet. Die Portugiesen und Spanier nahmen Süd- und Mittelamerika, die Engländer und Franzosen Nordamerika in Besitz. Ihnen folgten Einwanderer aus Holland, Deutschland, Irland, Schottland, den skandinavischen Ländern und Italien. Die Engländer brachten aus Schwarzafrika Sklaven als Arbeitskräfte in die Südgebiete Nordamerikas. Von den Nachfahren der Einwanderer aus Europa wurden die »Vereinigten Staaten von Amerika« *(USA)* gegründet. Aus den spanischen und portugiesischen Kolonien

Amsel

auf der südlichen Hälfte des Doppelerdteils entstanden zu Anfang des 19. Jahrhunderts die unabhängigen südamerikanischen Staaten *Argentinien, Brasilien, Bolivien, Chile, Ecuador, Kolumbien, Paraguay, Uruguay* und *Venezuela*.

Nordamerika wird durch große Buchten und Halbinseln gegliedert. Zwischen den Küstengebirgen im Westen und den *Appalachen* im Osten liegen breite Täler mit ausgedehnten baumlosen Grasländern, den *Prärien*. Von Osten bis Nordwesten dehnt sich ein großes Seengebiet aus. Der längste Strom ist der *Mississippi*, der höchste Berg der *Mount McKinley* in **Alaska** (6229 m). Nordamerika ist in zwei große Staaten aufgeteilt: die USA im Süden und *Kanada* im Norden. Kanada ist flächenmäßig das zweitgrößte Land der Erde, doch hat es nur 26 Millionen Einwohner. In den USA leben etwa 250 Millionen Menschen. Sie sind in erster Linie Nachfahren von europäischen Einwanderern oder stammen von ehemaligen Sklaven ab. Von den Ureinwohnern, den **Indianern,** leben heute nur noch etwa 800 000 in selbstverwalteten *Reservaten*.

Mittelamerika besteht aus *Mexiko*, der Landbrücke zwischen Nord- und Südamerika und den *Westindischen Inseln*. Es wird von Südamerika durch den *Panamakanal* getrennt. Entlang der Westküste ziehen sich von Venezuela bis *Feuerland* die **Anden.** Im Osten liegt das *Brasilianische Bergland*. Zwischen beiden Gebirgszügen erstrecken sich weite Täler mit großen Flußbecken (**Amazonas,** *Orinoco, Rio de la Plata* und *Paraná*). Das Klima in Mittel- und Südamerika ist überwiegend feucht, heiß und trocken. Die Südspitze Südamerikas liegt nahe am südlichen Polargebiet und hat eisiges Klima. Südamerika hat eine reiche Tierwelt. Dort leben *Jaguar, Puma, Alligatoren, Gürteltiere,* **Papageien** und *Lamas*. Von den Ureinwohnern Südamerikas gibt es nur noch vereinzelte Stämme. Die Bevölkerung besteht zum großen Teil aus *Mestizen* (Mischlinge aus Weißen und Indianern). In Südamerika wird spanisch und portugiesisch, in Nordamerika englisch gesprochen. In der Weltwirtschaft spielt Südamerika eine wichtige Rolle durch seine Ausfuhr an Eisenerzen, **Erdöl, Kupfer,** Zinn, **Kaffee** und **Zucker.** Dennoch zählen viele südamerikanische Länder zur **Dritten Welt,** deren größte Probleme Überbevölkerung, Armut und Hunger sind.

Amsel Diesen *Singvogel* kann man das ganze Jahr über im Garten, in Parks und auch im Wald singen hören. Früher war die Amsel ein scheuer Waldvogel, doch begann sie vor 100 Jahren dem Menschen in seine Wohngebiete zu folgen. Seit dieser Zeit sind die Amseln sehr zahlreich, da hier ihre natürlichen Feinde *(Raubvögel)* fehlen. Auch das Nahrungsangebot ist in der Nähe des Menschen für die Vögel reichhaltiger.

Ein Amsel-Pärchen; links das Weibchen, rechts das Männchen

Analphabet

Das Amselmännchen ist tiefschwarz und hat einen orangegelben Schnabel, das Weibchen ist dunkelbraun mit einer gefleckten Brust. Die meisten Amseln überwintern bei uns. Zum Schutz gegen die Kälte plustern sie sich dick auf und legen eine Luftschicht zwischen das Federkleid und die Haut. Bereits im Februar, zur neuen Brutzeit, ist das erste Amsellied wieder zu hören.

Analphabet So nennt man einen Menschen, der dem Alter nach das **Alphabet** längst kennen müßte, aber dennoch nicht lesen und schreiben kann. Die Gründe dafür sind unterschiedlich. Die meisten Analphabeten haben noch nie eine **Schule** besucht. Sie machen heute 25 Prozent der Weltbevölkerung (Jugendliche und Erwachsene über 15 Jahren) aus. Die meisten Analphabeten gibt es in den **Entwicklungsländern.** So können in Afrika 81,5 Prozent der Bevölkerung weder lesen noch schreiben. In der Bundesrepublik leben zwischen 500 000 und 3 Millionen Analphabeten.

Ananas Die Frucht dieser Staudenpflanze hat eine rötlich-braune, schuppenförmige Schale und sieht wie ein dicker Tannenzapfen aus. Ursprünglich wuchs die Ananas nur in Südamerika, heute wird sie aber auch in anderen warmen Ländern (zum Beispiel im Mittelmeerraum) angebaut. Das gelbe Fleisch dieser Tropenfrucht schmeckt ein wenig nach Erdbeeren. Bei uns gibt es die Ananas hauptsächlich in Dosen. Zu bestimmten Zeiten im Jahr oder in »Südfruchtläden« kann man sie jedoch als ganz frische Frucht kaufen.

Anatomie Darunter versteht man die Lehre vom Bau des menschlichen und tierischen Körpers. Will man etwas über den Aufbau des Körpers erfahren, muß man in ihn hineinschauen können. Dies ist aber nur möglich, wenn man den Körper eines gestorbenen Menschen oder Tieres aufschneidet oder in Teile zergliedert. Die **Religionen** untersagten lange Zeit das Zerlegen menschlicher Leichen. So konnten die Wissenschaftler nur an Tieren, meist Hunden und

»Der Anatom Dr. Nicolas Tulp«, von Harmenz von Rjin Rembrandt

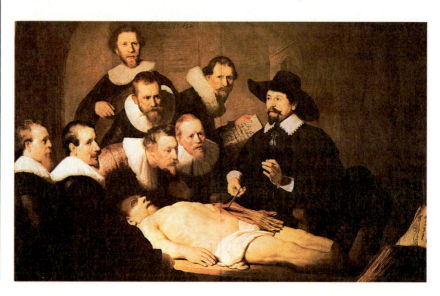

Antenne

Die Anden bei Portrevillos, Argentinien

Affen, forschen. Ein italienischer Anatom, der 1306 erstmals vor Zuschauern eine menschliche Leiche zerlegte, schrieb das erste Lehrbuch der *Anatomie*. Will jemand **Arzt** werden und die Krankheiten des Körpers erkennen und heilen, muß er diesen ja auch genau kennen. Deshalb steht am Anfang des Medizinstudiums die Anatomie.

Anden Sie sind das höchste Gebirge Südamerikas und gehören zu den *Kordilleren*, die sich im Westen von Nord- und Südamerika entlangziehen. Die Anden sind mit einer Länge von 15000 km das längste Gebirge der Welt. Der höchste Gipfel ist der *Aconcagua* (6957 m).

Antarktis So nennt man das um den **Südpol** liegende Polargebiet. Die Antarktis wird seit einiger Zeit auch als der »sechste Erdteil« bezeichnet. Dieses über 12 Millionen km^2 große Gebiet ist immer von einer 2000–4000 m dicken Eisdecke überzogen und gilt als das kälteste Gebiet der Welt. An den eisfreien Küstenstrichen wachsen verschiedene Moose und Flechten. Die einzigen zeitweiligen Bewohner sind Polarforscher und Walfänger. Die Tierwelt beschränkt sich vorrangig auf Seevögel und Meerestiere wie Wale, Robben und Pinguine. In der Antarktis vermutet man riesige Mengen an Bodenschätzen wie Erdöl, Erdgas, Steinkohle, Eisenerz, Kupfer und Uran. Der *Antarktisvertrag* von 1961, demzufolge dieses Gebiet nur zu friedlichen Zwecken erforscht werden darf, lief 1991 aus. Umweltschutzorganisationen wie »Greenpeace« sind der Meinung, daß dieser Vertrag die Antarktis nicht mehr schützen kann. Sie fordern, diese zu einem Naturpark zu erklären und den Rohstoffabbau zu verbieten. In einer Sonderkonferenz wurde 1991 von allen Teilnehmerstaaten ein Abkommen unterzeichnet, daß für 50 Jahre den Rohstoffabbau untersagt.

Antenne Darunter versteht man eine Vorrichtung aus Draht oder hohlen Stahlrohren, die **Wellen** empfängt und

Antilope

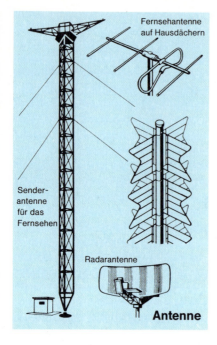

Fernsehantenne auf Hausdächern
Senderantenne für das Fernsehen
Radarantenne
Antenne

sendet. Fernsehantennen empfangen die sich vom Fernsehsender ausbreitenden Wellen mit den Stromstößen für die Bildpunkte des Fernsehgerätes **(Fernsehen)**. Rundfunkantennen fangen die vom Sender ausgehenden Rundfunkwellen auf und leiten sie weiter an den Empfänger, das Radio **(Rundfunk)**.

Antilope Dieses *Huftier* trägt Hörner und ist mit Rindern, Gemsen und Steinböcken verwandt. Es lebt in großen Rudeln zusammen in den **Steppen** Afrikas und Asiens. Antilopen können sehr schnell laufen, weit und hoch springen, aber auch gut und flink auf Felsen herumklettern. Da die Antilope zu den bedrohten Tieren zählt, steht sie unter besonderem Schutz.

Antisemitismus Mit diesem Wort bezeichnet man eine Abneigung und feindliche Einstellung gegen **Juden**. Man kennt diesen Begriff seit rund 100 Jahren. Mit ihm ist die Verfolgung dieses Volkes verbunden, die es schon seit Jahrhunderten in der Geschichte gibt.

Anwalt Wir kennen das Wort in der Zusammensetzung *Rechtsanwalt, Staatsanwalt* und *Patentanwalt*. Jeder Anwalt muß das Studium der Rechtswissenschaften absolvieren und zwei staatliche Prüfungen **(Examen)** ablegen. Der Rechtsanwalt berät andere in Rechtsfragen und hilft ihnen, bei einem Streit zu ihrem Recht zu kommen. Er ist aber auch der Vertreter einer Person in einem Rechtsstreit vor **Gericht**. Der Staatsanwalt tritt bei einem **Prozeß** vor Gericht als der »Ankläger« auf. Der Patentanwalt berät und vertritt Personen oder große Firmen, die ein **Patent** anmelden wollen.

Anzeige Wenn jemand zur Polizei geht, von einem Diebstahl berichtet und beantragt, daß der oder die Diebe gesucht und vor ein **Gericht** gestellt werden, erstattet er eine Anzeige. Wird ein Autofahrer bei einem schweren Verkehrsvergehen von der Polizei beobachtet, so erhält auch er von dieser eine Anzeige. Unter Anzeige versteht man auch eine Nachricht, die Firmen, Geschäfte oder Privatpersonen in einer **Zeitung** abdrucken lassen, damit sie möglichst viele Menschen lesen können. Diese Anzeige bezeichnet man auch als *Inserat*.

Apartheid Mit diesem Wort bezeichnet man die durch **Gesetze** festgelegte Rassentrennung **(Rasse)** zwischen Farbigen und Weißen in der *Republik Südafrika*. Dort setzt sich die Bevölkerung aus 67 Prozent Schwarzen, 19 Prozent Weißen, 11 Prozent Mischlingen und 3 Prozent Asiaten zusammen. Die Weißen besitzen alle politischen und sozialen Vorrechte. 1989/90 leitete Präsident Willem de Klerk seine Reformpolitik ein. 1990/91 wurden die zentralen

Apotheke

Eng verwandt mit den Antilopen sind diese Dorcas-Gazellen. Sie leben in der libyschen Savanne

Apartheidsgesetze abgeschafft: Für Weiße, Schwarze, Farbige und Mischlinge sind heute keine getrennten Wohngebiete mehr vorgeschrieben. Trotzdem leben immer noch rund 18 Millionen Schwarze in sehr notdürftigen Häusern. Ehen zwischen Weißen und Schwarzen sind streng untersagt. Weiße verdienen gegenüber Farbigen den bis zu fünffachen Lohn für die gleiche Arbeit. Bestimmte Arbeitsplätze können nur von Weißen besetzt werden. Schwarze dürfen nicht an den **Wahlen** teilnehmen. Seit mehr als zehn Jahren kommt es immer wieder zu schweren Unruhen wegen der Rassentrennung, in deren Verlauf viele Menschen (meist Schwarze) sterben müssen. Fast alle Staaten der Erde lehnen die Apartheid ab und verlangen von Südafrika ihre Abschaffung.

Apotheke Dies ist ein Geschäft, in dem man Arzneimittel *(Medikamente)* kaufen kann. Viele Medikamente kann der Apotheker den Kunden nur verkaufen, wenn diese ihm das *Rezept* eines Arztes vorlegt. Früher hat der *Apotheker* die Arzneien selbst zusammengestellt. Heute werden die Medikamente von großen Firmen hergestellt. Da der Apotheker die wichtigsten Wirkstoffe in den Medikamenten kennen muß, hat er ein langes Studium zu absolvieren. Häufig wird er von seinen Kunden, die nicht gleich zum Arzt gehen wollen, um

Aquarium

Rat gefragt. Dann kann auch er ein bestimmtes Medikament empfehlen und verkaufen.

Aquarium Das ist ein Glashaus für Fische und Wasserpflanzen. Damit diese sich dort wohl fühlen, muß man im Aquarium ihren natürlichen Lebensraum im Kleinen schaffen. Die meisten kleinen Aquariumfische kommen aus den warmen Gewässern Afrikas, Asiens und Südamerikas. Deshalb kann man sie bei uns auch nur in einem Warmwasseraquarium halten (mit einer Wassertemperatur von 20–25°C). Pflanzen im Aquarium sind wichtig, weil sie **Sauerstoff** ins Wasser abgeben und die Fische sich zwischen ihnen verstecken können. Da Fische wie alle anderen Tiere Sauerstoff zum Atmen brauchen, muß noch zusätzlich Frischluft in das Aquarium geblasen werden. Weil Wasserpflanzen Licht brauchen, muß es elektrisch beleuchtet werden, denn es darf nicht im Sonnenlicht stehen. Die Fische werden mit gemahlenem Fleisch, Fisch und Getreide, aber auch mit Lebendfutter wie Insektenlarven, kleinen Würmern und Wasserflöhen gefüttert. Das Fischfutter gibt man in kleinen Mengen auf die Wasseroberfläche. Von dort holen es sich die Fische. Will man Fische verschiedener Arten gemeinsam in einem Aquarium halten, muß man sie sorgfältig auswählen, denn nicht alle Fische vertragen sich miteinander. Wenn man Fische aus dem Meer in ein Aquarium einsetzen will, muß das Aquariumwasser wie Meerwasser salzhaltig sein, denn nur darin können Meeresfische leben.

Äquator So bezeichnet man eine gedachte Linie, die rund um den Erdball verläuft und vom **Süd-** und **Nordpol** gleich weit entfernt ist. Der Äquator teilt die Erdkugel in die nördliche und südliche Hälfte und ist 40077 km lang. Der *Himmelsäquator* ist der größte Kreis der Himmelskugel. Seine Ebene steht senkrecht zur *Himmelsachse*.

Araber Das ist eine Gruppe von Volksstämmen, die alle arabisch sprechen und Anhänger des **Islam** sind. Sie leben auf der arabischen Halbinsel *(Saudi-Arabien, Jemen, Kuweit, Oman, Arabische Emirate)*, in **Ägypten,** den nordafrikanischen Ländern und Teilen Südwestasiens. Ursprünglich waren die Araber umherziehende Viehzüchter *(Beduinen)*, die mit ihren Familien in Zelten lebten. Die seßhaften Bauern nannte man *Fellachen*. Mit der Ausbreitung des Islam über die arabischen Länder hinaus kamen die Araber auch mit europäischen Völkern zusammen. Diese lernten im Laufe der Zeit viel von der Wissenschaft, Dichtung und Kunst der Araber kennen. Auf Grund großer Ölvorkommen auf der arabischen Halbinsel und in Nordafrika sind einige der arabischen Länder in den letzten Jahrzehnten zu großem Reichtum gelangt. Seit 1945 sind die Araber in der »Arabischen Liga« politisch zusammengeschlossen.

Viele Araber leben noch als Nomaden

Architekt

Die 12 Arbeiten des Jahres

Arbeit Darunter versteht man eine Leistung oder einen Dienst, der den Zweck hat, Güter zu erzeugen. Mit diesen Gütern decken sowohl der einzelne als auch die Allgemeinheit ihren zum Leben notwendigen Bedarf. Der Erfolg einer Arbeitsleistung hängt unter anderem ab von der Befähigung und dem Einsatz des einzelnen und der ganzen Bevölkerung sowie vom entsprechenden Verhältnis zur Natur (Bodenbeschaffenheit, Rohstoffe) und zum verfügbaren **Kapital.** Man unterscheidet die leitende und planende Tätigkeit (zum Beispiel eines Unternehmers), die ausführende Arbeit (zum Beispiel von Angestellten und Arbeitern), die schöpferisch-geistige Arbeit (zum Beispiel eines Wissenschaftlers oder Künstlers) und die körperliche Arbeit (zum Beispiel eines Handwerkers). Nicht immer läßt sich geistig-schöpferische und körperliche bzw. handwerkliche Arbeit trennen (zum Beispiel Chirurg, **Bildhauer**). In der **Physik** ist die Arbeit das Produkt aus einer **Kraft,** die an einem Körper angreift, und dem Weg, den der Körper bei der Bewegung entgegen dieser Kraft zurücklegt.

Architekt So nennt man einen Baukünstler und Baufachmann. Um diesen Beruf zu erlernen, muß man an einer technischen **Universität** oder Fachhochschule *Architektur* studieren. Der Architekt entwirft und zeichnet die Pläne von Bauten aller Art, wie Wohnhäuser, Geschäftshäuser, Schulen und Kirchen. Nach diesen Plänen führen die Bauhandwerker ihre Arbeit, die der Architekt überwacht, aus. Ein *Innenarchitekt* entwirft die Einrichtung von Räu-

Arena

men, der *Garten-* oder *Landschaftsarchitekt* zeichnet Pläne, nach denen Gärten angelegt und Landschaften mit Bäumen, Spazierwegen, Hügeln und Seen gestaltet werden. *Städteplaner* nennt man einen Architekten, der ganze Stadtteile oder Ortschaften plant.

Arena So nannten die alten Römer den mit Sand bestreuten Kampfplatz, auf dem Wagenrennen, Ring- und Schwertkämpfe stattfanden. Die Zuschauer saßen auf Sitzreihen aus Stein, die rings um die Arena schräg aufstiegen. Heute bezeichnet man das Spielfeld oder die Wettkampffläche eines großes Sportstadions als Arena.

Arktis So bezeichnet man die um den **Nordpol** liegenden Meere und Landgebiete (zusammen 18,5 Millionen km^2). In der Mitte der Arktis liegt das Eismeer, das um den Nordpol herum immer fest und dick zugefroren ist. Am Rande liegen die Landflächen *(Tundren),* in denen es keine Bäume und nur sehr wenig Pflanzen gibt. Dort leben auch die **Eskimos.** Die Sommertemperaturen betragen zwischen 1 und 8°C, im Winter liegen die Temperaturen zwischen -35 und -60°C. Wirtschaftlich von Bedeutung ist die Arktis wegen der reichen Fischfanggebiete (um **Grönland**), der Pelztierjagd und des **Bergbaus.**

Artikel Damit bezeichnet man: 1. ein Geschlechtswort, das anzeigt, ob ein Hauptwort männlichen (der), weiblichen (die) oder sächlichen (das) Geschlechts ist; 2. einen Abschnitt in einem Vertrags- oder Gesetzestext; 3. einen Aufsatz in einer **Zeitung;** 4. eine Ware (eine Kaffeekanne ist ein »Haushaltsartikel«).

Christen kämpfen mit Raubtieren in einer römischen Arena

Arzt

Arzt Für diesen Beruf muß man eine wissenschaftliche Ausbildung an einer **Universität** haben (man studiert **Medizin**) und diese mit einer Prüfung **(Examen)** abschließen. Hat man das Examen erfolgreich bestanden und eine

In der Arktis ist das Hauptverkehrsmittel der Eskimos der Hundeschlitten

Untersuchung beim Hals-Nasen-Ohren-Arzt

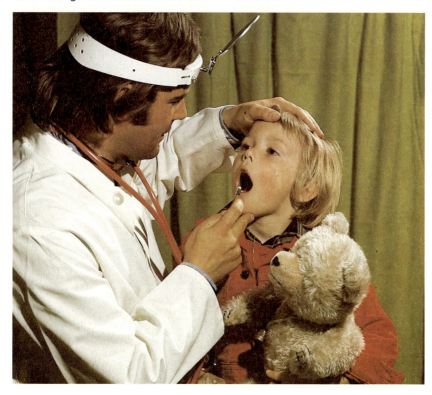

Asien

bestimmte Lehrzeit im **Krankenhaus** hinter sich gebracht, darf man sich Arzt nennen und als solcher arbeiten. Viele Ärzte spezialisieren sich auf bestimmte Krankheiten des menschlichen Körpers. So gibt es zum Beispiel Fachärzte für Krankheiten der **Lunge,** des **Herzens,** der Nieren und einen *Hals-Nasen-Ohrenarzt.* Für Kinderkrankheiten sind in erster Linie die *Kinderärzte* zuständig; bei Krankheiten, die nur Frauen haben, die *Frauenärzte.* Kranke **Zähne** behandelt der *Zahnarzt.* Kommt jemand zum Arzt, um sich vom ihm helfen zu lassen, so wird er sein *Patient.* Um festzustellen, was ihm fehlt, untersucht der Arzt den Patienten, befragt ihn und läßt im **Labor** verschiedene Tests machen. Hat er herausgefunden, was dem Kranken fehlt, beginnt er mit der Behandlung *(Therapie)* der Krankheit. Er verordnet bestimmte Medikamente und gibt Anweisungen, wie sich der Kranke zu verhalten hat, um gesund zu werden. Viele Krankheiten lassen sich aber nicht mit Tabletten beseitigen. Wenn der **Blinddarm** entzündet ist, hilft hier nur eine **Operation.** Dafür sind die *Chirurgen* zuständig. Doch nicht nur die Menschen, sondern auch die Tiere werden krank. Hat sich der Hund eine Pfote gebrochen und geht der Katze das Fell aus, sucht man den *Tierarzt* auf. Dieser behandelt auf dem Land auch Rinder, Pferde, Schafe und Schweine.

Asien Mit einer Landfläche von rund 44 Millionen km^2 und einer Einwohnerzahl von 3,3 Milliarden ist dies der größte und menschenreichste Erdteil. Asien und **Europa** bilden eine zusammenhängende Landmasse, die man auch als *Eurasien* bezeichnet. Die Grenze zwischen den beiden Erdteilen bilden das *Uralgebirge,* das *Kaspische* und das *Schwarze Meer.* Zwischen dem riesigen **Rußland** im Norden und dem übrigen Asien liegt der mächtige asiatische Gebirgszug mit dem höchsten Gebirge der Welt, dem **Himalaja.** Die großen Flüsse fließen nach Norden ins Nordpolarmeer, nach Osten in den Pazifischen Ozean und nach Süden in den Indischen Ozean. Der längste Fluß Asiens ist mit 5800 km der *Jangtsekiang.* Asien gliedert sich in große Halbinseln wie *Anatolien* und *Arabien* im Westen, *Indien* im Süden und *Korea* im Osten. Im Süden liegen die Inseln *Indonesien*, *Sri Lanka (Ceylon),* im Osten *Japan, Taiwan (Formosa)* und die *Philippinen.* Da Asien vom nördlichen Eismeer bis zum **Äquator** reicht, hat es sowohl sehr kaltes als auch gemäßigtes und tropisches Klima. Deshalb ist auch die Pflanzen- und Tierwelt sehr vielfältig. Im Norden liegt die baumlose *Tundra.* An sie schließt sich mit großen Wäldern die *Taiga* an. Hier leben Bären, Wölfe und Rentiere. In der Mitte liegen die **Steppen** und **Wüsten;** die größte Wüste ist die *Gobi.* In den tropischen Zonen gibt es Regenwälder. Hier haben **Tiger, Elefanten, Affen** und **Schlangen** ihren Lebensraum. Die volkreichsten Länder sind **China,** *Indien, Indonesien* und *Japan.* Asien ist das älteste Kulturland der Welt. Hier entstanden die ersten politischen Reiche und die großen Weltreligionen **(Judentum, Christentum, Buddhismus** und **Islam).** Von hier nahmen viele Wissenschaften ihren Anfang. Die **Kunst** dort ist älter als in der übrigen Welt. Die Geschichte dieses Erdteils ist sehr wechselvoll. Schon sehr früh gelangten Berichte über Asien nach Europa: zu den alten Griechen durch den Eroberungszug *Alexanders des Großen* und im **Mittelalter** durch den berühmten Weltreisenden *Marco Polo* aus Venedig. Händler, die nach Osten zogen, berichteten von märchenhafter Pracht und Reichtum in Persien (Iran) und Indien. Einige Male wurde Europa von wilden asiaten Reitervölkern, wie den *Mongolen* oder *Hunnen,* angegriffen. Seit dem 16. Jahrhundert begannen die Europäer die ihnen noch unbe-

Astronaut

kannten Gebiete Asiens zu erforschen und zu erobern. Erst in den letzten Jahrzehnten unseres Jahrhunderts gelang es den asiatischen Völkern, sich von der Fremdherrschaft zu befreien und selbständig zu werden. Heute gliedert sich der Kontinent in 40 unabhängige Länder. Asien verfügt über viele Bodenschätze, von denen zahlreiche, besonders im Norden, noch ungenutzt sind. Im Inneren Asiens wird Viehzucht betrieben. In den Tälern der großen Flüsse wird Reis, das Hauptnahrungsmittel dieses Erdteils, angebaut. In den tropischen Zonen baut man **Tee, Kaffee** und **Kakao** an. Dort gedeihen auch Bananen und Zuckerrohr, aus dem man Zucker gewinnt. Noch gehören viele Länder Asiens zu den ärmsten der Welt. Denn das größte Problem ist die Überbevölkerung in vielen Ländern durch ständiges Bevölkerungswachstum. In 50 Millionenstädten leben die Menschen in unvorstellbarer Armut. Neben sehr armen Ländern wie Indien haben sich aber auch führende Industrieländer wie Japan entwickelt.

Astrologie Sie ist das Studium der Sterne, aber nicht um ihre Bewegung zu ergründen, sondern um ihre Bedeutung für das Leben der Menschen zu erkennen *(Sterndeutung)*. Astrologen sind also Sterndeuter. Sie stellen ein **Horoskop** her. Aus der Stellung der **Planeten** zueinander zur Geburtsstunde eines Menschen glauben die Astrologen voraussagen zu können, was diesem Menschen in bestimmten Abschnitten seines Lebens zustoßen wird. Die Wissenschaft über die Gesetzmäßigkeit in der Bewegung der Himmelskörper, die **Astronomie,** lehrt jedoch, daß menschliches Leben unabhängig vom Gang der Sterne ist. Astrologie ist eine besondere Art von **Aberglauben.**

Astronaut So wird ein *Raumfahrer* der bemannten **Raumfahrt** genannt.

Der amerikanische Astronaut Edwin Aldrin bei einem Spaziergang auf dem Mond

Man unterscheidet dabei den in der amerikanischen Raumfahrt gebräuchlichen Begriff Astronaut gegenüber der russischen Bezeichnung *Kosmonaut.* Der erste Raumfahrer hieß *Juri Gagarin*; er wurde 1961 von den Russen als erster Mensch in den Weltraum geschickt. Der erste amerikanische Astronaut war *John Glenn*. Er umkreiste 1962 die Erde dreimal in seinem Raumschiff. Die ersten Menschen, die nach einer Reise durch den Weltraum 1969 auf dem **Mond** landeten, waren die amerikanischen Astronauten *Neil Armstrong* und *Edwin Aldrin*. Ein Astronaut trägt einen Helm und einen besonderen Schutzanzug, der aus mehreren Schichten besteht und mit Wasser gefüllt ist, das man anwärmen oder abkühlen kann. Von den verschiedenen Gerä-

Astronomie

ten, die in den Anzug eingebaut sind, ist das wichtigste ein Sauerstoffgerät, das den Astronauten mit Atemluft versorgt, weil es im Weltraum keine »Luft« mehr gibt.

Astronomie Darunter versteht man die Wissenschaft von den Himmelskörpern. Man nennt sie auch *Himmels-* oder *Sternkunde*. Schon vor rund 5000 Jahren beobachteten die Menschen die Bewegungen von **Sonne, Mond** und **Sternen** am Himmel und teilten danach die Zeit ein. Lange Zeit glaubte man, daß die Erde der Mittelpunkt des **Weltalls** sei. Anfang des 16. Jahrhunderts entdeckte jedoch *Nikolaus Kopernikus*, ein bedeutender Astronom, daß die Erde nur ein **Planet** in einem Sonnensystem ist und sich mit anderen Planeten um die Sonne dreht. Knapp 100 Jahre später wurde das **Fernrohr** erfunden, mit dem man die Himmelskörper genau beobachten konnte. Von **Sternwarten** aus lassen sich heute die Sonne, der Mond und die Sterne sehr genau in millionenfacher Vergrößerung beobachten. Mit der **Raumfahrt** begann im 20. Jahrhundert ein neues Zeitalter für die Astronomie.

Nikolaus Kopernikus

Asyl In Ländern, in denen eine **Diktatur** herrscht, werden viele Menschen verfolgt, die mit dem, was die **Regierung** anordnet und entscheidet, nicht einverstanden sind und es auch offen sagen und zeigen. Ihnen droht dort **Gefängnis** und *Folter*; sie müssen sogar um ihr Leben fürchten. Deshalb bleibt für viele Verfolgte als letzter Ausweg nur die Flucht in ein anderes Land, in dem sie sich sicher glauben. Damit ein Flüchtling in dem Zufluchtsland bleiben kann, muß er um die Erlaubnis bitten, sich hier aufhalten zu dürfen. Er bittet um Asyl und ist somit ein *Asylant*. Kommen die Behörden des Zufluchtslandes zu der Überzeugung, daß der Asylant politisch verfolgt wurde und dabei um seine Sicherheit fürchten mußte, gewähren sie ihm Asyl. Er kann nicht mehr in sein Land zurückgeschickt werden und steht unter dem Schutz des Zufluchtslandes. Der immer stärker werdende Zustrom von Asylanten, auch nach Deutschland, hat in letzter Zeit zu Problemen geführt, zumal einige Antragsteller nicht wirklich politisch Verfolgte sind. Für die zuständigen Behörden ist es oft sehr schwer, hier die richtige Entscheidung zu finden und zu treffen. Ebenso schwer ist es allerdings auch für die Asylanten, diese Entscheidung abzuwarten, häufig ohne Aussicht auf Erfolg. Der Begriff Asyl wird aber auch gebraucht, wenn ein Mensch oder Tier Zuflucht und Schutz sucht. Ausgesetzte Tiere werden zum Beispiel in einem *Tierasyl* aufgenommen.

Athlet Sportliche Wettkämpfe gab es schon bei den Griechen im **Altertum**. Aus dieser Zeit stammt auch die Bezeichnung Athlet für einen Wettkämpfer. Von einem gut durchtrainierten

Atmosphäre

Der Zehnkampf (im Bild Jürgen Hingsen) ist eine Disziplin der Leichtathletik

Sportler sagt man, er sei athletisch gebaut. Das Hauptwort Athletik gebrauchen wir nur in der Zusammensetzung *Leichtathletik*.

Atlas Darunter versteht man eine Sammlung von Karten, die die Erdoberfläche darstellen und als Buch zusammengefaßt sind. Der Geograph *Gerhard Mercator* trug Ende des 16. Jahrhunderts alle **Landkarten** der damals bekannten Welt zu einem Buch zusammen, auf dessen Einband der Riese Atlas abgebildet war. Dieser trug einer griechischen Sage nach das Himmelsgewölbe auf seinen Schultern. In einem Atlas können neben Landkarten auch Seekarten und Himmelskarten mit den verschiedenen Sternsystemen enthalten sein.

Atmosphäre Das ist die Lufthülle, die unsere **Erde** umgibt. Sie gliedert sich in verschiedene Höhenschichten. In 6000 km Höhe geht die Atmosphäre in

Der Riese Atlas mit der Weltkugel auf seinen Schultern

Atmung

den Weltraum über. Nach oben hin wird die **Luft** zunehmend dünner. Sie enthält immer weniger **Sauerstoff,** der zum Atmen gebraucht wird. Ganz deutlich spüren dies die Bergsteiger. Je höher sie klettern, desto schwerer fällt ihnen das Atmen. Die Erde hält mit ihrer Anziehungskraft die sie umgebende Lufthülle fest. Diese wiederum drückt auf die Erdoberfläche, und zwar um so stärker, je tiefer die Erdoberfläche liegt. Auf Meeresspiegelhöhe drückt sie mit 1 kg Gewicht pro Quadratzentimeter auf die Erde. Wir spüren diesen Druck nicht direkt, da wir uns daran gewöhnt haben. Wenn wir jedoch zum Beispiel mit einer **Drahtseilbahn** oder mit einem **Flugzeug** in kurzer Zeit mehrere hundert oder tausend Meter Höhe überwinden, knackt es in unseren Ohren.

Atmung Damit wird bei Lebewesen die Aufnahme von **Sauerstoff** aus der sie umgebenden **Luft** bezeichnet. Luft ist ein Gemisch aus verschiedenen **Gasen,** von denen zwei bei der Atmung eine wichtige Rolle spielen: der Sauerstoff und das *Kohlendioxyd*. Die in der Nahrung enthaltenen Nährstoffe werden mit Hilfe des Sauerstoffs im Körper verwertet. Dabei wird die für alle Lebensvorgänge im Körper notwendige **Energie** frei. Als »Abfallprodukt« dieser Nährstoffverwertung entsteht das für den Körper giftige Gas Kohlendioxyd. Dies muß natürlich aus dem Körper ausgeschieden werden. Unter Atmung versteht man also die Aufnahme von Sauerstoff in den Körper und die Abgabe von Kohlendioxyd aus dem Körper. Beim Einatmen gelangt Frischluft über die Luftwege in die **Lunge** und über kleine Lungenbläschen tritt der Sauerstoff aus der Lunge in das **Blut** über. Gleichzeitig gelangt das Kohlendioxyd aus dem Blut in die Lunge. Von dort wird es über die Atemwege ausgeatmet. Der Atmungsvorgang ist bei allen Lebewesen gleich, der Bau der Atmungsorgane jedoch unterschiedlich. Mensch und Säugetiere atmen mit Lungen, die Fische mit *Kiemen*, andere Tiere **(Insekten)** mit Luftkanälen, die sich durch ihren ganzen Körper ziehen.

Atom Darunter versteht man die kleinsten Teilchen, aus denen alle Stoffarten bestehen. Jedes Atom baut sich aus einem positiv geladenen Kern (Atomkern) und einer Hülle aus negativ geladenen *Elektronen* (Atomhülle) auf. Nach außen ist das Atom elektrisch neutral. Der Atomkern setzt sich aus einer etwa gleichen Anzahl ungeladener *Neutronen* und positiv geladener *Protonen* zusammen, die von starken Kräften zusammengehalten werden. Da Atome auch unter den besten Mikroskopen wegen ihrer Winzigkeit nicht zu sehen waren, hielt man sie bis in unser Jahrhundert hinein für unteilbar.

Atombombe Nachdem die Wissenschaftler den Bau des **Atoms** erkannt

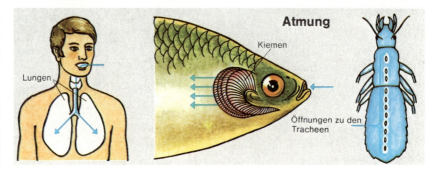

Atmung — Lungen — Kiemen — Öffnungen zu den Tracheen

Atombombe

hatten, forschten sie nach Möglichkeiten, auch den Atomkern zu zerteilen. Nach zahlreichen Versuchen fand man heraus, daß die elektrisch ungeladenen *Neutronen* ideale »Atomgeschosse« sind, weil sie von den elektrischen Kräften im Atomkern nicht abgestoßen werden. Schnelle Neutronen gehen durch schwere Atomkerne hindurch, ohne sie jedoch zu spalten. In leichteren Atomkernen werden die Neutronen gebremst. Als langsame Neutronen dringen sie in den Kern von **Uran** ein und spalten ihn. Die erste Atomkernspaltung mit Uran gelang 1938/39 den deutschen Physikern *Otto Hahn* und *Fritz Strassmann*. Bei der Kernspaltung entsteht eine Kettenreaktion, die bei Uran oder künstlich hergestelltem *Plutonium* in Sekunden zur Explosion führt. Dabei werden ungeheure **Energien** und Temperaturen von vielen Millionen Grad Celsius frei. Außerdem entsteht dabei eine starke radioaktive Strahlung **(Radioaktivität)**. Bei einer Atombombe läuft diese Kettenreaktion unkontrollierbar ab. Die riesige Hitze, die gewaltige Druckwelle der Explosion und die freiwerdende radioaktive Strahlung vernichten jedes Leben im weiten Umkreis. Die erste Atombombe wurde 1945 im Zweiten Weltkrieg über der japanischen Stadt *Hiroshima* abgeworfen. Das Zentrum der Stadt wurde völlig zerstört, es gab über 100 000 Tote. Heute besitzen mehrere Länder (zum Beispiel auch Frankreich und China) die verschiedensten Atomwaffen, über die meisten verfügen die Vereinigten Staaten von **Amerika** und **Rußland.** Mit diesen schrecklichen Waffensystemen könnte man die ganze Welt zerstören und alles Leben für immer auslöschen. Deshalb fordern weltweit viele Menschen und Politiker die **Abrüstung.**

Explosion einer Atombombe bei einem Versuch in der Wüste Nevada, USA

Atomenergie

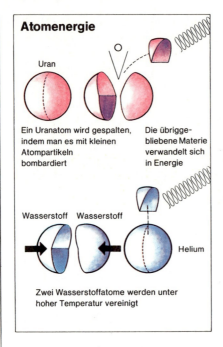

Atomenergie

Uran

Ein Uranatom wird gespalten, indem man es mit kleinen Atompartikeln bombardiert

Die übriggebliebene Materie verwandelt sich in Energie

Wasserstoff   Wasserstoff

Helium

Zwei Wasserstoffatome werden unter hoher Temperatur vereinigt

Atomenergie Die genaue Bezeichnung dafür ist *Kernenergie*, da sie die **Energie** bezeichnet, die frei wird, wenn mit dem Atomkern Veränderungen vorgenommen werden. In einer **Atombombe** läuft die bei der Zertrümmerung eines Urankerns ablaufende Kettenreaktion blitzartig und unkontrolliert ab. Bei einer friedlichen Nutzung der Atomenergie in einem *Reaktor* (**Atomkraftwerk**) wird die Kettenreaktion stark verlangsamt und unter Kontrolle gebracht. Da bei der Zertrümmerung von Atomkernen aber auch gefährliche radioaktive Strahlen frei werden, muß sich die Kernspaltung hinter sehr dicken Blei- und Betonmauern abspielen. Noch sehr viel mehr Energie als bei der Atomkernspaltung wird erzeugt, wenn man zwei Atomkerne miteinander verschmilzt *(Kernfusion)*.

Atomkraftwerk Darunter versteht man ein **Kraftwerk** *(Kernkraftwerk)*, in dem **Atomenergie** in elektrische **Ener**gie umgewandelt wird. Der ständig steigende Bedarf an elektrischem Strom kann von den gewöhnlichen Kraftwerken allein nicht mehr gedeckt werden. Mit den gewaltigen Energiemengen, die ein Atomkraftwerk liefern kann, wären eigentlich diese Probleme verhältnismäßig einfach zu lösen. Doch viele Menschen in aller Welt halten den Bau von Atomkraftwerken für zu gefährlich. Denn was geschieht, wenn die riesigen Energiemengen mit ihrer Hitzeentwicklung außer Kontrolle geraten? Dann reichen auch die dicksten Blei- und Betonmauern nicht mehr aus, um das Austreten der radioaktiven Strahlen (**Radioaktivität**) zu verhindern. Es kommt dann zu einem »Atomunfall«. Bestätigt fühlen sich die Gegner der Atomkraftwerke durch zahlreiche Unfälle, die sich in verschiedenen Atomkraftwerken auf der Welt bereits ereignet haben. Unter den Folgen eines schweren Atomunfalls hatte 1986 auch unser Land zu leiden, als es in einem russischen Kernkraftwerk, in *Tschernobyl*, zu einer schweren Explosion kam. Eine große radioaktive Wolke war in der Folge von Osten nach Westen gezogen und stand wochenlang über verschiedenen Ländern Mitteleuropas. Das Ausmaß der Schäden für die Menschen, die im Umkreis dieses Atomkraftwerkes lebten, ist noch gar nicht abzusehen. Angesichts solcher Katastrophen reicht es sicherlich nicht aus, die Sicherheit der Atomkraftwerke laufend zu verbessern. Mit allen Mitteln muß man darangehen, andere und neue Wege zu finden, um **Energie** zu gewinnen.

Augen Fast alle Lebewesen haben zwei bewegliche Augen. Bei manchen Tieren aber sind sie starr (**Insekten**), andere besitzen gar keine Augen, sondern, wie zum Beispiel der Regenwurm, einzelne lichtempfindliche Zellen in ihrer Haut. Das menschliche Auge ist einem Fotoapparat ähnlich. Das **Licht** ge-

Australien

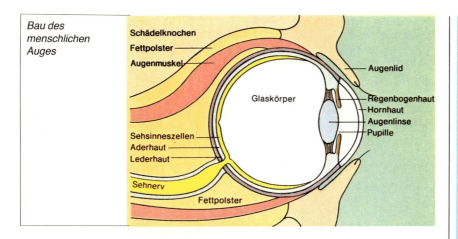

Bau des menschlichen Auges

langt durch die durchsichtige *Hornhaut* und die *Pupille* auf die *Linse*. Zuvor hat es die *Regenbogenhaut*, die bei der Lichtaufnahme wie die Blende beim Fotoapparat wirkt, durchlaufen. Sie schließt und öffnet sich je nach Lichteinfall. An der Hinterwand des Auges liegt die lichtempfindliche *Netzhaut*. Dort zeichnen die Lichtstrahlen ein scharfes Bild auf, das allerdings auf dem Kopf steht. Der *Sehnerv* nimmt dieses Bild auf und leitet es ins **Gehirn.** Erst dort entsteht das Bild, das wir sehen. Ist das Auge in seinem Bau zu lang oder zu kurz geraten, hat dies einen Sehfehler wie *Kurzsichtigkeit* oder *Weitsichtigkeit* zur Folge. Diese Sehfehler lassen sich mit einer **Brille** korrigieren. Die Augenfarbe, die beim Menschen blau, grau, schwarz, braun oder grün sein kann, wird bestimmt von der Regenbogenhaut.

Australien Den kleinsten **Erdteil** trennen große Meere von den anderen Erdteilen. Auf einer Fläche von 7,6 Millionen km^2 leben 17 Millionen Einwohner. Das Land besteht hauptsächlich aus **Wüsten** und **Steppen,** durchzogen von einzelnen Mittelgebirgen. An der Ostküste erhebt sich ein 2000 m hohes und 2000 km langes Gebirge. An der Nord- und Nordostküste liegen tropische Regenwälder. Fruchtbares Land gibt es nur auf einem schmalen Küstenstreifen im Südwesten und Südosten. Hier haben sich auch die meisten weißen Australier (14 Millionen) angesiedelt. Von den Ureinwohnern Australiens, den *Australiden (Aborigines)*, leben heute nur noch rund 50000. Sie bilden eine eigene **Rasse,** sind schlank, haben einen schmalen Kopf mit einer breiten, kurzen Nase und mittelbraune Haut. Die Australiden leben heute noch so wie die Menschen vor vielen tausend Jahren. Mit Keule, Speer und **Bumerang** gehen sie auf die Jagd. Australien ist die Heimat vieler Tiere und Pflanzen, die es auf der Welt sonst nirgends gibt. Dazu gehören die seltsamen **Beuteltiere,** die am Bauch einen Brutbeutel für ihre Jungen haben; das bekannteste unter ihnen ist das **Känguruh.** Die mächtigen Eukalyptusbäume, deren Stamm einen Umfang von 30 m erreichen kann, wachsen hier bis zu einer Höhe von 100 m. Der Kontinent ist reich an Bodenschätzen wie **Eisen, Kohle, Gold, Silber, Diamanten** und **Uran.** In Australien werden viele Rinder und Schafe gezüchtet. So ist das Land auch der größte Rindfleisch- und Wollieferant der Welt. Schon auf sehr alten Landkar-

Auto

ten war Australien angegeben. Vor ungefähr 600 Jahren vermutete man allerdings nur, daß unterhalb von **Asien** noch ein Erdteil liegen müßte. Erst um 1600 wurde Australien von portugiesischen, holländischen und spanischen Seefahrern entdeckt. Mit der Erforschung dieses Kontinents begann man vor rund 200 Jahren. Der berühmte englische Weltumsegler *James Cook* erforschte die Ostküste, und bald darauf entstand dort die erste **Kolonie** »Neu-Südwales«. Zu Anfang lebten und arbeiteten dort nur englische Sträflinge, die man aus ihrer Heimat verbannt hatte. Bald jedoch folgten die ersten freien Siedler, und Australien wurde zu einem der bedeutendsten Einwandererländer. Die einzelnen Landesteile formten sich zu Bundesstaaten und schlossen sich 1901 zum »Australischen Staatenbund« mit der Hauptstadt *Canberra* zusammen.

Auto Das ist die Abkürzung von Automobil. Die genaue Bezeichnung ist *Kraftwagen*. Das erste Automobil mit **Verbrennungsmotor** baute 1885 *Carl Benz*. Ein Jahr später fuhr *Gottlieb Daimler* mit einem vierrädrigen Benzinwagen die 18 km lange Strecke von Stuttgart nach Cannstatt. Lange Zeit sah das Auto seinem Vorläufer, der Pferdekutsche, noch sehr ähnlich. Bis in die zwanziger Jahre unseres Jahrhunderts waren die Autos meist offen. Der Motor wurde in der ersten Zeit noch durch eine Feder angetrieben, die sich während der Fahrt langsam aufzog. Später startete man ihn mit Hilfe einer Handkurbel. Die modernen Autos sind natürlich bequemer und sicherer. Sie fahren schneller und brauchen gemessen am Bezinverbrauch der ersten Autos weniger Treibstoff. Fast alle werden durch einen Verbrennungsmotor angetrieben; nur einige Fahrzeuge sind mit einem **Elektromotor** ausgerüstet. Ein Auto besteht aus dem *Fahrgestell* und der *Karosserie*. Das Fahrgestell enthält den Fahrzeugrahmen, die Räder, die Lenkung, den Motor mit der Aufspuffanlage und das **Getriebe.** Die Karosserie ist der Aufbau des Autos und besteht aus den Kotflügeln, der Motorhaube, dem Kofferraumdeckel, den Stoßstangen und dem Fahrgastraum mit den Türen und Sitzen. Gestartet wird das Auto mit dem *Anlasser*. Mit dem Gaspedal kann der Fahrer die Geschwindigkeit steuern, mit dem Kupplungspedal die Verbindung zwischen dem Motor und dem Getriebe unterbrechen, wenn er einen anderen Gang wählen oder das Auto anhalten will. Mit den Gängen wird die Geschwindigkeit geregelt. Vie-

Die Benzinkutsche von Carl Benz (links); der 750 i L von BMW (rechts) kostet rund 150 000 Mark

Autobahn

le Autos haben heute eine *Automatik* **(Automat).** Der Fahrer muß hier nicht mit dem Fuß die Kupplung und mit der Hand die Gangschaltung betätigen, da das Umschalten der Gänge automatisch erfolgt. Zwischen Kupplung und Gaspedal liegt das Bremspedal. Diese Fußbremse wirkt auf alle Räder des Autos, die zusätzliche, schwächere Handbremse nur auf die Hinterräder. Man unterscheidet *Personenkraftwagen* (PKW), *Lastkraftwagen* (LKW) und *Omnibusse*. Zusammen mit den **Motorrädern,** Zugmaschinen und Spezialfahrzeugen gehören die Autos zu den *Kraftfahrzeugen.*

Autobahn Das ist eine breit angelegte Schnellstraße mit einer oder mehreren Fahrspuren zum Überholen. Die erste Autobahn verlief 1932 zwischen den

Wie eine riesengroße Schleife sieht dieses Autobahnkreuz aus

Autogramm

Städten Köln und Bonn. Auf einer Autobahn gibt es keinen Gegenverkehr, keine Kreuzungen, keine parkenden Autos und keine Fußgänger. Langsame Fahrzeuge wie Traktoren oder Fahrräder, die nicht schneller als 60 km/h fahren können, dürfen die Autobahn nicht befahren. Die Gegenfahrbahn ist durch einen Grünstreifen und eine Leitplanke abgetrennt. Die Bundesrepublik Deutschland hat eines der bestausgebauten Autobahnnetze Europas. Bei uns ist die Benutzung der Autobahn kostenlos, in anderen Ländern wie Italien, Frankreich oder der Schweiz muß man eine Gebühr bezahlen. Dort darf auch eine bestimmte Höchstgeschwindigkeit (100, 120 oder 130 km/h) nicht überschritten werden. Bei uns gilt noch keine Geschwindigkeitsbegrenzung. Es gibt aber Bestrebungen, ein generelles Tempolimit von 130 km/h einzuführen. Obwohl Autobahnen sehr breit und sicher gebaut sind, ereignen sich doch viele Unfälle, vor allem schwere Auffahrunfälle bei Nebel, Glatteis oder Staus, in die oft zahlreiche Autos verwickelt sind. Manchmal verwechseln aber auch Autofahrer die richtige Auffahrt und fahren in verkehrter Richtung auf die Autobahn. Diese sogenannten »Geisterfahrer« haben schon viele tödliche Unfälle verursacht.

Autogramm Berühmte Leute wie Fußball- und Tennisstars, Filmschauspieler, Sänger, Schriftsteller oder Politiker haben viele Anhänger *(Fans)*. Treten sie in der Öffentlichkeit auf, werden sie von allen Seiten um ein Autogramm, also ihre Unterschrift, gebeten. Häufig wird auch noch eine besondere Widmung gewünscht, beispielsweise »Für Petra, herzlichst Boris Becker«.

Automat Darunter versteht man eine Maschine, die Arbeit verrichtet, ohne daß der Mensch dabei seine Hand im Spiel hat. Einfache Automaten geben nach Einwurf von Geldstücken Zigaretten oder Kaugummi aus. Andere schalten im **Getriebe** eines **Autos** die Gänge um, stellen Telefonverbindungen her und lösen bei Rauch Feueralarm aus. Selbst Flugzeuge und Raketen können automatisch gesteuert werden. Besondere Automaten sind der **Computer** und **Roboter**.

Bei der Autoherstellung übernehmen Automaten viele Tätigkeiten, die früher von Hand ausgeführt wurden

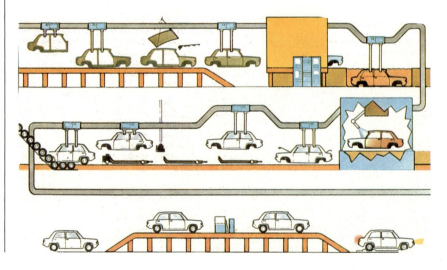

Bahnhof

Bagger Darunter versteht man große Maschinen, die Erdreich, Steine, Geröll und Kohle aufladen und wegräumen. Bagger werden im Straßen- und beim Hausbau, aber auch bei der Förderung von Kohle im **Bergbau** eingesetzt. Nach ihrer Arbeits- und Bauweise unterscheidet man verschiedene Arten von Baggern. Beim *Löffelbagger* ist an einem Gelenkarm eine Art großer Löffel befestigt. Löffelbagger dienen in erster Linie dem Ausheben von Erde. *Mehrgefäßbagger* arbeiten mit einer umlaufenden Kette, an der mehrere Grabgefäße in Form von Eimern oder Schaufeln angebracht sind. Man verwendet diese Bagger zum Fördern von **Gestein.** Beim *Schaufelradbagger* befinden sich an einer großen Schaufel mehrere schaufelförmige Grabgefäße. Sie werden im Braunkohlenbergbau sowie in Sand- und Kiesgruben eingesetzt. *Greifbagger* ähneln einem Kran, an dem an Drahtseilen zwei Greifer hängen. Diese können geöffnet werden und schließen sich dann um die Last, die nach oben gezogen werden muß. *Naßbagger* sind in Schiffen eingebaut und kommen in seichten Gewässern zum Einsatz.

Bahnhof So nennt man eine Haltestelle für Eisenbahnzüge. Im *Hauptbahnhof* einer großen Stadt treffen sich viele Eisenbahnlinien. Jeden Tag kommen einige hundert Züge an und fahren wieder ab. Hier treffen sich täglich Tausende von Menschen. Im Gebäude ei-

Große Mengen Erdreich kann dieser Bagger abtragen

Bakterien

Der Kölner Hauptbahnhof

nes großen Bahnhofs, der *Bahnhofshalle*, befinden sich die *Fahrkartenschalter*, die *Gepäckaufbewahrung* und die *Postschalter*. Auch Gaststätten und Geschäfte sind hier untergebracht. Von der Bahnhofshalle aus kommt man auf den Querbahnsteig, auf den die verschiedenen *Gleise* mit ihren *Bahnsteigen* zulaufen. Die meisten großen Städte haben einen *Kopfbahnhof*, d. h. die Gleise enden im Bahnhof, und der Zug verläßt zur Weiterfahrt den Bahnhof in derselben Richtung, aus der er gekommen ist. Zum Bahnhof gehört auch das *Eisenbahnbetriebswerk* mit Werkstätten, Signalschuppen und Lokschuppen. In *Rangierbahnhöfen* werden neue Züge zusammengestellt; in *Stellwerken* wird für die richtige Stellung der Weichen und Signale gesorgt. Auf *Güterbahnhöfen* werden Güterzüge be- und entladen. In der *Bahnhofsverwaltung* erstellt man halbjährlich wechselnde Fahrpläne

Bakterien Diese sehr kleinen, pflanzlichen Lebewesen kann man nur unter dem **Mikroskop** in Form von Stäbchen, Kugeln, Spiralen oder Fäden erkennen. Sie kommen überall in der Luft, im Wasser und im Erdboden vor. Wenn der Mensch einmal Luft holt, nimmt er etwa 1 Million Bakterien in seinen Körper auf. Bakterien vermehren sich durch Teilung ihres Zelleibes **(Zelle).** Das geht so schnell, daß aus einer einzigen Bakterie innerhalb eines Tages 70 Millionen neue Bakterien entstehen können. Manche sind schädlich und können Krankheiten, Gärung oder Fäulnis verursachen. Gegen den Großteil dieser Bakterien hat der Mensch natürliche Abwehrstoffe entwickelt. Andere Bakterien wiederum sind für den Fortbestand des Lebens unbedingt notwendig. Sie helfen zum Beispiel, im **Darm** die Nah-

Ballon

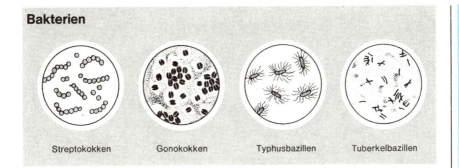

Bakterien: Streptokokken, Gonokokken, Typhusbazillen, Tuberkelbazillen

rung zu zersetzen, und sind für die **Verdauung** wichtig.

Ballett Diese Tanzweise gibt es seit dem 16. Jahrhundert. Der anmutige **Tanz** wird im **Theater** oder in der **Oper** vorgeführt. Die Körperhaltung, die Bewegung der Arme und die Stellung der Beine folgen strengen Regeln. Ballett ist eine in Musik umgesetzte, getanzte Geschichte. Die Tänzer erzählen die Geschichte mit Körperbewegungen und sprechen dabei kein Wort. Jahrelanges hartes und frühzeitiges Training ist notwendig, um ein erfolgreicher Ballettänzer zu werden. Eine Ballettänzerin nennt man eine »Ballerina«, die Vortänzerin eines Balletts ist die »Primaballerina«.

Ballon Darunter versteht man einen mit **Gas** oder *Heißluft* gefüllten, meist kugelförmigen Körper. Damit ein Ballon fliegen kann, muß seine Füllung leichter als **Luft** sein. Dadurch entsteht ein *Auftrieb*, und der Ballon steigt nach oben. Wir kennen Luftballons, die hochsteigen und davonfliegen, wenn man deren Schnur losläßt. Es gibt aber auch große Ballons, an denen ein Korb hängt, in dem bis zu fünf Menschen Platz haben. Hier unterscheidet man *Gasballons* und *Heißluftballons*. Beim Gasballon wird die Hülle des Ballons mit Gas, beim Heißluftballon mit heißer Luft gefüllt. Wenn nun der Ballon aufgestiegen ist, kann er über weite Strecken »fahren« (so nennt man das in der *Ballonfahrt*). Ihn zu steuern ist allerdings schwer, denn er wird vom Wind getrieben. Wohl aber läßt sich die Höhe, in der er treiben soll, bestimmen. Es werden deshalb schwere Gegenstände (meist Sandsäcke, die Ballast heißen) mitgeführt. Je höher der Ballon steigen soll, um so mehr Ballast wird abgeworfen. Will man wieder landen, wird einfach Gas abgelassen, und der Ballon senkt sich nach unten. Bei Heißluftballons wird zur Lan-

Viele Mädchen träumen von einer Laufbahn als berühmte Ballett-Tänzerin

Bambus

Aufstieg des Heißluftballons »Martial« der Brüder Montgolfier am 19. September 1783 in Versailles

dung der große Brenner, der die Luft unter der Ballonhülle erhitzt, kleiner gedreht. Am 21. November 1783 fuhren zum ersten Mal Menschen mit einem solchen Heißluftballon durch die Luft. Es war die sogenannte »Traum-Montgolfière« der französischen Brüder *Montgolfier*. Rund 200 Jahre später (1978) gelang es erstmals zwei Amerikanern, mit ihrem Ballon »Double Eagle II« den Atlantischen Ozean von Amerika nach Europa zu überqueren.

Bambus Das ist eine grasartige Pflanze, die vor allem in den **Tropen** und in Südostasien wächst. Der harte, hohle Stamm, das Bambusrohr, kann täglich bis zu 1 m wachsen und bis zu 40 m hoch werden. Die jungen Triebe (Bambussprossen) werden als Gemüse verzehrt, die Stämme für Bauholz, Möbel oder Stöcke genutzt. Aus den Pflanzenfasern flechten die Einheimi-

schen Matten. Bambus ist auch die Hauptnahrung des **Pandabären.**

Banane Diese tropische **Frucht** wächst an einer 3–7 m hohen Staude. Bananen werden grün geerntet und reifen erst in Bananenschiffen und Lagerhäusern. Dann sind sie gelb. Die Bananenpflanze stirbt ab, wenn die Früchte geerntet wurden. Aus ihrem Wurzelstock wächst jedoch eine neue Staude heran.

Bank Wenn früher die reichen Kaufleute auf Handelsreisen gingen, war das für sie nicht ungefährlich, denn sie trugen viele Säcke mit **Geld** bei sich und wurden deshalb oft von Räubern überfallen. Als erste kamen die Italiener im **Mittelalter** auf den Gedanken, das Geld – damals meist noch Goldstücke – zu einem Handelshaus zu bringen und sich für die hinterlegte Summe eine Bescheinigung ausstellen zu lassen. Mit diesem Schein konnte man etwas be-

Bambus

Bank

Auch kleine Leute können Kunden einer Bank sein

zahlen. Der Empfänger des Scheins ging in ein Handelshaus und löste den Schein gegen das hinterlegte Gold aus. Aus diesen Handelshäusern sind die heutigen Banken entstanden. Die Bezeichnung geht auf die Wechselstuben zurück, wo die Geldwechsler eine Bank mit Schüsseln für die verschiedenen Geldsorten aufstellten. Banken oder *Sparkassen* bewahren für ihre Kunden Geld auf und verleihen auch Geld. Sie haben in allen Städten und Ortschaften Zweigstellen *(Filialen).* Will man sein Geld bei der Bank in Verwahrung geben, muß man ein *Konto* eröffnen. Dieses Konto erhält eine bestimmte Nummer. Zahlt der Kunde Geld auf dieses Konto ein, so bekommt er eine Gutschrift. Holt er sich Geld vom Konto, erfolgt eine Lastschrift. Alle Vorgänge auf seinem Konto werden auf einem Kontoauszug ausgedruckt. Der Kunde weiß immer, wieviel Geld er auf seinem Konto hat. Alle Arbeitnehmer bekommen ihren Lohn vom Arbeitgeber durch eine *Überweisung* auf ihr Konto gezahlt. Der Arbeitgeber gibt seiner Bank den Auftrag, den entsprechenden Betrag von seinem Konto abzuziehen und dem Konto des Arbeitnehmers zuzurechnen. Dieser wiederum kann seine Ausgaben für die Miete, die Telefonrechnung, eine Arztrechnung usw. durch eine Überweisung bezahlen. Will jemand Geld sparen, eröffnet er ein *Sparkonto.* Dafür bekommt er von der Bank ein *Sparbuch,* in dem alle Einzahlungen vermerkt werden. Zu dem ersparten Geld zahlt die Bank noch etwas Geld als *Zinsen* hinzu. Zinsen sind Leihgebühren. Die Banken leihen sich das gesparte Geld ihrer Kunden für eine bestimmte Zeit aus, um es wiederum anderen Kunden zu leihen. Die Sparer erhalten dafür Zinsen. Will sich aber ein Kunde von der Bank Geld leihen, so bekommt er einen *Kredit,* den er nach einer festgesetzten Zeit zurückzahlen muß. Dafür muß er nun der Bank Zinsen zahlen. Da die Bank an ihren Kunden aber auch etwas verdienen will, sind diese Zinsen höher, als diejenigen, die die Bank ihren Kunden zahlt. Eine Bank hat einen großen Geschäftsraum mit mehreren Schaltern. Hinter diesen be-

Bär

dienen und beraten die Bankangestellten die Kunden. Der Kassenschalter ist mit dicken Glasscheiben und einer Alarmanlage abgesichert. Bis auf das Geld im Kassenschalter wird das gesamte Geld einer Bank in besonders gesicherten Geldschränken *(Tresoren)* aufbewahrt.

Bär Dieses große **Raubtier** hat einen dicken, zottigen Pelz. Der *Braunbär* wurde vom Menschen schon immer als Viehräuber verfolgt und ist deshalb in vielen Gebieten Mitteleuropas ausgestorben. Er lebt heute nur noch in Skandinavien, in den Karpaten, auf dem Balkan, in den Pyrenäen und in einigen Alpengebieten. Der Bär tritt mit dem ganzen Fuß auf, ist also ein Sohlengänger. Trotz seines Gewichtes kann er sehr schnell laufen und ist auch ein äußerst geschickter Kletterer. Er ernährt sich sowohl von Wurzeln, Beeren, Pilzen, Würmern und Insekten, als auch von kleineren und größeren Säugetieren. Daher nennt man ihn einen Allesfresser. Mit großer Vorliebe schleckt er Honig. Der Bär ist ein Einzelgänger und lebt mit seiner Familie im Wald, wo er ein großes Revier für sich beansprucht. Den Winter verbringt er in einem Lager aus Fichtenzweigen, Laub und Heu unter umgestürzten Bäumen oder in Erdhöhlen. In den Wintermonaten bringt die Bärin zwei bis drei blinde Jungen zur Welt, die etwa so groß wie Ratten sind. Die Jungen sind sogenannte Nesthokker und viele Wochen hilfebedürftig. Sie werden ein Jahr lang von der Mutter versorgt und geführt. Erst dann sind sie in der Lage, selbständig auf Nahrungssuche zu gehen. Der aus vielen Trappergeschichten bekannt amerikanische graue *Grizzlybär* ist noch größer und

Der Braunbär ist in Europa das größte Raubtier. Hier leben jedoch nur noch 100 Exemplare

stärker als der Braunbär. In Amerika ist auch der kleine *Waschbär* beheimatet, der so genannt wird, weil er seine Nahrung vor dem Fressen ins Wasser taucht. An den Rändern des nördlichen Polarmeeres lebt der *Eisbär*. In seinem rund 30jährigen Leben ist er ständig auf Wanderschaft, denn er wird auf den Eisschollen Hunderte und Tausende von Kilometern umhergetragen. Der Eisbär hat sich dem arktischen Leben so gut angepaßt, daß er keine Winterruhe braucht. Sein dichtes, weißes Fell und seine dicke Speckschicht schützen ihn vor der Kälte. Er ist zudem ein vorzüglicher Schwimmer. Seine Hauptbeute sind Seehunde. In den Bambusdschungeln des **Himalaja** lebt der **Pandabär**. Bären sind sehr gelehrige Tiere. Früher zog das fahrende Volk (Schausteller) mit Tanzbären von Ort zu Ort. Dressierte Braun- oder Eisbären zeigen heute noch im **Zirkus** ihre Kunststückchen.

Barometer Darunter versteht man ein Gerät zum Messen des *Luftdrucks*. Die **Luft** hat ein Gewicht, mit dem sie auf die Erde drückt. Dieser Druck ist aber nicht immer gleich, sondern hängt vom Wetter und der Höhe des Ortes über dem Meeresspiegel ab. Mit der Höhe nimmt der Luftdruck ab, weil die Luft dünner wird. Auf der Oberfläche eines Meeres ist er am stärksten. Den ersten Luftdruckmesser erfand 1643 der italienische Naturforscher *Torricelli*. Er füllte eine Glasröhre von etwa einem Meter Länge, die an einem Ende zugeschmolzen war, mit *Quecksilber*. Als er das Rohr aufrichtete, sank die Quecksilbersäule auf etwa 760 mm ab. Das Gewicht einer Säule von dieser Höhe entspricht offenbar dem normalen Druck der Luft. Außer diesem Gefäßbarometer gibt es auch das *Dosenbarometer (Aneroidbarometer)*. Wichtigster Bauteil dieses Gerätes ist eine elastische, kreisrunde, fast luftleere Blechdo-

Ein Barometer im Querschnitt

se, die von einer starken Feder gehalten wird. Nimmt der Luftdruck zu, wird die Dose leicht eingedrückt. Durch verschiedene Hebel überträgt sich die Bewegung auf einen Zeiger. Auf manchen Barometern stehen die Bezeichnungen »schön«, »veränderlich«, »Sturm« und »Regen«. Das ist darauf zurückzuführen, daß hoher Luftdruck meist schönes Wetter, Tiefdruck in der Regel Regen und Sturm mit sich bringt.

Basketball Dieses Spiel stammt aus Amerika. Dabei spielen zwei Mannschaften von je 5 Spielern auf einem Spielfeld, das 26 m lang und 14 m breit ist. Innerhalb der Spielzeit von zweimal 20 Minuten muß der etwa fußballgroße Ball so oft wie möglich in den gegnerischen Korb, der in einer Höhe von 3,05 m über dem Spielfeld angebracht ist, und einen Durchmesser von 45 cm hat, geworfen werden. Der Ball darf sich dabei nicht länger als 10 Sekunden im eigenen Spielfeld befinden und der Gegner nicht berührt werden.

Batterie Das ist in erster Linie ein Speicher für elektrische **Energie.** In einer Batterie wird durch die Zusammenschaltung mehrerer Stromquellen die Spannung erhöht. Batterien braucht man zum Starten eines **Autos,** für Taschenlampen, tragbare Radiogeräte, Waagen und **Uhren.** Manche von ihnen lassen sich, wenn sie leer sind,

47

Bauer

neu aufladen (zum Beispiel die Autobatterie). Die meisten Batterien aber müssen, wenn sie sich nach einer gewissen Zeit verbraucht haben, durch neue ersetzt werden. Im militärischen Sinne ist eine Batterie die Zusammenfassung von meist vier Geschützen.

Bauer Er züchtet Vieh und bearbeitet das Feld. Ohne seine Arbeit hätten wir kein Brot, kein Fleisch, keine Milch und keine Eier. Das Tagewerk eines Bauern beginnt mit dem ersten Hahnenschrei und endet, wenn alle Tiere (Kühe, Schweine, Hühner) versorgt sind. Auf dem Bauernhof gibt es das ganze Jahr über Arbeit. Das Vieh muß tagtäglich gefüttert werden, der Stall ausgemistet, das Heu in die Scheune eingefahren werden. Durch den Einsatz moderner Maschinen ist auch die Arbeit des Bauern leichter geworden. Während früher bei der Getreideernte alle Bewohner des Hofes viele Tage auf dem Feld arbeiteten, kann heute mit dem Mähdrescher ein Mann an einem Tag ein Kornfeld abernten. Die Maschine mäht, drischt, füllt das Korn in Säcke und wirft das Stroh in viereckigen Ballen aus. Vollerntemaschinen übernehmen das Ernten von Kartoffeln und Futterrüben.

Bäume Sie gehören zu den ältesten Pflanzen auf der Erde und werden größer und älter als alle anderen. Den chinesischen »Gingko Biloba«-Baum gab es bereits vor 160 Millionen Jahren. Bäume gibt es überall auf der Erde: in trockenen Gebieten, in sumpfigen Flußlandschaften, subtropischen **Wüsten** und **Steppen,** kalten Polargebieten und den höchsten Gebirgen. Einzelne Arten werden mehrere tausend Jahre alt; andere über 100 m hoch. In Kalifornien steht der älteste Baum, eine 4600 Jahre alte Kiefer. Dort finden sich auch die höchsten Bäume der Welt, die »Riesenmammutbäume«. Man unterscheidet *Laub-* und *Nadelbäume*. Manche Bäume werfen ihre Blätter oder Nadeln im Herbst ab und bilden sie im Frühling neu. Andere behalten diese mehrere Jahre und werden auch im Winter nicht kahl. Laubbäume haben flache Blätter. Bei uns sind vor allem **Eichen, Linden,** Buchen und **Ahorn** bekannt. Nadelbäume sind vielverzweigt, immergrün (mit Ausnahme der Lärche) und enthalten **Harz.** Ihre Blätter sind zu Nadeln umgebildet. Bei einem durchgeschnittenen Baumstamm kann man von der Mitte des Stammes ausgehende Ringe im **Holz** erkennen. Diese entstehen durch das regelmäßige, an Jahreszeiten und Wetter gebundene Wachstum der Bäume. Die Bildung eines Ringes beginnt im Frühjahr mit dem »Frühholz« und wird nach dem Sommer mit dem »Spätholz« beendet. Die Ringe sind durch die unterschiedliche Färbung des Früh- und Spätholzes zu erkennen. Zählt man die Ringe dieses Baumes ab, weiß man wie alt der Baum ist. Man nennt sie deshalb auch *Jahresringe*.

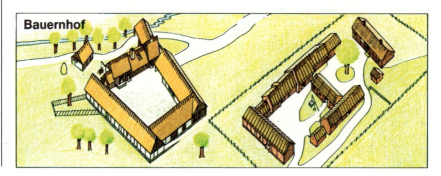
Bauernhof

Beeren

Baumwollfelder in Israel

Baumwolle Damit bezeichnet man die Samenhaare des bis zu 2 m hohen Baumwollstrauches. Er wird in warmen Gebieten Asiens, Amerikas, Afrikas und Australiens auf großen Plantagen angepflanzt. Die Samenkapseln werden mit der Hand oder von Maschinen gepflückt. Nach achtmonatiger Reifezeit platzen die Kapseln auf, und die weißen Samenhaare quellen heraus. Aus ihnen wird das Baumwollgarn gesponnen. Die Baumwolle ist das wichtigste Rohmaterial für die Herstellung von natürlichen Textilien. Aus gepreßten Baumwollsamen wird Speiseöl gewonnen.

Beamter So bezeichnet man einen Angestellten des **Staates,** also einer staatlichen Gemeinde, Behörde oder Einrichtung wie die Schule. Bevor ein Beamter sein Amt antritt, muß er einen Eid auf die **Verfassung** des Staates ablegen. Er verpflichtet sich dabei, diesem zu dienen und seine Arbeit gewissenhaft auszuführen. Nach einem Zeitraum von 3–5 Jahren ist er auf Lebenszeit angestellt und kann seinen Arbeitsplatz, außer bei einer sehr schweren Pflichtverletzung, nicht mehr verlieren. Ein Beamter kann allerdings nicht streiken **(Streik).** Im Alter von 65 (bei Männern) oder 63 Jahren (bei Frauen) gehen Beamte in den Ruhestand und bekommen ein Ruhestandsgehalt – die *Pension.*

Beeren Das sind Früchte mit einem saftigen Inneren, vielen Samenkernen und einer festen Außenhülle. Es gibt u. a. Weinbeeren, Blaubeeren, Johannisbeeren, Himbeeren und Erdbeeren. Die beiden letzten sind allerdings keine echten Beeren, sondern werden nur so genannt. Zu den Beeren gehören auch Gurken, Paprika und Tomaten. Wild-

Befruchtung

Rote Johannisbeeren

beeren werden gerne von Vögeln gefressen. Ihre Samen gelangen unbeschädigt durch den Darm der Vögel und werden mit dem Kot wieder ausgeschieden. Auf diese Weise übernehmen die Vögel die Verbreitung der Samen und damit die **Fortpflanzung** der Beeren.

Befruchtung Darunter versteht man die Vereinigung einer männlichen und weiblichen Geschlechtszelle bei Mensch, Tier und Pflanze. Beim Tier und beim Menschen tritt eine männliche *Samenzelle* in eine weibliche *Eizelle* ein. Die Zellkerne beider Geschlechtszellen verschmelzen. Der dabei entstehende Zellkern des neuen Lebewesens enthält deshalb auch die Erbanlagen **(Vererbung)** beider Elternteile. Durch Zellteilung wächst aus dieser neuen **Zelle** der *Embryo*. Beim Menschen werden die männlichen und weiblichen *Keimzellen* in den Geschlechtsorganen (S. 142) von Mann und Frau erzeugt. Bei den Pflanzen wird die Befruchtung durch die *Bestäubung* eingeleitet. Dabei wird der Blütenstaub, den man auch Pollen nennt, von einer Blüte auf die Narbe einer anderen übertragen.

Benzin Das ist der Antriebsstoff für **Verbrennungsmotoren.** Benzin wird aus **Erdöl** oder verflüssigter Steinkohle gewonnen. Das Erdöl wird in seine verschiedenen Bestandteile wie *Leicht-* und *Schweröl*, **Gas** und Benzin zerlegt. Man nennt das *Destillation*. Vermischen sich Benzindämpfe mit Luft, entsteht ein leicht brennbares Gasgemisch. Gelangt in dieses Gasgemisch ein Funken, zum Beispiel ein Zündfunken zum Starten eines **Autos,** gibt es eine kleine Explosion. Diese setzt den Motor des Autos in Gang. Dem Benzin sehr ähnlich ist das Kerosin für **Flugzeuge.** Als Kraftstoff gibt es bei uns Normalbenzin bleifrei, Superbenzin

Bergbau

bleifrei, Superbenzin und Dieselöl. Bleifreier Kraftstoff sowie der **Katalysator** verringern die Luftverschmutzung **(Umweltschutz, Blei).** Das Benzin eignet sich aber auch gut als Lösungs- bzw. Fleckenmittel für Fette, Öle und Harze (sogenanntes *Waschbenzin*). Zur **Desinfektion** von Wunden verwendet man *Wundbenzin*.

Berg Ein Großteil der Erdoberfläche ist mit Bergen bedeckt. Sie entstehen, wenn sich große Landmassen bewegen und im Verlauf von Jahrtausenden aufeinander zuwandern. Sie pressen dann das Land zwischen sich zusammen, und das zusammengedrückte Gebiet steigt als Berg auf. Diesen Vorgang nennt man *Faltung*. Andere Berge sind durch wiederholte Vulkanausbrüche **(Vulkan)** entstanden. Eine räumlich geschlossene Gruppe von Bergen und Hochflächen, die durch Täler gegliedert ist, bezeichnet man als Gebirge. Die größten Gebirgszüge in der Welt sind die **Alpen** in Europa, die **Rocky Mountains** und **Anden** in Amerika und der **Himalaja** in Asien. Aber auch im Meer gibt es Gebirge, und manchmal strecken hohe Berge, vom Meeresboden aufsteigend, ihre Gipfel als **Inseln** über die Wasseroberfläche.

Bergbau Darunter versteht man die Gewinnung verwertbarer **Mineralien** in großem Umfang und mit Einsatz vieler technischer Mittel. Unsere Erde ist reich an Bodenschätzen wie **Edelsteine, Erze, Kohle, Salze, Erdöl** und **Erdgas.** Diese Schätze werden im Bergbau zutage gebracht. Man spricht vom *Tagebau*, wenn die Bodenschätze nach Abtragen der ersten Bodenschicht direkt zugänglich sind (zum Beispiel *Braunkohle*). Im *Untertagebau* werden *Stollen*, oft mehrere hundert Meter tief, in die Erde getrieben. Beim Tagebau werden die **Gesteine,** Erdschichten und vor allem die Lagerstätten durch riesige **Bagger** und Förderbänder abgetragen. Im Untertagebau prüfen die Fachleute zunächst das Mineralvorkommen nach seiner Lage und Tiefe und planen dann die Stollen und Schächte. Im Gegensatz zu früher werden diese heute meist von Maschinen vorangetrieben. Wichtig ist dabei die Sicherung gegen Einsturz und Nachrutschen des Gesteins durch den Ausbau der Schächte mit Holz- und Stahlträgern. Auch muß der Stollen gut belüftet sein, damit freiwerdende Gase abziehen können (Explosions- »Schlagwetter«-Gefahr), und das Grundwasser abgeleitet werden (Gefahr der Stollenüberflutung durch Wassereinbruch). Während im Tagebau kaum noch menschliche Arbeitskraft benötigt wird und große Bagger den Bergmann ersetzen, sind die Bergleute im Grubenbau noch unersetzlich. An der Abbaustelle unter Tage arbeitet der *Bergmann* nicht mehr wie früher mit Spitzhacke, Pickel und Hammer. Auch hier werden große Maschinen eingesetzt, die vom Bergmann beaufsichtigt werden. Die abgelöste Kohle wird über Förderbänder oder in kleinen Transportwagen (Loren), die auf Schienen laufen, zur Sammelstelle in der Nähe

Das Matterhorn mit Riffelsee in der Schweiz

Bernhardiner

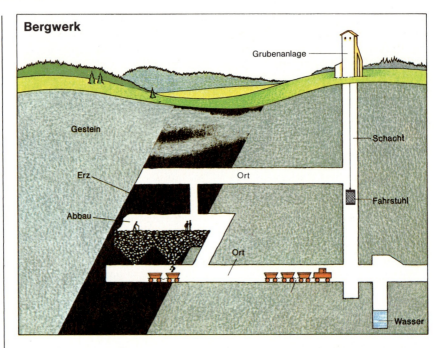

des Förderschachtes transportiert und in die Förderkörbe eingefüllt. Diese werden dann an starken Stahlseilen nach oben gezogen. »Glückauf« ist der Gruß der Bergleute.

Bernhardiner Dieser große, bis zu 80 kg schwere Hund hat ein weiß, braun und rot geflecktes Fell. Seinen Namen erhielt er vor etwa 300 Jahren. Mönche vom Hospiz auf dem *Großen Sankt Bernhard* (einem Berg in der Schweiz) richteten ihn als Suchhund ab. Wenn sich ein Wanderer oder Bergsteiger verirrt hatte oder von einer Lawine verschüttet worden war, spürte der Hund ihn mit seiner guten Nase auf und begann an der betreffenden Stelle kräftig mit den Pfoten im Schnee zu graben. Die Suche nach Lawinenopfern wird heute allerdings von modernen, technischen Suchgeräten übernommen.

Beton So bezeichnet man einen künstlichen, harten Baustoff, der aus

Ein Bernhardiner mit Bergführer

Bibliothek

Zement als Bindemittel, aus Sand sowie Kies besteht. Er wird unter Zugabe von Wasser in Betonmischmaschinen hergestellt. Der flüssige Betonbrei wird in Formen gepreßt, wo er nach dem Trocknen (Abbinden) zusammen mit dem meist eingelegten Stahldrahtgeflecht ein äußerst festes Gebilde ergibt. Die Kombination Beton und Stahl ist vielseitig einsetzbar. Besonders in Hochhäusern und großen Wohnanlagen sind Wände und Decken aus solchem *Stahlbeton*. Für besonders beanspruchte Teile (zum Beispiel **Brücken**) kann man die Stabilität noch erhöhen, wenn man vor dem Erhärten die Stahlbauteile in der Betonmasse spannt *(Spannbeton)*.

Beuteltiere Sie gehören zu den **Säugetieren** und kommen heute in 241 verschiedenen Arten in den unterschiedlichsten Lebensräumen vor. Beuteltiere unterscheiden sich von anderen Säugetieren durch die besondere Art der Brutpflege (**Brut**). Die Jungen kommen noch unfertig auf die Welt und brauchen deshalb eine besonders enge Bindung an den Mutterleib. Dafür haben die Muttertiere einen Beutel am Bauch, in dem sie die Jungen großziehen. Beuteltiere leben noch in Australien, auf den Inseln rund um Australien, in Süd- und Mittelamerika und einige auch in Nordamerika. Zu den wichtigsten Vertretern gehören das **Känguruh**, der *Beutelwolf*, die *Wasserbeutelratte* und der *Beutelmaulwurf*.

Bewässerung Mit Hilfe der Bewässerungstechnik lassen sich unfruchtbare, regenarme Landschaften für die **Landwirtschaft** nutzbar machen. Zur künstlichen Bewässerung kann man **Wasser** aus Flüssen, Seen oder Staubecken (**Staudamm**) ableiten oder Grundwasser aus dem Boden hochpumpen. Wichtig ist dabei das System der Verteilung, das sich nach der Beschaffenheit des Bodens richtet. Bei abfallendem Gelände kann man mit *Berieselung* arbeiten. Das Wasser wird aus dem Bewässerungsgraben durch Rieselrinnen geleitet. Auf seinem Weg durch das Gelände befeuchtet es den Boden und wird dann wieder in einem Entwässerungsgraben aufgefangen. Beim *Grabenstau* wird das Feld mit vielen Furchen durchzogen. Zwischen ihnen werden die Pflanzen angebaut. Das Wasser wird in die Furchen geleitet und sickert dann langsam in die Erde ein. Bei der *Beregnung* von oben pumpt man das Wasser über einen langen Schlauch in eine Berieselungsanlage, wie sie oft in Parks und auch Gärten zu sehen ist.

Bibel So heißt die *Heilige Schrift*, das Glaubensbuch der Christen. In ihr ist das Wort Gottes überliefert, nach dem die Christen leben sollen. Die Bibel gliedert sich in das *Alte* und *Neue Testament*. Die 39 Schriften des Alten Testaments sind hebräisch (die Sprache und Schrift der **Juden**) geschrieben. Das Alte Testament ist demnach auch die Heilige Schrift des **Judentums**. Es enthält die Geschichte von der Erschaffung der Welt, von Adam und Eva und der Sintflut bis zur Geburt Christi. In den 27 Büchern des Neuen Testaments wird die Lebensgeschichte *Jesu* und die Lebensgeschichte seiner Jünger erzählt. Außerdem vermittelt es die Lehre Jesu, die *Evangelien*. Die ältesten Schriften des Neuen Testaments waren griechisch geschrieben. In die deutsche Sprache hat *Martin Luther* die Bibel übersetzt.

Bibliothek So nennt man eine private oder öffentliche Sammlung von Büchern, aber auch den Raum oder das Gebäude, in dem diese aufbewahrt wird. Bibliotheken gab es schon im **Altertum**. Die größte und berühmteste Bibliothek war in *Alexandria*. Im **Mittelal-**

Bibliothek

Die berühmte 42zeilige Gutenberg-Bibel zählt zu den größten Kunstschätzen der Welt

ter wurden die Bücher von Mönchen in den Klöstern geschrieben und gesammelt. Mit der Erfindung des **Buchdrucks** gab es bald immer mehr Bücher, und **Universitäten** oder Fürstenhäuser legten sich Bibliotheken zu. Zu diesen hatten aber nur Gelehrte oder Studenten Zugang. Erst im 19. Jahrhundert entstanden Volksbüchereien, die jedermann benutzen konnte. Heute gibt es viele Bibliotheken. Jede Gemeinde, jeder Stadtbezirk hat eine Bücherei, und in jeder Schule gibt es eine Schulbücherei, in der sich die Schüler die Bücher ausleihen können. Sehr große Bibliotheken gehören dem Staat,

Bibliothek

Biene

das sind die *Staats-* oder *Landesbibliotheken*. Mit 24 Millionen Büchern ist die Lenin-Bibliothek in Moskau die umfangreichste der Welt. Die größte Bibliothek in der Bundesrepublik Deutschland ist mit 6 Millionen Büchern die *Bayerische Staatsbibliothek* in München. Dort ist auch die in der Welt einzigartige »Internationale Jugendbibliothek«, in der über 600 000 Kinder- und Jugendbücher aus aller Welt zusammengetragen wurden.

Biene Dieses **Insekt** mit zarten Flügeln lebt ähnlich wie die **Ameise** in großen Gemeinschaften (Bienenvölker) in einem Bienenstock. Es gibt etwa 10 000 verschiedene Bienenarten. Bei uns sind vor allem die *Honigbiene*, verschiedene *Wespen* und die *Hummeln* bekannt. Alle haben einen Giftstachel, mit dem sie sich gegen ihre Feinde wehren. Manche Wespen benutzen ihn aber auch, um ihre Beute zu vergiften. Die Honigbiene liefert den *Honig*, den sie aus dem Zuckersaft *(Nektar)* der **Blüten** in ihrem Honigmagen herstellt. Mit einem Saugrüssel holt sie ihn aus den Blüten und sammelt dabei an ihren Hinterbeinen den Blütenstaub. Diesen bringt sie nicht nur als Nahrungsmittel mit nach Hause, sondern »bestäubt« damit bei ihrem Flug auch andere Blüten. Auf diese Weise sorgen die Bienen auch für die **Fortpflanzung** der Blütenpflanzen. Im Bienenstock bauen die *Arbeitsbienen* sechseckige Waben aus Bienenwachs, das sie in winzigen Blättchen aus ihrem Hinterleib pressen. In diese Waben füllen sie den Honig. In eigens gebaute Brutzellen legt die *Bienenkönigin*, die als einzige in der Lage ist, Eier zu legen, jeweils ein Ei (im Sommer bis zu 3000 Stück pro Tag). Die männlichen Bienen (Drohnen) befruchten auf dem Hochzeitsflug die Bienenkönigin und sterben danach. Bevor eine neue Königin zur Welt kommt, verläßt die alte mit einem Schwarm den Stock, um anderswo ein neues Volk zu

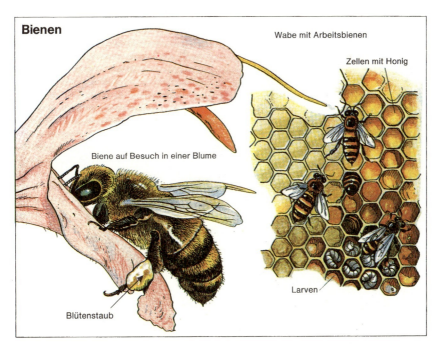

Bienen
Biene auf Besuch in einer Blume
Blütenstaub
Wabe mit Arbeitsbienen
Zellen mit Honig
Larven

Bier

gründen. Als Verständigungsmittel dienen den Bienen Düfte und Bewegungen. Sie informieren ihre Stockgenossinnen durch Rund- und Schwänzeltänze über die Entfernung oder Richtung einer reichen Nahrungsquelle. Die Richtung des Tanzes (nach oben oder unten) gibt die Richtung der Nahrungsquelle zum Sonnenstand an. Das Tempo des Tanzes gibt die Entfernung der Quelle an. Von *Imkern* werden die Bienen auch als Haustiere in Bienenkästen gehalten.

Bier Dieses kohlensäurehaltige Getränk enthält rund 4,5 Prozent Alkohol und wird in Brauereien aus Gerste, Hopfen und Wasser hergestellt (gebraut). Leicht- oder Light-Biere enthalten etwa 2,7 Prozent und alkoholfreie Biere unter 0,5 Prozent Alkohol. Das Reinheitsgebot in Deutschland erlaubt nur die Verwendung von Gerste, Hopfen und Wasser. Die Gerste läßt man im Wasser keimen, anschließend wird sie getrocknet und geröstet. Das daraus entstehende *Malz* wird zerkleinert und in heißem Wasser eingeweicht. Den flüssigen Brei nennt man *Maische*, die mit Hopfen gekocht wird. Das Ganze läßt man eine Woche gären. Dabei zersetzen sich die einzelnen Stoffe und wandeln sich um. Bei dieser Gärung entsteht **Alkohol.** Nach einer zweimonatigen Nachgärung füllt man das Bier in Fässer oder Flaschen ab und bringt es in den Handel. Bier gibt es, je nach Brauart, in verschiedenen Sorten, wie helles und dunkles Bier, Weizenbier, Pils und Altbier. In Bayern wird Bier seit 500 Jahren gebraut.

Bildhauer Er ist Handwerker und Künstler zugleich. Sein Arbeitsmaterial ist Marmor, Stein, aber auch Holz oder Metall. Der Bildhauer »haut« (schlägt) seine Formen und Figuren mit Hammer und Meißel aus dem Stein heraus, schnitzt sie mit dem Messer aus Holz

Der »David« von Michelangelo

oder gießt sie aus Metall. Während des **Altertums** entwickelte sich die Bildhauerei zu einer großen Kunst. Viele Statuen der antiken Bildhauer schmücken heute noch Tempel, Paläste, Grabmale, Triumphbogen oder befinden sich in **Museen.** Im **Mittelalter** standen die Bildhauer vornehmlich im Dienst der Kirche. Sie schufen Kirchenportale und religiöse Gestalten und Figuren. Im 16. Jahrhundert lebte in Italien der berühmte Maler, Architekt und Bildhauer *Michelangelo*, einer der genialsten Künstler aller Zeiten. Heute ist der Bildhauer entweder als freischaffender Künstler oder in einer künstlerischen Gemeinschaft tätig und hat eine handwerkliche, oft auch eine künstlerische Ausbildung an einer Kunstschule absolviert.

Biologie Diese Wissenschaft befaßt sich mit den Eigenschaften aller Lebewesen. Sie erforscht ihre Gestalt, Form

Blinddarm

und ihren Körperbau, die Arbeitsweise der Organe, ihre Lebensweise und soziale Ordnung, ihr Vorkommen auf der Erde und ihre geschichtliche Entwicklung. Die Biologie umfaßt die Lehre vom Menschen, die Tier- und Pflanzenkunde.

Blasinstrumente Bei dieser Gruppe von Musikinstrumenten bläst man durch ein Mundstück in ein Rohr, in dem sich verschiedene Luftklappen öffnen oder schließen. Auf diese Weise kommen die verschiedensten Töne zustande. *Flöten* haben helle Töne. Auf einer *Oboe* kann man sehr leise blasen, die Töne klingen zart. Tiefere Töne erzeugen das *Englischhorn* und das *Fagott*. Alle diese Instrumente sind aus feinen Hölzern gebaut, die Klappen aus Metall. Stärkere Bläserstimmen besitzen die *Blechblasinstrumente*. Die *Trompete* hat eine hellen, schmetternden Klang. Dem Jagdhorn ähnlich ist das *Horn*, das 3 m lange Schallhorn ist sehr verschlungen. Machtvolle Töne läßt die noch größere *Posaune* erklingen. Von gewaltiger Größe ist die *Tuba*, sie hat die tiefste Bläserstimme im Orchester.

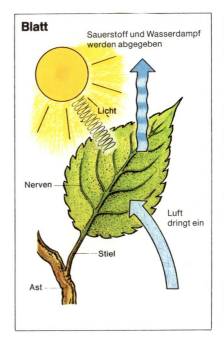

Blatt

Blatt Es erfüllt bei fast allen Pflanzen lebenswichtige Funktionen. Mit den Blättern »atmet« eine Pflanze, durch sie gibt sie **Sauerstoff** und Wasser an die Umgebung ab. Alle Blätter enthalten einen grünen Farbstoff, das *Blattgrün*. Es wird durch die Sonne gebildet, unter ihren Strahlen wandelt es sich in Stoffe um, welche die Pflanze zu ihrer Ernährung braucht. Eine wächserne Außenschicht oder kleine filzige Härchen schützen das Blatt vor der Austrocknung. Kleine Äderchen, die das Blatt durchziehen, leiten das Wasser überall hin. Bei den Blättern der Laubbäume bildet sich im Herbst eine Schicht von Korkzellen, die quer zum Blatt stehen. Diese schließen das Blatt ab. Es färbt sich leuchtend gelb oder rot, dann stirbt es und fällt vom Baum ab. Im Frühling, wenn es wieder wärmer wird, wachsen aus den Knospen neue Blätter. Auch die Nadeln der Tannen oder Fichten sind Blätter.

Blei Dieses graublaue, glänzende, sehr weiche *Schwermetall* kommt in Bleierzen oder Bleiglanz überall auf der Welt vor. Es wird in einem technischen Röstverfahren gewonnen, ist sehr widerstandsfähig und vielseitig verwendbar. Man verarbeitet es für Bleche, Wasserleitungsrohre, Kabel und zur Abschirmung gegen radioaktive Strahlen (**Atomkraftwerk**). Auch im Autobenzin ist Blei enthalten, das mit Auspuffgasen in die **Umwelt** gelangt und diese schwer belastet. Blei und seine Verbindungen sind giftig. Man hat deshalb begonnen, bleifreies Benzin herzustellen.

Blinddarm So nennt man eine kleine sackförmige Ausstülpung am Anfang

Blindheit

des Dickdarms (**Darm**), die in der rechten Bauchseite liegt. Der Blinddarm hat am unteren Ende keine Öffnung, sondern den sogenannten Wurmfortsatz. Dieser ist recht empfindlich. Hat er sich entzündet, bekommt man starke Schmerzen, häufig auch Fieber und muß erbrechen. Dann muß der Blinddarm durch eine kleine und heute ganz ungefährliche **Operation** entfernt werden. Spricht man von einer *Blinddarmentzündung*, ist das nicht ganz richtig, denn nur der Wurmfortsatz entzündet sich.

Blindheit Ist ein Mensch blind, kann er nichts sehen. Blindheit kann von Geburt an bestehen oder durch eine schlimme Krankheit oder Verletzung hervorgerufen werden. Blinde Menschen sind natürlich besonders auf die Hilfe anderer angewiesen, aber sie haben heute auch viele Möglichkeiten, sich selbständig zurechtzufinden.

Verkehrstraining für Blinde

Schon 1825 erfand ein Lehrer in Frankreich eine *Blindenschrift*. Sie besteht aus erhöhten Punkten, die man mit den Fingern abtastet. In *Blindenschulen* wird den Blinden das Lesen dieser Schrift beigebracht. Blinde Menschen entwickeln ein äußerst feines Gehör und einen guten Tastsinn. Damit man sie rechtzeitig erkennt und Rücksicht auf sie nehmen kann, tragen Blinde gelbe Armbinden mit drei schwarzen Punkten und führen einen weißen Blindenstock mit sich. Mit Hilfe dieses Blindenstocks und eines besonders ausgebildeten *Blindenhundes* können sich Blinde auch sicher auf der Straße bewegen.

Blume So nennt man eine Einzelblüte, aber auch Pflanzen, die **Blüten** tragen. Es gibt etwa 250 000 blühende Pflanzenarten auf der Erde. Ihre Blumen zeigen große Vielfalt. Es gibt Wald- und Wiesenblumen, Gebirgs- und Sumpfblumen und heute auch Gartenblumen. Nach den Zeiten ihres Wachstums werden sie Frühlings-, Sommer- und Herbstblumen genannt. Alle Blumen bilden Samen, die vom Wind oder den Vögeln mitgenommen und verteilt werden. Die weiße Schwanzspitze des Fuchses, des Wolfs, den Schwanz des Hasen und Wildkaninchens nennt man ebenfalls Blume.

Blut Es ist das wichtigste flüssige Transportmittel im Körper des Menschen und hat folgende Aufgaben: 1. Es versorgt alle Zellen mit Sauerstoff und entfernt das dort gebildete Kohlendioxid und transportiert es zur **Lunge**. 2. Es schafft alle Stoffe heran, die die **Zellen** für den Aufbau und die Funktion des Körpers benötigen. 3. Es bringt die beim Auf- und Abbau der Stoffe im Körper entstehenden Abfallprodukte zu den Orten der Ausscheidung (**Niere**). 4. Es verteilt die bei verschiedenen Vorgängen im Körper freiwerdende Wärme

Blutgruppe

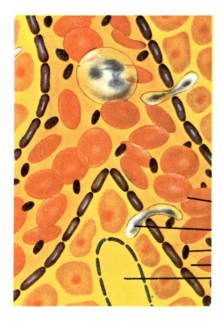

Ein Blutgefäß unter dem Mikroskop

gleichmäßig und dient zur Aufrechterhaltung der Körpertemperatur (beim Menschen etwa 37°C). 5. Es spielt eine wichtige Rolle bei der Abwehr von Fremdkörpern, Krankheitserregern und Giften, die in den Körper eingedrungen sind. 6. Es transportiert die **Hormone**. Ein erwachsener Mensch hat etwa 5–6 Liter Blut, das laufend erneuert wird. Es besteht zu 56 Prozent aus einer gelblichen Flüssigkeit, dem *Blutplasma*, und zu 44 Prozent aus festen Bestandteilen, den *roten* und *weißen Blutkörperchen* und den Blutblättchen.

Blüte Sie ist für viele Pflanzen der Ort der **Fortpflanzung.** Betrachtet man eine Blüte genauer, kann man erkennen, daß sie meist aus vielen kleinen, kreisförmig angeordneten Blättern besteht. Den äußeren Kreis bilden die *Kelchblätter*, dann kommen die *Blütenblätter*, die süßlich riechen und die **Insekten** anziehen. Die folgenden *Staubblätter* sind fadenförmig gewachsen und haben

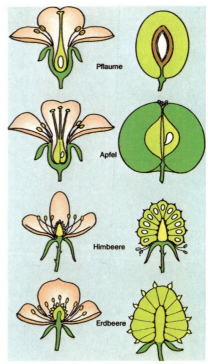

Längsschnitt durch verschiedene Blüten und Früchte

oben eine Verdickung, den *Staubbeutel*. Jeder Staubbeutel besitzt vier Pollensäcke, in denen die *Pollen*, der Blütenstaub, liegen. Ist der Pollen reif, öffnet sich der Staubbeutel und der Pollen fällt heraus. Im Inneren der Blüte steht der *Stempel*, der sich in *Fruchtknoten*, *Griffel* und *Narbe* gliedert. Im Fruchtknoten liegt die Samenanlage (**Samen**). Insekten fliegen die Blüten der verschiedenen Pflanzen an, um an die nahrhaften Pollen und den süßen Zuckersaft (Nektar) zu gelangen. Dabei nehmen sie Blütenstaub mit und tragen ihn zu einer anderen Blüte. Diesen Vorgang nennt man *Bestäubung*.

Blutgruppe Das menschliche Blut wird in vier verschiedene Gruppen eingeteilt: A, B, AB, und Null. Verliert ein Mensch, zum Beispiel bei einem Unfall,

Blutkreislauf

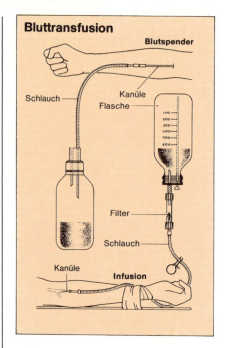

Bluttransfusion

sehr viel Blut und gerät dadurch in Lebensgefahr, kann man ihm fremdes Blut zuführen. Dieses muß aber dieselbe Gruppe haben, weil sich die Blutgruppen untereinander nicht vertragen. Nur die Gruppe Null paßt zu allen anderen Blutgruppen. Diese, oft lebensrettende Blutübertragung nennt man *Bluttransfusion*. In vielen Städten kann man sich bei einem Blutspendedienst 0,5–1 Liter Blut abzapfen lassen. Dieses gespendete Blut wird aufbewahrt und Krankenhäusern zur Verfügung gestellt.

Blutkreislauf Um seinen vielfältigen Aufgaben im Körper gerecht zu werden, muß das Blut im Körper kreisen, um an alle wichtigen Orte zu gelangen. Vom **Herzen** wird es durch die Blutgefäße (**Adern**) gepumpt. Das Herz zieht sich dabei abwechselnd zusammen und entspannt sich wieder. Beim Zusammenziehen wird das Blut in die *Arterien* gepreßt. Wenn das Herz erschlafft, saugt es das Blut an, und dieses strömt durch die *Venen* wieder zum Herzen zurück. Diese Wellenbewegung, die durch die Wechselbewegung des Herzens entsteht, ist als *Puls* u. a. an der Innenseite des Handgelenks zu spüren.

Bob Das ist ein Spezialschlitten aus Stahl mit zwei Kufenpaaren, die durch ein Gestell miteinander verbunden sind. Im Bob sitzen entweder zwei oder vier Fahrer (Zweier- oder Viererbob). Der Vordermann steuert den Bob mit den lenkbaren Vorderkufen, der Hintermann korrigiert als Bremser die Fahrt. Auf eigens dafür angelegten steilen Eisbahnen erreichen Bobs Geschwindigkeiten bis über 100 km/h. Damit sich diese enorme Geschwindigkeit nicht noch weiter erhöht, darf das Gewicht des Bobs (mit Fahrern) von 365 kg (Zweierbob) und 630 kg (Viererbob) nicht überschritten werden.

Bohrinsel Auf der ganzen Welt wird nach **Erdöl** gesucht. Für die Meeres-

Ein Zweier-Bob bei seiner Fahrt in der Eisrinne

Briefmarken

Die größte Bohrinsel der Welt ist die Statfjord B in der Ostsee

bohrung errichtet man stählerne Bohrinseln, die entweder in der Nähe der Küste im seichten Wasser auf Stützbeinen befestigt werden oder auf dem offenen Meer schwimmen. Dort werden sie durch einen Anker festgehalten. Die Stahlgerüste der Bohrinseln tragen die Plattform (Arbeitsbühne) mit dem Bohrturm, der Ausrüstung, den Lastkränen, den Maschinenräumen sowie den Unterkunftsräumen für die Mannschaft. Auch ein Hubschrauberlandeplatz ist vorhanden. Das geförderte Öl fließt durch Unterwasserleitungen oder wird von Tankschiffen aufgenommen.

Botanischer Garten Hier werden Pflanzen aus allen Ländern der Welt im Freien oder in großen Gewächshäusern gehalten. Der Botanische Garten dient in erster Linie der Erforschung der Pflanzen. Dort kann man sogar bei uns tropische Pflanzen bewundern. Seinen Namen hat er von dem Wort »Botanik«, das **Pflanzenkunde** bedeutet. Die größ-

ten und schönsten Botanischen Gärten Deutschlands sind in Berlin-Dahlem und bei Schloß Nymphenburg in München.

Briefmarken Früher mußte der Lohn für das Überbringen einer schriftlichen Nachricht vom Empfänger gezahlt werden. Es gab dafür keine festgesetzten Gebühren, und die Posthalter machten mit der Beförderung der Briefe gute Geschäfte. In England wurde dann 1840 die erste Briefmarke in Verkehr gebracht. Sie trug das Bild der damaligen Königin Viktoria und hatte einen Wert von einem Penny (10 Pfennig). Nun mußte der Absender eines Briefes die Gebühr (das *Porto*) bezahlen. Dem Beispiel Englands folgten bald alle anderen Länder. Briefmarken haben immer einen bestimmten Gegenwert in Geld. Oft werden auch anläßlich großer Ereignisse, wie zum Beispiel die **Olympischen Spiele,** Sondermarken herausgegeben. Alte und seltene Briefmarken

Diese Briefmarken wurden anläßlich der Olympischen Spiele 1984 in Los Angeles von der Deutschen Bundespost herausgegeben

Brieftaube

sind oft äußerst wertvoll. Davon träumen alle Briefmarkensammler, von denen es bereits 55 Millionen auf der ganzen Welt gibt.

Brieftaube Diese Haustaubenrasse kann sehr schnell fliegen und verfügt über einen besonders guten Ortssinn. Wissenschaftler vermuten, daß dieser auf einen kompaßähnlichen Orientierungssinn im Gehirn des Tieres zurückzuführen ist. Die Taube kann Nachrichten überbringen, denn sie findet immer wieder an ihren Heimatort zurück. Brieftauben können Langstrecken bis zu 1000 km mit einer Geschwindigkeit bis zu 75 km/h zurücklegen. Heute ist das Brieftaubenzüchten ein beliebtes Hobby, und im Sommer werden fast allwöchentlich Langstreckenflüge zwischen dem Auflaßort, an den die Taube im Käfig transportiert wird, und dem heimatlichen Taubenschlag ausgerichtet. Ein Ring am Fuß der Taube gibt Auskunft über ihren Herkunftsort.

Brille Mit ihrer Hilfe lassen sich Sehfehler ausgleichen. Wer nahe liegende oder weit entfernte Dinge nicht gut sehen kann (Kurz- oder Weitsichtigkeit), trägt eine Brille mit besonders geschliffenen Gläsern. Gegen das grelle Sonnenlicht wird das Auge von einer dunkel getönten *Sonnenbrille* geschützt. Bergsteiger tragen bei Hochgebirgstouren im Schnee gegen die »Schneeblindheit« eine besondere *Schneebrille*, da das Licht der Sonne durch den weißen Schnee verstärkt wird. *Haftschalen* oder *Kontaktlinsen* sind winzig kleine, geschliffene Gläser aus Kunststoff, die man sich anstelle einer Brille direkt auf den Augapfel setzen kann.

Bronze Das ist eine Mischung aus den *Schwermetallen* **Kupfer** und Zinn. Bronze ist kein reines **Metall**, sondern eine *Legierung*. Es hat eine rötlichgelbe Farbe, läßt sich gut dehnen, gießen oder färben und rostet nicht. In der *Bronzezeit*, einem Zeitabschnitt der **Vorgeschichte** (etwa von 2000 bis 800 v. Chr.), war Bronze der wichtigste Werkstoff, aus dem die Menschen Waffen, Geräte und Schmuckgegenstände fertigten. Heute gießt man Kunstwerke, vor allem aber Glocken, aus Bronze. Bei **Olympischen Spielen** und Weltmeisterschaften gibt es für den 3. Platz die *Bronzemedaille*.

Brücke Sie dient dazu, Straßen über Hindernisse (Flüsse, tiefe Täler, andere Verkehrswege) zu führen. Je nach Art des Verkehrsweges unterscheidet man Eisenbahn-, Autobahn- oder Fußgängerbrücken. Das Hindernis bestimmt die Länge und Bauart der Brücke. Die einfachsten Brücken bestehen von alters her aus Holz, jedoch schon die Römer bauten steinerne Brücken, deren Gewölbebögen bis zu 40 m Spannweite hatten. Die Gewölbe ruhten auf

Wenn man vor 400 Jahren eine Sehhilfe brauchte, ging man zum »Parillenmacher«. Er konstruierte die Augengläser (Brille) mit Hilfe eines Zirkels

Brunnen

Die berühmte Golden-Gate-Brücke in San Francisco, USA

mehreren Pfeilern, deren Fundamente tief in einem Flußbett verankert werden mußten. Heute gibt es die verschiedensten Brücken, die nach unterschiedlichen Bauweisen errichtet werden. Immer aber ist das Fundament wichtig, denn es muß alle Last und den Anprall von Sturm und Wasser aushalten. Stützpfeiler und Verankerungen, Ketten und schwere, dicke Stahlseile tragen die Brückenbahnen. Es gibt aber auch *Dreh-* und *Hebebrücken*, bei denen der Überbau weggedreht oder weggehoben werden kann, damit hohe Schiffe gefahrlos durchfahren können. Im militärischen Bereich ist die *Schwimm- (Ponton-)brücke* von Bedeutung. Sie besteht aus vielen seitlich aneinandergebundenen, fest verankerten Booten, über die eine Fahrbahn gelegt wird. Sie kann schnell auf- und wieder abgebaut werden.

Brunnen Der Brunnenschacht reicht bis zum Grundwasserspiegel. Früher senkte man einen Eimer in den Brunnenschacht, um ihn mit Wasser gefüllt wieder herauszuziehen. Solche Brunnen nannte man *Ziehbrunnen*. Heute befördern elektrische Pumpen das Wasser nach oben. Weil Wasser so lebenswichtig ist, haben die Menschen

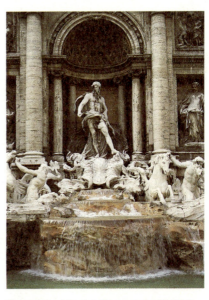

Einer der schönsten Brunnen der Welt ist die »Fontana di Trevi« in Rom, Italien

Brut

ihren Brunnen immer viel Sorgfalt und Aufmerksamkeit gewidmet, und sie zu allen Zeiten schön verziert. Von alters her erfreuten sich die Leute auch am Anblick von kunstvollen *Springbrunnen*. Bei ihnen wird das Wasser von unten her durch eine enge Röhre oder eine Düse in die Luft geschleudert. Sogar in der **Wüste** gibt es für die Wüstenbewohner und Reisende lebenswichtige Brunnen. Denn keine Wüste auf der Erde ist vollkommen ohne Regen, selbst wenn dieser oft jahrelang ausbleibt.

Brut Vögel brüten ihre Eier aus. Sie setzen sich darauf und halten sie warm, bis die Jungen ausschlüpfen. Ohne diese Wärme kann das Junge im Ei gar nicht wachsen. Weil die kleinen Vögelchen ausgebrütet wurden, nennt man sie »Brut«. Aber auch für andere Jungtiere wird diese Bezeichnung verwendet (zum Beispiel bei Schlangen und Fischen). Viele Tiere betreiben *Brutpflege*. Unter diesem Begriff faßt man alles zusammen, was im Verhalten und Körperbau der Elterntiere enthalten oder angelegt ist, das der Entwicklung ihrer Jungen dient. Dazu gehört der Nestbau, das Ausbrüten von Eiern, aber auch das Füttern neugeborener Jungtiere und die Sorge um den Nachwuchs, bis dieser in der Lage ist, sich selbst zu versorgen. Auf den Menschen übertragen kennen wir das Wort Brut in der Zusammensetzung »Brutkasten«. Kinder, die zu früh geboren wurden und sich im Mutterleib nicht voll entwickeln konnten, werden für eine gewisse Zeit, bis sie ausgereift sind, in einen Brutkasten, einen Wärmeapparat für Neugeborene, gelegt.

Buch Das Wort ist abgeleitet von *Buche* und bezeichnete früher zusammengeheftete Täfelchen aus Buchenholz, auf denen die **Germanen** schrieben. Im **Altertum** benutzten die Ägypter, Griechen und Römer dafür *Papyrus* in Form von Bogen oder Rollen, die aus dem Stengelmark der Papyruspflanze hergestellt wurden. Später kam das *Pergament* auf, eine dünne, glatte Schafs- oder Ziegenhaut. Bereits im

Das teuerste Buch der Welt ist das »Welfen-Evangeliar«

Buchdruck

Jahre 105 n. Chr. wurde in **China** ein Verfahren zur Papierherstellung erfunden. Nach Europa gelangten diese Kenntnisse erst Ende des 8. Jahrhunderts, nach Deutschland Anfang des 14. Jahrhunderts. Im **Mittelalter** waren es die Mönche in den Klöstern, die die Kunst des Schreibens vervollkommneten. Ihre handgeschriebenen Bücher waren jedes für sich ein Kunstwerk. Galten diese Handschriften schon damals als Kostbarkeiten, die nur im Besitz der Klöster, Fürstenhöfe und Universitäten waren, so zählen gut erhaltene Exemplare aus jener Zeit heute zu den wertvollsten Kunstgegenständen der Welt. So wurde 1983 eine dieser klösterlichen Handschriften, das »Welfen-Evangeliar«, für 32,5 Millionen Mark versteigert. Es ist das teuerste Buch der Welt. Das »Welfen-Evangeliar« befindet sich heute in der »Herzog-August-Bibliothek« in Wolfenbüttel. Doch erst mit der Herstellung des viel billigeren **Papiers** und der Erfindung des **Buchdrucks** wurden die Bücher für alle Menschen zugänglich und konnten sich verbreiten. Das Buch dient neben der Vermittlung von Allgemeinwissen und Fachwissen natürlich der Unterhaltung und erfreut sich trotz Fernsehens auch bei uns noch ungebrochener Beliebtheit. In den letzten 30 Jahren wurden in der Bundesrepublik Deutschland rund 1 Million verschiedene Bücher gedruckt.

Buchdruck Im ersten Jahrhundert n. Chr. grub man in **China** in die Oberfläche glattgeschliffener Steine oder Holztafeln Schriftzeichen ein, füllte die Vertiefungen mit Farbe und konnte nun beliebig viele Abzüge von einem Schriftstück machen. Rund 900 Jahre später verwendete man dort nicht mehr ganze Holztafeln, sondern schnitzte einzelne Schriftzeichen aus Holz, die man dann immer wieder zu neuen Drucktafeln zusammenstellen konnte.

Buchdruck vor 450 Jahren: die Druckermarke des Theodor De Borne (1509–1530)

Sie wurden auf Holzplatten geleimt, eingefärbt und auf Papier gedruckt. In Europa kannte man zunächst auch den Holztafeldruck. Mehrere bedruckte Schriftblätter fügte man zu Blockbüchern zusammen. Als Erfinder des Buchdrucks gilt jedoch *Johannes Gutenberg*, der um 1445 die Holztafeln durch bewegliche Lettern aus Metall ersetzte. Sein erstes auf diese Weise hergestelltes Buchwerk war ein Andachtsblatt vom Jüngsten Gericht. Um 1450 begann er mit dem Druck seiner berühmten »42zeiligen Bibel«. Mit diesem Meisterwerk nahm die Buchdruckerkunst in Europa ihren Anfang. Schon um 1500 gab es hier mehr als 4 Millionen gedruckte Bücher. Bald entstanden auch die ersten **Zeitungen.** Sie wurden ebenfalls wie die Bücher mit hölzernen Handdruckpressen hergestellt. Die ersten Druckmaschinen wurden Anfang des 18. Jahrhunderts erfunden. Im 20. Jahrhundert veränderten völlig neue **Druckverfahren** den Buchdruck und den Beruf des Druckers ganz entscheidend.

Buddhismus

Buddhismus Dieser **Religion** gehören in Asien über 300 Millionen Menschen an. Sie ist nach *Buddha* (der Erleuchtete), ihrem Begründer, benannt. Dieser verließ als junger Mann den Palast seiner Eltern, um ein ganz einfaches Leben zu führen. Jahrelang wanderte er als Bettler umher, bis er endlich die Erleuchtung fand, auf die er so lange gewartet hatte. Er gründete einen Mönchsorden und zog lehrend durch Nordindien. Die Lehre des Buddha ist in »Vier Wahrheiten« zusammengefaßt: 1. Alle Lebewesen müssen unablässig leiden. 2. Sie leiden, weil sie dem unbedingten Willen zum Leben und der Freude daran unterworfen sind. 3. Wenn sich die Menschen von diesem Lebenswillen und allen Begierden frei machen, hört ihr Leiden auf. 4. Das erreichen sie durch rechtes Denken, rechtes Handeln, rechtes Leben und Streben. Außerdem unterstehen alle Lebewesen einer ständigen Wiedergeburt nach ihrem Tod (wobei ihre Daseinsform immer wieder eine andere ist), bis sie endgültig ausgelöscht sind und erlöst ins »Nirwana« (das Nichts) eingehen. Nach seinem Tod wurde Buddha als Gott verehrt. In vielen Tempeln gibt es Buddha-Statuen, die den Religionsstifter, meist mit gekreuzten Beinen sitzend, darstellen.

Büffel Diese wilden Rinder haben lange, gebogene Hörner und leben in Afrika und Asien. Der wilde Büffel wurde schon vor 5000 Jahren in Indien als Haustier gezähmt. Die von ihm abstammenden *Wasserbüffel* sind dort Last- und Zugtiere. Der afrikanische *Kaffernbüffel* ist angriffslustig und deshalb auch recht gefürchtet. Der nordamerikanische Büffel, der *Bison*, ist kein echter Büffel. Dieses Wildrind ist sehr groß und wird bis zu 1000 kg schwer. Er diente den **Indianern** als Hauptnahrung. Aus seiner Haut nähten sie Zelte. Bis zum Ende des 19. Jahrhunderts wurden die Bisons durch weiße Jäger bis auf 850 Stück nahezu ausgerottet. Heute gibt es in Nordamerika aufgrund strenger Tierschutzmaßnahmen wieder etwa 35000 Bisons, die in Naturschutzgebieten leben.

Vorderansicht eines doppelseitigen Buddhas im Tempel von Gandhara in Indien

Bumerang Dieses sichelförmig gebogene, flache Wurfholz wirft man so, daß es sich in der Luft vorwärtsschraubt. Verfehlt der Bumerang das Ziel, fällt er nicht zu Boden, sondern kehrt in einer kreisenden Bewegung zum Werfer zurück. Für die Ureinwohner **Australiens** war der Bumerang ein Jagdgerät. Auch heute wird er von den Eingeborenen noch benutzt. Bei uns ist der Bumerang ein Sport- und Spielgerät.

Burg Das war im **Mittelalter** der Wohnsitz der Ritter und Fürsten. Im 10. Jahrhundert legten die Könige »Fliehburgen« an, wohin sich die Bevölkerung beim Herannahen von Feinden flüchten konnte. Diese Fliehburgen wurden von bewaffneten Reitern und

Burg

Eine Herde afrikanischer Kaffernbüffel

Bauern verteidigt. Im Lauf der Zeit gruppierten sich Häuser um diese Burgen, die immer besser befestigt wurden. Viele von ihnen standen auf schwer zugänglichen Bergen oder kleinen Inseln. Die Burg war von mehreren Mauern umgeben. Der Raum zwischen den Mauern war der *Zwinger*. Von einem hohen Turm *(Bergfried)* konnte man nach allen Seiten weit ins Land schauen und die Feinde frühzeitig entdecken. Neben dem Hauptgebäude *(Palas)* befanden sich die Burgkapelle, die Wirtschaftsgebäude und die Stallungen. Die Frauen lebten in eigenen, heizbaren Gemächern *(Kememathen)*. Um die Außenmauer zog sich ein Wassergraben, der nur über eine *Zugbrücke* zu überqueren war. Im *Burghof* lag ein tiefer Brunnen. So hatten die Bewohner bei einer Belagerung ihr eigenes Wasser. Im Keller befand sich das *Burgverlies*. Dort wurden Feinde gefangengehalten. Eine Burg zu erobern war außerordentlich schwer. Die Angreifer wurden aus den Schießscharten in der Burgmauer mit Pfeilen, Speeren, Bolzen und schweren Steinen beworfen.

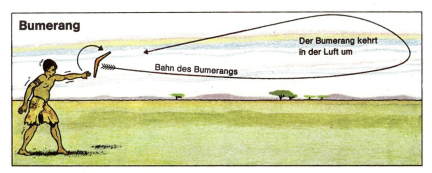

Bürger

Hoch über der Mosel liegt die Burg Eltz

Aus den Pechnasen floß heißes Pech oder kochendes Wasser. Die größten und schönsten Burgen wurden im 12. und 13. Jahrhundert errichtet, doch sind nur noch wenige von ihnen erhalten. Von den meisten sind nur noch Ruinen übriggeblieben.

Bürger So bezeichnet man ursprünglich alle, die im Schutz einer **Burg** wohnten, wie (Händler, Kaufleute und Handwerker). Später nannte man die Bewohner einer Stadt Bürger – im Gegensatz zu den auf dem Land lebenden **Bauern.** Als die Städte größer und bedeutender wurden, gelangten auch die Bürger zu Ansehen und Reichtum. Neben dem **Adel** und der *Geistlichkeit* entwickelte sich das *Bürgertum* als neuer Gesellschaftsstand. Im 18. Jahrhundert erhielten die Bürger mit der *Französischen Revolution* alle Rechte, die bis dahin nur dem Adel und der Geistlichkeit zustanden *(Bürgerrechte).* Heute sind die Einwohner eines Ortes, einer Stadt und eines Staates Bürger oder *Staatsbürger.* An der Spitze eines Gemeindevorstandes oder eines Stadtrates steht der *Bürgermeister.* (Das kann auch eine Frau sein.) In vielen Staaten sind jedoch die Bürgerrechte nicht für alle Menschen in gleicher Weise gewährleistet. *Bürgerrechtler* oder *Bürgerrechtsorganisationen* setzen sich deshalb in Ost und West mit großem Engagement für die Gleichberechtigung aller Bürger ein.

Bussard Der bei uns am häufigsten vorkommende Vertreter dieser *Raub-* und *Greifvögel* ist der *Mäusebussard.* Sein Gefieder ist dunkelbraun, dunkelbraun gefleckt oder fast weiß. Der bläuliche Hakenschnabel hat 8–12 graue und braune, schmale Querstreifen. Die Beine sind gelb und tragen sehr spitze, dolchartige Krallen. Der Mäusebussard lebt hauptsächlich von kleinen Säugetieren, besonders von Feldmäusen. Von einem Baum oder einer Bodenerhöhung aus späht er umher. Hat er eine Beute entdeckt, startet er zu einem Gleitflug, stößt wie ein Pfeil auf sein Opfer herab und greift es mit den Füßen (Fängen). Indem er den Fuß mehrmals öffnet und schließt, dringen die spitzen Krallen in den Körper des Beutetieres ein und töten es auf diese Weise. Der Mäusebussard braucht den Wald zum Nisten und ein freies Gelände zum Jagen. In der Nähe seines Nestes jedoch jagt er nicht. Der Mäusebussard zählt zu den bedrohten Tierarten und steht deshalb unter besonderem Schutz (**Tierschutz**).

Von einem erhöhten Platz aus hält der Mäusebussard Ausschau nach einer Beute

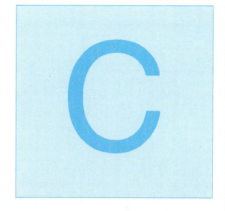

Camping Dieser Begriff bezeichnet das Leben im Freien mit Zelt oder Wohnwagen. Viele Menschen machen heute einen Campingurlaub und fahren mit dem Wohnwagen oder Zelt auf einen *Campingplatz* im In- oder Ausland. So zu reisen ist natürlich billiger, als in einem Hotel zu leben. Man spart nicht nur die Übernachtungskosten, sondern kann sich auch sein Essen selbst kochen. Campingplätze sind hauptsächlich in Erholungsgebieten (an Seen, am Meer oder in den Bergen) angelegt. Aber auch jede größere Stadt hat mehrere Campingplätze. Dort gibt es Waschräume, kleine Lebensmittelläden und eine eigene Poststelle. Wer auf einem Campingplatz zeltet oder dort seinen Wohnwagen abstellt, muß eine bestimmte Gebühr entrichten. Früher konnte man fast überall campen, wo man einen schönen Platz fand. Das ist heute nicht mehr erlaubt, weil viele Camper ihre Abfälle einfach dort liegen ließen, keine Rücksicht auf die Natur nahmen, aber auch häufig durch Leichtsinn mit einem Lagerfeuer einen Waldbrand entfachten.

Chamäleon Diese *Echse* lebt in Südspanien, Nordafrika und Kleinasien auf Bäumen und Sträuchern. Sie hat einen seitlich abgeflachten Rumpf, einen einrollbaren Greifschwanz und Greiffüße.

Champignon

Nur bei genauem Hinsehen kann man das Chamäleon in seiner natürlichen Umgebung erkennen

Das Chamäleon ist ein sonderbares Tier, denn es kann sehr schnell, je nach Stimmung und bei Bedarf, seine Farbe wechseln. Wird es zum Beispiel von Feinden bedroht, paßt es sich mit seiner Körperfarbe der Umgebung an und kann so kaum entdeckt weren. Es kann nicht nur die Farbe eines Blattes annehmen, sondern ebenso seine Bewegungen im Wind nachahmen. Darüber hinaus ist es in der Lage, seine Augen unabhängig voneinander in alle Richtungen zu drehen. Mit seiner langen Klebezunge, die es blitzartig hervorschnellen läßt, erbeutet es Insekten. Das Chamäleon gilt als Sinnbild für Unbeständigkeit und allzu große Anpassung.

Champignon Dieser in Europa sehr bekannte Zucht-Speisepilz wird auch *Egerling* genannt. Der *Feldchampignon* wächst auf feuchten Weiden und hat einen weißen oder bräunlichen Hut. Sucht man im Wald nach Pilzen, trifft man manchmal auf den dem Champignon zum Verwechseln ähnlichen *Weißen Knollenblätterpilz.* Dieser ist jedoch einer der schlimmsten Giftpilze, der, schon in kleinsten Mengen genossen, schwere und oft auch tödliche Vergiftungen hervorrufen kann.

Charakter Mit diesem Begriff bezeichnet man die Wesens- und Eigenart eines Menschen, nach der er denkt, fühlt und handelt. Der Charakter eines Menschen entwickelt sich auf dem Weg vom Kind zum Erwachsenen. Dabei spielen Veranlagungen **(Vererbung)** ebenso eine Rolle wie seine Erziehung, die **Umwelt,** in der er aufwächst und lebt, sowie wichtige Erlebnisse und Er-

Champignon

Chemie

fahrungen. Waren all diese Umstände günstig, ist zu erwarten, daß er sich zu einem guten Charakter entwickelt. Hatte der Mensch jedoch schlechte Bedingungen, kann man annehmen, daß sich diese ungünstig auf den Charakter auswirken. Es ist aber durchaus möglich, daß ein Mensch trotz bester Voraussetzungen schlechte Charaktereigenschaften entwickelt; andererseits entwickeln sich viele, deren Lebensbedingungen in jeder Hinsicht ungünstig waren, zu charaktervollen Menschen. Die Charakterbildung ist kein stetiger Vorgang, sondern vielen Wechselfällen und Einflüssen unterworfen.

Chemie Das ist die Wissenschaft von den Eigenschaften und Umwandlungen der Stoffe. Sie lehrt uns, daß jeder Gegenstand aus einem oder mehreren chemischen Urstoffen, den **Elementen (Atom)** besteht. Heute sind in der Chemie 107 Elemente bekannt, 93 davon kommen in der Natur vor (72 **Metalle**, 21 Nichtmetalle), 14 lassen sich nur künstlich im Kernreaktor **(Atomkraftwerk)** herstellen. Während die *reine Chemie* die chemischen Zusammenhänge erforscht, erzeugt die *angewandte Chemie* Stoffe, die in der Natur nicht oder nur in geringem Maße vorkommen. In der *anorganischen Chemie* werden alle chemischen Verbindungen, die keinen **Sauerstoff** enthalten, zusammengefaßt. Zur *organischen Chemie* gehören die Kohlenstoffverbindungen. Die *analytische Chemie* untersucht die Zusammensetzung chemischer Verbindungen. Die Aufgabe der *synthetischen Chemie* ist es, aus den Elementen vielatomige Verbindungen aufzubauen. Die *physikalische Chemie* untersucht die physikalischen Erscheinungen bei chemischen Vorgängen. Unser Leben kommt ohne chemische Erzeugnisse kaum mehr aus. Farben, Waschmittel, Seife, Kleiderstoffe, Produkte aus **Kunststoff** und vieles mehr werden chemisch hergestellt. Aber die Chemie bringt auch große Probleme mit sich. Bei der Herstellung vieler Produkte entstehen giftige Nebenstoffe, die in die **Umwelt** gelangen, diese schwer belasten, ja zum Teil schon zerstört haben. Die Verschmutzung der Meere und Flüsse geht auch darauf zurück.

Der Chemiker Justus von Liebig (1803–1873) in seinem Laboratorium

China

China Mit rund 1,2 Milliarden Einwohnern ist dieses große Land in **Asien** das volkreichste der Welt. Es hat eine Ausdehnung von 9,5 Millionen km^2 und grenzt im Norden und Westen an **Rußland,** und im Süden an den **Himalaja** und Indien und im Osten an das Gelbe Meer. China hat viele Gebirge, aber auch fruchtbare Täler, weite Grassteppen und große Wüstengebiete. Die meisten Menschen leben an den beiden großen Flüssen *Hoangho* und *Jangtsekiang*. Die größten Städte sind *Shanghai* und *Peking*, die Hauptstadt. Über die Hälfte der Bevölkerung arbeitet in der **Landwirtschaft.** Geerntet werden vor allem Reis, Weizen, Mais, Sojabohnen, Tee und Baumwolle. China erzeugt das meiste Schweinefleisch und steht im Fischfang weltweit an 3. Stelle. Von seinen vielen Bodenschätzen werden vor allem **Kohle** und Eisenerz in großem Umfang gefördert und verarbeitet. China ist im Besitz eigener Atomwaffen **(Atombombe)** und gilt nach **Amerika** und Rußland als 3. Großmacht der Welt. Die chinesische **Kultur** ist die älteste, die bis heute fortlebt. In China nahmen viele Wissenschaften ihren Anfang. Schon früh entwickelte sich ein Schrifttum. Die Chinesen erfanden das **Papier,** den **Buchdruck,** den **Kompaß** und das Schießpulver schon Jahrhunderte vor den Völkern Europas. Bereits vor 5000 Jahren gab es hochentwickelte Staaten in China; vor 3000 Jahren die ersten Herrscherhäuser. Um 200 v. Chr. entstand auch das gewaltigste Bauwerk der Welt, die *Chinesische Mauer.* Sie war rund 2500 km lang, bis zu 16 m hoch und 5–8 m dick. Sie sollte das chinesische Reich gegen Reiterüberfälle aus dem Norden schützen. Im 13. Jahrhundert kam China unter seinem großen Herrscher *Kublai-Khan* mit den europäischen Ländern in Berührung. Im 18. Jahrhundert hatte das chinesische Reich seine größte Ausdehnung. Im 19. Jahrhundert jedoch konnte sich China der Angriffe von außen nicht mehr erwehren. Hinzu kamen große Streitigkeiten im Inneren des Landes, die 1912 zu einer **Revolution** führten. Aus dem Kaiserreich wurde eine *Republik.* Nach dem Zweiten Weltkrieg rief *Mao Tse-tung* 1949 die *Kommunistische Volksrepublik China* aus. Auf der Insel *Formosa* wurde die *Nationalchinesische Republik Taiwan* gegründet.
In der *Kommunistischen Volksrepublik China* gab es in den letzten 30 Jahren wiederholt schwere innenpolitische Unruhen. Während der »Kulturrevolution« (1966–69), die gegen jeden westlichen Einfluß vorging und Maos Lehre zum alleinigen Maßstab erhob, kamen etwa 400 000 Menschen um. 1989 wurde gegen eine Demokratiebewegung mit Gewalt vorgegangen. Dabei starben 3600 Zivilisten. In einer »Säuberungswelle« wurden die Demonstranten verfolgt, viele von ihnen hingerichtet. Studenten hatten in friedlichen Aktionen gegen das Herrschaftsmonopol der chinesischen Führung protestiert.

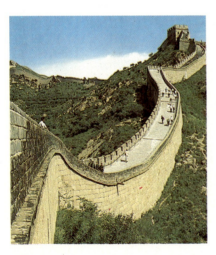

Die große Mauer in China gilt als das größte Bauwerk der Welt

Christentum Diese Religion hat die größte Anhängerschar der Welt. Durch

Clown

Das Kreuz ist das Glaubenszeichen, das alle Christen miteinander verbindet

Alle Christen glauben an die Auferstehung Christi

Jesus Christus, der für die Christen der Sohn Gottes ist, wurde das Christentum begründet. Die christliche Lehre fordert den Glauben an einen dreieinigen **Gott**, an die Erlösung der Welt von der Sünde durch den Tod Christi, an seine Auferstehung und Himmelfahrt und seine Wiederkunft am Ende aller Zeiten. Für Christen ist die Seele unsterblich. Ihr wird durch ein christliches Leben, dessen oberstes Gebot die uneingeschränkte Liebe zu Gott und allen Menschen ist, die ewige Seligkeit geschenkt. Mit der Geburt Christi beginnt auch unsere Zeitrechnung. Die *Apostel* und ihre Nachfolger verbreiteten im 1. und 4. Jahrhundert die christliche Lehre, die auch durch grausame Verfolgung nicht unterdrückt werden konnte, im ganzen Römischen Weltreich. Mit den **Entdeckungsreisen** gelangte die christliche Lehre durch *Missionare* in alle Teile der Welt. Im **Mittelalter** hatte das Christentum eine große geistliche, kulturelle und politische Macht. Aus den frühen christlichen Gemeinden entstand unter dem Papsttum **(Papst)** eine straff organisierte und verwaltete Kirche. Wenn auch die Lehre Christi alle Christen vereint, so gibt es heute keine einheitliche christliche Kirche. Im 11. Jahrhundert trennte sich die morgenländische *(orthodoxe)* von der römischen Kirche. Seit der *Reformation* im 16. Jahrhundert sind die römisch-katholische und die evangelisch-protestantische Kirche getrennt. Der Begründer des *Protestantismus* war *Martin Luther.* Die evangelischen Kirchen erkennen den Papst nicht als Oberhaupt der Christen an. Heute bemühen sich jedoch alle christlichen Kirchen wieder um eine Einigung.

Clown Das ist der Spaßmacher im **Zirkus,** der sich bei allem, was er tut, furchtbar ungeschickt anstellt. Und weil er dabei auch noch komisch aussieht, müssen die Leute über ihn lachen. In viel zu weiten Hosen und riesigen Schuhen kommt der Clown in die Manege gestolpert. Wenn er auf einer Trompete bläst, kommt statt Tönen Wasser herausgespritzt. Oder er versucht, auf einer Geige zu spielen, die gar keine Saiten hat. Wenn sich dann die Leute vor Lachen biegen, schaut er sie verständnislos und staunend an mit sei-

Cockpit

Ein berühmter Clown war Charlie Rivel, hier in seiner typischen Maske

nem traurigen, weiß angemalten Gesicht, in dem stets eine dicke Knollennase leuchtet.

Cockpit Das ist die Bezeichnung für den Fahrersitz in Rennwagen und die Kanzel in **Flugzeugen.** Das Cockpit moderner Flugzeuge ist mit Hunderten von Anzeigegeräten und Schaltern ausgestattet und bietet Platz für Flugkapitän, Copilot und Bordingenieur.

Comics So nennt man gezeichnete Geschichten mit komischen Figuren, die abenteuerliche und spaßige Dinge erleben. Die Figuren sind so lustig und sonderbar gezeichnet, wie es sie in Wirklichkeit niemals geben kann. Was sie miteinander sprechen und denken, steht in Sprechblasen, die sie vor dem Mund oder über dem Kopf stehen haben. Zu den berühmtesten und beliebtesten Comics gehören die Geschichten von »Micky Maus«, »Donald Duck« und »Asterix«. Viele Comics sind aber gar nicht lustig und komisch, sondern erzählen von Gewalt und Krieg. Comics sind nicht nur bei Kindern, sondern auch bei Erwachsenen beliebt. In Köln wurde 1981 ein Comic-Museum mit über 50000 verschiedenen Heften eröffnet.

Computer Diese elektronische Rechenmaschine verarbeitet eingegebene Informationen und gibt das Ergebnis

Pilot und Kopilot im Cockpit eines Airbus' der Lufthansa

Computer

aus, ohne daß der Mensch noch einmal eingreifen muß. Sie löst mit unglaublicher Geschwindigkeit selbst die schwierigsten Rechenaufgaben, für die ein Mensch im Vergleich Monate, ja sogar Jahre brauchen würde. Außerdem hat der Computer ein enormes Gedächtnis und ist in der Lage, umgehend viele Zahlen und Angaben, ja ganze Programme zu speichern. Er denkt und rechnet also für den Menschen, aber nur das, was dieser ihm vorher als Aufgabe gestellt hat. Computer werden heute in den Rechenzentren großer Firmen, bei der Steuerung von Flugzeugen oder Raumfahrzeugen oder zur Erfassung und Speicherung verschiedenster Informationen eingesetzt **(Datenverarbeitung)**. Außerdem läßt sich mit einem Computer Schach spielen oder die Schnelligkeit und Sicherheit der Reaktion testen. Einen großen Computer zu bedienen erfordert eine besondere Ausbildung und natürlich auch Geschicklichkeit. Heute sind jedoch bereits Kinder in der Lage, zum Beispiel für die Schule, eigene Computer-Programme aufzubauen. Damit Computer

Donald Duck, die berühmteste Comic-Figur von Walt Disney

In vielen Bereichen erleichtern Computer die Arbeit des Menschen

Container

noch leistungsfähiger, leichter zu bedienen und vielfältiger einzusetzen sind, werden sie laufend weiterentwickelt. Neben vielen Vorteilen bringen Computer aber auch Nachteile mit sich. Da sie eine Aufgabe in einem Bruchteil der Zeit bewältigen können, die ein Mensch dafür bräuchte, ersetzen sie diesen in vielen Bereichen. Das bedeutet den Verlust von Arbeitsplätzen.

Container Diese Großbehälter aus Metall werden zur Beförderung von Gütern und Frachten im Schiffs-, Flug- und Eisenbahnverkehr eingesetzt. Container sind international genormt und ersparen ein zeit- und kostenaufwendiges Umpacken der Ladung. Große Kräne laden die riesigen Kisten auf moderne Lastwagen oder offene Güterwagen. Manche Container sind so groß, daß sie einen ganzen Güterzugwaggon ausfüllen. Es gibt auch besondere *Containerschiffe*. Mächtige Kräne, die auf Schienen an der Hafenmauer entlang fahren, heben die schweren Metallkisten von den Güterzügen oder Sattelschleppern und senken sie in den Bauch des Schiffes zum Transport auf dem Seeweg. Für große Abfallmengen stehen in Wohnanlagen *Müllcontainer* zur Verfügung.

Cowboy So nennt man in Amerika die Hirten großer Rinderherden, die auf einer *Ranch* arbeiten. Cowboys sind die Helden vieler Wildwestgeschichten. In vielen Filmen werden sie als rauhe, schießwütige Gesellen gezeigt. In Wirklichkeit hatten sie alle Hände voll zu tun, ihre tägliche schwere Arbeit zu leisten. Früher mußten sie Herden von vielen tausend Rindern oft über Hunderte von Kilometern treiben. Heute überwachen die Cowboys den Viehtrieb meist vom Flugzeug aus. Das wichtigste Arbeitsgerät eines Cowboys ist das Lasso, mit dem er Pferde und Rinder einfängt.

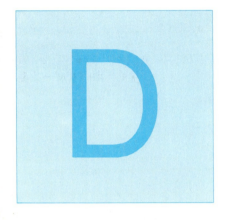

Dampf Erhitzt man in einem Topf Wasser, fängt es nach einiger Zeit an zu sprudeln. Wir sagen »das Wasser kocht«, in der Physik heißt es »das Wasser siedet«. Dabei steigt laufend heller Dampf über dem Wasser auf. Hat es eine Zeitlang gekocht, stellt man fest, daß das Wasser im Topf weniger wird. Es ist allerdings nicht spurlos verschwunden, sondern hat sich in *Wasserdampf* umgewandelt. Die Temperatur, bei der Wasser zu sieden beginnt und in Dampf übergeht, nennt man den *Siedepunkt* des Wassers. Er liegt bei $+100\,°C$. Läßt man es weiterkochen (verdampfen), ist nach einer Weile gar kein Wasser mehr im Topf. Es hat sich völlig in Dampf verwandelt. Dampf ist ein gasförmiger Zustand **(Gas)**. Alle Flüssigkeiten gehen bei einer bestimmten Temperatur, dem Siedepunkt, in einen gasförmigen Zustand über. Dieser Siedepunkt ist bei den verschiedenen Flüssigkeiten unterschiedlich. Dampf braucht mehr Raum als die Flüssigkeit, aus der er sich entwickelt. Fängt man den aus einer Flüssigkeit entwichenen Dampf in einem Gefäß wieder auf, wird er dabei zusammengepreßt. Da er zu wenig Platz hat, drückt er ganz fest gegen die Wände des Gefäßes. Bei einem Teekessel mit kochendem Wasser zum Beispiel entweicht der Wasserdampf mit einem pfeifenden Ton aus

Darm

dem kleinen Loch in der Pfeife. Kocht das Wasser weiter, fliegt diese Pfeife in hohem Bogen weg. Der Wasserdampf hat sie weggedrückt, damit er besser nach außen gelangen kann. Diesen Dampfdruck hat man sich bei der **Dampfmaschine** zunutze gemacht.

Dampfmaschine Bis zu Beginn des 18. Jahrhunderts standen dem Mensch als Energiequellen nur die Muskelkraft, der Wind und das Wasser zur Verfügung. Die Wärme als Kraftquelle wurde erst mit der Entwicklung der Dampfmaschine nutzbar gemacht. Die erste brauchbare Dampfmaschine baute 1765 der englische Ingenieur *James Watt*. Die Dampfmaschine arbeitet nach folgendem Prinzip: Der unter Druck stehende Dampf, der in einem Heizkessel erzeugt wird, strömt in einen **Zylinder,** in dem sich ein Kolben befindet. Durch den dabei erneut entstehenden Druck wird der Kolben in den **Zylinder** gedrückt, bis der Dampf durch ein Ventil wieder ausströmt. Der Kolben setzt ein Schwungrad in Bewegung und kehrt dann wieder in seine ursprüngliche Lage zurück. Wieder strömt Dampf ein, der Vorgang wiederholt sich und treibt die Maschine an. Ein Dampfregler verhindert, daß die Maschine zu schnell läuft und das Schwungrad zerreißt. Die Dampfmaschine trieb anfänglich Webstühle, später Druckerpressen, Dampflokomotiven und Dampfschiffe an. Auch bei der Entwicklung des **Autos** fand die Funktionsweise der Dampfmaschine Anwendung. Noch heute werden viele Elektrizitätswerke (**Elektrizität**) mit Dampfkraft betrieben. Die Dampfmaschinen wurden allerdings weitgehend durch **Turbinen** ersetzt.

Darm Er ist ein Teil des Verdauungstraktes bei Mensch und Tier. Die Muskelfasern in seiner Wand befördern in einer wurmartigen Bewegung den aus dem **Magen** kommenden Speisebrei weiter. Am Magenausgang liegt der er-

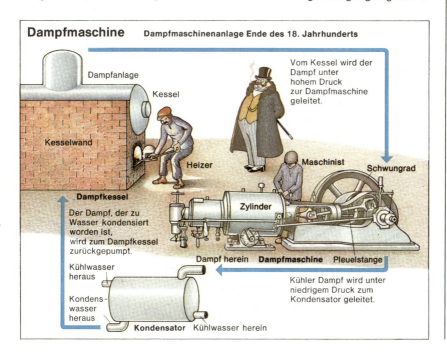

Dampfmaschinenanlage Ende des 18. Jahrhunderts

Datenschutz

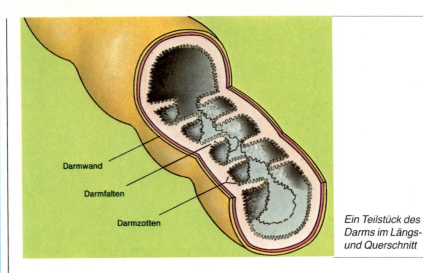

Ein Teilstück des Darms im Längs- und Querschnitt

ste Abschnitt des Darms. Er ist so lang, wie zwölf Finger breit sind, und heißt deshalb *Zwölffingerdarm.* Daran schließt sich der *Dünndarm* an. Mit vielen kleinen Schleimhauterhebungen an seiner Innenwand saugt er wichtige Nährstoffe aus der Nahrung auf und gibt sie an das **Blut** weiter. Nahrungsteile, die nicht durch die Wand des Dünndarms ins Blut gelangen können, wandern in den *Dickdarm* (an dessen Anfang der **Blinddarm** sitzt). Dort wird dem Speisebrei Wasser entzogen. Durch den am Ende sitzenden, etwa 15 cm langen *Mastdarm* mit dem Darmausgang *(After)* wird der restliche Speisebrei als *Kot* ausgeschieden.

Datenschutz Durch den besonders in den letzten Jahren stark ausgeweiteten Einsatz der **Datenverarbeitung** haben staatliche Verwaltungen, Versicherungsgesellschaften, Banken, Industriefirmen u.a. die Möglichkeit, eine Vielzahl von Daten (auch persönliche, wie Einkommens- und Vermögensverhältnisse, Krankheiten, Straftaten usw.) mit Hilfe von *Datenverarbeitungsanlagen* zu speichern. Um den Mißbrauch von Informationen und Daten zu verhindern, gibt es in der Bundesrepublik seit 1978 ein *Bundesdatenschutzgesetz.* Zuvor hatten schon einige Bundesländer entsprechende Landesgesetze erlassen. Diese **Gesetze** untersagen eine unbefugte Erhebung, Weitergabe und Speicherung von Daten aus dem Privatbereich. Für die Überwachung der Datenbanken sowie die Einhaltung des Datenschutzes sind unabhängige *Datenschutzbeauftragte* eingesetzt. Grundsätzlich muß jeder betroffenen Person unaufgefordert Einblick in das gespeicherte Datenmaterial gewährt werden.

Datenverarbeitung Daten sind verschiedenste Angaben, Einzeltatsachen und Informationen wie Zahlen, Namen usw. Um in kürzester Zeit bestimmte Informationen zu erhalten, gibt man entsprechende Daten in einen **Computer** ein. Dieser verarbeitet sie, und in Sekundenschnelle erhält man die gewünschten Angaben. Jede Datenverarbeitungsanlage besitzt ein Dateneingabegerät, einen Arbeitsspeicher und ein Datenausgabegerät (Drucker). Mit einer Datenverarbeitungsanlage lassen sich vielfältige Aufgaben lösen. Will

Deich

Eine Großrechenanlage der Firma Siemens

man zum Beispiel den Besitzer eines Autos ermitteln, wird die Autonummer in den Computer eingegeben, und kurze Zeit später erscheinen auf dem Bildschirm Name und Adresse des Autobesitzers. Ohne Datenverarbeitungsanlagen kommt man in weiten Bereichen heute gar nicht mehr aus. Sie überwachen den Zahlungsverkehr der Banken, die Buchhaltung großer Firmen, nehmen Bestellungen von Versandhäusern und Industriebetrieben auf und werden von der Polizei bei der Ermittlung von Straftaten eingesetzt.

Deich Ein Deich ist ein an See- oder Flußufern sowie an der Küste künstlich angelegter Erdwall, der das angrenzende Land vor Überschwemmungen schützen soll. *Seedeiche* werden zum Schutz gegen Überflutung beim Gezeitenwechsel **(Ebbe und Flut)** errichtet.

Sturmflutwehr (Deich) in Holland

Delphin

Beim *Flußdeich* liegt zwischen Fluß und Deich das Vorland. *Ringdeiche* umfassen ganze Ortschaften, *Sturmdeiche* liegen hinter den Hauptdeichen. Damit der Deich nicht brechen kann, werden undichte Stellen mit Sandsäcken abgedichtet.

Delphin Dieses *Meeressäugetier* ist gut an seiner aus dem Wasser ragenden Rückenflosse zu erkennen. Der Delphin schwimmt sehr schnell und kann weit aus dem Wasser herausspringen. Er ist ein überaus gelehriges Tier und sucht die Nähe, ja sogar die Freundschaft des Menschen. Da Delphine auch sehr verspielt sind, kann man ihnen Kunststücke beibringen, die in *Delphinarien* (Meeresaquarien für Delphine) vorgeführt werden. Mit einer eigenen »Sprache« verständigen sich die Tiere untereinander. Sie besteht aus knackenden und pfeifenden Tönen. Diese Sprache benützen sie auch, um sich unter Wasser zu orientieren. Die Töne werden, wenn sie auf ein Hindernis treffen, wie ein **Echo** zurückgeworfen. Dadurch ist der Delphin in der Lage, ein Hindernis frühzeitig zu erkennen und ihm auszuweichen.

Delphinshow in Miami in Florida, USA

Demokratie Darunter versteht man eine Staatsform, in der das Volk aufgrund einer Mehrheitsentscheidung herrscht. Allerdings nur indirekt, denn die Entscheidungen trifft die **Regierung,** deren Mitglieder die Bevölkerung in freien Wahlen **(Wahl)** bestimmt.

Demonstration Damit bezeichnet man erstens eine anschauliche Vorführung, zweitens eine öffentliche Massenkundgebung. Behauptet zum Beispiel ein Akrobat, daß er ein ganz außergewöhnliches Kunststück beherrsche, muß er es beweisen, indem er es vorführt, es demonstriert. Viele Menschen treten heute für den Schutz der **Umwelt** ein. Um den verantwortlichen Politikern zu beweisen, wie ernst sie es mit ihrem Protest meinen (zum Beispiel beim Bau einer neuen **Autobahn,** der das Abholzen vieler tausend Bäume notwendig macht), rufen sie zu großen Kundgebungen auf. Zu Tausenden treffen sie an einem Ort zusammen oder ziehen gemeinsam durch die Straßen. Dabei tragen sie große Transparente mit sich, auf denen ihre Forderungen stehen. In Reden wird das Verhalten der verantwortlichen Politiker verurteilt und zu anderen Lösungen aufgefordert. Doch nicht nur für den Umweltschutz, sondern auch für Frieden, **Abrüstung,** weniger Arbeitszeit, höhere Löhne, bessere Ausbildungmöglichkeiten usw. wird demonstriert. Dabei geht es jedoch nicht immer friedlich zu. Gewalttätige Gruppen werfen mit Steinen, zünden Autos an, greifen Unbeteiligte an und gefährden somit die öffentliche Sicherheit. Dann kommt es zu schweren Auseinandersetzungen mit der **Polizei,** die eingreifen muß. In der Bundesrepublik Deutschland gibt es ein *Demonstrationsrecht*. Eine Demonstration muß zwei Tage zuvor bei den zuständigen Behörden angemeldet werden und kann nur stattfinden, wenn sie genehmigt wurde.

Deutschland

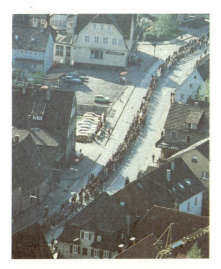

Demonstration für den Frieden: auf einer über 100 km langen Strecke halten sich viele tausend Menschen an den Händen

Desinfektion Darunter versteht man das Unschädlichmachen von Krankheitserregern wie **Bakterien.** Diese gelangen auf verschiedene Weise in den Körper, zum Beispiel durch eine offene Wunde, beim Einatmen oder durch Berühren von infizierten Gegenständen. Krankheitserreger lassen sich durch Abwaschen mit Wasser und Seife, mit kochendem Wasser oder chemischen Desinfektionsmitteln wie **Alkohol** und Jodtinktur abtöten. Der Arzt muß nach jeder Behandlung seine Instrumente desinfizieren, damit Krankheiten nicht übertragen werden.

Destillation Das ist ein chemisches Verfahren, um Stoffe zu trennen. In einem Gefäß werden noch unzersetzte Stoffe verdampft. Der **Dampf** wird durch einen Kolben geleitet und anschließend in einem zweiten Gefäß wieder verdichtet. Häufig ist zwischen den Destillationskolben und das zweite Gefäß eine Kühlvorrichtung geschaltet. Bei der *einfachen* Destillation werden nichtflüchtige Stoffe von flüchtigen **(Gas)** getrennt. Bei der *trockenen* Destillation erhitzt man zum Beispiel Holz, Steinkohle u. a. in Destillationsgefäßen, um flüchtige Rückstände zu erhalten. Die meisten in der Natur vorkommenden Stoffe sind Stoffgemische, deren Zerlegung eine wichtige Aufgabe der chemischen Industrie ist.

Detektiv So heißt in England und Amerika ein **Beamter** der Kriminalpolizei. Wir kennen nur *Privatdetektive*, die gegen Bezahlung für Privatleute im Geheimen Auskünfte einholen oder andere Leute überwachen, um etwas Bestimmtes über sie in Erfahrung zu bringen. Ein Detektiv arbeitet in einer *Detektei*. Die wohl berühmteste Detektivgestalt der Literatur ist *Sherlock Holmes*, der Held vieler Detektivgeschichten und -romane.

Deutschland Es umfaßt nach der Wiedervereinigung 1991 die ehemalige Bundesrepublik Deutschland (BRD),

Der berühmte Detektiv Sherlock Holmes mit seinem Freund Dr. Watson

Deutschland

West- und Ost-Berlin und die ehemalige Deutsche Demokratische Republik (DDR). Im Norden grenzt Deutschland an die Nord- und Ostsee, im Süden an die **Alpen.** Von Norden her gliedert es sich in drei Großlandschaften: das Küstenland und die Norddeutsche Tiefebene; die Mittelgebirge (Rheinisches Schiefergebirge, Hessisches Bergland, Harz, Thüringer Wald, Fichtelgebirge, Erzgebirge und Sudeten); das Alpenland (Allgäuer Hochalpen, Bayerische Alpen und Salzburger Kalkalpen) mit dem Alpenvorland und dem Schwarzwald. In den Bayerischen Alpen erhebt sich auch der höchste Berg Deutschlands, die *Zugspitze* (2965 m). Der größte und wasserreichste Fluß ist der **Rhein.** Der größte See ist der *Bodensee* (538,5 km^2). In Gebieten mit reichen Bodenschätzen hat sich eine starke Industrie entwickelt, vor allem im Ruhrgebiet, Saarland, Erzgebirge und in Oberschlesien. Es werden Stein- und Braunkohle, Eisenerze, Kalisalze und seit kurzem auch **Erdöl** und **Uran** gefördert. Der Verkehr und Transport von Gütern erfolgt über ein dichtes Eisenbahn- und Autostraßennetz sowie über Schiffahrtswege. Duisburg-Ruhrort hat den größten Binnenhafen Europas, Hamburg den größten Seehafen Deutschlands und einen der größten der Welt. Für Wirtschaft und Verkehr wichtige Städte sind neben vielen anderen Berlin, München, Frankfurt am Main, Hannover und Leipzig. Zu den ältesten Städten zählen Bremen, Köln, Danzig, Dresden, Regensburg und Augsburg. Die Bevölkerung Deutschlands setzt sich aus vielen Stämmen mit unterschiedlicher Mundart **(Dialekt)** zusammen: Friesen, Pommern, Mecklenburger, Schlesier, Preußen, Sachsen, Hessen, Franken, Rheinländer, Bayern und Schwaben. Das alte deutsche Reich im **Mittelalter** war ein Wahlkönigtum. Der **König** wurde in einer Versammlung von den Stammesfür-

Bayerns Landeshauptstadt München

sten gewählt. Von 919 bis 1806 wurde das Deutsche Reich von Königen und Kaisern aus verschiedenen Stämmen regiert. Sie ließen sich in Rom vom **Papst** zum **Kaiser** krönen und galten damit auch als weltliches Oberhaupt der Kirche. Einer der größten deutschen Kaiser war *Friedrich Barbarossa*. Der letzte mächtige deutsche Kaiser war *Karl V.* aus dem Hause Habsburg. Nach ihm verlor das Kaisertum immer mehr an Ansehen und Einfluß. 1806 wurde die Kaiserkrone niedergelegt. Zu dieser Zeit bestand Deutschland aus einer Vielzahl kleinerer und größerer Staaten und Fürstentümer. Um die Vorherrschaft kämpften Preußen und Österreich. Der Kampf endete mit dem Sieg Preußens. 1870/71 führte Deutschland gegen Frankreich Krieg. Nach dem deutschen Sieg wurde das Zweite Deutsche Reich gegründet und der preußische König *Wilhelm I.* zum Kaiser der Deutschen ausgerufen. Unter *Kaiser Wilhelm II.* trat Deutschland 1914 in den Ersten Weltkrieg ein, der 1918 mit der Niederlage und der Abdankung des Kaisers endete. Deutschland war jetzt eine *Republik*, die jedoch von Beginn an unter den harten Bedingungen zu leiden hatte, die ihm die Siegermächte auferlegt hatten. 1928 hatte auch das wirtschaftlich arg getroffene Deutschland besonders unter der weltweiten Wirtschaftskrise zu leiden, deren Folgen Arbeitslosigkeit, Armut und Hunger waren. In dieser

Dialekt

schweren Zeit gelang der radikalen *Nationalsozialistischen Partei (NSDAP)* unter ihrem Führer, dem späteren Reichskanzler *Adolf Hitler*, der Aufstieg. Sie übernahm 1933 die Macht in Deutschland und rief das »Dritte Großdeutsche Reich« aus. Hitler errichtete in Deutschland eine schreckliche Gewaltherrschaft **(Diktatur)**, die in der Geschichte beispiellos ist. Unter der nationalsozialistischen Herrschaft wurden 6 Millionen **Juden** ermordet. Hitlers maßlose Machtpolitik führte 1939 zum Ausbruch des Zweiten Weltkrieges, der 1945 mit dem völligen Zusammenbruch und der Zerstörung Deutschlands endete. Aus den Besatzungszonen der Siegermächte entstanden die Bundesrepublik Deutschland und die Deutsche Demokratische Republik.

Die *Bundesrepublik Deutschland (BRD)* umfaßte die Gebiete Deutschlands, die nach 1945 von den Amerikanern, Franzosen und Engländern besetzt wurden. Auf einer Fläche von 248 678 km^2 lebten 61,6 Millionen Einwohner. 1949 wurde im *Grundgesetz* die **Verfassung** der Bundesrepublik festgelegt. Durch den *Deutschlandvertrag* von 1955 erhielt die Bundesrepublik ihre Selbständigkeit. Sie ist Mitglied der *Europäischen Gemeinschaft* und des westlichen Verteidigungsbündnisses *NATO* (Nordatlantikpakt). Der Bundesstaat setzte sich aus den 11 Bundesländern Baden-Württemberg, Bayern, West-Berlin, Bremen, Hamburg, Hessen, Niedersachsen, Nordrhein-Westfalen, Rheinland-Pfalz, Saarland und Schleswig-Holstein zusammen. Bundeshauptstadt und Sitz der Regierung war *Bonn*. Die Bundesrepublik Deutschland gehört zu den dichtest besiedelten Ländern der Welt und ist einer der bedeutendsten Industriestaaten.

Die *Deutsche Demokratische Republik (DDR)* umfaßte die Gebiete Deutschlands, die nach 1945 von **Rußland** besetzt und verwaltet wurden. Auf einer Fläche von 108 332 km^2 lebten 16,7 Millionen Einwohner. Die DDR war in 14 Verwaltungsgebiete aufgeteilt, Sitz der Regierung war *Ost-Berlin*. In dieser Volksdemokratie gab es jedoch nur eine Staatspartei, die *SED (Sozialistische Einheitspartei Deutschlands)*, die alles beherrschte und keine andere Partei zuließ. Die DDR gehörte dem *COMECON* an *(Rat für gegenseitige Wirtschaftshilfe)* und war Mitglied des östlichen Verteidigungsbündnisses *(Warschauer Pakt)*. Im Ostblock zählte die DDR zu den modernsten Industriestaaten.

Um dem immer stärker werdenden Flüchtlingsstrom von Ost- nach Westdeutschland Einhalt zu gebieten, ließ die Regierung der DDR am 13. August 1961 eine Mauer zwischen Ost- und Westberlin errichten. Auch die gesamte Grenze zwischen den beiden deutschen Staaten wurde in der Folgezeit militärisch befestigt. Bei Fluchtversuchen in den Westen kamen bis 1989 80 Menschen ums Leben. Im August 1989 setzte die größte Massenflucht von DDR-Bürgern über Ungarn, Polen und die Tschechoslowakei seit dem Mauerbau ein. Nach Öffnung der Berliner Mauer am 9. November 1989 kam es zur Wiedervereinigung beider deutscher Staaten. Die Bundesrepublik Deutschland vergrößerte sich um fünf neue Bundesländer: Mecklenburg-Vorpommern, Brandenburg, Sachsen, Sachsen-Anhalt und Thüringen; Hauptstadt ist seitdem Berlin.

Dialekt So bezeichnet man *Mundarten*, das sind regional begrenzte Sprachformen. So wird zum Beispiel Deutsch nicht nur in Deutschland, sondern auch in Österreich und einem Teil der Schweiz gesprochen. Die **Sprache** aber hört sich in jedem Land anders an. Auch innerhalb Deutschlands gibt es viele verschiedene Dialekte. In Bayern spricht man bayerisch, in Hessen hes-

Diamant

sisch, im Rheinland rheinländisch usw. Es ist nicht immer leicht, die verschiedenen Mundarten zu verstehen. Viele **Dichter** haben Geschichten und Gedichte in ihrer Mundart geschrieben. Selbst in der Popmusik gibt es heute viele Gruppen, die ihre Lieder in einer bestimmten Mundart singen.

Diamant Er ist das härteste Gestein (Härtegrad 10) und zugleich einer der wertvollsten **Edelsteine.** Der Diamant besteht aus reinem Kohlenstoff und ist im reinen Zustand farblos und sehr hell, manchmal auch leicht gefärbt. Er besitzt einen lebhaften Glanz und wirft ein schönes Farbenspiel. Die größten Diamantvorkommen liegen in Südafrika. Diamanten werden zu Schmuckstücken mit hohem Wert verarbeitet sowie zum Bohren und Schleifen, als Taster für Feinmeßgeräte und ähnliches verwendet. Ihr Gewicht wird in *Karat* angegeben. Als einer der größten Diamanten gilt der »Cullinan«. Er hatte 3025 Karat, bevor man ihn zerlegte, um Schmucksteine daraus zu fertigen. Der größte davon hat 530 Karat und zählt unter dem Namen »Star of Africa« zu den berühmtesten Edelsteinen der Welt.

Wenn dieser Rohdiamant geschliffen ist, wird er mit 840 Karat der größte Diamant der Welt sein

Diät Bei verschiedenen Krankheiten wird der Heilungsprozeß neben der Behandlung mit Medikamenten auch durch eine Diät gefördert. Der Kranke nimmt eine Zeitlang nur ganz bestimmte Kost zu sich, zum Beispiel wenig Fett oder kein Salz. Auch jemand, der zu dick ist und abnehmen möchte, unterzieht sich einer Diät. Dabei ißt er wesentlich weniger, stellt aber seine Kost so zusammen, daß er jeden Tag eine ausreichende Menge an gesunden Nährstoffen und **Vitaminen** zu sich nimmt.

Dichter Das ist ein Sprachkünstler, der Theaterstücke, Romane, Erzählungen, Märchen oder Gedichte schreibt. All diese Werke faßt man unter dem Begriff *Dichtkunst* zusammen. In seinen Werken befaßt sich der Dichter auch mit Ereignissen und Gedanken seiner Zeit. Schon im **Altertum** gab es bei den Griechen und Römern große Dichter, deren Werke heute noch zum Teil erhalten und bekannt sind. Viele Völker brachten im Laufe ihrer Geschichte große Dichter hervor. Heute wird ein Dichter, der Romane und Erzählungen schreibt, oft *Schriftsteller* genannt.

Dieselmotor Dieser **Verbrennungsmotor** unterscheidet sich vom Benzinmotor dadurch, daß in den **Zylindern**

Diktatur

»Der arme Poet (Dichter)«, ein Gemälde von Carl Spitzweg (1808–1885)

reine Luft angesaugt und weit höher verdichtet wird. Dabei erreicht die Luft eine Temperatur von fast 900 °C. Erst jetzt wird mit einer Einspritzpumpe eine bestimmte Menge von Dieselkraftstoff (ein Leichtöl, das aus **Erdöl** gewonnen wird) in den Zylinder gespritzt. Wegen der hohen Temperatur entzündet sich der Treibstoff von selbst. Der Motor braucht also keine Zündkerzen. Dieselmotoren gelten als besonders robust und zuverlässig. Auch wird wegen der hohen Verbrennungstemperaturen der Treibstoff besser ausgenutzt, der Motor ist vergleichsweise sparsam. Demgegenüber ist allerdings aufgrund des hohen Drucks der Motor schwerer gebaut und daher teurer. Auch läuft er nicht so elastisch und geräuscharm wie ein Benzinmotor. Den ersten Dieselmotor baute 1892 der deutsche Ingenieur *Rudolf Diesel*. Wurde der Dieselmotor früher fast nur in Lokomotiven, Schiffen und Lastkraftwagen eingebaut, erfreut er sich heute im Zeitalter der Energieknappheit auch bei Pkw-Fahrern wegen seiner Sparsamkeit und Langlebigkeit wachsender Beliebtheit.

Diktatur Darunter versteht man eine Staatsform, die auf der Alleinherrschaft eines einzelnen, einer Gruppe oder einer **Partei** beruht. Das Oberhaupt einer Diktatur nennt man *Diktator*. Reißt ein Diktator alle Macht an sich, muß er dies gegen den Widerstand anderer, meist der Mehrheit, tun. Ohne Gewaltanwendung ist dies meist nicht möglich. Doch nicht nur um an die Macht zu gelangen, sondern auch um sie zu behalten, muß der Machtinhaber in einer Diktatur den Willen seiner Gegner und des Volkes unterdrücken. Dann übt er eine Gewalt-

Dinosaurier

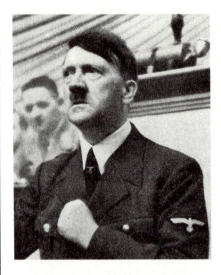

Eine Diktatur errichtete Adolf Hitler in Deutschland von 1933–1945

herrschaft aus. Wenn das Militär eine Regierung stürzt und ein militärischer Machthaber zum Diktator wird, nennt man diese Art der Diktatur eine *Militärdiktatur*. Eine Diktatur ist das Gegenteil einer **Demokratie**.

Dinosaurier Diese Urzeitechsen werden unter dem Stichwort **Saurier** beschrieben.

Diplomat So bezeichnet man den Abgesandten der **Regierung** eines Landes. Er wird zum Beispiel als *Botschafter* oder *Gesandter* in ein anderes Land geschickt, um politische, wirtschaftliche und kulturelle Beziehungen zwischen beiden Ländern zu knüpfen und zu pflegen. Bei Streitigkeiten versuchen die Diplomaten die Probleme in Verhandlungen zu lösen. Dafür brauchen sie ein großes Verhandlungsgeschick und müssen gut mit Menschen umgehen können. Im Gastland genießt ein Diplomat besondere Rechte. Er muß keine Steuern zahlen und kann nicht vor Gericht gestellt werden.

Dirigent So bezeichnet man den Leiter eines Orchesters oder Chores, der Musikstücke oder Chorwerke einstudiert und bei einem Konzert das Orchester oder den Chor leitet. Er gibt mit seinem Taktstock die Einsätze für die Instrumente, die verschiedenen Stimmen und das Tempo des Musikstückes an.

Diskothek Das ist eine Sammlung von Schallplatten. Man nennt aber auch ein Tanzlokal so, in dem zur Musik von Schallplatten getanzt wird. In einer Diskothek legt ein *Diskjockey* die Schallplatten auf und kündigt mit einem **Mikrofon** die Musikstücke an.

Diskriminierung Darunter versteht man die ungerechte Behandlung von Menschen mit einer anderen Hautfarbe, Gesinnung oder **Religion** (siehe dazu auch **Apartheid**, **Antisemitismus** und **Zigeuner**). Man kann aber auch durch falsche Anschuldigungen einen anderen diskriminieren, das heißt seinem Ruf schaden.

Diskussion Darunter versteht man eine Gesprächsrunde, in der mehrere Leute ihre Meinung zu einem bestimmten Thema äußern. Die Meinungen der Gesprächspartner können sehr unterschiedlich sein. Da es bei einer Diskussion häufig recht hitzig zugeht, nennt man sie auch ein Streitgespräch. Ein Diskussionsleiter sorgt dafür, daß jeder Gesprächsteilnehmer zu Wort kommt, dabei ohne unterbrochen zu werden ausreden kann und alle beim Gesprächsthema bleiben. Am Ende der Diskussion faßt er das Gespräch mit einigen Worten noch einmal zusammen, um aufzuzeigen, zu welchem Ergebnis die Diskussion gekommen ist.

Disziplin Damit bezeichnet man Ordnung im allgemeinen, ein Fachgebiet der **Wissenschaft** oder eine Sportart.

Doktor

Diskothek

Sich einer Ordnung entsprechend zu verhalten bedeutet, bestimmte Regeln einzuhalten und diesen zu folgen. Jemandem Disziplin, also auch Gehorsam abzuverlangen, ist nur dann sinnvoll, wenn er die aufgestellte Ordnung mit ihren Regeln auch versteht. Nur dann kann er sie annehmen und einhalten. Auch jede Wissenschaft stellt ihre Gesetzmäßigkeiten und Normen auf, und jede Sportart wird nach bestimmten Regeln ausgeübt.

Dock Darunter versteht man eine Anlage in **Häfen,** auf der Reinigungs- und Reparaturarbeiten an **Schiffen** vorgenommen werden. Damit das Schiff auch auf der Unterseite ausgebessert werden kann, wird es hier völlig aufs Trockene gelegt. Das Trockendock ist mit einer **Schleuse** zu vergleichen. Das Schiff fährt in ein großes Becken aus Beton, das mit Wasser gefüllt ist, ein. Nun wird das Becken mit einem Tor verschlossen und das Wasser abgepumpt.

Doktor Diese Ehrenbezeichnung *(Titel)* wird von der **Universität** verliehen. Dort muß man, um die *Doktorwürde* zu erlangen, einige Jahre in einer bestimmten Fachrichtung studieren. Am Ende dieses Studiums legt man eine schriftliche Arbeit *(Dissertation)* über ein ausgewähltes Thema vor. Zusätzlich muß man eine mündliche Prüfung ablegen. Wurde die Doktorarbeit angenommen und die Prüfung bestanden, darf man den Doktortitel führen, das heißt, ihn bei Unterschriften oder in der Anrede vor dem Namen nennen. So ist zum Beispiel der Rechtswissenschaftler *(Jurist)* ein *Dr. jur.,* der Mediziner ein *Dr. med.,* der Naturwissenschaftler ein *Dr. rer. nat.* und der Geisteswissenschaftler ein *Dr. phil.* Die Abkürzungen stehen für den lateinischen Namen des jeweiligen Fachgebietes. Die Doktorwürde kann jedoch auch »ehrenhalber« (lateinisch »honoris causa«) als *Dr. h. c.* für hervorragende wissenschaftliche Leistungen und besondere Verdienste verliehen werden. Um diesen Ehrentitel zu erlangen, muß man weder eine schriftliche Arbeit vorlegen noch eine

Dolmetscher

Ein »gelehrter Doktor« in seinem Studierzimmer (um 1500)

mündliche Prüfung machen. Doktor ist in der Umgangssprache auch die Bezeichnung für einen Arzt.

Dolmetscher Er beherrscht außer seiner Muttersprache noch eine oder mehrere andere Sprachen und kann deshalb Menschen verschiedener Sprachen bei der Verständigung untereinander helfen. Ein Dolmetscher übersetzt bei Gesprächen fließend von einer Sprache in eine andere. Als *Übersetzer* überträgt er auch Schriftstücke oder ganze Bücher in eine andere Sprache. Dolmetscher und Übersetzer werden in den verschiedensten Berufsbereichen gebraucht, zum Beispiel im Fremdenverkehr, in der Wirtschaft, im Buch- und Zeitschriftenwesen, bei Funk und Fernsehen und bei staatlichen Behörden.

Dompteur Das ist ein Tierbändiger, der Tiere, auch gefährliche **Raubtiere,**

Raubtier-Dompteuse im Zirkus Krone

Drache

zähmt und ihnen verschiedene Kunststücke beibringt, sie *dressiert*. Diese Kunststücke führt er dann zum Beispiel in einem **Zirkus** vor. Ein wildes Tier zu zähmen gelingt nur dann, wenn man mit dem Tier auch Freundschaft schließen kann. Ein Raubtierdompteur lebt gefährlich, denn das Leben in Käfigen, der Eisenbahntransport und der allabendliche Auftritt vor vielen hundert Menschen im grellen Licht lassen die Tiere oft unberechenbar reagieren. Einen weiblichen Dompteur nennt man *Dompteuse*.

Donau Dieser zweitlängste Fluß Europas entspringt im Schwarzwald und mündet ins Schwarze Meer. Auf einer Länge von 2850 km fließt die Donau durch die Bundesrepublik Deutschland, Österreich, Ungarn, Jugoslawien und Rumänien. Sie ist ein bedeutender Schiffahrtsweg und mit dem größten Fluß Deutschlands, dem **Rhein,** durch den *Rhein-Main-Donau-Kanal* verbunden. Schon im Altertum war die Donau ein wichtiger Verkehrsweg.

Drache Von diesem Ungeheuer, einem Fabeltier, wird in vielen **Märchen** und Sagen vergangener Zeiten erzählt. Der Drache sieht meist aus wie eine riesige Eidechse mit Flügeln und hat

Siegfried tötet den Drachen

häufig mehrere Köpfe, aus denen er Feuer speit. Der Drache verkörpert das Böse und viele Helden (Siegfried, der hl. Georg) zogen aus, um den Drachen und damit das Böse zu vernichten. Oft bewachten Drachen aber auch große

Mit seinem Drachen segelt dieser Drachenflieger vom Berg ins Tal

89

Drahtseilbahn

Schätze oder hielten wunderschöne Jungfrauen gefangen. Viele tapfere Ritter versuchten, diese zu befreien und an die Schätze zu gelangen. In Asien ist der Drache jedoch ein Glücksbringer. Aus der »Unendlichen Geschichte« von Michael Ende ist allen Kindern der Glücksdrache Fuchur bekannt. Ein *Drachen* dagegen ist ein einfaches, aus Holz und Papier hergestelltes Fluggerät, das man bei leichtem Wind an einer Schnur in die Luft steigen lassen kann. Ein abenteuerlicher, aber gefährlicher Sport ist das *Drachenfliegen* mit zusammenlegbaren Hängegleitern, die aus einem Aluminiumgestell und einer Nylonbespannung bestehen. Unter den dreieckigen Tragflügeln hängt der Pilot an einem Haltegurt und steuert den Drachen durch Verlagerung seines Körpergewichts durch die Luft.

Drahtseilbahn Wer kein begeisterter Bergsteiger ist, spart sich den mühevollen, stundenlangen Aufstieg, indem er eine Drahtseilbahn benutzt. Mit ihr kann er in wenigen Minuten vom Tal zum Gipfel hoher Berge gelangen. Bei einer *Seilschwebebahn* hängen die Kabinen für Personen oder Lasten an armdicken Drahtseilen. Der Antrieb der Kabinen oder Gondeln erfolgt durch ein zusätzliches Zugseil. Meist hängen zwei Kabinen an einem Drahtseil, die jeweils zur gleichen Zeit in der Berg- oder Talstation eintreffen und dort zum Ein- oder Aussteigen anhalten. Dabei zieht oder bremst die abwärtsschwebende Gondel die bergaufwärtsfahrende. Das Zugseil wird zusätzlich durch einen starken **Elektromotor** in der Berg- oder Talstation angetrieben. In abgewandelter Form werden Drahtseilbahnen auch als *Schlepp-* oder *Sessellifte* für Skifahrer gebaut, wobei diese entweder von einem Schleppbügel gezogen werden oder in einem Einzel- oder Doppelsessel sitzend den Berg hinauffahren.

Dritte Welt In der Geschichte galt Europa als die »Alte Welt« und Amerika als die »Neue Welt«. Die aus den europäischen **Kolonien** in Afrika, Asien und Südamerika später entstandenen, unabhängigen Staaten nannte man die

Kinder im Elendsviertel in einem Land der Dritten Welt

Druckverfahren

»Dritte Welt«. Heute faßt man unter diesem Begriff alle Staaten zusammen, die keinem der großen Machtblöcke in West und Ost angehören. Darüber hinaus wird er für die ärmsten **Entwicklungsländer** Afrikas, Asiens und Südamerikas gebraucht. Dort leben die Menschen in unvorstellbarer Armut, und ihr größtes Problem ist der Hunger, dem täglich viele Tausende zum Opfer fallen. Die Menschen in den reichen Industrieländern werden sich zunehmend des Elends der Dritten Welt bewußt und erkennen, daß sie zur Hilfe verpflichtet sind.

Drogen Unter diesem Begriff faßt man heute alle anregenden (**Alkohol**, Koffein, **Nikotin**), beruhigenden und sogenannten bewußtseinsverändernden (Rauschgifte) Mittel zusammen, die der Mensch aus den verschiedensten Motiven zu sich nimmt. Zu den Drogen, die gesetzeswidrig gehandelt werden, zählen Rauschgifte wie *Heroin, Morphium, Opium, Kokain, LSD, Haschisch, Marihuana*. Sie werden aus Pflanzen gewonnen und zum Teil auch zu medizinischen Zwecken benutzt (Morphium ist ein sehr wirkungsvolles Schmerzmittel). Rauschgifte wirken auf das **Gehirn** und das ganze Nervensystem. Sie versetzen den Menschen in einen unwirklichen Zustand und bewirken Träume und ein starkes Glücksgefühl. Sie können aber auch schwere Angstzustände auslösen. Drogen sind sehr gefährlich, weil man von ihnen seelisch und körperlich abhängig wird und ohne sie die Wirklichkeit nicht mehr ertragen kann. Man unterscheidet sogenannte »weiche« Drogen (Haschisch, Marihuana) und »harte« Drogen (Heroin, Kokain, Opium, LSD). Die Gefährlichkeit weicher Drogen wird oft unterschätzt, weil sie zwar nicht körperlich abhängig machen, aber den Einstieg in harte Drogen erleichtern. Diese bewirken eine körperliche Abhängigkeit und schwere Gesundheitsschäden. Bekommt zum Beispiel ein Heroinsüchtiger nicht regelmäßig seinen »Stoff«, hat er unter schlimmen Entzugserscheinungen wie starke Krämpfe, Erbrechen und Schüttelfrost zu leiden. Er ist dann sogar bereit, auf kriminellem Wege an das Rauschgift zu kommen. Immer ist auch die tödliche Gefahr der Überdosis gegeben, wenn der Stoff einen hohen Reinheitsgrad besitzt. Die Zahl der Drogentoten ist in den letzten Jahren erschreckend angestiegen. Drogenabhängige von ihrer Sucht zu heilen ist sehr schwer und leider in nur wenigen Fällen erfolgreich. Deshalb ist der Drogenkonsum strafbar. Der Drogenhandel ist heute weit verbreitet und steht als eines der schlimmsten Verbrechen unter strenger Strafe.

Druckverfahren Beim **Buchdruck** gibt es verschiedene Verfahren, mit denen man druckt, das heißt Texte und Bilder vervielfältigt. Beim *Hochdruck* sind die druckenden Elemente erhaben, die Druckform ist (beim Buchdruck) eben oder (beim *Rotationsdruck*) zylindrisch. Die Druckfarbe bleibt an den höherstehenden Teilen haften und wird vom Papier abgenommen. Beim *Tiefdruck* liegen die druckenden Teile tief, die überflüssige Druckfarbe wird mit einer Rakel entfernt. Die in den Vertiefungen zurückgebliebene Farbe wird von dem Papier auf dem Druckzylinder angesaugt. Beim *Flachdruck* liegen die druckenden Teile mit den nichtdruckenden in einer Ebene. Hier wird nach dem Prinzip gearbeitet, daß Wasser und fette Druckfarbe sich nicht vermischen und gegenseitig abstoßen. Beim *Offsetdruck,* einer Weiterentwicklung des Flachdrucks, wird das Druckbild von der Metallplatte noch auf ein Gummituch übertragen, das dann das Papier bedruckt. Beim *Siebdruck* wird durch eine Schablone aus farbdurchlässigem Material gedruckt.

Dschungel

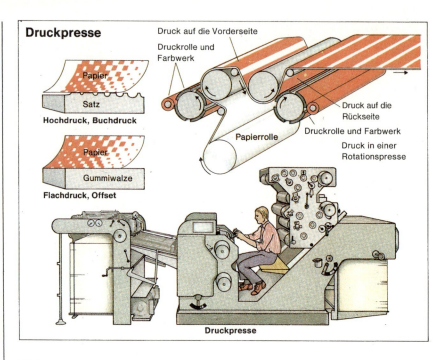
Druckpresse

Bücher werden heute hauptsächlich im Offsetdruckverfahren hergestellt, Zeitschriften im Tiefdruckverfahren.

Dschungel Das sind Sumpfdickichte in den **Tropen**. Ursprünglich bezeichnete man mit Dschungel das gras- und schilfreiche Buschland und den hochwachsenden **Urwald** Indiens. Die Bedeutung des Begriffs hat sich im Laufe der Zeit jedoch erweitert, und er umfaßt heute auch alle heißen und feuchten tropischen *Regenwälder*. Im Dschungel gibt es riesige Bäume, wuchernde Schlingpflanzen und fremdartige Pflanzen, die in leuchtenden Farben blühen. Die einzelnen Regionen sind wie Stockwerke. Die unteren Bäume werden etwa 20 m hoch und die höchsten Baumkronen bis zu 67 m. In jedem Stockwerk haben zahlreiche verschiedene Tiere ihren Lebensraum.

Dudelsack Dieses lustig aussehende, eigenartig tönende **Blasinstrument** war schon im Altertum in Asien bekannt. Heute spielt man den Dudelsack hauptsächlich in Schottland und Irland. Er besteht aus einem ledernen Sack mit mehreren Spiel- und Begleitpfeifen. Diesen Windsack klemmt man zwischen Körper und Oberarm und bläst ihn durch das Mundrohr voll mit Luft. Drückt man nun den Windsack mit den Ellenbogen zusammen, entweicht die Luft durch die Pfeifen und bringt sie zum Tönen.

Dünen Das sind vom Wind aufgeschüttete Sandwälle oder Hügel. Meist einige Meter hoch, können sie aber auch eine Höhe von mehreren hundert Metern erreichen. Dünen finden sich an Küsten, Flußufern und in **Wüsten**. Sie bilden sich nur, wenn der Wind ungehindert angreifen kann, das heißt wenig oder kaum Bewachsung vorhanden ist. Der lockere Bodensand wird verweht und beginnt sich an kleinen Hindernissen (Bodenunebenheiten) aufzuhäu-

Dünger

Dudelsackpfeifer

fen. Nach der Form unterscheidet man Bogen- und Sicheldünen. Weht der Wind aus wechselnder Richtung, kann eine Düne auch wieder weggeweht werden. Sie kann sich verlagern, sie kann wandern. Dann nennt man sie *Wanderdüne.* Weht der Wind beständig aus nur einer Richtung, bilden sich parallel zur Windrichtung *Reihendünen.* Mit Zäunen, starkwurzelnden Gräsern und Sträuchern versucht man zu verhindern, daß der Wind die Dünen immer weiter ins Land hinein weht, wo sie fruchtbaren Boden zerstören können.

Dünger Darunter versteht man Nährstoffe, die den Pflanzen zugeführt werden, um ihr Wachstum, ihre Qualität und damit den Ertrag zu fördern. Die Düngung ist abhängig von dem Nährstoffbedarf der Pflanze, vom Boden und auch von den Einwirkungen des **Klimas.** Düngemittel sind notwendig, da die Pflanzen dem Boden Nährstoffe entziehen, die auf diese Weise ersetzt werden müssen. Man unterscheidet *Naturdünger* (Jauche, Stallmist, Kom-

Sanddünen in der Sahara

Düsenantrieb

post) und *Kunstdünger,* der in Pulverform oder als Flüssigkeit industriell hergestellt wird und chemische Stoffe enthält. Wenn der Dünger auch für ein gutes Wachstum auf den Feldern notwendig ist, so gilt er doch als Schadstoff für unsere Gewässer, vor allem der Kunstdünger, der vom Regen ins Wasser gespült wird und dort unter anderem ein übermäßiges Algenwachstum verursacht.

Düsenantrieb Damit bezeichnet man *Strahltriebwerk,* das in **Flugzeugen** und **Raketen** für den Antrieb sorgt. Dieses Triebwerk saugt Luft an und preßt sie durch den *Kompressor* (eine Maschine, die Gase zusammenpreßt) in die *Brennkammer.* Der ebenfalls in die Brennkammer eingespritzte Kraftstoff (Flugbenzin, *Kerosin*) vermischt sich mit der hochverdichteten Luft und verbrennt. Die Verbrennungsgase treiben eine **Turbine** an, die ihrerseits den Kompressor in Gang setzt, und entweichen dann mit hoher Geschwindigkeit aus der Schubdüse. Dadurch wird eine gewaltige Schubkraft erzeugt, mit der ein schweres Flugzeug beim Start in kurzer Zeit enorm beschleunigen kann oder eine Rakete in die Luft »geschossen« wird.

Dynamit Das ist ein *Sprengstoff,* der 1867 von dem schwedischen Chemiker *Alfred Nobel* entwickelt wurde. Dynamit enthält zu 75 Prozent *Nitroglycerin,* eine höchst explosive, ölige Flüssigkeit; sie heißt deshalb auch *Sprengöl.* Nitroglycerin explodiert schon beim geringsten Stoß oder Schlag und bei Zündung. Damit man dieses Sprengöl besser und sicherer transportieren und lagern kann, wurde es mit einem besonderen Stoff (gebranntem Kieselgur) umgeben und auf diese Weise stoßunempfindlich gemacht. Dynamit wird zur Sprengung von besonders hartem Gestein eingesetzt.

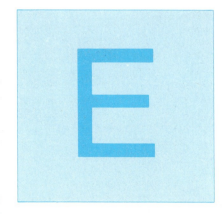

Ebbe und Flut Regelmäßig zweimal am Tag steigt und fällt das Wasser vieler Meere. Steigt das Wasser und läuft weit ins Land hinein, herrscht etwa 6 Stunden lang Flut. Fällt es und zieht sich wieder von der Küste zurück, herrscht ebenfalls 6 Stunden lang Ebbe. Dieses Fallen und Steigen des Wasserspiegels bezeichnet man auch als *Gezeiten.* Weit vom Land entfernt hebt sich die Meeresoberfläche etwa 2 m, in flachen Küstengebieten mehrere Meter und in tiefen Buchten sogar bis zu 20 m. Ebbe und Flut entstehen durch die Anziehungskräfte des **Mondes** und der **Sonne** auf die Wasserhülle der Erde. Hinzu kommen noch die Einflüsse der Erdoberfläche, also **Wind,** Wassertiefe usw. All diese Kräfte zusammen verursachen ein langsames Auf- und Abschwingen der obersten Erdschichten und Meeresoberflächen.

Echo Dieser *Widerhall* entsteht dadurch, daß *Schallwellen* auf ein nichtschwingendes Hindernis prallen. Sie werden dann zurückgeworfen und kommen wieder zu unserem **Ohr.** Da sich der **Schall** sehr schnell ausbreitet, hört man das Echo bei kurzen Entfernungen gleichzeitig mit dem Ton, den man selbst von sich gibt. Ist das Hindernis weiter entfernt, hören wir es deutlich, allerdings mit Verzögerung.

Edelmetalle

Echolot Das ist ein Gerät, das Entfernungen mit Hilfe von Schallstößen (z. B. Glockenton oder Ultraschallimpulse) mißt. Das Ultraschall-Echolot wird zur Messung der Wassertiefe benutzt. Damit können auch Schiffswracks, Fischschwärme u. a. gelotet werden. Man mißt dabei die Zeit zwischen Abgabe des Signals und dem Wiedereintreffen der reflektierten *Schallwellen* **(Echo)**. Das Unterwasser-Echolot dient in erster Linie dazu, den Zusammenstoß von Schiffen mit **Eisbergen** zu verhindern. Alle Echolot-Geräte arbeiten mit elektromagnetischen Wellen von hoher *Frequenz*.

Edelmetalle (Gold, Silber, Platin, Palladium)

Edelmetalle Diese **Metalle** werden von **Luft, Wasser** oder **Säuren** nur sehr wenig oder gar nicht angegriffen und rosten nicht. Zu den Edelmetallen gehören **Gold, Silber** und die *Platinmetalle*. Gold und Platin lösen sich nur in sogenanntem *Königswasser*, Silber in *Salpeter-* und *Schwefelsäure*. Die übrigen Platinmetalle sind unlöslich. Edelmetalle sind sehr teuer und werden vorwiegend zu Schmuck verarbeitet oder in der Technik dort verwendet, wo es auf blanke Kontakte ankommt. In der Zahnmedizin gelten Füllungen aus

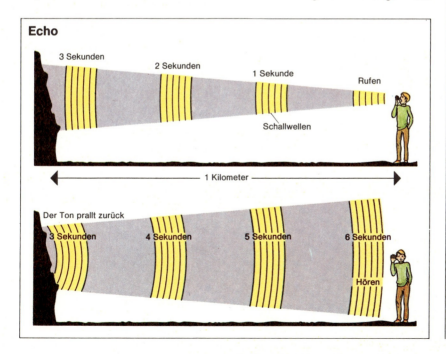

Edelsteine

Gold als besonders beständig und problemlos.

Edelsteine Das sind **Mineralien,** die sich durch einen besonderen Glanz, ein starkes Feuer, Durchsichtigkeit, schöne Färbung, aber auch durch große Härte auszeichnen. Sie stellen eine besondere Gruppe der Bodenschätze der Erde dar und finden sich entweder eingewachsen in Gestein oder lose im Sand einiger Flüsse. Die bekanntesten Edelsteine sind: **Diamant,** *Smaragd, Saphir, Türkis, Aquamarin, Rubin, Turmalin, Jade, Mondstein, Opal, Amethyst* u. a. Will man sie als Schmuckstücke verarbeiten, werden sie geschnitten oder geschliffen. Das Einheitsgewicht der Edelsteine wird in *Karat* angegeben. Neben den natürlichen gibt es auch künstliche Edelsteine. Sie werden auf chemischem Wege hergestellt und haben die gleiche Zusammensetzung sowie denselben Feinbau wie die natürlichen Steine.

Ei Die Entwicklung neuen Lebens beginnt bei Mensch und Tier in einem Ei. Am Anfang steht die **Befruchtung** der Eizelle. Der Zellkörper besteht aus einem den **Embryo** bildenden Bildungsplasma und dem zur Ernährung nötigen Nahrungsdotter. Der Zellkern wird Eikern genannt. Die Zellteilung beim Ei, die zur Entwicklung des *Keims* führt, nennt man Furchung. Bei Säugetieren und beim Menschen sind die Eier winzig klein. Sie entwickeln sich im Mutterleib, der ihnen auch die für den Aufbau nötigen Nährstoffe zuführt. Eier, die abgelegt werden, wie bei Vögeln, Insekten und Kriechtieren, besitzen neben dem Bildungsdotter noch den Nahrungsdotter. Das Ei der Vögel und Kriechtiere enthält außer der eigentlichen Eizelle einen Eiweißvorrat, eine pergamentähnliche Schalenhaut und eine schützende, luftdurchlässige Kalkschale. Die meisten Fische und Weichtiere legen

die Eier in Klumpen ab; sie sind weich und mit Schleim umgeben.

Eiche Dieser *Laubbaum* wächst fast ausschließlich auf der nördlichen Erdhälfte. Er kommt in etwa 280 verschiedenen Arten vor. In Mitteleuropa finden sich vor allem die *Stiel-* oder *Sommereiche*, die *Trauben-* oder *Wintereiche* und die aus Amerika eingeführte *Rote Eiche*. Die Eiche ist ein wuchtiger Baum, der eine knorrige, unregelmäßige Krone bildet und eine rissige Rinde hat. Die Früchte der Eiche *(Eicheln)* enthalten viel Stärkemehl und Öl und werden von Rehen, Hirschen, Wildschweinen, Eichhörnchen und Eichelhähern verzehrt. Die Eiche kann sehr alt werden, manchmal bis zu 1000 Jahren. Sie erreicht eine Höhe von 35 bis 60 m, der Stamm einen Umfang bis zu 6 m. Das sehr harte und fäulnisfeste Holz brauchte man früher zum Haus-, vor allem aber zum Schiffbau. Nicht nur das Holz des Baumes wurde genutzt. Aus

Eichhörnchen

Eiche

den Eicheln, Blättern und der Rinde bereitete man Medizin. Die Eiche wurde besonders von den Völkern des **Altertums** verehrt. Bei den **Germanen** waren Eichen oder Eichenhaine religiöse Plätze und Gerichtsstätten.

Eichhörnchen Dieses in Wäldern, Parks und Gärten wild lebende *Nagetier* ernährt sich von **Samen** der Nadelbaumzapfen, Haselnüssen, Bucheckern, Eicheln, anderen Früchten, Vogeleiern und Insekten. Im Herbst legt es Vorräte an, um mit diesen zu überwintern. Der rotbraune Pelz des Eichhörnchens färbt sich im Winter etwas grauweiß. Sein 20 cm langer, buschiger Schwanz dient ihm bei seinen Sprüngen von Ast zu Ast als Steuer und Luftbremse. Wie Vögel legen Eichhörnchen auf Bäumen kugelförmige Nester an, die man *Kobel* nennt. Das Nest besteht aus Reisiggeflecht und ist innen mit Federn, Haarbüscheln und Moos ausgepolstert. Zweimal im Jahr bekommen Eichhörnchen jeweils 2–8 Junge. Sie sind bei der Geburt blind und nackt und können erst nach 5 Wochen das Nest verlassen. Von den verschiedenen Eichhörnchenarten ist das *Grauhörnchen* bei uns am verbreitetsten.

Eichhörnchen

Eid

Eid Darunter versteht man ein feierliches Versprechen, einen *Schwur*. Vor **Gericht** müssen wichtige Aussagen unter Eid gemacht werden. Dabei verpflichtet sich der Befragte im Namen Gottes oder des eigenen Gewissens, die Wahrheit zu sagen. Wenn jemand nach einem geleisteten Eid wissentlich die Unwahrheit sagt, begeht er einen *Meineid*. Dieses Vergehen wird schwer bestraft. **Beamte** und Soldaten verpflichten sich mit einem Eid bei Antritt ihres Dienstes dem **Staat** gegenüber zu Treue und Gehorsam.

Eidechse Sie gehört zur großen Ordnung der *Schuppenkriechtiere* und zur Tierfamilie der *Echsen*. Bei uns kommt vor allem die *Zauneidechse* vor. Sie ist ein wechselwarmes Kriechtier, liebt die Wärme und ist im Winter und an naßkalten Tagen nicht zu sehen. Sobald jedoch die Sonne scheint, kriecht die Eidechse aus ihrem Schlupfloch. Mit ihrer Haut kann sie sehr gut Temperaturunterschiede fühlen. Ihr im Versteck oft stark abgekühlter Körper wärmt sich langsam auf, die Temperatur des Blutes steigt mit der ihrer Umgebung. Bei einer Temperatur von 38,6°C ist das Tier schon sehr rege. Kühlt die Außentemperatur ab, kühlt auch der Tierkörper aus. Im Winter erstarrt der Körper völlig, die Bluttemperatur sinkt auf fast 0°C ab. Die Eidechse verfällt in eine oft monatelange Kälte- und Winterstarre. Dabei atmet sie kaum und nimmt keine Nahrung auf, sondern zehrt von dem im Sommer aufgespeicherten Fett. Die Haut der Eidechse wärmt nicht nur, sondern schützt auch vor Austrocknung und Verletzung. Das hornige Schuppenkleid besteht aus toten **Zellen** und wächst nicht mit der Eidechse. Die Haut wird mehrmals im Sommer in Fetzen abgestreift und aus der unteren Schicht der Oberhaut neu gebildet. Nach der ersten Häutung hat das Männchen eine lebhaft grün-braune, das Weibchen eine braune Haut. Die Eidechse kann sich blitzschnell bewegen, sie kriecht schlängelnd, wobei der lange Schwanz steuert. Sie ernährt sich vorwiegend von Insekten, wobei sie ihre Beute als Ganzes verschlingt und den Fang durch Kieferbewegungen zerquetscht. Im Frühjahr gräbt das Weibchen ein Loch in den lockeren Erdboden und legt 5–14 Eier hinein. Das Ausbrüten übernimmt die Sonnenwärme. Nach etwa 6 Wochen schneiden sich die Jungen mit ihrem Eizahn aus der Eihülle und sind sofort selbständig. Neben der Zauneidechse leben bei uns noch die *Moor-* und *Waldeidechse*, die *Smaragdeidechse* und die *Mauereidechse*.

Zauneidechse

Eis Bei einer Temperatur von 0°C geht **Wasser** in einen festen Zustand über. Es erstarrt zu Eis. Dabei dehnt es sich aus und wird leichter. Deshalb schwimmt Eis auf dem Wasser, wie man an Eisschollen oder **Eisbergen** sehen kann. In der **Atmosphäre** findet sich Eis als **Schnee, Hagel** und abgelagert als *Reif*; auf dem Land als **Gletscher,** in Polargebieten als Inlandeis. Im Meer werden die Eisschollen zusammengedrückt und in Form von

Eisenbahn

Treibeis oder Eisbergen transportiert. In *Eismaschinen* werden Wasser, Zukker, Geschmacksstoffe und Sahne gemischt und gefroren. Auf diese Weise erhält man *Speiseeis*.

Eisberg In den nördlichen und südlichen Polarmeeren schwimmen große Eismassen. Diese Eisberge entstehen dadurch, daß große Teile von **Gletschern** oder vom Inlandeis abbrechen und auf das Meer hinaustreiben. Ihre Gesamtgröße läßt sich mit dem bloßen Auge nur ahnen, da nur 1/9 des Eisberges über dem Wasser zu sehen ist. Der Hauptteil schwimmt unter der Wasseroberfläche. Deshalb sind Eisberge für die Schiffahrt sehr gefährlich. Das größte Schiffsunglück, das sich aufgrund eines Zusammenstoßes mit einem Eisberg ereignete, war 1912 der Untergang der »Titanic«. Sie wurde auf ihrer Jungfernfahrt von einem Eisberg unter Wasser aufgerissen und versank in kurzer Zeit. Dabei kamen 1500 Menschen ums Leben.

Ein Eisberg in der Antarktis

Eisen Dieses *Schwermetall* findet sich in der Natur als *Eisenerz* und macht etwa 5 Prozent der Erdrinde aus. Eisen gewinnt man mit einem technischen Verfahren in *Hochöfen*. In diese etwa 30 m hohen Türme wird schichtweise Eisenerz, *Koks* **(Kohle)** und *Kalkstein* **(Kalk)** gefüllt. Von unten her wird sehr heiße Luft eingeblasen. Bei etwa 350 °C verbrennt der Koks, die freiwerdenden Kohlengase entziehen dem Eisenerz **Sauerstoff.** Das geschmolzene Eisen wird an der tiefsten Stelle des Hochofens »abgestochen« und in Gußformen gefüllt. Reines Eisen ist silbrig-weiß, sehr weich und rostet an feuchter Luft. Die reichhaltigsten Eisenerzvorkommen besitzt **Afrika,** an zweiter Stelle steht Nordamerika, gefolgt von Südamerika. Der größte Eisenproduzent der Welt ist jedoch **Rußland.**

Eisenbahn Das ist ein Verkehrsmittel, das auf Schienen fährt. Die *Waggons* werden von einer *Lokomotive* gezogen. Die erste Dampfeisenbahn baute in England *George Stephenson*. Sie

Eisenbahn

Die Fahrt der ersten Eisenbahn in England (1825)

fuhr 1825 eine 16 km lange Strecke in etwa einer Stunde. Die erste deutsche Eisenbahn dampfte 1835 von Nürnberg nach Fürth. Bis zu Beginn des 20. Jahrhunderts wurde die Eisenbahn nur von Dampflokomotiven gezogen. 1903 fuhr in Deutschland die erste elektrische Eisenbahn, 1912 die erste Lokomotive mit einem **Dieselmotor.** Heute gibt es in den Industrieländern fast nur noch elektrische Eisenbahnen. Ein *Personenzug* kann bis zu 15 Waggons und eine Länge von etwa 400 m haben. *Güterzüge* sind meist viel länger, sie brauchen deshalb auch stärkere Lokomotiven. Alle Waggons eines Eisenbahnzuges werden mit Druckluft gebremst. Sehr schnelle Züge haben Schienenbremsen. Für die Sicherheit im Eisenbahnverkehr sorgen zahlreiche Signalanlagen, die den Zügen die Durchfahrt erst dann erlauben, wenn die Strecke frei ist. Signale und Weichen werden zentral vom *Stellwerk* am **Bahnhof** geschaltet. Auf freier Strecke kann der Zug im Notfall durch die in jedem Abteil mehrfach angebrachte *Notbremse* gestoppt werden. Ist der Zugführer, aus welchem Grund auch immer, nicht mehr in der Lage, den Zug zu steuern, wird dieser automatisch gebremst, sobald er die Kurbel losläßt. Im Eisenbahnverkehr unterscheidet man Nahverkehrs- und Eilzüge, den Intercity-Expreß (ICE) sowie Stadt- und Schnellbahnen (*S-Bahn,* **U-Bahn**). Man kann 1. oder 2. Klasse fahren, bei Fernzügen im Speisewagen essen und im Schlaf- oder Liegewagen auch nachts bequem reisen. Frachtgut wird in Güterzügen transportiert, bei denen jeder Waggon bis zu 20 000 kg Last aufnehmen kann. Über weite Strecken werden Lasten in **Containern** befördert. Die Höchstgeschwindigkeit für Reisezüge beträgt in der Regel 200 km/h. Die schnellsten Reisezüge der Welt sind der deutsche ICE (280 km/h) sowie der französische Höchstgeschwindigkeitszug »TGV«, der seit 1983 in Frankreich zwischen Paris und Lyon verkehrt (270 km/h).

Eiszeit

Eine typische Spielszene im Eishockey zwischen zwei Spitzenmannschaften

Eishockey Bei diesem Mannschaftsspiel auf Schlittschuhen versuchen zwei Mannschaften mit je 6 Spielern (1 Torwart, 2 Verteidiger, 3 Stürmer) den *Puck* (eine Hartgummischeibe) mit dem Eishockeyschläger jeweils in das Tor des Gegners zu schlagen. Die Spieler können während der Spielzeit von dreimal 20 Minuten laufend ausgewechselt werden. Körpereinsatz ist erlaubt. Verhält sich ein Spieler jedoch sehr unsportlich oder wird gegen seinen Gegner besonders grob, muß er für 2–5 Minuten auf die Strafbank. In dieser Zeit kann ihn kein anderer Spieler ersetzen. Eishockey ist ein sehr schnelles und manchmal auch – durch den Körpereinsatz – sehr rauhes Spiel.

Eislauf In dieser Sportart unterscheidet man *Eisschnellauf* und *Eiskunstlauf*. Die Eisschnelläufer liefern sich Wettkämpfe über die Strecken von 500, 1500, 3000, 5000 und 10000 m. Sie tragen dabei eine windschlüpfrige Kleidung und erreichen Spitzengeschwindigkeiten von fast 50 km/h. Der bisher erfolgreichste Eisschnelläufer war der Amerikaner *Eric Heiden*, der bei den **Olympischen Spielen** 1980 in *Lake Placid* (USA) die Goldmedaillen über alle 5 Strecken gewann. Die Eiskunstläufer müssen in der *Pflicht* vorgegebene Übungen möglichst genau, sicher und in fehlerfreier Haltung laufen. Die *Kür* entwirft der Sportler zu einem Musikstück selbst. Sie setzt sich zusammen aus Schrittkombinationen, bestimmten Sprüngen, Pirouetten und Bögen. Beim Eiskunstlauf gibt es den *Paarlauf*, den Damen- und Herren-*Einzelwettbewerb* und den *Eistanz*. Die Eiskunstläufer werden von einer **Jury** mit Noten von 0 bis 6 bewertet.

Eiskunstlauf (Paarlauf)

Eiszeit Das ist ein Zeitraum der **Erdgeschichte,** in dem sich vor rund 1 Million Jahren auf der **Erde** das **Eis** über weite Gebiete aufgrund sinkender Temperaturen ausbreitete. Es gab Zeitabschnitte, in denen – ausgehend von Nordeuropa – Mitteleuropa von meterdicken Eisschichten bedeckt war. Die 5 *Kaltzeiten* wechselten mit wärmeren *Zwischeneiszeiten* ab. Durch die Eisschmelze, die vor 12000 Jahren einsetzte, entstanden Seen, Moränen (durch die Wanderung von **Gletschern**

Elbe

gebildete Gesteinsmassen) und riesige Felsblöcke (Findlinge).

Elbe Dieser große Fluß in Mitteleuropa entspringt im Riesengebirge in Böhmen (Tschechoslowakei) und mündet bei Cuxhaven in Norddeutschland in die Nordsee. Die Gesamtlänge der Elbe beträgt 1144 km, 846 km davon sind schiffbar. Sie ist ein wichtiger Wasserverkehrsweg und durch *Kanäle* mit vielen anderen Flüssen verbunden.

Elch Dieser riesige **Hirsch** lebt nur noch in den Sumpfwäldern und Mooren Nordeuropas, Asiens und Nordamerikas. Der Elch wird bis zu 3 m lang und erreicht eine Schulterhöhe von 2 m. Das riesige Schaufelgeweih kann bis zu 20 kg wiegen. In Deutschland gibt es den Elch heute nicht mehr. In einigen skandinavischen Ländern hat er sich jedoch durch strenge Schutzmaßnah-

Afrikanischer Elefant mit Jungem

Elch

men so stark vermehrt, daß er zu einer ernsten Gefahr für den Straßenverkehr geworden ist.

Elefant Er ist das größte Landessäugetier der Erde. In seinem Aussehen mutet er ein wenig fremd, ja sogar vorzeitlich an. Einer seiner Vorgänger in der **Eiszeit** war das riesige, behaarte *Mammut*. Die letzten lebenden Arten der vorzeitlichen *Rüsseltiere* sind der *Afrikanische* und der *Indische Elefant*. Der Afrikanische Elefant besitzt riesige Ohren und Stoßzähne, die eine Länge von 3,50 m erreichen und bis zu 130 kg schwer sein können. An seinem langen Rüssel hat er zwei *Greiffinger*. Er lebt sowohl im **Urwald** als auch in der **Steppe.** Der Indische Elefant hat viel kleinere Ohren und Stoßzähne und nur einen Greiffinger am Rüsselende. Er lebt ausschließlich im Wald. Der Indische Elefant ist im Gegensatz zum Afrikanischen Elefanten leicht zu zähmen. Er wird wegen seiner Kraft und Geschicklichkeit als Lastenträger und Arbeitstier eingesetzt. Wir kennen ihn aus dem **Zirkus.** Wegen ihrer langen Stoßzähne aus *Elfenbein* (aus dem u. a. Schmuckstücke und kunstvolle Schnitzereien gefertigt werden) wurden Tausende von Elefanten sinnlos getötet. Zum Schutz der Tiere kaufen viele Länder kein Elfenbein mehr ein.

Elektrizität Darunter versteht man ruhige oder bewegte *elektrische Ladung* oder die mit Ladungen verbundene elektrische **Energie.** In der Natur finden sich zwei entgegengesetzte Ladungen (positiv und negativ). Sie heben sich in ihrer Wirkung auf. Gleiche La-

Embryo

dungen stoßen sich ab, ungleiche ziehen sich an. Jede dieser Ladungen baut ein *elektrisches Feld* um sich herum auf, in dem Kräfte entstehen. Dieses elektrische Feld kann man durch Feldlinien darstellen. Entlang ihrer Richtung wirkt die elektrische Feldstärke. Wenn sich Ladungen zwischen zwei Feldpunkten entlang der Feldlinie bewegen, wird *elektrischer Strom* erzeugt. Dies geschieht durch *Induktion*. Hierbei wird ein Drahtring in ein Magnetfeld **(Magnet)** geführt. Dadurch werden die Elementarteilchen *(Elektronen)* im Drahtring aus ihrer Lage gebracht und in Bewegung gesetzt. Im Draht fließt also elektrischer Strom. Bewegt man den Draht hin und her, wechselt auch die Richtung des Stroms. Dann entsteht *Wechselstrom*. Die Menge der Elektronen, die in einer Sekunde durch einen Draht fließen, bezeichnet man als elektrische Stromstärke. Sie wird in *Ampere* (benannt nach dem französischen Physiker *André Marie Ampère*) gemessen. Elektrischer Strom kann auch Arbeit verrichten. Er erzeugt **Licht,** treibt Motoren an **(Elektromotor)** und sorgt auf verschiedenste Weise für Wärme. Die Leistung des elektrischen Stroms wird in *Watt* (benannt nach *James Watt*, dem Erfinder der **Dampfmaschine**), die *elektrische Spannung* in *Volt* nach dem italienischen Physiker *Alessandro Volta*) gemessen.

Elektromotor Diese Maschine wandelt *elektrische Energie* in Bewegung um. Elektrischer Strom **(Elektrizität)** versetzt den Elektromotor in Umdrehungen. Gegenüber anderen Motoren **(Verbrennungsmotor)** hat er den Vorteil, daß er in jeder gewünschten Größe und Stärke gebaut werden kann, sehr leise läuft sowie einfach zu bedienen und zu warten ist. Da beim Elektromotor darüber hinaus keine **Abgase** anfallen, ist er sehr umweltfreundlich. Aufzüge, Ventilatoren, Nähmaschinen, verschiedene Haushaltsgeräte und sogar **Autos** werden heute von Elektromotoren angetrieben.

Elektronik Darunter versteht man die Technik der elektronischen Bauelemente, das heißt von Teilen, in denen die Bewegung von *Elektronen* im luftleeren Raum, in **Gasen** oder Festkörpern gesteuert wird. Elektronen sind elektrisch **(Elektrizität)** negativ geladene Elementarteilchen und Bausteine in der Elektronenhülle von **Atomen**. Es gibt verschiedenartige elektronische Bauelemente, zum Beispiel mechanische (Stecker, Schalter) oder elektromagnetische **(Magnet)**.

Element Mit diesem Begriff bezeichnet man Grundstoffe, die man chemisch nicht mehr weiter zerlegen kann. Für die alten Griechen waren Feuer, Wasser, Luft und Erde die Elemente, aus der sich die Erde zusammensetzte. Erst im 19. Jahrhundert entdeckten die Naturwissenschaftler die *chemischen Elemente* und begannen die wirklichen Grundstoffe der Natur zu erforschen. Heute sind in der **Chemie** 107 Elemente bekannt, 92 davon kommen in der Natur vor, 14 lassen sich nur im Kernreaktor **(Atomkraftwerk)** künstlich herstellen. Unter Element versteht man auch eines von mehreren Einzelteilen, aus denen sich etwas zusammensetzt. Ein Baukasten besteht zum Beispiel aus mehreren Elementen, mit denen man etwas bauen kann.

Embryo So nennt man den *Keimling* eines Lebewesens während seiner Entwicklung im Mutterleib oder im **Ei.** Ein Embryo entsteht, wenn sich eine befruchtete Eizelle zu teilen beginnt **(Befruchtung)**. Bei Mensch und Tier verläuft die Entwicklung des Embryos anfänglich nach bestimmten gleichen Grundlinien. Der menschliche Embryo nimmt nach 3 Monaten der **Schwanger-**

Energie

schaft unverkennbar die Gestalt des Menschen an.

Energie Unter diesem Begriff versteht man allgemein die **Kraft** und Ausdauer, mit der eine gestellte Aufgabe gelöst wird. In der **Physik** bezeichnet Energie die Fähigkeit, Arbeit zu verrichten. Energie kann in verschiedenen Formen auftreten. Fließendes Wasser hat Energie, es treibt Wasserräder und **Turbinen** an. **Kohle, Erdöl** und **Erdgas** besitzen Energie, sie erzeugen beim Verbrennen Wärme. Eine **Batterie** liefert gespeicherte elektrische Energie. Sie kann **Elektromotoren** antreiben. Die erste dem Menschen bekannte Energiequelle war die Muskelkraft. Der Mensch muß Nahrung aufnehmen, um den **Muskeln** Kraft zu verleihen. Die in der Nahrung enthaltenen Nährstoffe gelangen bei der **Verdauung** auch in die Muskelfasern, in denen der vom **Blut** herangeschaffte **Sauerstoff** verbrannt wird. Mit der dabei entstehenden Energie kann der Muskel Arbeit leisten, zum Beispiel einen schweren Gegenstand aufheben. Die für den Menschen wichtigen Nährstoffe in der Natur bilden sich unter den Strahlen der **Sonne.** So ist sie die eigentliche Quelle für die Kraft der Muskeln. Auch Erdöl, Erdgas und Kohle konnten sich nur durch die Sonne entwickeln. Mit Ausnahme der **Atomenergie** sind somit alle vom Menschen genutzten Energiequellen umgewandelte Sonnenenergie.

Entdeckungsreisen Die Menschen wußten lange Zeit nur sehr wenig über die Erde, auf der sie lebten. Über 2500 Jahre brauchten sie, um sie zu entdecken und zu erforschen. Im **Altertum** machten die seefahrenden Phönizier, Karthager und Griechen die ersten Entdeckungsfahrten. Um 600 v. Chr. wurde erstmals **Afrika** umschifft. Bei seinen Eroberungszügen stieß *Alexander der Große* bis nach Indien vor. Im 9. und 10. Jahrhundert n. Chr. segelten die *Wikinger* in ihren Drachenbooten über den Atlantischen Ozean und erreichten **Grönland** und **Amerika.** Dennoch war den Menschen um diese Zeit nur etwa ein Zehntel der Erdoberfläche bekannt. Viele Kenntnisse aus früherer Zeit waren wieder verlorengegangen. Erst im 15. Jahrhundert begann die Zeit der großen Entdeckungen. Die Portugiesen und Spanier machten den Anfang. Auf der Suche nach dem Seeweg nach Indien überquerte *Christoph Kolumbus* den Atlantischen Ozean und entdeckte 1492 mehrere Küstengebiete Mittel- und Südamerikas. Er glaubte, in Indien gelandet zu sein. Den Seeweg nach Indien allerdings fand erst einige Jahre später *Vasco da Gama.* Anfang des 16. Jahrhunderts zogen die Spanier aus und entdeckten das Reich der *Azteken* in Mexiko und das Reich der *Inka* in Peru. Mit diesen Eroberungen begann die Kolonialherrschaft **(Kolonie)** der europäischen Länder. Die erste Welt-

Energie

Bewegungsenergie wird zu Wärme und

Wärme erzeugt Energie

Ente

Christoph Kolumbus landet auf den mittelamerikanischen Inseln

umseglung führte *Fernão de Magalhães* durch. Im 17. und 18. Jahrhundert waren die Engländer und Holländer die großen Entdecker, gefolgt von den Franzosen und den Russen. Im 18. und 19. Jahrhundert begann die Entdeckung und Erforschung des Landesinneren der Erdteile. Im 20. Jahrhundert wurden die Pole erreicht. Die Entdekkungsreisen des 20. Jahrhunderts führten von der Erde weg in den Weltraum **(Raumfahrt).**

Ente Dieser *Schwimmvogel* lebt an Teichen, Seen, Bächen, in Sümpfen und Mooren. Das Männchen *(Erpel)* hat ein prächtiges Federkleid. Kopf und Hals schimmern flaschengrün mit einem weißen Halsring. An der Brust ist sein Gefieder kastanienbraun und am Bauch sowie an der Seite grauweiß.

Das Weibchen ist viel einfacher gekleidet; sein Gefieder ist nur braunschwarz gezeichnet. Die weibliche Ente trägt ein »Tarnkleid« und wird deshalb beim Brüten in ihrer natürlichen Umgebung

Stockente

105

Entwicklungshilfe

kaum erkannt. Mit den kurzen Ruderfüßen bewegt sich die Ente schnell und wendig im Wasser. Die drei Vorderzehen sind durch Schwimmhäute verbunden, dadurch bildet der Fuß ein kleines Ruderpaddel. Eine hauchdünne Fettschicht schützt das Gefieder der Ente vor Feuchtigkeit und Kälte. Das Fett wird mit dem Schnabel aus der Bürzeldrüse am Schwanz herausgedrückt und über das ganze Gefieder verteilt. Deshalb können Enten auch im Winter im eiskalten Wasser munter herumschwimmen.

Entwicklungshilfe Unter diesem Begriff faßt man alle öffentlichen und privaten Maßnahmen der Industriestaaten sowie internationalen Organisationen und kirchlichen Einrichtungen zusammen, die der Unterstützung und Förderung der **Entwicklungsländer** dienen. Diese Unterstützung besteht in finanzieller Hilfe (Kredite werden zu günstigen Bedingungen gewährt, Geld wird in Spendenaktionen gesammelt) und Beratungshilfe (Schulung durch Fachkräfte zur Förderung des Bildungsstandes). Darüber hinaus beteiligt man die Entwicklungsländer mehr und mehr am internationalen Warenaustausch **(Handel)**.

Entwicklungsländer So bezeichnet man Länder, die in der **Wirtschaft**, im Gesundheits- und Bildungswesen im Vergleich zu den reichen Industrieländern unterentwickelt sind. Zu ihnen zählen die Länder der **Dritten Welt**, aber auch einige europäische Länder. In den meisten Entwicklungsländern gibt es viele arme Menschen, denen eine kleine Gruppe reicher gegenübersteht. Die Erträge der **Landwirtschaft** sind äußerst gering, weil der Boden unfruchtbar, das **Klima** ungünstig ist oder wenig Wasservorräte vorhanden sind. Da der Bildungsstand sehr niedrig ist (es gibt viele **Analphabeten**), verfügen die Entwicklungsländer auch über wenig Fachkräfte und technologische Kenntnisse. Manche dieser Länder besitzen allerdings wichtige Bodenschätze wie **Erdöl**. Die Industrienationen unterstützen die Entwicklungsländer mit **Entwicklungshilfe**.

Erbe Darunter versteht man das von einem Verstorbenen hinterlassene Vermögen (Geld und Sachwerte). Nach dem **Gesetz** sind der Ehegatte, die Kinder oder die Enkel eines Verstorbenen erbberechtigt. Gibt es diese nicht, geht das Erbe an die nächsten Verwandten. Lebt kein Verwandter mehr und hat der Verstorbene niemand anderen als seinen Erben eingesetzt, fällt das Erbe an den Staat. Hat der Verstorbene in seinem Testament jemand anderen als seine nächsten Verwandten als Erben eingesetzt, so hat diese Verfügung Vorrang vor der gesetzlichen Erbfolge. Als Erbe bezeichnet man auch Eigenschaften, die ein Kind von den Eltern geerbt hat. In den Keimzellen von Vater und Mutter liegen schon die Anlagen für die Ausgestaltung der Nachkommen.

Erdbeben Das sind Erschütterungen des Erdbodens, die durch Vorgänge in der Erdrinde ausgelöst werden. Man schätzt, daß sich jährlich etwa 100 000 Beben auf der Erde ereignen, aber nur 5000 davon sind für den Menschen spürbar, und etwa 100 richten echte Zerstörungen an. Das Erdinnere ist eine glühende Masse, die durchschnittliche Dicke der Erdkruste beträgt zwischen 30 und 60 km. An einigen Stellen der Ozeane allerdings ist die Erdkruste nur etwa 5 km dünn. Durch den unvorstellbar großen Druck in der Erdkruste verschiebt sich die Erdrinde. Dabei entstehen große Erschütterungen, die Erdbeben. Aber auch durch den Einsturz unterirdischer Hohlräume oder den Ausbruch eines **Vulkans** kann ein Erdbeben ausgelöst werden. Bei einem

Erde

Ein vom Erdbeben zerstörtes italienisches Dorf

Seebeben liegt der Herd, das Zentrum der Erschütterung, unter dem Meeresboden. Alle Erdbeben werden von *Seismographen* aufgezeichnet. Diese Geräte messen die Stärke eines Bebens. Man hat dafür eine Skala, die sogenannte *Richterskala,* eingeführt. Sie ist in 12 Stärkegrade eingeteilt. Ein leichtes Beben spürt man kaum, einem zerstörenden Beben hält kein Bauwerk mehr stand. Seebeben können riesige Flutwellen auslösen, die die Küstengebiete heimsuchen und schwere Schäden durch Überschwemmungen anrichten. Bei der größten Erdbebenkatastrophe unseres Jahrhunderts kamen 1976 im Nordosten von China rund 1 Million Menschen ums Leben.

Erde Sie ist einer der neun **Planeten**, die im Lauf eines Jahres einmal um die Sonne kreisen. Sie ist vergleichbar mit einem Ball, der sich jeden Tag einmal um eine **Achse** dreht. Die Strahlen der **Sonne** geben der Erde **Licht** und Wärme. Fliegt man mit einem Flugzeug oder Raumschiff über die Erde hinweg oder um sie herum, sieht man von oben Ebenen und Gebirge, Wüsten und Mee-

Die Erde, fotografiert aus einer Höhe von 36 000 km über dem Äquator

Erdgas

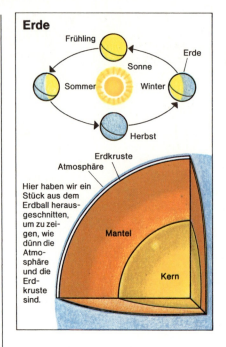

Hier haben wir ein Stück aus dem Erdball herausgeschnitten, um zu zeigen, wie dünn die Atmosphäre und die Erdkruste sind.

re, Flüsse und Seen, Felder, Wiesen, Dörfer und Städte. Würde man am **Äquator** von einer bestimmten Stelle loswandern, käme man nach rund 40000 km wieder am Ausgangspunkt an. Die Erdoberfläche (510 Millionen km^2) besteht zu etwa 71 Prozent aus Wasser (Meere) und etwa 29 Prozent aus Land. Die Landfläche bilden die **Erdteile.** Dazu kommen die noch mit ewigem **Eis** bedeckten Polargebiete. Vom Inneren des Erdballs wissen wir nur wenig, nur daß er vor 5 Milliarden Jahren noch eine Feuerkugel war. Erst später kühlte er ab und wurde fest. Der Erdkern besteht zum Teil immer noch aus flüssigen, heißen Gesteins- und Metallmassen. Er ist vom Erdmantel, in dem die Bodenschätze liegen, umgeben. Menschen, Tiere und Pflanzen leben nur auf der Erde. Auf den anderen acht Planeten unseres Sonnensystems gibt es kein Leben. Sie sind entweder zu heiß, zu kalt oder es gibt dort giftige **Gase.**

Erdgas Dieses Naturgas kommt in der Erdkruste in großen Lagerstätten vor. Es wird vor allem bei der Bohrung nach **Erdöl** frei. Dort, wo das mit dem Erdöl aufsteigende **Gas** nicht genutzt werden kann, wird es verbrannt. Erdgas wird überwiegend zum Heizen, aber auch in der chemischen **Industrie** verwendet. Man speichert es in großen Hohlräumen unter der Erde und schickt es von dort über Rohrleitungen *(Pipelines)* zu den Orten, wo es gebraucht wird. Das Gas läßt sich aber auch für den Transport in Tankern verflüssigen. Die Förderung von Erdgas ist heute allerdings immer noch teurer als die Förderung von Erdöl, zumal an die größten Erdgasvorkommen (in Sibirien, **Rußland**) wegen der ungünstigen Bodenverhältnisse nur äußerst schwer oder gar nicht heranzukommen ist.

Erdgeschichte Der Wissenschaft nach ist unsere **Erde** etwa 5 Milliarden Jahre alt. Am Anfang sah sie keineswegs aus wie heute. Gebirge, Täler, Flüsse, Meere und alle Lebewesen haben sich erst in diesem ungeheuren langen Zeitraum entwickelt. Anfänglich war die Erde ein Feuerball. Vor etwa 4,5 Milliarden Jahren begann die Erdkruste abzukühlen. Dann erschütterten riesige Vulkanausbrüche und **Erdbeben** die Erde. Als die Temperatur unter 100 °C absank, regnete es jahrhundertelang. Durch weitere Abkühlung wurde die Entstehung erster ganz einfacher Pflanzen und Tiere möglich. In der Folgezeit starben viele Arten aus, zahlreiche neue entstanden. Als letztes Lebewesen erschien vor etwa 1 Million Jahren der **Mensch** auf der Erde. Die Erdgeschichte teilt man in mehrere *Erdzeitalter* ein. Erst am Ende der *Erdneuzeit* begann sich die Gestalt der Erde so zu formen, wie wir sie heute kennen. Die Wissenschaft, die sich mit der Entstehung und Entwicklung der Erde beschäftigt, ist die *Geologie.* Aus den

Erste Hilfe

Schichten der Erdoberfläche, den Gesteinsarten und den Versteinerungen früherer Pflanzen und und Tiere **(Fossilien)** lesen die Geologen die Geschichte der Erde ab.

Erdkunde Sie beschreibt die Oberfläche der **Erde,** erforscht das **Land,** die **Meere,** das **Klima** und die Verteilung der Tier- und Pflanzenwelt. Man nennt die Erdkunde auch *Geographie.* Die Geographen untersuchen auch die Besiedlung, Wirtschaft und den Verkehr auf der Erde. Ihre Erkenntnisse sind auf **Landkarten** dargestellt und eingetragen, die in einem **Atlas** zusammengefaßt werden.

Erdöl Dieser Rohstoff ist einer der wichtigsten Energiequellen. Erdöl ist eine dick- oder dünnflüssige, dunkle Flüssigkeit, die aus der **Erde** sprudelt. Es hat sich, ähnlich wie die **Kohle,** durch Ablagerung und Fäulnis pflanzlicher und tierischer Stoffe im Erdboden gebildet. Das Erdöl liegt in einer Tiefe von 1000 bis 6000 m und wird durch Bohrungen aus der Erde geholt. Seine Förderung ist sehr teuer und aufwendig. Steht das Öl unter Druck, fließt es bei der Bohrung von selbst aus. Ansonsten wird es mit Pumpen nach oben befördert. Das Rohöl füllt man in große Tanks und leitet es durch Rohrleitungen *(Pipelines)* zu den *Raffinerien* oder zum Ausfuhrhafen. Im **Hafen** nehmen riesige Öltanker das Erdöl auf und bringen es zum Abnahmehafen. In Raffinerien wird das Rohöl in seine verschiedenen Bestandteile zerlegt. Diese werden gereinigt und gefiltert. Dabei gewinnt man **Benzin,** *Dieselöl, Leichtöl* und *Schmieröl.* Die größten Erdölvorkommen liegen in **Amerika, Rußland** und in den arabischen Ländern. Seit kurzem werden auch Erdöllager in der Nordsee und im Atlantischen Ozean erschlossen. Jahrzehntelang sind die Menschen mit dem Erdöl geradezu verschwenderisch umgegangen. Die heute bekannten Erdölvorräte werden jedoch in etwa 30–40 Jahren erschöpft sein. Deshalb sucht man auch intensiv nach anderen Energiequellen.

Erdteile So bezeichnet man die geschlossenen Landmassen mit den ihnen zugeordneten **Inseln** auf unserer Erde. Sie werden auch *Kontinente* genannt. Durch die **Meere** sind die Erdteile voneinander getrennt. Die Grenze zwischen dem größten Erdteil **Asien** und **Europa** bildet allerdings das Uralgebirge. Der zweitgrößte Erdteil **Amerika** ist ein Doppelkontinent, der drittgrößte Erdteil ist **Afrika,** der kleinste **Australien.** Als sechster Erdteil gilt seit einiger Zeit die **Antarktis.** Am dichtesten ist Europa, am dünnsten Australien besiedelt.

Erfindung Wenn ein Techniker eine Idee zur Entwicklung oder Verbesserung einer nützlichen **Maschine** hat und in die Praxis umsetzt, spricht man von einer Erfindung. Die meisten Dinge, die wir heute selbstverständlich benutzen, wie **Auto, Flugzeug, Telefon, Elektrizität,** Radio, Medikamente usw. wurden einmal erfunden. Auf der ganzen Welt arbeiten viele tausend Menschen heute an kleinen und größeren Erfindungen. Sie finden bei der Suche nach Verbesserungen etwas, was es vorher noch nicht gab. Oft dauert das sehr lange. Mitunter hat einer aber auch einen guten Einfall. Wer etwas zu erfinden sucht, braucht nicht nur Zeit, sondern auch Geld. Deshalb will er später auch materiell etwas von seiner Erfindung haben. Damit ihm kein anderer den Nutzen an seiner Erfindung nehmen kann, läßt er sich diese durch ein **Patent** schützen.

Erste Hilfe Sie wird einem Verletzten oder plötzlich schwer Erkrankten geleistet, bevor der **Arzt** eintrifft. Die Erste

Erz

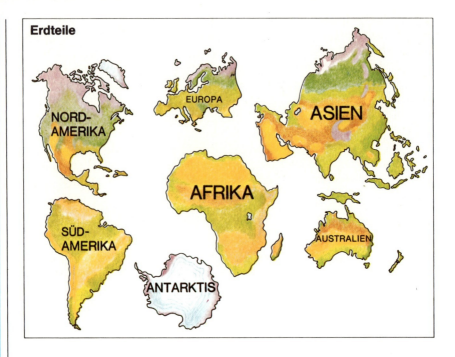

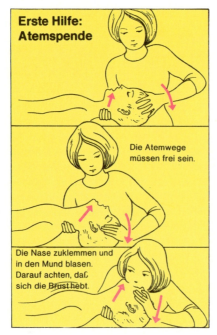

Hilfe besteht aus bestimmten Maßnahmen, die je nach Art der Verletzung oder Erkrankung vorgeschrieben sind. Sie kann auch von jemandem durchgeführt werden, der kein Arzt ist, jedoch einen Lehrgang in Erster Hilfe gemacht haben muß. Diese Lehrgänge werden zum Beispiel vom **Roten Kreuz** kostenlos durchgeführt. Bei Badeunfällen sollte jeder Schwimmer in der Lage sein, Erste Hilfe zu leisten. Im Rettungsschwimmen bildet die »Deutsche Lebensrettungsgesellschaft« aus. Von der Ersten Hilfe kann oft das Leben eines Menschen abhängen.

Erz Darunter versteht man ein **Mineral** mit hohem Metallgehalt. Erst in einem technischen Verfahren wird aus Erzen **Metall** gewonnen **(Eisen).** Die übrigen Bestandteile eines Erzes können andere Minerale sein, zum Beispiel **Quarz** oder **Kalk.** Als Erzlagerstätten bezeichnet man natürlich vorkommende Erze in der Erdkruste.

Eule

Esel

Eskimo in Kanada

Esel Dieses mit dem **Pferd** verwandte Last- und Reittier zählt schon seit langer Zeit zu den **Haustieren**. Der Esel lebt nur noch in den Steppen Asiens und Afrikas wild. Er ist kleiner als das Pferd, graubraun gefärbt und hat lange Ohren. Sein glatter Schwanz trägt am Ende eine dicke Quaste. Paaren sich ein männlicher Esel und ein weibliches Pferd, kommt ein *Maultier* zur Welt. Die Nachkommen eines männlichen Pferdes und eines weiblichen Esels nennt man *Maulesel*. Weder Maultier noch Maulesel können sich fortpflanzen. Der Esel ist ein gutmütiges Tier, kann aber auch recht störrisch sein.

Eskimos Sie gehören derselben **Rasse** wie Chinesen und Japaner an. Eskimos haben eine gelbbraune Haut, Schlitzaugen, schwarzes Haar und einen stämmigen Körper. Sie leben an der nordamerikanischen Eismeerküste von **Grönland** bis **Alaska** und Nordostsibirien. Ihre Kleidung ist aus Tierhäuten und Fellen gemacht und farbenfroh geschmückt. Im Sommer wohnen sie in Zelten, im Winter in halbkugelförmigen Schneehöhlen *(Iglus)*. Die Eskimos leben hauptsächlich von der Robbenjagd sowie dem Wal- und Fischfang. Auf dem Wasser bewegen sie sich in *Kajaks* (mit Fell bespannte Boote) fort. Ihre Schlitten werden von Hunden gezogen. Seit Ende des 19. Jahrhunderts züchten die Eskimos auch *Rentiere.* Heute gibt es nur noch etwa 70 000 Angehörige dieses Volkes.

Eule Dieser *Nachtraubvogel* hat einen stark gebogenen Schnabel und scharfe Krallen. Man nennt die Eule auch einen *Nachtjäger,* weil sie Mäuse, Ratten und andere Kleintiere nur im Dunkeln jagt. Sie greift ihre Beute mit ihren scharfen Krallen und erdolcht sie. Die Eule ist für diese nächtliche Lebensweise sehr gut ausgestattet. Sie kann lautlos fliegen und hervorragend hören. Ihre Augen sind im Gegensatz zu allen anderen Vögeln nach vorne gerichtet. Die Eule kann aber auch ihren Kopf beinahe einmal rundherum drehen. Sie baut kein Nest, sondern

Europa

Steinkäuze

legt ihre Eier in Baumhöhlen oder in die verlassenen Nester anderer Vögel. Die wichtigsten Eulenarten sind die *Schleiereule,* die *Sumpfohr-* und die *Waldohreule,* der *Wald-* und der *Steinkauz.* Alle Eulen stehen unter **Tierschutz.** Als Eulen bezeichnet man auch eine bestimmte Art von **Schmetterlingen.**

Europa Dieser zweitkleinste Erdteil grenzt im Norden und Westen an die Nordsee, Ostsee und an den Atlantischen Ozean, im Süden an das Mittelmeer und an das Schwarze Meer. Die Grenze zu **Asien** bilden das *Uralgebirge* und der *Uralfluß.* Der Erdteil gliedert sich in drei Großlandschaften: im Norden Skandinavien (Norwegen, Schweden, Dänemark); im Westen England, die Niederlande, Belgien und Frankreich; im Südwesten und Süden Halbinseln mit den Gebirgszügen Pyrenäen (Spanien), Apennin (Italien), Balkan (Bulgarien, Rumänien, Jugoslawien, Albanien, Griechenland und der europäische Teil der Türkei); **Rußland** und die Türkei liegen je zu etwa einem Viertel in Europa, zu drei Vierteln in Asien. Mitteleuropa (**Deutschland,** Österreich, Ungarn, Tschechoslowakei, Schweiz) nennt man das Gebiet zwischen Frankreich und Rußland. Das größte europäische Gebirge sind die **Alpen** mit dem *Mont Blanc* (4807 m) als höchstem Gipfel. Der größte See Europas (und der Welt) ist mit 394 000 km^2 die *Kaspisee (Kaspisches Meer).* Der größte und längste Fluß ist die **Wolga** (3688 km). Das Klima in Europa wird durch eine warme Meeresströmung im Atlantischen Ozean (Golfstrom) günstig beeinflußt. In Nord- und Osteuropa sind die Winter lang und sehr kalt, in West- und Mitteleuropa ist das Klima mild und feucht, in Süd- und Südosteuropa trocken und heiß. Früher bedeckten viele Wälder, in denen Bären, Wölfe, Luchse und Wildschweine lebten, den Erdteil. Da die Wälder weitgehend abgeholzt wurden, sind mit ihnen auch viele dieser Tiere aus Europa verschwunden. Heute leben in unseren Wäldern hauptsächlich Hirsche, Rehe, Füchse und Hasen. Die Europäer bilden keine einheitliche **Rasse,** sie sprechen 70 unter-

Sitzung des Europaparlaments

Explosion

schiedliche Sprachen und gehören verschiedenen Völkern an: den Romanen (Italiener, Spanier, Franzosen, Rumänen), den **Germanen** (Deutsche, Skandinavier, Engländer und Niederländer), den Slawen (Polen, Tschechen, Slowaken, Serben, Kroaten, Bulgaren, Weißrussen, Ukrainer), den Kelten (Schotten, Iren, Waliser), den Finnen (Finnen, Esten, Lappen) und den Madjaren (Ungarn). Mit 683 Millionen Menschen ist Europa der am dichtesten besiedelte Erdteil. Die europäische **Kultur** hat großen Einfluß auf Amerika, Nordasien, Teile Afrikas und Australiens ausgeübt. Im **Altertum** prägten die Griechen und Römer die Kultur und Geschichte Europas. Nach der **Völkerwanderung** übernahmen im **Mittelalter** die germanischen Völker die geistige und politische Führung in Europa. Von hier gingen die großen **Entdeckungsreisen** aus. Im 15. und 16. Jahrhundert eroberten die Europäer Länder auf der ganzen Erde und machten sie zu **Kolonien**. Im 18. und 19. Jahrhundert wurde Europa von **Revolutionen** erschüttert und von Kriegen heimgesucht, deren Auswirkungen weltweit waren. Nach dem Zweiten Weltkrieg waren weite Teile des Erdteils verwüstet. Mit Hilfe der Siegermächte gelang den Ländern der Wiederaufbau. Die europäischen Industrienationen nehmen heute eine führende Stellung auf dem Weltmarkt ein. Europa war nach dem Zweiten Weltkrieg (1939 bis 1945) in zwei Machtblöcke geteilt. Schrittmacher für ein vereintes Europa (1993) ist die Staatengemeinschaft der *Europäischen Gemeinschaft* (EG).

Examen So bezeichnet man eine bestimmte fachliche Prüfung. Mit einem Examen schließt man zum Beispiel das Studium an einer **Universität** ab.

Experiment Darunter versteht man einen Versuch, der unter bestimmten Bedingungen durchgeführt wird, um ei-

Explosion

ne Behauptung oder Annahme zu beweisen. In allen Wissenschaften wird mit Experimenten gearbeitet, den großen **Erfindungen** gingen zahlreiche Experimente voraus. Ein Experiment kann gefährlich sein, da man ja nie vorher weiß, ob es auch so verläuft, wie man annimmt. Gelingt ein Experiment nicht, macht man dabei dennoch eine wichtige Erfahrung, die man für ein neues Experiment nutzen kann.

Explosion So bezeichnet man eine starke Gas- und Wärmeentwicklung, bei der plötzlich große Mengen von Verbrennungsgasen frei werden. Dies geschieht in der Regel mit einem sehr lauten Knall und ist begleitet von einer großen Druckwelle. Sehr kleine Explosionen laufen im **Verbrennungsmotor** ab. Große Explosionen erfolgen bei Sprengungen, beim Aufprall von Bomben **(Atombombe),** bei Vulkanausbrüchen **(Vulkan)** usw. Sie richten meist ein Werk der Zerstörung an.

113

Fabel

Fabel So nennt man eine Erzählung aus der Tierwelt, die eine Lehre für den Menschen beinhaltet. Die ältesten deutschen Fabeln stammen aus dem 13. Jahrhundert. Eine sehr bekannte Fabel erzählt von *Reineke Fuchs,* der so schlau war, daß niemand ihn überlisten oder bezwingen konnte. Mit Fabel bezeichnet man aber auch einen Bericht, der es mit der Wahrheit nicht so genau nimmt, der unwahrscheinlich klingt. *Fabeltiere* trifft man nur in **Märchen** und Sagen.

Fabrik Hier stellen Arbeiter oder Arbeiterinnen verschiedenste Waren in großer Menge mit Hilfe von **Maschinen** her. Die Fabrikware nennt man *Fabrikat,* die Warenherstellung *Fabrikation,* den Fabrikbesitzer *Fabrikant.* In vielen Fabriken wird am *Fließband* gearbeitet (zum Beispiel bei der Herstellung von **Autos**). Auf dem Fließband laufen an den Arbeitern viele hundert gleiche Einzelteile vorbei, die immer mit demselben Handgriff bearbeitet werden. Fließbandarbeit ist sehr eintönig und für den Menschen unbefriedigend. Dennoch erfordert auch sie vollste Aufmerksamkeit. Denn ein kleiner Fehlgriff kann, wenn er nicht bemerkt wird, großen Schaden anrichten. Deshalb, und weil es billiger ist, wird Fließbandarbeit in vielen Fabriken von automatischen Maschinen (**Automat**) übernommen. In sehr großen Fabriken wird am Tag 16–24 Stunden lang in zwei bis drei jeweils achtstündigen Schichten gearbeitet. Alle acht Stunden wechselt die Schicht und mit ihr auch die Arbeiter. Solche Großunternehmen beschäftigen viele tausend Arbeitskräfte, kleinere Fabriken nur bis zu hundert. Den vielen, nur kurze Zeit angelernten Arbeitskräften steht eine kleinere Zahl von *Facharbeitern* gegenüber. Sie haben eine dreijährige Lehrzeit in der **Industrie** hinter sich, gleichzeitig eine entsprechende Berufsschule besucht und eine Facharbeiterprüfung abgelegt. Die Arbeit in einer Fabrik kann gefährlich oder gesundheitsschädlich sein. Dann müssen die Arbeiter mit Schutzanzügen, Schutzbrillen oder Schutzmasken ausgerüstet sein. Mit dem Einsatz von Automaten wollen die Fabrikanten Arbeitslöhne sparen und somit die Herstellungskosten senken. Das allerdings bedeutet meist den Verlust von vielen tausend Arbeitsplätzen.

Fabelwesen — Einhorn, Greif, Nixe

Fähre

Fließbandarbeit in einer Fabrik bei der Telefunken-Farbfernsehgeräte-Produktion

Fähre Dort, wo an einem Fluß, einem See oder einer Meerenge die **Brücke** fehlt, kann man mit Hilfe einer Fähre

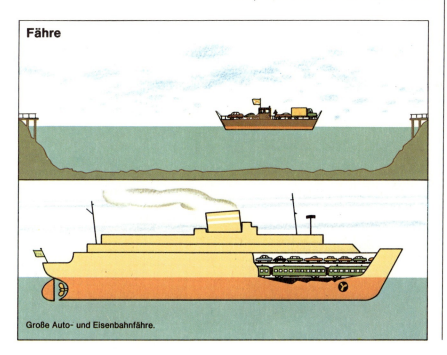

Große Auto- und Eisenbahnfähre.

Fahrrad

übersetzen. Sie wurde früher vom *Fährmann* gesteuert oder von Tieren an Seilen von einem Ufer zum anderen gezogen. Heute können große Fährschiffe viele Autos, ja sogar ganze Eisenbahnzüge befördern. Auch in der **Raumfahrt** wird der Begriff Fähre verwendet. Die *Raumfähre* »Space Shuttle« war das erste wiederverwendbare Raumfahrzeug.

Fahrrad Dieses einspurige Zweirad wird mit Muskelkraft durch Tretpedale angetrieben. Das **Gleichgewicht** hält man beim Fahren durch Verlagerung des Körpergewichts. Der Rahmen besteht aus Stahlrohr und hat meist die Form eines Dreiecks. Beim Herrenrad verläuft zwischen Sattel und Lenkstange noch ein Querrohr. Der Rahmen verbindet die Vorderradgabel mit der drehbaren Lenkstange. Zu ihm gehören auch die Befestigung des Hinterrades und die Pedale. Die Räder haben Speichen, die von der Radmitte schräg zu den Radfelgen verlaufen. Auf den Radfelgen sitzen Schlauch und Mantel (Reifen). Das Hinterrad wird meist durch eine Kette angetrieben. Die Übersetzung beträgt in der Regel 1:2 oder 1:4. Bei einer Umdrehung des Pedals dreht sich also das Hinterrad zwei- bis viermal. Viele Fahrräder besitzen eine Gangschaltung. Durch einen Freilauf kann das Fahrrad laufen, ohne daß sich die Pedale drehen. Für den Straßenverkehr müssen Fahrräder mit einer Glocke, zwei voneinander unabhängigen Bremsen, einer Lampe an der Lenkstange, einer roten Schlußleuchte, einem roten Rückstrahler, zwei gelben Rückstrahlern an den Speichen und gelb rückstrahlenden Pedalen ausgerüstet sein. Es gibt auch Fahrräder, auf dem zwei Personen sitzen können und die entsprechend ausgerüstet sind; man nennt sie *Tandem*.

Falke Dieser *Greifvogel* zählt zur Familie der *Tagraubvögel* und hat einen

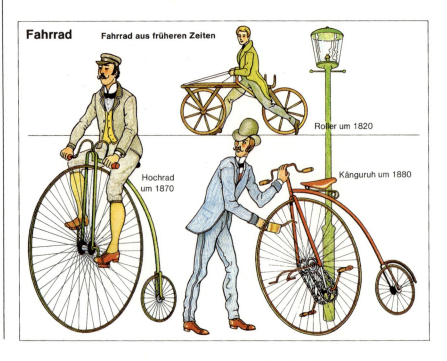

Fahrrad — Fahrrad aus früheren Zeiten
Hochrad um 1870
Roller um 1820
Känguruh um 1880

Fallschirm

»König Konradin auf der Falkenjagd«, eine mittelalterliche Darstellung

Fallschirm Das ist eine halbkugelförmige Stoffhülle aus Seide, Baumwolle oder Chemiefasern, in der sich beim Fallen die Luft fängt. Mit einem Fallschirm kann man aus einem **Flugzeug** abspringen oder Gegenstände auf die Erde herablassen. Der Fallschirm öffnet sich entweder automatisch oder durch Ziehen an einer Reißleine. Damit der Fallschirmspringer beim Absprung nicht allzu sehr ins Schaukeln kommt, kann die Luft durch ein kleines Loch an der höchsten Stelle des Schirms entweichen. Die Absprunghöhe muß mindestens 80 m betragen, da sonst der Fallschirm keine Zeit zum Öffnen hat. Am Anfang ist die Fallgeschwindigkeit des Springers noch sehr groß, dann beträgt sie 50 m/s. Hat sich der Fallschirm geöffnet, wächst der Luftwiderstand derart, daß er mit seiner Last nur noch 5 m/s sinkt. Dennoch prallt der Fallschirmspringer immer noch so hart auf dem Boden auf, als wenn ein Mensch von einer 5 m hohen Leiter springt. Fallschirme werden auch zum Abbremsen von Flugzeugen und Raumkapseln verwendet.

kurzen, gebogenen Schnabel. Bei uns gibt es den *Wanderfalken,* den *Turmfalken* und den *Baumfalken.* Der Wanderfalke kann bei seiner Beutejagd eine Geschwindigkeit von 300 km/h erreichen. Er ist besonders in seinem Bestand gefährdet, weil er von Taubenzüchtern verfolgt wird. Der Baumfalke ist kleiner, jagt gerne Mäuse und lebt im Wald. Der Turmfalke ist nach dem **Bussard** der häufigste Greifvogel. Ein Kennzeichen der Falken ist der »Falkenzahn«, ein dreieckiger Vorsprung des Oberschnabels, der genau in eine Kerbe des Unterschnabels paßt. Schon im **Altertum** wurden die Falken zur **Jagd** abgerichtet. Im **Mittelalter** stand die *Falknerei* in hoher Blüte und galt als große Kunst. Heute pflegt der »Deutsche Falkenorden« noch die *Falkenjagd.* Die Falken fangen dabei Bodenwild und bringen es dem *Falkner.* Vor der Jagd werden den Falken kleine Hauben über den Kopf gestülpt, damit sie nicht abgelenkt werden.

Fallschirmspringer

Farben

Das Sonnenlicht enthält alle Farben.

Ein grünes Blatt wirft nur die grüne Farbe zurück.

Farben Sie entstehen in unserem **Gehirn,** wenn **Licht** mit unterschiedlicher Wellenlänge auf unser **Auge** trifft. Die kürzeste Wellenlänge erzeugt die Farbe Violett, die längste die Farbe Rot. Dazwischen liegen Blau, Grün, Gelb und Orange. Das Sonnenlicht erscheint uns weiß, setzt sich aber aus verschiedenen Farben *(Spektralfarben)* zusammen. Diese Entdeckung machte 1762 der englische Physiker *Isaac Newton,* als er einen Regenbogen betrachtete. Bei dieser Naturerscheinung treffen die Sonnenstrahlen auf die Wassertropfen in der Luft und werden dabei »gebrochen«, das heißt in ihre farbigen Bestandteile zerlegt. Schickt man einen Lichtstrahl durch einen keilförmigen Glaskörper *(Prisma),* wird das weiße Licht ebenfalls zerlegt. Ein Gegenstand erscheint uns in einer bestimmten Farbe, wenn er nur diese Farbe des Sonnenlichtes zurückwirft, die anderen Spektralfarben aber verschluckt *(absorbiert).* Absorbiert ein Körper alle Farben, sehen wir ihn schwarz. Wirft er sie alle zurück *(Reflexion),* sehen wir ihn weiß. Bis ins 19. Jahrhundert wurden als Färbemittel Erdfarben sowie pflanzliche und tierische Farbstoffe verwendet. Später benutzte man Metallfarben, wie **Bronze,** Chromgelb und Kobaltblau. Heute werden alle Farben von der chemischen **Industrie** künstlich hergestellt.

Fasan Von diesem auf dem Boden lebenden *Hühnervogel* gibt es 50 verschiedene Arten. Der Fasan hat einen langen Schwanz. Die Hähne sind äußerst farbenprächtig; ihr Gefieder schimmert grün, blau, violett, purpurn und golden. Im Tiergarten kann man auch *Gold-* und *Silberfasane* bewundern. Unser *Jagdfasan* ist ein Mischling aus verschiedenen Fasanenrassen. Er ist »sehr gut zu Fuß«, denn er kann besser rennen als fliegen. Fasane wurden schon seit vielen Jahrhunderten wegen ihres prächtigen Gefieders in Gehegen *(Fasanerien)* gehalten und aufgrund des wohlschmeckenden Fleisches gezüchtet.

Fasanenpärchen; links das farbenprächtige Männchen, rechts das Weibchen

Fernrohr

Fata Morgana So bezeichnet man eine Luftspiegelung, die entsteht, wenn Luftschichten verschiedener Dichte und Temperatur übereinanderliegen. Dann brechen sich die Sonnenstrahlen, und es erscheinen dem Beobachter durch eine Spiegelung auf dem Kopf und manchmal auch aufrecht stehende Bilder von fernen Gegenständen. Oder man sieht Landschaften ganz nahe, die eigentlich weit entfernt und nicht zu sehen sind, weil sie hinter dem **Horizont** liegen. Besonders häufig ist eine Fata Morgana in der **Wüste** zu beobachten. Sie tritt dort über dem ebenen Wüstenboden als Folge der großen Temperaturunterschiede zwischen Tag und Nacht auf. Aber auch die Autofahrer werden gelegentlich auf sehr erwärmten Asphaltstraßen von Luftspiegelungen genarrt.

Feder Vögel haben ein Kleid aus Federn, die den Vogel warm halten und ihm das Fliegen ermöglichen. Man unterscheidet die *Deckfedern*, zu denen auch die *Flugfedern* gehören, und die *Daunen*. Das sind sehr weiche Federn, die eine wärmende Schicht unter den Deckfedern bilden. Eine Feder besteht aus einer weichen *Fahne* und einem harten *Kiel*. Der in der Haut steckende Teil des Kiels ist die *Spule,* der übrige Teil der *Schaft*. Die Fahne besteht aus den Federästen, die spitzwinkelig an den beiden Seiten des Schaftes sitzen. Jeder Federast hat 4000 Federstrahlen, die sich ineinander verhaken. So bilden sie eine feste, aber biegsame Fläche. Alle Bauelemente der Feder bestehen aus Horn. Die Hornteile sind so fein und dünn, daß die Feder insgesamt sehr leicht ist. Ein Vogel wird also beim Fliegen durch die Federn kaum belastet. Im Maschinenbau wird mit Feder ein Metallstück bezeichnet, das sich bei Belastung elastisch verformt. Läßt die Kraft nach, kehrt es wieder in seine ursprüngliche Form zurück. *Blattfedern* bestehen aus mehreren aufeinandergelegten, rechteckigen Federn. Die *Spiralfeder* ist eine besondere Form der Biegungsfeder. Bei *Druck-* oder *Zugfedern* wird eine **Kraft** in Form von Druck oder Zug auf die Feder ausgeübt. *Spannungsfedern* werden eingesetzt, um einen Gleichgewichtszustand aufrechtzuerhalten oder eine Bewegung auszulösen. *Pufferfedern* dienen dem Auffangen von Schlägen oder Stößen. *Triebfedern* erzeugen bei **Uhren** den Antrieb. Federn dienen aber auch als Schreibgerät.

Fernrohr Mit seiner Hilfe kann man weit entfernte Gegenstände dem Auge näherbringen. Die wichtigsten Bestandteile eines Fernrohrs sind das *Objektiv* (eine Sammellinse, ein nach außen oder innen gebogenes Glas) und das *Okular* (ein Vergrößerungsglas). Das Objektiv entwirft ein verkleinertes, umgekehrtes Bild in der Ferne, das dann vom Okular vergrößert wird. *Feldstecher* besitzen zwei stark verkürzte Seh-

Himmelsbeobachtung mit dem Keplerschen Fernrohr um 1670 (links)

Fernsehen

rohre, in denen Glasprismen die umgekehrten Bilder aufrichten. Mit der **Erfindung** des Fernrohrs konnte die **Astronomie** zu neuen Erkenntnissen gelangen. 1611 baute der deutsche Astronom *Johannes Kepler* ein Fernrohr, das aus Sammellinsen bestand. Es vergrößerte stark, kehrte aber das Bild um. Das allerdings stört bei der Beobachtung von Himmelskörpern nicht. Der Engländer *Isaac Newton* baute ein ganz neues Fernrohr, das *Spiegelteleskop*. Bei ihm werden die einfallenden Lichtstrahlen in einem großen Hohlspiegel gesammelt und verstärkt. Heute stehen riesige Spiegelteleskope in den Beobachtungsräumen *(Observatorien)* der **Sternwarten**. Mit ihrer Hilfe lassen sich weit entfernte Sterne milliardenfach vergrößern.

Fernsehen Darunter versteht man die Übertragung bewegter Bilder mit Hilfe von *elektromagnetischen Wellen*. Elektronische Strahlen zeichnen ein Bild auf die Mattscheibe des Fernsehgerätes. Dieses Bild setzt sich aus unzähligen, winzigen Punkten zusammen. Bei der Aufnahme einer Person oder eines Gegenstandes tastet die Fernsehkamera diese kleinen Bildpunkte ab. Der Elektronenstrahl wandelt sie in Stromstöße um. Da die Bildpunkte unterschiedlich hell sind, sind auch die Stromstöße verschieden stark. Diese Stromstöße breiten sich als elektromagnetische Wellen vom Fernsehsender nach allen Richtungen aus. Die Fernsehantenne **(Antenne)** empfängt diese Wellen für die Bilder und den dazugehörenden Ton. Wird das Fernsehgerät eingeschaltet, setzt der Elektronenstrahl die Bildpunkte zu einem ganzen Bild zusammen. Sowohl die Fernsehkamera als auch der Fernsehempfänger haben eine Bildröhre. Die Fernsehkamera zerlegt das aufgenommene Bild in rund eine halbe Million Punkte. Der Fernsehempfänger setzt diese Bildpunkte wieder zu einem Bild zusammen. Beim Farbfernsehen hat die Fernsehkamera drei Bildröhren (für Rot, Grün und Blau). Hier erzeugen drei Elektronenstrahlen die Stromstöße für die Farbbestandteile des Bildes. Auf der Mattscheibe des Gerätes liegt eine Leuchtschicht (aus Rot, Grün und Blau), die entsprechend aufleuchtet und aus allen drei Farben ein buntes Bild zusammensetzt. Beim *Kabelfernsehen* empfängt eine sehr große Antenne die ausgestrahlten Fernsehprogramme und leitet sie verstärkt durch im Boden verlegte Kabel an die Fernsehgeräte weiter. Über diese Gemeinschaftsantenne können auch Programme von Privatsendern eingespielt und empfangen werden. Eine Fernsehsendung kann direkt gesendet oder auf einem Magnetband aufgezeichnet werden. Sollen Ereignisse aus fernen Ländern übertragen werden, empfangen wir diese Sendungen über **Satelliten**.

Feuerwerk Darunter versteht man das Abbrennen von Feuerwerkskör-

Feuerwerk

Film

pern, die mit Schwarz- oder Buntpulver gefüllt sind. Dies geschieht mit einem lauten Knall und unter leuchtenden Flammen und Funken. Das Schieß- oder Schwarzpulver wurde in Europa im 14. Jahrhundert bekannt. Seit dem 16. Jahrhundert veranstaltete man Feuerwerke zu festlichen Anlässen. Heute wird an Silvester das neue Jahr in vielen Ländern mit einem Feuerwerk begrüßt. In der Bundesrepublik Deutschland werden an diesem Tag jährlich viele Millionen Mark »verpulvert«. Ein in der Welt einmaliges Feuerwerk führte 1984 der österreichische Unterhaltungskünstler *André Heller* in Berlin auf. Mit Feuerwerkskörpern wurden riesige, bunt leuchtende Figuren, ja sogar Texte in den Nachthimmel geschrieben.

Fichte Dieser bei uns häufigste *Nadelbaum* wird auch *Rottanne* genannt. Die Fichte kommt in 40 verschiedenen Arten auf der nördlichen Erdhälfte vor. Ihre Äste stehen in »Stockwerken« am Stamm. Jedes Jahr kommt ein neues Aststockwerk hinzu, so daß man daran das Alter des Baumes ablesen kann. Die Fichte hat eine spitze Krone und kann bis zu 60 m hoch werden. Junge Fichten werden für Christbäume geschlagen. Das Fichtenholz wird für Möbel, Papier und Musikinstrumente verarbeitet, und aus den Fichtennadeln stellt man Badezusätze her. Da das Holz der Fichte vielseitig verwendbar ist, hat man sie aus wirtschaftlichen Zwecken in künstlichen Fichtenwäldern angepflanzt.

Fieber Damit bezeichnet man eine Erhöhung der Körpertemperatur. Bei einem gesunden Menschen liegt die Körpertemperatur etwa bei 37 °C. Steigt sie über 37,5 °C an, hat man Fieber. Fieber ist keine Krankheit, sondern nur ein Krankheitszeichen. Es bedeutet, daß der Körper versucht, zum Beispiel eine **Infektion** abzuwehren. Deshalb sollte man Fieber auch nicht gleich bekämpfen. Steigt es jedoch über 39 °C an, muß man es künstlich (mit eiskalten Wadenwickeln oder Medikamenten) senken.

Film So nennt man ein sehr dünnes, biegsames Kunststoffband, das eine lichtempfindliche Schicht für die **Fotografie** trägt. Auch den belichteten und entwickelten Filmstreifen sowie seine Wiedergabe auf einer Leinwand bezeichnet man als Film. Beim Filmen werden normalerweise Filme von 35 mm Breite verwendet. Schmalfilme sind 8–16 mm breit. Der in eine Filmkamera eingelegte Film ist etwa 300 m lang. Die Kamera macht in der Sekunde 24 Aufnahmen. Auf einem Film sind etwa 1500 Einzelbilder. Bei der Filmvorführung werden die Bilder genauso schnell gezeigt, wie sie aufgenommen wurden. Bei dieser Geschwindigkeit kann das menschliche Auge die Einzelbilder nicht mehr trennen und sieht viele Bilder als eine Bewegung. Für einen *Spielfilm* braucht man als erstes ein *Drehbuch*. Es enthält die Handlung und

Fichte

Filter

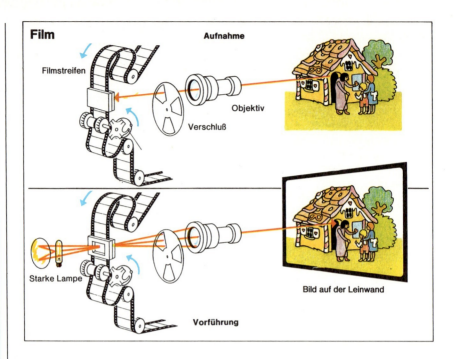

legt genau fest, an welchen Orten der Film gedreht werden soll, was die Schauspieler sprechen und tun müssen usw. Der *Regisseur* ist für den Film verantwortlich. Er erklärt den Darstellern, wie sie handeln und sprechen sollen und gibt dem *Kameramann* Anweisungen. Der *Produzent* besorgt das Geld. Die meisten Filme werden (bis auf bestimmte Aufnahmen an Originalschauplätzen) in *Filmateliers* oder *Filmstudios* gedreht. Das sind riesige Hallen, in denen Dekorationsgegenstände, Scheinwerfer, Kameras, Mikrofone usw. aufgebaut sind. Die ersten längeren Spielfilme waren noch ohne Ton (*Stummfilme*). 1927 entstand in Amerika der erste *Tonfilm.* 1953 wurde das *Breitwandverfahren* erfunden.

Filter Mit dieser Vorrichtung sondert man feste Stoffe aus Flüssigkeiten oder Gasen aus. Filter sind aus Papier, verschiedenen Geweben oder dünnen Drahtsieben. Im Filterpapier bleibt beim Kaffeekochen der Kaffeesatz zurück. Beim **Auto** setzen sich im Luft- und im Ölfilter kleine Schmutzteilchen aus der angesaugten Luft und aus dem Öl ab, weil diese Verunreinigungen den Motor nachhaltig schädigen könnten. **Kläranlagen** filtern grobe Verunreinigungen aus dem **Abwasser.** Das schmutzige Wasser sickert dort durch eine Kiesschicht, die den Schmutz zurückhält. Auch Lichtstrahlen können gefiltert werden. Bei einer farbigen **Fotografie** schlucken getönte Gläser bestimmte **Farben.** Sie verhindern, daß auf einem Bild eine bestimmte Farbe alle anderen übertönt. In der Radiotechnik werden durch bestimmte Schaltanordnungen (Geräuschfilter) unerwünschte Nebengeräusche ausgeschaltet.

Finanzen So bezeichnet man das **Geld,** das der **Staat** mit seinen Ländern und Gemeinden braucht, um bestimmte Aufgaben durchzuführen. Dieses Geld nimmt er über **Steuern** ein. Das *Finanz-*

Fledermaus

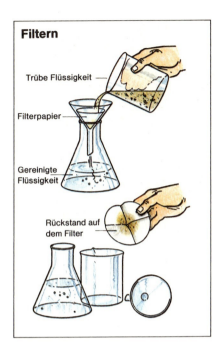

Filtern
- Trübe Flüssigkeit
- Filterpapier
- Gereinigte Flüssigkeit
- Rückstand auf dem Filter

amt rechnet die Steuern, die jeder Staatsbürger zahlen muß, aus und paßt auf, daß sie auch pünktlich gezahlt werden.

Fische Die Kennzeichen dieser wasserbewohnenden *Wirbeltiere* sind das *Schuppenkleid*, verschiedene *Flossen* und die *Kiemen*, mit denen sie atmen **(Atmung).** Die 25 000 verschiedenen Fischarten teilt man in zwei Gruppen ein: die *Knorpel-* und die *Knochenfische*. Die meisten Fische legen Eier (sie »laichen«), einige bringen lebende Junge zur Welt. Der stromlinienförmige Körper der Fische ist der Lebensweise im Wasser gut angepaßt. Das Skelett ist einfach und leicht gebaut, denn das Wasser trägt den Fisch auch. An der Brust, auf dem Rücken und am Schwanz hat der Fisch Flossen, mit denen er sich fortbewegt. Die Kiemen liegen am Kopf und bestehen aus feinen Blättchen. Mit ihnen holt sich der Fisch den nötigen **Sauerstoff** aus dem Wasser. Über die Kiemen gelangt er ins Blut. Fische können nicht überall im Wasser leben. *Meeresfische* brauchen salziges Meerwasser, in dem Süßwasserfische aus Seen und Flüssen sterben würden. Nur **Aale** und Lachse wechseln zum Laichen zwischen Salz- und Süßwasser hin und her.

Flaschenzug Das ist eine Vorrichtung zum Heben von Lasten. Ein Flaschenzug besteht aus zwei Gehäusen mit zwei Rollen (Flaschen), von denen die eine fest, die andere beweglich ist. Über die Rollen läuft das Seil. Je mehr Rollen ein Flaschenzug besitzt, desto weniger **Kraft** benötigt man für das Heben der Last. Der einfachste Flaschenzug hat eine feste Rolle, bei der das Seil lose herunterhängt. An einem Seilende wird die Last befestigt, am anderen die Kraft angesetzt. Last- und Kraftarm sind dann gleich. Die Kraft, die zum Hochziehen der Last notwendig ist, entspricht also dem Gewicht der Last.

Fledermaus Dieses kleine, fliegende Säugetier hat anstelle von Federflügeln Hautflügel an seinen Vorderbeinen. Der Flug der Fledermaus ist eher taumelnd und flatternd. Der Körper ist behaart. Wenn man sich die Flügel wegdenkt, hat sie eine entfernte Ähnlichkeit mit einer **Maus.** Fledermäuse sehen schlecht, finden sich jedoch bei ihren Nachtflügen außerordentlich gut zurecht. Beim Abflug und während des Fluges stoßen sie Schreie aus, die das menschliche **Ohr** nicht hören kann, da sie im Bereich des *Ultraschalls* **(Schall)** liegen. Diese Schreie breiten sich in *Schallwellen* nach allen Richtungen aus. Stoßen sie auf ein Hindernis, werden sie wie ein **Echo** zurückgeworfen. Mit Hilfe dieses Echos kann die Fledermaus erkennen, wo und wie groß ein Hindernis ist. Das hilft ihr auch beim Beutefang (Insekten). Die Fledermäuse

Fliegenpilz

Zwergfledermaus

leben in Türmen, unter Dächern, in Mauernischen, Höhlen und hohlen Bäumen. Die Tiere werden erst rege, wenn die Dunkelheit hereinbricht. In tropischen Ländern gibt es sehr große Fledermäuse, die *Flughunde* und die *Vampire*, die *Blutsauger*. Diese beißen ein winziges Loch in ihre schlafenden Opfer und saugen ihnen Blut aus. Bei uns ist die Fledermaus in ihrem Bestand bedroht und steht unter besonderem Schutz.

Fliegenpilz Dieser *Giftpilz* wächst bei uns in den Wäldern. Der Fliegenpilz hat einen leuchtendroten Hut, der mit weißen Warzen betupft ist. Daran kann man ihn auch leicht erkennen. Wenn er auch nicht zu den gefährlichen Giftpilzen gehört, ist sein **Gift** immerhin so stark, daß es anfliegende Insekten tötet. Gerät ein Fliegenpilz versehentlich mit anderen Pilzen zusammen in den Kochtopf, so verstärkt sich allerdings beim Kochen der in ihm enthaltene Giftstoff. Etwa 1–2 Stunden nach dem Essen treten Vergiftungserscheinungen wie Kopfschmerzen, Schwindel, **Halluzinationen** auf. Todesfälle sind allerdings selten.

Fliehkraft Darunter versteht man die **Kraft**, die einen sich um eine **Achse** drehenden Körper vom Mittelpunkt der Drehbewegung wegdrängt. Schwenkt man zum Beispiel eine Milchkanne (ohne Deckel) ganz schnell im Kreis, bleibt die Milch in der Kanne, weil sie durch die Fliehkraft nach außen, also gegen den Boden der Kanne gedrückt wird. Der Fliehkraft wirkt die *Zentripetalkraft* entgegen, die einen kreisenden Körper in die Mitte seiner Kreisbahn zieht. Von der **Technik** wird die Fliehkraft bei

Fliegenpilz

Flughafen

Die Fliehkraft wirkt der Zentripetalkraft entgegen

Schleudern *(Zentrifugen)* ausgenützt. Eine Zentrifuge trennt Flüssigkeiten voneinander, die aus mehreren Stoffen mit unterschiedlichem Gewicht bestehen.

Flughafen Flughäfen liegen meist in der Nähe einer Großstadt. Hier landen in Abständen von wenigen Minuten Verkehrsmaschinen aus dem In- und Ausland. Der größte deutsche Flughafen ist der *Rhein-Main-Flughafen* in Frankfurt. Er fertigt im Jahr etwa 30 Millionen Fluggäste ab. Zum Flughafengelände gehören die *Start-* und *Landebahnen*. Sie sind 45 oder 60 m breit und 1–4 km lang. Bei Nacht werden sie durch Lichter markiert. Den Mittelpunkt des Flughafens bilden die *Flughafengebäude*. Sie umfassen *Ankunfts-* und *Abflughallen* für die Passagiere und Verwaltungsbauten für die Flughafenleitung, die Hallen, in denen die Flugzeuge gewartet werden und den Kontrollturm *(Tower)*. Dort sitzen die Männer von der *Flugsicherung*. Mit ihr stehen die *Piloten* der **Flugzeuge** über Funk in Verbindung. Der Luftraum ist in verschiedene Bereiche und Luftstraßen aufgeteilt. Befindet sich ein Flugzeug im Anflug, wird es vom **Radar** im Tower erfaßt. Der Pilot erhält dann Anweisungen, welche Luftstraße und Landebahn er benutzen soll. Diese Landehilfen sind für die Piloten besonders bei **Nebel** wichtig. Von der Landebahn rollt das Flugzeug über Rollbahnen zu den Flugsteigen. Über eine Treppe *(Gangway)* oder hydraulische Fluggastbrücken, die direkt an das Flugzeug angeschlossen werden, verlassen die Passagiere das Flugzeug. Mit Hilfe von Förderbändern wird das Gepäck aus dem Flugzeug entladen. Dann wird die Maschine überprüft und für den Weiterflug aufgetankt. Erst wenn das Gepäck für den nächsten

Flugzeug

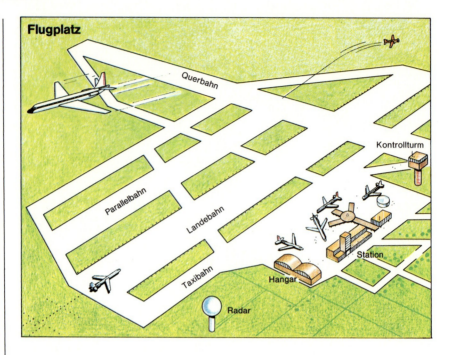

Flug eingeladen und die Verpflegung an Bord gebracht ist, werden die Passagiere in den Abfertigungshallen über Lautsprecher zum Einsteigen aufgerufen. Jeder Flughafen verfügt auch über eine ständig einsatzbereite *Flughafenfeuerwehr*. Gerät ein startendes Flugzeug in Brand oder klemmt bei einem landenden Flugzeug das Fahrwerk, legen die Feuerwehrleute einen Schaumteppich um das Flugzeug.

Flugzeug Aus eigener Kraft kann der Mensch nicht fliegen. Er braucht dazu ein Hilfsmittel, ein Fluggerät mit Tragflächen, das ihn trotz seines Gewichtes nach oben trägt und in der Luft hält. Der Deutsche *Otto Lilienthal* baute 1895 einen *Luftgleiter*, mit dem er einige hundert Meter durch die Luft segelte. Auf alle sich vorwärts bewegenden Körper wirkt in der Luft eine **Kraft**, die sie nach oben zieht. Diese Kraft nennt man *Auftrieb*. Sie wirkt der Kraft, die den Körper zur Erde zieht, entgegen. Ein *Segelflugzeug* hält sich allein durch den Auftrieb in der Luft und wird von warmen Aufwinden weitergetrieben. Bei dem ersten Motorflugzeug, das die amerikanischen *Brüder Wright* 1903 bauten, trieb ein **Verbrennungsmotor** eine Luftschraube **(Propeller)** an. Der Durchbruch zum Motorflugzeug war geschafft. Warum aber fliegt ein Flugzeug? Die Tragflächen eines Flugzeugs werden von der Luft umströmt. Aufgrund ihrer besonderen Form entsteht während des Fluges *über* der Tragfläche ein Unterdruck und *unter* der Tragfläche ein nach oben wirkender Überdruck. Dazu kommt der Auftrieb, der um so stärker wird, je schneller das Flugzeug fliegt. Der Widerstand, den die Luft dem Flugzeug entgegensetzt, muß vom Motor überwunden werden. Bis vor etwa 40 Jahren waren alle Flugzeuge mit einem Verbrennungsmotor angetriebene *Propellermaschinen*. Im Zweiten Weltkrieg wurden *Strahltriebwerke* **(Düsenantrieb)** entwickelt. Heute sind die mei-

Fluß

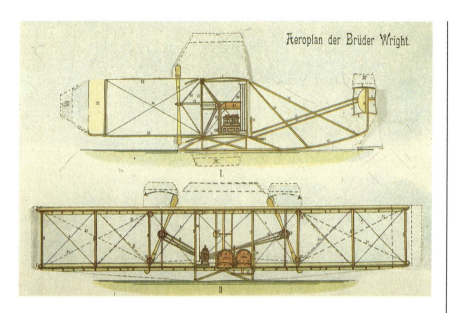

Das Motorflugzeug der Gebrüder Wright (1903)

sten Passagierflugzeuge Düsenflugzeuge. Das größte Passagierflugzeug ist die Boeing 747, der »Jumbojet«. Er kann bis zu 600 Passagiere befördern. Die schnellste Verkehrsmaschine ist

Der »Alpha Jet« ist ein modernes, militärisches Schulungsflugzeug

die französische »Concorde«. Sie ist mit 2330 km/h schneller als der **Schall**. Militärflugzeuge erreichen eine Höchstgeschwindigkeit von 3500 km/h.

Fluß So bezeichnet man ein fließendes Gewässer, das kleinere Wasserläufe *(Bäche)* und größere *(Nebenflüsse)* vereinigt und dem **Meer** zuführt. Große Flüsse nennt man *Ströme*. Ein Fluß besteht aus verschiedenen Ab-

Folter

Ein Flußlauf mit vielen Nebenarmen ist nur möglich, wenn das Land fast eben ist und der Fluß ein geringes Gefälle hat

schnitten: einem *Oberlauf*, wo er noch wenig Wasser mit sich führt und das Flußbett noch relativ schmal ist, dem *Mittellauf*, wo er sich verbreitert, da er Nebenflüsse aufnimmt, und dem *Unterlauf*, dem letzten Abschnitt des Flusses vor seiner *Mündung*, wo das Flußbett sehr breit ist. Die meisten Flüsse münden ins Meer. Das Mündungsgebiet kann verschiedene Formen haben. Entweder ist es trichterförmig oder hat die Form eines Dreiecks. Man spricht dann von einem *Mündungsdelta*.

Folter Das war im römischen Recht des **Altertums** ein Mittel, mit dem man **Sklaven** zu Geständnissen zwang. In Deutschland führte man die Folter erst im **Mittelalter** ein. Mit grausamen Mitteln und Folterwerkzeugen wurden Menschen so lange gequält, bis sie eine Schuld zugaben, auch wenn sie gar nicht schuldig waren. Erst im 18. Jahrhundert wurde die Folter in den meisten Staaten abgeschafft und später gesetzlich verboten. In einer **Diktatur** werden jedoch auch heute noch viele Menschen körperlich und seelisch gefoltert. »Amnesty International«, eine Vereinigung, die sich in der ganzen Welt um politische Gefangene kümmert, setzt sich insbesondere für die Verurteilung und Abschaffung der Folter ein.

Forelle Das ist ein sehr beliebter Speisefisch. Bei uns ist die grünlichbraun, gelb, rot und schwarz getupfte *Bachforelle* wegen der Verschmutzung der Gewässer recht selten geworden. Sie lebt nur noch in sauberen Gebirgsflüssen bis zu einer Höhe von 2500 m. Am häufigsten wird die aus Nordamerika eingeführte *Regenbogenforelle* in Teichen gezüchtet.

Fortpflanzung Darunter versteht man bei allen Lebewesen die Erzeugung von Nachkommen. Man unterscheidet verschiedene Arten: Die *ungeschlechtliche* Fortpflanzung erfolgt ohne Geschlechtsorgane **(Geschlecht)**. Hier teilt sich das Lebewesen in zwei oder mehrere Nachkommen (zum Beispiel bei der Amöbe, einem einfachen

Frosch

Wasserlebewesen). Oder es treibt Auswüchse (Knospen, Sprossen, Zwiebeln) und trennt sie von sich ab. Ungeschlechtliche Fortpflanzung gibt es vorwiegend im Pflanzenbereich. Bei der *geschlechtlichen* Fortpflanzung besitzen die elterlichen Lebewesen Geschlechtszellen (männliche Samenzellen und weibliche Eizellen). Der Mensch und die höheren Tiere vermehren sich durch *zweigeschlechtliche* Fortpflanzung. Bei der **Befruchtung** vereinigt sich die männliche Samenzelle mit einer weiblichen Eizelle, und ein neues Lebewesen entwickelt sich.

Fossilien Das sind Reste und Spuren von Pflanzen und Tieren aus längst vergangenen Zeiten. So geben Abdrücke von Lebewesen im Gestein den **Wissenschaften** recht genau Auskunft über das frühe Leben auf der **Erde.** So entstehen Fossilien: Ein Tier, zum Beispiel eine **Muschel,** stirbt auf dem Meeresgrund. Die Weichteile verwesen, die Schale wird von Gestein bedeckt. Mit der Zeit löst sich die Schale auf, ihr Abdruck bleibt im Gestein zurück. Bricht nun nach Millionen von Jahren das Gestein auseinander, kann man in ihm die Umrisse des frühen Lebewesens erkennen.

Fotografie Hierbei wird mittels einer technischen Vorrichtung *(Fotoapparat)* auf einem lichtempfindlichen Material ein Ausschnitt aus der Wirklichkeit festgehalten. Alle Kameras arbeiten nach dem gleichen Prinzip. Von einem fotografierten Gegenstand gehen Lichtstrahlen aus. Beim Druck auf den *Auslöser* öffnet sich eine vor dem *Objektiv* liegende *Blende* und läßt die Lichtstrahlen durch. Sie werden vom Objektiv aufgefangen und als verkleinertes, umgekehrtes Bild auf den in der Kamera eingelegten lichtempfindlichen **Film** geworfen. Um das Bild sichtbar zu machen, muß der Film in einer Dunkelkammer entwickelt werden. Danach wird er fixiert (haltbar gemacht) und gewässert. Man erhält ein *Negativ,* bei dem Dunkel und Hell vertauscht sind. Ein positives Bild bekommt man, wenn man das Negativ auf ein lichtempfindliches Fotopapier legt und belichtet. Man unterscheidet *Schwarzweiß- und Farbfotografie*. Bei der Schwarzweißfotografie werden die Farben des aufgenommenen Gegenstandes in fein abgestufte Hell-Dunkel-Töne umgesetzt. Der Farbfilm trägt drei lichtempfindliche Schichten für Rot, Blau und Grün. Andere Farben entstehen durch die Mischung dieser drei Farben.

Frosch Dieses amphibische *Wirbeltier* kann im Wasser und auf dem Land leben. Bei uns kommt vor allem der braune, gegen Kälte recht unempfindliche *Grasfrosch* vor. Er findet sich an feuchten, sumpfigen Plätzen und bewegt sich springend und hüpfend vorwärts. Der Grasfrosch macht hauptsächlich Jagd auf Insekten und Schnecken. Seine vorne am Mundboden festgewachsene Zunge schnellt heraus und zieht die Beute ins breite Maul. Der Fang wird eingeschleimt und ver-

Versteinerte Ammoniten (Senckenberg-Museum, Frankfurt a. M.)

Frucht

Die Entwicklung einer Kaulquappe über die Larve zum Frosch

schlungen. Der Frosch atmet teils durch die Haut, teils durch den Mund. An Land schluckt er Luft in die Lungen. Mit diesem Luftvorrat kann er unter Wasser bis zu 8 Minuten aushalten. Zur **Fortpflanzung** siedelt der Frosch für kurze Zeit in Teiche oder Tümpel um. Mit ihrem Quaken locken die Männchen die Weibchen an. Die Weibchen legen Eier (bis zu 4000 Stück) ins Wasser. Diese werden vom Männchen befruchtet. Aus den Eiern entwickeln sich unter der warmen Frühlingssonne die kleinen *Kaulquappen*. Nach drei Monaten ist die Entwicklung zum jungen Frosch abgeschlossen. Neben dem Grasfrosch kennen wir noch bei uns den *Laubfrosch* und den grünen *Wasserfrosch*.

Frucht Sie enthält den **Samen** der Pflanzen und entsteht bei der **Befruch-** tung. Das Fruchtgehäuse baut sich aus drei Schichten auf. Die äußere ist häutig, die mittlere fleischig und die innere hart. Man unterscheidet in der **Pflanzenkunde** vier verschiedene Fruchtarten. Zu den *Steinfrüchten* gehören Pflaumen, Kirschen, Pfirsiche und Aprikosen. *Kernfrüchte* sind Äpfel und Birnen. Zu den *Hülsenfrüchten* zählen Bohnen und Erbsen. Völlig weiche, fleischige Früchte sind **Beeren**. Bei **Menschen** und **Säugetieren** wird der **Embryo** auch Leibesfrucht genannt.

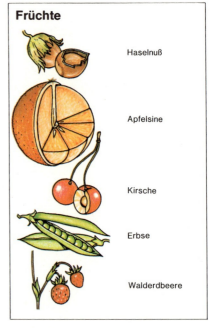

Früchte: Haselnuß, Apfelsine, Kirsche, Erbse, Walderdbeere

Fuchs Von diesem hundeähnlichen *Raubtier* gibt es auf der ganzen Welt 20 Arten. Die bekanntesten sind der *Polarfuchs*, der *Wüstenfuchs*, der *Rotfuchs* und der *Silber-* und *Blaufuchs*. Bei uns in den Wäldern lebt der Rotfuchs. Er wird mit Schwanz 1,5 m lang. Der Fuchs lebt im *Fuchsbau* und jagt Kleintiere, frißt aber auch **Aas** und Früchte. Die Zeit der **Fortpflanzung** nennt man bei den Füchsen die *Ranz-* oder *Rollzeit*.

Fußball

Junge Füchse im Bau

Die Tragzeit des Weibchens beträgt etwa 60 Tage. Danach bringt es 3–7 Junge zur Welt. Der Mensch ist dem Fuchs nicht sonderlich freundlich gesinnt, weil er in Dörfern und auf einsamen Gehöften Geflügel stiehlt. Außerdem stellt er dem Wild nach und ist der Hauptüberträger der **Tollwut.** Er wurde deshalb sehr verfolgt und verdankt nur seiner Vorsicht und Schläue, daß er nicht völlig ausgerottet wurde. Heute gibt es sogar Jäger, die den Fuchs wieder in ihrem Revier dulden.

Führerschein Dieses amtliche Dokument erlaubt es einem Menschen, ein Kraftfahrzeug zu fahren. Um den Führerschein zu bekommen, muß man bei einer *Fahrschule* Fahrstunden nehmen und eine schriftliche und praktische Fahrprüfung erfolgreich ablegen. Da es bei den Kraftfahrzeugen verschiedene Klassen (Personenkraftwagen, Lastkraftwagen und Motorräder) gibt, wird auch der Führerschein für verschiedene Klassen ausgestellt. Die Klasse 1 berechtigt zum Fahren von Motorrädern, die mehr als 50 cm^3 Hubraum haben. Klasse 2 erlaubt das Fahren von Lastkraftwagen oder Zügen über 7,5 t Gesamtgewicht. Klasse 3 ist die Fahrgenehmigung für Personenkraftwagen. Den Führerschein der Klassen 1 und 3 kann man mit 18 Jahren, der Klasse 2 erst mit 21 Jahren machen.

Funktechnik Unter diesem Begriff faßt man alle Verfahren zusammen, bei denen **Nachrichten** drahtlos übermittelt werden. Das geschieht vor allem bei **Rundfunk** und **Fernsehen.** Mit Funk und Funksprechgeräten sind Schiffe, Flugzeuge, Eisenbahnen sowie Polizei- und Feuerwehrfahrzeuge, Taxis und Kurierfahrzeuge ausgerüstet. Ein tragbares Funksprechgerät nennt man auch »Walkie-talkie«. Unter CB-Funk (Bürgerwelle) versteht man die drahtlose Übermittlung von Nachrichten mit niedriger Leistung und geringer Reichweite (für »jedermann«) auf besonderen Frequenzen im 11-m-Band. Sprechfunkgeräte sind bei uns seit 1975 von der Bundespost zugelassen.

Fußball Dieser heute beliebteste Volkssport der Welt stammt ursprünglich aus England, wo er bereits im 12. Jahrhundert in Urkunden erwähnt wird. In Deutschland wurde 1878 in Hannover der erste deutsche Fußballverein gegründet. Das erste offizielle Länderspiel der Fußballgeschichte fand 1901 zwischen der Schweiz und Österreich statt. Die erste *Deutsche Fußballmeisterschaft* wurde 1902 ausgetragen. Seit 1906 gibt es auch bei den **Olympischen Spielen** ein Fußballturnier. *Weltmeisterschaften* gab es erstmals 1930 in Uruguay (Südamerika). Seither finden alle vier Jahre Weltmeisterschaften statt. Darüber hinaus gibt es *Europameisterschaften* und *Landesmeisterschaften.* In Deutsch-

Fußball

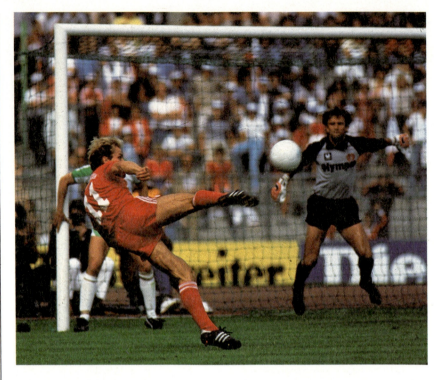

Einer der weltbesten Fußballspieler war Karl-Heinz Rummenigge.

...land wird in der ersten und zweiten *Bundesliga* Profifußball gespielt. Ein Fußballspiel wird auf einem 90 × 45 m bis 110 × 75 m großen Spielfeld ausgetragen. Es spielen zwei Mannschaften mit je 11 Spielern gegeneinander. Sie müssen den Lederball ins gegnerische Tor schießen. Die Spielzeit beträgt zweimal 45 Minuten. Ein unparteiischer *Schiedsrichter* leitet das Spiel und paßt auf, daß nicht gegen die Regeln verstoßen und unfair gespielt wird. Er wird dabei von den *Linienrichtern* unterstützt. Innerhalb der Mannschaft haben die Spieler zwar verschiedene Aufgaben (*Tormann, Verteidigung, Mittelfeldspieler* oder *Sturm*), doch muß kein Spieler in seinem Spielraum bleiben. Jeder kann Tore schießen oder verhindern.

Fußball-Bundesliga-Meister seit 1970

1970	Borussia Mönchengladbach
1971	Borussia Mönchengladbach
1972	FC Bayern München
1973	FC Bayern München
1974	FC Bayern München
1975	Borussia Mönchengladbach
1976	Borussia Mönchengladbach
1977	Borussia Mönchengladbach
1978	1. FC Köln
1979	Hamburger SV
1980	FC Bayern München
1981	FC Bayern München
1982	Hamburger SV
1983	Hamburger SV
1984	VfB Stuttgart
1985	FC Bayern München
1986	FC Bayern München
1987	Werder Bremen
1988	FC Bayern München
1989	FC Bayern München
1990	FC Bayern München
1991	1. FC Kaiserslautern
1992	VfB Stuttgart

Ganges

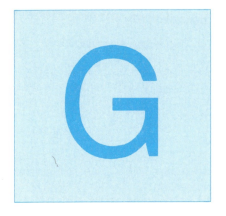

Eine Galeere

Galeere So nannte man ein bis ins 18. Jahrhundert im Mittelmeerraum verwendetes Kriegs- und Transportschiff. Im **Altertum** wurde es von **Sklaven,** seit dem 16. Jahrhundert von Kriegsgefangenen oder Sträflingen gerudert. Ein verurteilter Gefangener mußte an eine Ruderbank gekettet einige Jahre, manchmal sogar lebenslang den Ruderdienst auf der Galeere versehen. Auf beiden Seiten der Galeeren waren Riemen, auf den 25–50 Ruderbänken saßen je 3–5 angekettete Ruderer. Sie mußten nach einem bestimmten Takt rudern, der auf einen Holzpflock geschlagen wurde. Sollte die Galeere schneller fahren, wurde auch der Takt erhöht. Oft geschah dies aber auch, um die Gefangenen noch härter zu bestrafen. Segel dienten der Galeere nur als zusätzlicher Antrieb.

Ganges Dieser Hauptstrom Indiens entspringt in etwa 4000 m Höhe im **Himalaja** und mündet im Golf von Bengalen in den Indischen Ozean. Der Ganges ist 2700 km lang und kann auf einer Strecke von 1450 km von Flußschiffen, auf 160 km sogar von Hochseeschiffen befahren werden. Für die Bewässerung ist der 6500 km lange *Gangeskanal* wichtig. Das 80 000 km^2 große, fruchtbare Mündungsgebiet teilt er mit dem

Gläubige Hindus in Benares, einer Pilgerstadt am Ganges

Gans

Brahmaputra. Am Ganges liegt auch die größte Stadt Indiens, *Kalkutta,* mit 9,2 Millionen Einwohnern. Die Inder bezeichnen den Ganges als »heiligen Fluß« und glauben, daß sein Wasser sie von ihren Sünden reinigt.

Gans Dieser mit der **Ente** verwandte *Wasservogel* hat einen gedrungenen Körper, einen langen Hals und breite Schwimmhäute zwischen den Zehen. In Europa kennen wir neben der kanadischen *Wildgans* mit ihrem schwarzen Hals, die vor allem auf Seen und Parkteichen zu finden ist, die graubraun gefärbte *Graugans.* Sie ist die Stammform der *Hausgans.* Die genügsamen Gänse ernähren sich von Gräsern, die sie mit der Schnabelspitze rupfen. Graugänse wurden schon im **Altertum** als **Haustiere** gehalten. Der Verhaltensforscher *Konrad Lorenz* leitete viele seiner Studien von Beobachtungen der Verhaltensweisen der Graugänse ab.

Hausgänse

Garantie Kauft sich jemand ein neues Auto, verpflichtet sich der Autohändler, innerhalb einer bestimmten Zeit *(Garantiefrist)* an dem Auto auftretende Schäden kostenlos zu beheben. Bei anderen neu gekauften Waren (zum Beispiel Uhren) wird mit der Ausstellung eines *Garantiescheins* der einwandfreie Zustand der Ware garantiert.

Gas So nennt man einen luftähnlichen Stoff, der aber leichter als diese ist. Gas hat keine bestimmte Form oder Gestalt. Es kann also jeden beliebigen Raum einnehmen, in den es gebracht wird. Bei Erwärmung dehnen sich Gase wie auch alle festen Körper und Flüssigkeiten aus. Einige Gase können sich durch hohen Druck und starke Abkühlung verflüssigen. Kühlt man Luft auf −125 °C ab, wird sie flüssig und fließt dann mit einem graublauen Schimmer wie Wasser. Ein solches Flüssiggas ist das *Propangas,* das für Campinggaskocher verwendet wird. Technische Gase werden zu Heiz- und Leuchtzwecken verwendet, zum Beispiel Stadtgas *(Leuchtgas).* Es wird durch Entgasung von Steinkohle gewonnen. Auch mit **Erdgas** wird geheizt. Viele Gase sind hochexplosiv und sehr giftig. Tritt in einem geschlossenen Raum (zum Beispiel aus dem Gasherd in der Küche) Gas aus und wird eingeatmet, ist eine Gasvergiftung, die tödlich sein kann, die Folge. Bei der bisher schlimmsten Gaskatastrophe kamen in der indischen Stadt *Bhopal* einige tausend Menschen ums Leben, als aus einem Chemiewerk eine große Menge hochgiftigen Gases entweichen konnte.

Gastarbeiter Darunter versteht man Menschen, die in die westeuropäischen Industrieländer kommen, um dort zu arbeiten. Diese ausländischen Arbeitskräfte kommen vorwiegend aus Süd- und Osteuropa, aber auch aus Spanien und Afrika. Sie verlassen ihre Heimat, weil es dort keine Arbeit für sie gibt und sie nicht für ihre Familie sorgen können. Von den rund 4,5 Millionen Gastarbeitern in der Bundesrepublik Deutschland leben 54 Prozent seit mindestens 10 Jahren hier. Sie haben meist Arbeiten

Gehirn

übernommen, für die nur schwer einheimische Arbeitskräfte zu finden waren (Müllabfuhr). Für Gastarbeiter ist es nicht einfach, sich und ihre Familien in die Gesellschaft des Gastlandes einzugliedern, da sie oft aus einem ganz anderen Kulturkreis kommen. Die meisten haben nur begrenzte Möglichkeiten, die neue Sprache richtig zu erlernen, um sich auch in der Arbeitswelt besser zurechtfinden und verständigen zu können. Für die Kinder der Gastarbeiter gibt es nur wenige Schulen, in denen auf ihre Umstellungsschwierigkeiten Rücksicht genommen wird. So leben Gastarbeiter weitgehend isoliert in sogenannten »Ausländervierteln« der Großstädte, oft in unzumutbaren Wohnverhältnissen. Seit einigen Jahren stehen bestimmte Gruppen der Bevölkerung den Gastarbeitern zunehmend feindlich gegenüber. In der Bundesrepublik werden sie von einem Teil der Bevölkerung für die hohe Arbeitslosigkeit, die steigende Kriminalität und den Drogenhandel mit verantwortlich gemacht, kleine extreme Minderheiten treten sogar für die Ausweisung der ausländischen Arbeitnehmer ein. Die Regierung in unserem Lande bemüht sich einerseits, die Gastarbeiter mit ihren Familien in unsere Gesellschaft einzugliedern. Andererseits fördert sie mit finanzieller Hilfe ihre Rückkehr in die Heimat.

Geburt Beim Menschen wird ein Kind normalerweise nach neun Monaten **Schwangerschaft** geboren. Schmerzhafte *Wehen* kündigen die Geburt an. Dabei zieht sich in regelmäßigen Abständen die *Gebärmutter* (ein Organ des weiblichen Körpers, in dem das Kind heranwächst) zusammen. Ihr unteres Ende, der *Muttermund*, öffnet sich. Nun reißt die *Fruchtblase*, in der das Kind liegt, auf. Das Fruchtwasser fließt ab, und das Kind wird ausgestoßen. Bald danach ertönt der erste Schrei des neuen Erdenbürges, der damit beginnt, selbständig zu atmen. Die *Nabelschnur,* die Mutter und Kind verbindet, und durch die das Kind im Mutterleib mit Nährstoffen und Sauerstoff versorgt wurde, wird durchgetrennt. Wird ein Kind bereits nach 7 oder 8 Monaten geboren, ist es eine »Frühgeburt«. Das Neugeborene muß dann noch für eine Weile in einen »Brutkasten« gelegt werden.

Gefängnis Hat jemand eine Straftat begangen und wurde dafür von einem **Gericht** zu einer Freiheitsstrafe verurteilt, muß er ins Gefängnis gehen. Die amtliche Bezeichnung dafür ist »Justizvollzugsanstalt«. In *Jugendvollzugsanstalten* verbüßen Jugendliche zwischen 14 und 21 Jahren ihre Strafe. In einem Gefängnis sind die Gefangenen *(Häftlinge)* entweder in Einzel- oder Gemeinschaftszellen untergebracht. Während ihrer Haftzeit können die Gefangenen arbeiten. Sie bekommen dafür allerdings nur einen geringen Lohn. Neuen Gesetzen nach soll auch diese Arbeit besser belohnt werden. Damit soll Häftlingen, die ihre Strafe verbüßt haben, der Weg ins normale Leben zurück erleichtert werden. Bis 1969 gab es in der Bundesrepublik Deutschland für besonders schwere Verbrechen noch die *Zuchthausstrafe,* bei der die Gefangenen ohne Engelt arbeiten mußten.

Gehirn Das ist die wichtigste Schaltzentrale des menschlichen Körpers. Mit dem Gehirn kann der Mensch als einziges Lebewesen planmäßig und vorausschauend denken und seine Gedanken durch die **Sprache** weitergeben. Das Gehirn besteht aus mehreren Teilen, von denen jeder eine bestimmte Aufgabe erfüllt. Das *Großhirn* ist das Zentrum für das Denken, Gedächtnis, Bewußtsein und die Gefühle. Hier werden alle Lebensfunktionen aufeinander abgestimmt. Das *Kleinhirn* steuert alle Be-

Gehirn

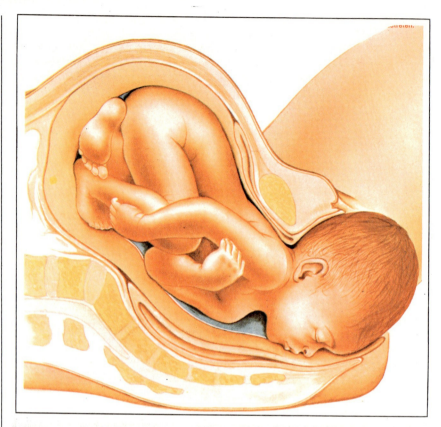

Geisel

Wenn die Mutter die ersten Wehenschmerzen verspürt, hat die Geburt ihres Kindes begonnen (links oben)

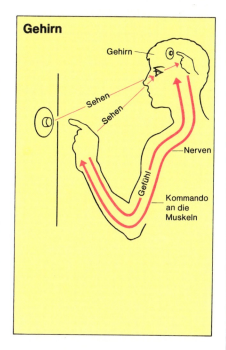

wegungen und das **Gleichgewicht.** Im *Zwischenhirn* laufen die Nervenbahnen **(Nerven)** zusammen. Von dort werden alle von außen und innen kommenden Empfindungen zum Großhirn ins Bewußtsein geleitet. Das *Mittelhirn* steuert Hören und Sehen. Das *Nachhirn* (oder verlängerte *Rückenmark*) steuert die Atmung, den Herzschlag, den Blutdruck und die Körpertemperatur. Wird das Gehirn einige Minuten lang nicht mit **Blut,** also auch nicht mit **Sauerstoff** versorgt, sterben die Gehirnzellen ab. In der Medizin tritt deshalb der endgültige Tod eines Menschen nicht mit dem Herz-, sondern mit dem Gehirntod ein.

Geier Diese großen Greifvögel leben hauptsächlich von **Aas** und gehen nur gelegentlich auf die Jagd. Geier haben einen nackten Hals mit einer Federkrause. Der größte Geier ist mit einer Flügelspannweite von 2,75 m der schwarzgefiederte südamerikanische *Kondor.* Kreisen Geier über einem bestimmten Ort, liegt dort mit Sicherheit ein sterbendes oder totes Tier.

Geigerzähler Das ist ein Gerät, mit dem man *Elektronen* (kleinste, negativ geladene Teilchen) und *Neutronen* (ungeladene Teilchen) nachweisen kann. Dieses Zählrohr entwickelte der deutsche Physiker *J. G. Geiger.* Es wurde zu einem wichtigen Meßgerät im Bereich der Atomphysik **(Atom).** Der Geigerzähler wird vor allem auch zum Messen von radioaktiver Strahlung **(Radioaktivität)** eingesetzt.

Geisel Früher nahm man während einer kriegerischen Auseinandersetzung hochgestellte Persönlichkeiten gefangen und benutzte sie als Geisel. Sie bürgten mit ihrem Leben dafür, daß be-

Häftlinge an der Tretmühle in einem Gefängnis (19. Jahrhundert) (links unten)

Gänsegeier

Geiser

stimmte Forderungen erfüllt wurden, zum Beispiel Zahlung eines Lösegelds. Im Zweiten Weltkrieg wurden Einwohner eines besetzten Dorfes als Geiseln erschossen, wenn sich die Bevölkerung nicht dem Willen der Besatzer fügte. Nach dem Ende des Krieges wurde die Geiselnahme durch eine internationale Vereinbarung verboten. Seit etwa 15 Jahren machen vor allem **Terroristen** in aller Welt durch brutale Geiselnahmen von sich reden.

Geiser Das ist eine Springquelle, die heißes Wasser in einem dicken Strahl in regelmäßigen Abständen aus der Erde schleudert. Dort gibt es heißes, unterirdisches Felsgestein. Dieses erhitzt das Wasser, das sich in den tiefen Felsspalten angesammelt hat. Über dem heißen Wasser liegt jedoch kühleres Wasser, das der Erdoberfläche näher ist. Das tief unten erhitzte Wasser wandelt sich in Wasserdampf um und drückt das darüber liegende Wasser mit großem Druck nach oben. Dieses schießt nun in einer dampfenden Wassersäule in die Luft. Geiser gibt es in Island, Neuseeland und im Yellowstone-Nationalpark in Amerika.

Geld Wir benützen es alle Tage, um Dinge zu bezahlen, die wir kaufen. Dazu verwenden wir **Münzen** oder Papierscheine und nennen es »Bargeld«. Man kann aber auch mit einem *Scheck* bezahlen. Das ist die Zahlungsanweisung an eine **Bank,** auf der man sein Geld aufbewahrt. Bevor es das Geld gab, tauschte man verschiedene Waren gegeneinander aus. Das war sehr unpraktisch, weil diese oft sehr groß waren. Dann wurden die Münzen erfunden. Sie waren wertvoll, denn man hatte sie aus Gold oder Silber hergestellt. Die Mün-

Geiser im Yellowstone National Park, USA

zen waren mit einem Zeichen versehen, von dem man ablesen konnte, ob sie viel oder weniger wert waren, also ob man viel oder wenig davon kaufen konnte. Im 17. Jahrhundert kam das Papiergeld auf. Münzen und Papierscheine tragen immer besondere Stempel, die ihren Wert angeben.

Gelenk Damit bezeichnet man die beweglichen Verbindungsteile zweier **Knochen.** Einer der beiden Knochen ist in der Regel am Ende kugelförmig zum *Gelenkkopf* verdickt. Er paßt in eine schüsselförmige Vertiefung des zweiten Knochens, die *Gelenkpfanne.* Gelenkkopf und Gelenkpfanne sind von

Ein Bankräuber nimmt bei einem Überfall einen Kunden als Geisel

Gemüse

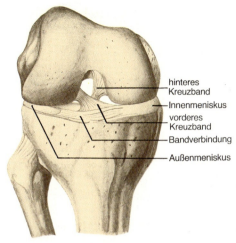

Ein gebeugtes Kniegelenk von vorne gesehen

einer glatten Knorpelschicht überzogen, die als Gleitfläche dient, wenn sich die beiden Knochen gegeneinander bewegen. Das Gelenk wird von der Gelenkkapsel umschlossen. Sie schützt das Gelenk und hält den Gelenkkopf in der Gelenkpfanne. Im Bereich des Maschinenbaus stellen Gelenke bewegliche Verbindungen von zwei Maschinenteilen dar. In der Bautechnik werden bewegliche Verbindungen von Bauteilen ebenfalls Gelenke genannt.

Gemeinde Darunter versteht man eine Gruppe von Menschen, die sich wegen einer gemeinsamen Sache oder Überzeugung zusammentun (Kirchengemeinde, Künstlergemeinde, Sportgemeinde). In einem **Staat** bildet die Gemeinde die kleinste staatliche Verwaltungseinheit. Die **Bürger** wählen einen *Gemeinderat*, dem der Bürgermeister vorsteht. Sitz des Gemeinderates ist das Rathaus. Der Gemeinderat beschließt über **Finanzen,** das Gewerbe, den Verkehr, das Bau- und Wohnungswesen, das Gesundheitswesen, die Fürsorge und das Schulwesen. Die Gemeinde darf **Steuern** und Gebühren einnehmen. Wie der Staat hat auch sie eine eigene **Verfassung,** die *Gemeindeordnung.*

Gemüse So bezeichnet man alle Pflanzen, deren Blätter, Früchte, Stiele, Knollen, Wurzeln, Zwiebeln oder Samen verzehrt werden können, mit Ausnahme von Obst und Getreide. Gemüse ist sehr gesund, weil es **Vitamine,** Mineralstoffe und andere für den Körper wichtige Substanzen enthält. Da die meisten Gemüse zu 80–90 Prozent aus Wasser bestehen, machen sie nicht dick. Es gibt *Kohlgemüse* (Grünkohl, Rotkohl, Weißkohl), *Wurzel-* und *Knollengemüse* (Sellerie, Möhren, Rettich), *Blattgemüse* (Salat, Spinat), *Fruchtgemüse* (Tomaten, Gurken, Melonen), *Zwiebelgemüse* (Zwiebeln, Lauch, Knoblauch) und *Hülsenfrüchte* (Bohnen, Erbsen, Linsen). Gemüse wird heute in Treibhäusern oder in Gärtnereien als Freilandgemüse angebaut.

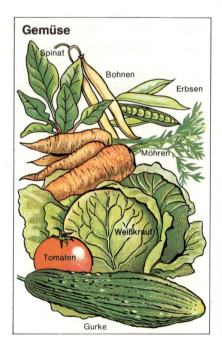

Generation

Zu jeder Jahreszeit werden bestimmte Gemüsearten reif.

Generation Unter diesem Begriff faßt man alle Menschen zusammen, die etwa im gleichen Zeitabschnitt geboren wurden. Eine Generation ist also gleichbedeutend mit einem Menschenalter. Eltern und Kinder bilden je eine Generation. Zwischen den verschiedenen Generationen gibt es oft Probleme.

Genie So bezeichnet man einen außergewöhnlich schöpferisch begabten Menschen, der zu außerordentlichen Leistungen fähig ist. Ein Genie kann ein Musiker, Künstler, Dichter, Wissenschaftler oder Staatsmann sein. *Universalgenie* nennt man einen Menschen, der auf verschiedenen Gebieten große, *geniale* Leistungen vorweisen kann, zum Beispiel *Leonardo da Vinci* (1452–1519). Er galt zugleich als bedeutender Maler, Bildhauer, Baumeister, Erfinder, Ingenieur, Naturforscher und Mathematiker.

Ein Genie war Leonardo da Vinci

Gericht Das Leben in einer staatlichen Gemeinschaft ist durch **Gesetze**

Das Bundesverfassungsgericht bei einer Urteilsverkündung

Geschlecht

geregelt. Wird gegen sie verstoßen, muß ein Gericht Recht sprechen und die gesetzliche Ordnung wiederherstellen. Damit ein Gericht gerecht und unparteiisch urteilt, ist es von der staatlichen Gewalt unabhängig. So können **Bürger** vor Gericht sogar gegen eine staatliche Entscheidung klagen. Vor einem *Strafgericht* kommt eine strafbare Handlung (Diebstahl, Raub, Totschlag oder Mord) zur Verhandlung. Das *Zivilgericht* ist zuständig, wenn es um Streitigkeiten bei einem Miet- oder Kaufvertrag geht. Vor das *Verwaltungsgericht* kann ein Bürger gehen, wenn er sich von einer staatlichen Behörde ungerecht behandelt fühlt. Beim *Arbeitsgericht* werden alle Streitigkeiten behandelt, die aus einem Arbeitsverhältnis entstehen. Das *Verfassungsgericht* entscheidet, ob ein Gesetz gegen die Verfassung verstößt. Ein auf Lebenszeit ernannter *Richter* führt bei Gericht den Vorsitz. Bei einem **Prozeß** vor einem Strafgericht wirken neben dem Richter auch *Schöffen* mit. Das sind Männer und Frauen, die aus der Bevölkerung ausgewählt werden und nicht Rechtswissenschaft studiert haben. Sie sind bei der Festsetzung des Urteils ebenso stimmberechtigt wie der hauptamtliche Richter.

Germanen Die Heimat dieser Völkergruppe lag ursprünglich im Norden Europas, in den Ländern an der Ostsee. Als dort im ersten Jahrtausend v. Chr. das Klima deutlich kälter wurde, Sturmfluten weite Küstengebiete verwüsteten und die Bevölkerung wuchs, trat Landnot ein. Die Germanen brachen nach Süden auf und suchten eine neue Heimat. Mit der Ausdehnung des Römischen Weltreichs nach Norden trafen sie auch auf die Römer. Über viele Jahrhunderte kam es immer wieder zu kriegerischen Auseinandersetzungen. Doch nicht immer standen sich Germanen und Römer feindlich gegenüber.

So sahen die Germanen zur Zeit der Völkerwanderung aus

Nach langen, blutigen Kämpfen folgten friedliche Jahre, in denen die Grenzen geöffnet waren und reger Handel betrieben wurde. Die römische **Kultur** drang in die von den Römern besetzten Gebieten an Rhein und Donau vor und beeinflußte die kulturelle Entwicklung Germaniens. Etwa um 150 n. Chr. brachen die ostgermanischen Stämme auf der Suche nach neuem Siedlungsraum zu einer großen **Völkerwanderung** auf. Unter ihrem Ansturm wurde das Römische Weltreich tief erschüttert. Der germanische Heerführer *Odoaker* setzte 476 den letzten weströmischen **Kaiser** ab. Der Ostgotenkönig *Theoderich* begründete in Italien das Reich der Ostgoten. Aber die Reiche der Ostgermanen blieben nicht von Dauer. Die Germanen waren den von ihnen unterworfenen Völkern zahlenmäßig weit unterlegen; der große religiöse Gegensatz, die Uneinigkeit der germanischen Stämme untereinander und ein neu erstarkendes oströmisches Reich führten im 6. Jahrhundert zum Untergang der ersten germanischen Reiche.

Geschlecht Die Lebewesen zeigen sich in zwei gegensätzlichen, einander

141

Geschwindigkeit

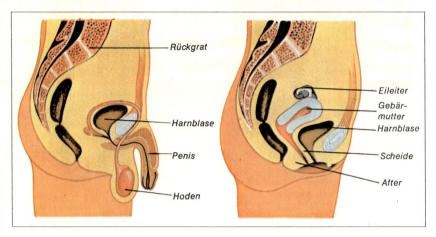

Die männlichen (links) und weiblichen (rechts) Geschlechtsorgane

ergänzenden Geschlechtsgruppen: Mann und Frau (Mensch), Männchen und Weibchen (Tier), männliche und weibliche Blüten (Pflanze). Frau und Mann unterscheiden sich durch ihr Geschlecht. Zeichen dafür sind die von Geburt an unterschiedlichen *Geschlechtsorgane*. Jungen haben ein Glied und einen Hodensack; Mädchen eine Geschlechtsspalte (Scheide) und Schamlippen. Als kleine Kinder sind sich Jungen und Mädchen in ihrem Körperbau und Verhalten noch sehr ähnlich. Weitere unterschiedliche Geschlechtsmerkmale zeigen sich erst in der **Pubertät.** Jungen bekommen eine stärkere Körperbehaarung – im Gesicht wächst ein Bart – und eine tiefere **Stimme.** Bei den Mädchen entwickeln sich Brüste. In der Sprachwissenschaft bezeichnet man mit Geschlecht die Zugehörigkeit eines Hauptwortes zu einer Gruppe. In unserer Sprache gibt es ein männliches (der Hund), ein weibliches (die Katze) und ein sächliches (das Buch) Geschlecht.

Geschwindigkeit Darunter versteht man den Weg, den ein Körper in einer bestimmten Zeit zurücklegt. Gemessen wird die Geschwindigkeit in Meter pro Sekunde (m/s) oder in Kilometer pro Stunde (km/h). Nimmt die Geschwindigkeit des Körpers innerhalb einer bestimmten Zeit auf einer bestimmten Strecke zu, spricht man von *Beschleunigung*. Wird die Geschwindigkeit herabgesetzt (gebremst), erfährt der Körper eine *Verzögerung*.

Gesellschaft Mit diesem Begriff bezeichnet man die gegliederte Gesamtheit von Menschen in einer räumlichen oder zeitlichen Ordnung. Eine Gesellschaft setzt sich aus verschiedenen Lebensgruppen zusammen. Die kleinste von ihnen ist die Familie. Sie gehört einem Stand oder einer **Klasse** an. Alle Gruppen stehen zueinander in bestimmten Beziehungen. In einer Gesellschaftsgruppe finden sich Einzelwesen (Individuen) zusammen. Die verschiedenen Gesellschaftsstände oder Klassen schließen sich übergeordnet, zum Beispiel in einem **Volk, Staat,** einer Glaubensgemeinschaft **(Religion)** und einem Kulturkreis, zusammen. Die Gesellschaft gliedert sich nicht nach den Merkmalen, in denen sich alle Menschen gleichen (zum Beispiel Sterblichkeit, das Bedürfnis, Nahrung aufzunehmen), sondern nach jenen, in denen sie sich unterscheiden (zum Beispiel ver-

Gesetz

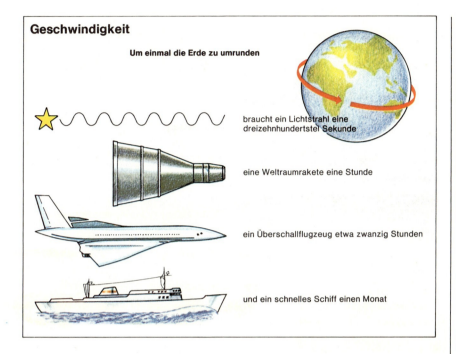

schiedene Bildungsgrade, unterschiedliches Einkommen). Unter einer *Gesellschaftsschicht* versteht man eine große Gruppe von Menschen, die sich in ihren Denk- und Verhaltensweisen von denen anderer Gesellschaftsschichten unterscheiden. Im **Mittelalter** war die Gesellschaft nach Ständen (Herkunft, Rang), im 19. Jahrhundert nach Klassen (Besitz) und im 20. Jahrhundert ist sie nach Leistung (Beruf, Bildung) gegliedert. Wir haben in unserem Land heute eine *Mittelstandsgesellschaft*. Die »Mittelschicht« (früher das besitzende Bürgertum) hat sich durch Angestellte, Industriearbeiter und andere erweitert. Dies wurde durch eine verbesserte Sozialpolitik ermöglicht, durch die mehr Menschen sich auch mehr leisten und ihren Lebensstandard erhöhen konnten.

Gesetz Für jedes Spiel gelten bestimmte Spielregeln, die allen Mitspielern die gleichen Ausgangschancen bei einem vorgeschriebenen Verhalten geben sollen. Hält sich ein Spieler nicht an die Regeln, mogelt er und gewinnt dadurch, so ist dies ungerecht den anderen Spielern gegenüber. Merken diese das, so wird der unehrliche Spieler bestraft und von den nächsten Spielen ausgeschlossen. Was für das Spiel die Spielregeln, sind die Gesetze für das Leben in der Gemeinschaft. Sie legen Rechte und Pflichten des einzelnen der Gemeinschaft gegenüber fest. Hält sich einer nicht an das Gesetz, fügt er der Gemeinschaft Schaden zu. Er wird vor ein **Gericht** gestellt und, wenn dieses von seiner Schuld überzeugt ist, bestraft. Jedes Land hat seine eigenen Gesetze. In einer **Demokratie** sind alle vor dem Gesetz gleich. In Ländern, in denen eine **Diktatur** herrscht, legen die Machthaber die Gesetze meist zu ihrem Vorteil aus. Dadurch werden viele Menschen in diesen Ländern völlig rechtlos und leben in ständiger Angst vor Gesetzen, die sie meist gegen sich haben.

Gesteine

Gesteine Das sind feste, harte Bestandteile der Erdkruste. Nach ihrer Entstehung unterscheidet man: *Erstarrungs-* oder *Eruptivgesteine*, die aus dem glühenden, flüssigen Erdinnern erstarrten (zum Beispiel Granit); *Schicht-* oder *Ablagerungsgesteine*, die sich als **Minerale** im Wasser abgesetzt haben und in vielen tausend Jahren zu festen Gesteinsschichten wurden (zum Beispiel Kreide und Kalkstein); *metamorphe Gesteine*, die im Erdinnern unter Hitze und Druck sowie durch chemische Umwandlung aus Erstarrungsgesteinen entstanden sind (zum Beispiel Marmor).

Getreide Damit bezeichnet man alle *Gräser*, die als Früchte mehl- und stärkehaltige Körner hervorbringen. Zu ihnen gehören *Weizen, Roggen, Gerste, Hafer, Mais* und *Reis*. Getreide wird auf der ganzen Welt auf Feldern angebaut und ist ein Grundnahrungsmittel der Menschen. Zu den ältesten Getreidearten in Mitteleuropa zählen Weizen und *Hirse*. Reis wurde schon 2000 v. Chr. in China angebaut. Der Maisanbau ist seit der Frühgeschichte Amerikas bekannt. Der führende Getreideexporteur der Welt sind die USA.

Getriebe Darunter versteht man eine Vorrichtung zum Umformen von **Kraft** in Bewegung. Im **Auto** dient ein Getriebe dazu, durch verschiedene Zahnradübersetzungen die Drehzahl des Motors in eine bestimmte **Geschwindigkeit** umzusetzen. Dies geschieht mit Hilfe von Schaltgängen. Schaltet man zum Beispiel von einem niedrigen Gang in einen höheren, wird die höhere Drehzahl des Motors bei gleicher Geschwindigkeit herabgesetzt und in ein höheres Drehmoment umgewandelt. Von stufenlosen Getrieben spricht man, wenn sie ihre Drehzahl stufenlos den jeweiligen Erfordernissen anpassen.

Gewerkschaft In ihr schließen sich *Arbeitnehmer* zusammen, um gemeinsam ihre Interessen gegenüber den *Arbeitgebern* zu vertreten. Ihr Ziel ist es, die Arbeits- und Lebensbedingungen zu verbessern. Mit den Arbeitgebern schließen die Gewerkschaften *Tarifverträge* ab, in denen die Löhne, die Arbeitszeit und der Urlaub geregelt sind. Einigen sich die Gewerkschaften, zum Beispiel bei Lohnverhandlungen, nicht mit den Arbeitgebern, können sie ihre Mitglieder zum **Streik** aufrufen. Der Deutsche Gewerkschaftsbund (DGB) hat 16 Mitgliedsgewerkschaften, die insgesamt 10 Millionen Mitglieder zählen. Außerdem gibt es in der Bundesrepublik Deutschland die Deutsche Angestellten-Gewerkschaft (DAG) mit über 1 Million Mitglieder.

Gewitter Darunter versteht man meist heftige, von *Blitz* und *Donner* be-

Getreidesorten (von links nach rechts): Weizen, Roggen, Gerste, Hafer, Hirse, Mais, Reis

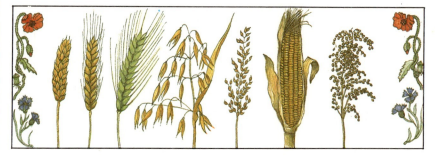

Gewitter

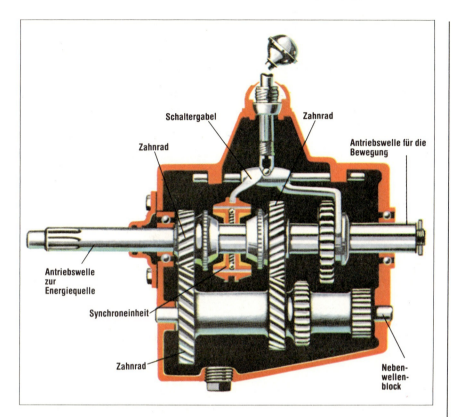

Schnitt durch das Getriebe eines Autos

Gewitter

gleitete Regenfälle. Haben sich schwere Gewitterwolken gebildet, ist die **Elektrizität** in der Luft hoch. Die **Wolken** können positiv oder negativ elektrisch geladen sein. Kommen sich Wolken mit entgegengesetzter Ladung zu nahe, besteht zwischen ihnen eine Spannung. Ist diese genügend groß, entladen die Wolken sich mit einem riesigen Funken. Dieser Blitz ist ein Stromstoß von ungeheurer Stärke. Wo er hintrifft, kann er Metall zum Schmelzen bringen, Menschen und Tiere töten und alles Brennbare entflammen. Er durchschlägt die Luft so stark und gewaltig, daß ein lautes Donnergeräusch entsteht. Da die Blitzbahnen oft kilometerlang und verästelt sind, kommt der **Schall** zu verschiedenen Zeiten an unser Ohr. Und weil das **Licht** viel schneller ist als der Schall, sehen wir zuerst

145

Gifte

den Blitz und hören den Donner später. Von weit entfernten Gewittern sieht man die Blitze noch als »Wetterleuchten«.

Gifte Das sind Stoffe, die dem Körper schwere Schäden zufügen und unter Umständen sogar zum Tode führen können. Es gibt pflanzliche, tierische und chemische Gifte. Sie gelangen auf verschiedene Weise in den Körper: über das **Blut** (zum Beispiel Biß einer Giftschlange), über die **Atmung** (zum Beispiel durch Einatmen eines giftigen Gases) oder den **Magen** (zum Beispiel Pilzvergiftung). Auch viele Heilmittel enthalten in ganz geringen Mengen Giftstoffe. Nimmt man von einem Medikament zuviel, vergiftet man sich ebenfalls. Der Handel mit Giften ist nur mit besonderer staatlicher Erlaubnis gestattet und zum Teil nur den **Apotheken** vorbehalten. Das Pflanzenschutzgesetz enthält Vorschriften über die Verwendung von Pflanzenschutzmitteln, die fast alle giftig sind. Hochgiftig sind zum Beispiel Unkrautvertilgungsmittel sowie Verbindungen des chemischen Elements *Arsen*. Was getan werden muß, wenn jemand sich vergiftet hat, hängt von der Art und der Menge des aufgenommenen Giftes ab. Generell muß man versuchen, das Gift aus dem Körper zu entfernen und die Vergiftungserscheinungen zu bekämpfen. Auf alle Fälle muß ein Arzt zu Rate gezogen werden.

Giftpflanzen Es gibt viele verschiedene Pflanzenstoffe, die schon in kleinen Mengen bei Mensch und Tier Vergiftungen verursachen. Die giftigste Blütenpflanze ist bei uns der *Eisenhut*, gefolgt von der *Tollkirsche*, dem *Stechapfel*, dem *Bilsenkraut* und dem *Fingerhut*. Die häufigsten Vergiftungen werden jedoch durch **Pilze** hervorgerufen. Die gefährlichsten Giftpilze sind die *Knollenblätterpilze*. Bei einer Knollen-

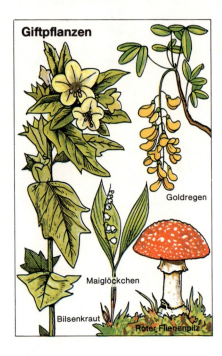

Giftpflanzen — Goldregen, Maiglöckchen, Bilsenkraut, Roter Fliegenpilz

blätterpilzvergiftung kommt in vielen Fällen jede Hilfe zu spät.

Gifttiere Diese Tiere besitzen Giftdrüsen, in denen sie eine Giftflüssigkeit erzeugen, die dann durch einen Giftkanal entweder in Giftstacheln, -zähne oder andere Organe geleitet werden. Sie benutzen das Gift, um sich vor ihren Feinden zu schützen oder um Beutetiere zu erledigen. Einige dieser Tiere können auch dem Menschen gefährlich werden. Sehr gefürchtet sind *Giftschlangen*. Zu den gefährlichsten gehören die *Mambas* und *Kobras*. Sie kommen vor allem in tropischen Ländern vor. Bei uns in Europa ist die *Kreuzotter* gefürchtet. Auch vom Gift mancher Spinnen können Menschen getötet werden. Gefährlich sind die *Kammspinnen* und die *Schwarze Witwe*. Auch im Meer leben giftige Tiere. *Quallen haben Giftnesselkappen, die kleinen Drachenkopffische* besitzen Giftstacheln. Der giftigste Fisch ist der *Steinfisch*. Aber

Glas

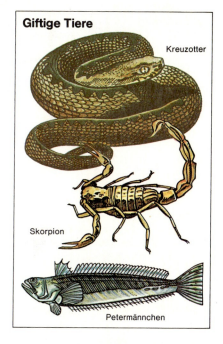

Giftige Tiere
Kreuzotter
Skorpion
Petermännchen

Giraffe

auch Stiche von **Bienen,** Hummeln und Wespen sind giftig, sie verursachen eine schmerzhafte Schwellung. Eines der giftigsten Tiere ist der südamerikanische *Färberfrosch,* der sein Gift durch Hautdrüsen ausscheidet. Die Indianer verwendeten dieses Gift für ihre Pfeile. Schon ein Bruchteil eines Gramms kann für den Menschen tödlich sein.

Giraffe Dieses afrikanische Steppentier überragt alle anderen Tiere an Höhe (4,50–5,80 m) und kann deshalb weit über die Landschaft schauen. Die Giraffe erkennt eine Gefahr, zum Beispiel einen anschleichenden Löwen, viel früher als die anderen Tiere. Wegen ihrer bunten Fleckenzeichnung ist sie zwischen den Bäumen oft gar nicht zu sehen. Ihre besonderen Merkmale sind die hohen Vorderbeine und der lange Hals, der es ihr ermöglicht, bequem das Laub der Bäume, von denen sie sich ernährt, zu erreichen. Um zu trinken, muß die Giraffe die Vorderbeine weit auseinanderspreizen oder sich sogar hinknien. Auf dem Kopf trägt sie hautüberzogene Knochenzapfen, die nicht abgeworfen werden. Die Giraffe bewegt sich im sogenannten Paßgang, das heißt, jeweils Vorder- und Hinterbein auf einer Seite bewegen sich gleichzeitig.

Glas Das ist ein harter, spröder, meist lichtdurchlässiger Stoff. Bei der Glasherstellung werden Kieselsäure, Kalk, Metalloxide und Soda fein zermahlen, gemischt und bei 900–1200 °C zusammengeschmolzen. Dabei entsteht die zähflüssige Glasschmelze. Für Fenster und Glasplatten wird die Glasschmelze gewalzt, gepreßt, gegossen oder gezogen. Gläser, Flaschen, Vasen und andere Glasgegenstände werden geblasen. Dazu verwendet der *Glasbläser* eine *Glasbläserpfeife.* Das ist ein Rohr, das oben ein Mundstück und einen Griff hat und unten etwas verdickt ist. Dieses Rohr taucht er in die flüssige Glasmas-

Gleichgewicht

Ein Glasbläser bei der Arbeit

se und nimmt es schnell wieder heraus, wobei etwas Glasmasse daran hängen bleibt. Dann bläst er durch das Rohr und dreht oder schwenkt es dabei ständig. Damit gibt er dem Glas eine besondere Form. Der Glasbläser muß sehr schnell arbeiten, da die Masse rasch abkühlt und hart wird. Ihren Ursprung hat die Glaskunst in **Ägypten.** Im **Mittelalter** erreichte die Glasmalerei eine hohe Blüte. Wichtige Zweige der Glasindustrie sind Flach-, Tafel-, Spiegel-, Hohl-, Preß- und Flaschenglas.

Gleichgewicht Damit bezeichnet man den Zustand, in dem sich ein Körper befindet, wenn auf ihn einwirkende Kräfte sich gegenseitig aufheben. Hängt man zum Beispiel ein Lineal so auf, daß sein Schwerpunkt unter dem Aufhängepunkt liegt, so hängt es genau waagerecht zum Aufhängepunkt. Hebt man das Lineal an, so kehrt es, wenn man es losläßt, von alleine wieder in die Ausgangslage zurück. Das Lineal befindet sich in einem stabilen Gleichgewicht. In einem unsicheren oder labilen Gleichgewicht ist ein Körper, dessen Schwerpunkt genau über dem Unterstützungspunkt liegt. Wird er nur ein wenig angestoßen, senkt sich sein Schwerpunkt so weit, bis er die tiefste Lage erreicht hat. Der *Gleichgewichtssinn* ist bei Mensch und Tier die Fähigkeit, sich entgegen der **Schwerkraft** aufrecht zu halten. Das Gleichgewichtsorgan liegt im **Ohr.**

Gletscher Diese Eisfelder entstehen oberhalb der Schneegrenze und bewegen sich talwärts. In den **Alpen** wandern die Gletscher durchschnittlich 40–200 m im Jahr. In der **Arktis** legen sie jährlich eine Strecke von mehreren Kilometern zurück. Da sich Gletscher unterschiedlich schnell vorwärtsbewegen, entstehen auf ihrer Oberfläche Risse. Das sind die besonders für Skifahrer und Bergsteiger gefährlichen

Der Pasterz-Gletscher am Großglockner in Österreich

Gold

Gletscherspalten. Sie haben eine Breite bis zu 200 m und eine Tiefe bis zu 100 m. Bei einem Gletscher unterscheidet man das über der Schneegrenze liegende *Nährgebiet* (dort fällt mehr Schnee, als schmelzen kann) und das *Zehrgebiet* unterhalb der Schneegrenze (hier schmelzen Schnee und Eis durch die Einstrahlung der Sonne und die wärmere Luft). Gletscher transportieren große Gesteins- und Geröllmassen mit sich. Aus den arktischen Gletschern entstehen die **Eisberge.** Der längste Gletscher der Welt, der *Lambertgletscher,* liegt in der **Antarktis.** Er ist 514 km lang und bis zu 64 km breit.

Globus So nennt man eine verkleinerte Nachbildung der Erdkugel. Der Globus zeigt im Unterschied zu den **Landkarten** alle Land- und Wasserflächen der Erde in richtigen Größen- und Lagenverhältnissen. Damit man sich auf dem Globus besser zurechtfinden kann, wurde die Erdkugel in *Breitenkreise* gegliedert. Das sind gedachte, parallel zum **Äquator** verlaufende Kreislinien. Die nördliche und südliche Erdkugel ist je in 90 Breitenkreise eingeteilt. *Längenkreise* (Meridiane) reichen von einem Pol zum anderen. Durch Angabe des Breiten- und Längenkreises kann die Lage eines Ortes auf der Erde genau bestimmt werden.

Glühbirne Sie ist eine elektrische Lichtquelle, in der ein Wolframdraht durch elektrischen Strom **(Elektrizität)** auf so hohe Temperaturen gebracht wird, daß er zu glühen beginnt. Der Draht brennt in einem luftleeren oder mit einem speziellen Gas gefüllten

Glaskolben. Er ist bis zu 1 m lang und vielfach geschlungen, um eine möglichst hohe Lichtausbeute zu ermöglichen. Als Erfinder der Glühlampe gilt der Amerikaner *Thomas Alva Edison* (1878).

Gold Dieses hochwertige **Edelmetall** verändert seine Farbe an der Luft nicht und ist auch gegen die meisten **Säuren** unempfindlich. Man kann es allerdings in sogenanntem *Königswasser* lösen. Das ist ein Gemisch aus Salpetersäure und Salzsäure. Gold ist das dehnbarste aller **Metalle,** deshalb wird es auch sehr gern von Juwelieren zur Anfertigung von Schmuckstücken verwendet. Bereits im **Altertum** kannte und schätzte man Gold als edles Metall. Es findet

Der erste Erdglobus von Martin Behaim

Goldfisch

Goldbarren

sich auch heute noch hauptsächlich in Quarzgängen oder Sandstein und Sedimentgestein. Die größten Goldvorkommen finden wir heute in Südafrika, Rußland, Kanada und den USA. Das meiste Gold wird in »Barren« in Banken aufbewahrt. Wenn man es für Schmuckstücke verwendet, mischt man es mit härteren Metallen *(Legierung)*. Reines Gold hat 24 *Karat*. Bei 18 Karat enthält die Legierung nur noch etwa 75 Prozent, bei 14 Karat nur noch etwa 58 Prozent und bei 8 Karat nur noch etwa 33 Prozent Gold.

Goldfisch

Goldfisch Dieser *Zierfisch* wurde schon 960 v. Chr. in China gezüchtet. Der Goldfisch ist goldrot oder goldgelb gefärbt, manchmal auch gefleckt und wird etwa 15 cm lang. Seit dem Ende des 17. Jahrhunderts gibt es den Goldfisch auch in Europa. Im 19. Jahrhundert wurden in England und Amerika eigene Goldfischzüchterclubs und Goldfischfarmen eingerichtet. Heute setzt man Goldfische in Zierteiche oder **Aquarien**.

Goldhamster Dieses kleine *Nagetier* ist besonders bei Kindern als **Haustier** beliebt. Der Goldhamster stammt vom syrischen Goldhamster ab und hat ein seidiges, hellbraunes Fell, rosige Pfötchen und ist nur halb so groß wie unser

Gorilla

Goldhamster

im Freien lebender *Hamster*. Er ist zahm und beißt nicht. Man muß ihn jedoch in einem Käfig halten, da er gerne Möbel und Teppiche anknabbert. Der Goldhamster ernährt sich von Grünfutter und Körnern.

Gorilla Dieser *Menschenaffe* lebt in den tropischen Urwäldern Afrikas. Der riesige, schwarze Gorilla wird bis zu 2,30 m hoch und bis zu 275 kg schwer. Lange galt er als gefährlich und heimtückisch. Doch seit man Gorillas im **Zoo**

Gorilla

Gott

hält und Forscher ihr Verhalten in der freien Natur beobachtet haben, denkt man anders. Gorillas leben in Gruppen bis zu 30 Tieren, die von einem alten Männchen, dem Häuptling, geführt werden. In einem Revier von 25–40 km^2 zieht die Horde auf der Suche nach verschiedener Pflanzenkost hin und her. Das Familienleben der Gorillas ist äußerst friedlich. Alle richten sich nach dem Häuptling. Bei Streitigkeiten genügt bereits ein Blick oder eine Gebärde, um die Ruhe wiederherzustellen. Wird es dem Häuptling einmal zu bunt, bricht er in einen Wuttanz aus. Er rennt dabei schreiend hin und her und trommelt mit der flachen Hand auf die Brust oder auf den Boden. Damit schüchtert er seine Artgenossen, fremde Eindringlinge und natürlich auch den Menschen ein. In Afrika leben heute nur noch etwa 15000–20000 Gorillas.

Gott Er ist für die Menschen, die an ihn glauben, ein höchstes, überirdisches Wesen, das sie verehren. Gott lenkt für sie die Geschicke der Menschen und die Ordnung der Welt, die er erschaffen hat. Viele Naturvölker glauben an gottesähnliche Kräfte in Pflanzen, Tieren und Flüssen. Die alten Griechen und Römer, aber auch unsere Vorfahren, die **Germanen,** verehrten einst eine Vielzahl von Göttern. Die christliche, jüdische und islamische **Religion** aber kennen nur einen Gott.

Grenze Darunter versteht man eine gedachte Linie, die zwischen **Staaten** verläuft und ein Staatsgebiet eingrenzt. Eine Grenze läßt sich nicht verändern oder verschieben. Sie ist im internationalen Staats- und Völkerrecht festgelegt und wird durch Grenzsteine markiert. An verschiedenen Punkten sind Grenzübergänge eingerichtet. Auf jeder Seite kontrollieren Grenzposten die Ein- und Ausreise. Wenn man die Grenze eines Landes überschreitet, muß man den **Paß** oder *Personalausweis* vorzeigen. Man darf auch nicht unbegrenzt Waren von einem Land in ein anderes einführen. Hat man davon mehr mit, als erlaubt ist, muß man die Ware *verzollen,* das heißt eine bestimmte Gebühr entrichten. Gibt man

Die deutsch-französische Grenze bei Kehl

Gymnasium

eine zu verzollende Ware nicht an, so bezeichnet man das als *Schmuggel.*

Grönland So heißt die mit einer Fläche von rund 2,2 Millionen km² größte Insel der Welt. Grönland wird zum arktischen Nordamerika gerechnet. Die zu Dänemark gehörende Insel ist selbstverwaltet. Nur ein kleiner Landstreifen an der Süd- und Westküste ist eisfrei. Hier leben die etwa 52 000 Einwohner der Insel. Viele von ihnen sind **Eskimos.** Sie gehen hauptsächlich der Rentierzucht, der Seehundjagd und dem Fischfang nach. Erstmals landeten die *Wikinger* 982 n. Chr. auf der Insel und nannten sie »grünes Land«.

Gürteltier Es gehört zu den Säugetieren. Das Gürteltier kommt mit 20 Arten in sandigen Gebieten Mittel- und Südamerikas vor. Seine Ober- und Unterseite ist mit Hornplatten bedeckt, die sich zu Gürteln formen können. Das *Kugelgürteltier* kann sich zu seinem Schutz zu einer Kugel zusammenrollen. Andere wiederum graben sich ein. Es gibt kleinere Gürteltiere, wie die *Gürtelmaus* mit 13 cm Länge, und solche mit 150 cm Länge, wie das *Riesengürteltier.* Sie ernähren sich vor allem von Insekten und Termiten, deren Bauten sie zerstören und die sie dann mit ihrer langen Zunge aufnehmen.

Gummi Er wird aus dem *Kautschukbaum,* der in Ländern mit tropischen **Klima** wächst, gewonnen. In die Baumrinde werden tiefe Rillen geschnitten, aus denen ein zäher, harzähnlicher Milchsaft in Sammelgefäße läuft. Diesem Kautschuksaft wird Schwefel beigemischt. Je mehr Schwefel hinzugefügt wird, desto geringer wird die Dehnbarkeit, aber desto größer die Festigkeit. Der Stoff, der dabei entsteht, ist Gummi. Seit dem Zweiten Weltkrieg ist die Bedeutung des Naturkautschuks sehr gesunken, denn es wurde der *Kunstkautschuk* erfunden, der sich wesentlich billiger herstellen läßt. Autoreifen zum Beispiel werden fast nur aus Kunstkautschuk gefertigt.

Gymnasium So bezeichnet man eine höhere Schule. Nach der 4. oder 5. Grundschulklasse oder einer Orientierungsstufe, die die Klassen 5 und 6 umfaßt, kann man in ein Gymnasium übertreten und nach meist 9 weiteren Schuljahren das Abitur machen. Es gibt *neusprachliche* Gymnasien (mit Schwerpunkt Englisch, Französisch), *humanistische* Gymnasien (mit Schwerpunkt Latein, Griechisch) und *mathematisch-naturwissenschaftliche* Gymnasien (Schwerpunkt Mathematik, Physik, Chemie). Im alten Griechenland war das Gymnasium eine Stätte der Körperschulung. Neben Sport und Gymnastik las man in den Schriften der **Philosophen.** Im **Mittelalter** wurden alle Schulen, in denen man nur lateinisch sprach, Gymnasien genannt.

Gummi

Naturgummi — Synthetischer Gummi — Schwefel — Autoreifenmantel

Haar

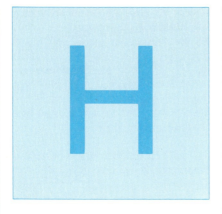

Haar Bei Menschen und **Säugetieren** wurzeln diese feinen, fadenförmigen Horngebilde in der **Haut.** Der Mensch hat am ganzen Körper, bis auf wenige Stellen, mehr oder weniger dichtes Haar. Das Haar baut sich aus verhornten **Zellen** der Oberhaut auf und wächst aus kleinen, schlauchförmigen Hauteinschlüssen *(Haarfollikel)*. Der *Haarschaft* besteht aus zwei Schichten, der Rinde mit dem die Haarfarbe bedingenden *Pigment* und dem Mark. Am unteren Ende sitzt die *Haarwurzel*. Von hier aus wachsen die Haare, in dem sie die jungen, noch unverhornten Zellen wei-

Immer schon wechselten mit der Mode auch die Haartrachten

terschieben. Dabei entwickelt sich die Struktur des Haares. Durch die ständig nachwachsenden Zellen wird der bereits fertig entwickelte Haarschaft weiter nach außen geschoben. Die Farbe der Haare hängt ab von der Zahl und Aktivität der Pigmente (Körperfarbstoffe). Die Tätigkeit dieser Pigmente läßt im Alter stark nach; deshalb werden die Haare grau oder weiß. Haarfolikel werden nur einmal im Leben angelegt; zerstörte Haare können daher nicht ersetzt werden. Der Mensch hat durchschnittlich 100 000 Kopfhaare, wovon er etwa 80 pro Tag verliert. Die sogenannte *Schambehaarung* setzt mit der **Pubertät** ein. Bei den Säugetieren hält das feine, dichte *Woll-* oder *Unterhaar* den Körper warm und ist je nach Jahreszeit mehr oder weniger dicht. Darüber liegt das längere, dicke *Deck-* oder *Grannenhaar*. Die *Schnurrhaare* (zum Beispiel einer Katze) sind Spürhaare und dienen als Tastorgane. Das Haarkleid mancher **Insekten** besteht aus Chitinfäden. Einige Pflanzen, wie zum Beispiel die Brennessel, sind behaart. Damit schützen sie sich gegen Austrocknen oder wehren Feinde ab.

Hafen Dieser gegen Strömung und Sturm geschützte Anlege- und Ankerplatz der **Schiffe** ist meist verkehrsgün-

Assyrer um 600 v. Chr.

Römer um 30 v. Chr.

Perücke 1680

Hafen

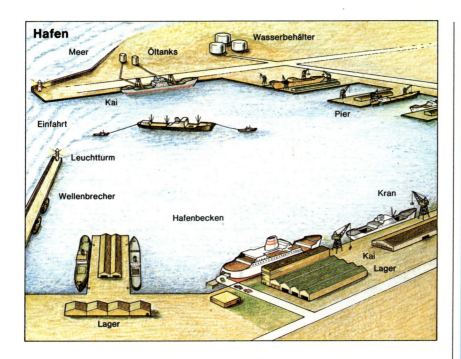

stig an einem Fluß, einer Flußmündung oder einer Meeresbucht und Meerenge angelegt. *Binnenhäfen* liegen im Landesinneren an den großen Flüssen, *Seehäfen* an der Küste. Die meisten der großen und modernen Häfen sind künstlich angelegt, erstrecken sich oft über viele Quadratkilometer und sind in mehrere *Hafenbecken* unterteilt. Für die großen Schiffe werden *Tiefwasserhäfen* angelegt. Eingefaßt sind die Hafenbecken von Hafenmauern, den *Kais*. Durch einen Damm *(Mohle)* ist der Hafen gegen das offene Meer geschützt. *Lotsen* steuern das Schiff in den Hafen. Ozeanriesen und Tanker werden von *Schleppern* in den Hafen an ihren Anlegeplatz gezogen. Große Schiffe dürfen nicht mit eigener Maschinenkraft in den Hafen fahren, da die Schiffsschraube das Wasser im Hafenbecken zu stark aufwühlen würde. Je nach Ladung und Fracht wird das Schiff in bestimmte Hafenbecken eingewiesen. Frachtschiffe machen im *Fracht-* *hafen,* Passagierschiffe im *Passagierhafen* fest. Tanker werden in *Ölhäfen* geleitet, die gegen möglicherweise auslaufendes Öl durch verschließbare Tore gesichert sind. Durch Rohrleitungen *(Pipelines)* sind die Ölhäfen mit den Erdölraffinerien verbunden. In den Frachthäfen werden die Schiffe entladen (»gelöscht«) oder beladen. Große **Kräne** können Frachtgut bis zu 45 t pro Stück aus dem Bauch eines Schiffes heben. Die Schiffsfracht wird dann in Lager oder Kühlhäuser gebracht. Oft haben Kaianlagen auch Gleisanschlüsse an ein Eisenbahnnetz. Dort werden große **Container** direkt auf Züge umgeladen. Für jedes Schiff müssen täglich Liegegebühren an die *Hafenmeisterei* bezahlt werden. Wird ein Schiff nach langer Fahrt überholt, kommt es in ein *Dock.* Dort wird es für die Zeit der Reparatur trockengelegt. Bei *Trockendocks* kommt das Schiff in eine **Schleuse,** aus der das Wasser herausgepumpt wird. *Schwimmdocks* fahren un-

Hagel

ter das Schiff und heben es aus dem Wasser.

Hagel Das ist ein Niederschlag in Form von kleinen Eiskugeln *(Hagelkörner)*. Die Körner haben einen schneeartigen Kern, um den sich Schichten von gefrierenden Wassertröpfchen legen. Hagel entsteht, wenn warme, wasserreiche Luft schnell in sehr kalte Höhen aufsteigt. Dort bildet sie Tropfen, die zu Eiskörnern gefrieren und auf die Erde herunterfallen. Gewöhnlich sind sie erbsengroß. Der *Hagelschlag* trifft meist ein begrenztes Gebiet und kann dann großen Schaden anrichten. Hagelkörner können Fenster einschlagen, Menschen und Tiere verletzen, die Baumblüte oder Getreideernte vernichten.

Hai Von diesem meist räuberischen *Knorpelfisch* gibt es etwa 250 Arten, die sich in Größe und Länge stark unterscheiden (zwischen 1 m und 12 m). In seinem Maul hat der Hai mehrere Reihen dreieckiger Zähne. Er lebt fast in allen wärmeren Meeren. Räuberische Haie wie der *Weiße Hai,* der *Blauhai* und der *Hammerhai* haben einen außergewöhnlich gut entwickelten Geruchssinn. Sie können **Blut** selbst in millionenfacher Verdünnung riechen. Sie greifen deshalb gern verwundete Tiere und manchmal auch Menschen an. Große Haie bringen lebende Junge zur Welt, die kleinen legen Eier.

Riffhai

Halluzination So nennt man eine Sinnestäuschung. Dabei wird von einer Person ein Sinneseindruck wahrgenommen, dem jedoch kein wirklich existierender Umstand oder Gegenstand entspricht. Es gibt akustische, optische, Geruchs- und Geschmackshalluzinationen. Halluzinationen treten auch in einem Ausnahmezustand auf, in dem sich eine Person befinden kann. Ist jemand zum Beispiel tagelang in einem finsteren Raum eingeschlossen oder wird ihm lange Zeit der Schlaf entzogen, sieht er plötzlich Dinge, die es nicht gibt. Auch unter dem Einfluß von **Drogen** und **Alkohol** kommt es häufig zu Halluzinationen.

Handball Das ist ein Mannschaftsspiel, bei dem der Ball ins gegnerische Tor geworfen wird. Eine Mannschaft hat 6 Feldspieler (1 Torwart und 5 Auswechselspieler). Das Spielfeld ist 40×20 m groß, die Spielzeit beträgt 2×30 Minuten. Die Torraumlinie (6 m vom Tor entfernt) darf von den Feldspielern nicht übertreten werden. Ansonsten kann der Ball von jedem Platz aus ins Tor geschossen werden. Ein Spieler darf den Ball nur 3 Sekunden bei höchstens 3 Schritten in der Hand halten. Dann muß der Ball den Boden wieder berühren oder an einen anderen Spieler weitergegeben werden.

Handel Darunter versteht man den Einkauf und Wiederverkauf von Waren. Der *Großhandel* kauft die Ware vom Erzeuger (zum Beispiel der **Industrie**) und verkauft sie an den *Einzelhandel*. Dieser bietet sie dem Verbraucher an. Gehandelt wird mit Waren, Geld (Devi-

Handwerk

Der Augsburger Handelsherr Jakob Fugger in seinem Kontor

sen), Grundstücken und Häusern *(Immobilien)*. Ein Land kann nicht nur von eigenen Erzeugnissen *(Binnenhandel)* leben. Es muß Waren in andere Länder ausführen *(Export)* und Waren aus anderen Ländern einführen *(Import)*. Damit betreibt es *Außenhandel*. Seit jeher haben die Menschen Handel getrieben. Anfangs tauschten sie nur Waren untereinander aus. Bald jedoch erwies sich der Tauschhandel als unpraktisch. Es reichte nicht mehr aus, eine Ware zu besitzen. Jemand mußte diese auch brauchen und gleichzeitig das haben, was man selbst dafür einhandeln wollte. Deshalb wurden zuerst Zahlungsmittel wie **Metalle, Perlen, Salz,** Felle oder Vieh, später Gold- und Silberwaren und schließlich **Münzen** und das Papiergeld eingeführt. Im **Altertum** wurden die italienischen Seestädte die führenden Handelsstädte Europas. Von Norditalien aus führten bedeutende Handelsstraßen über die Alpen nach Deutschland. Im 13. Jahrhundert schlossen sich die niederdeutschen Städte zur *Hanse,* einem Handelsbund, zusammen. Mit den **Entdeckungsreisen** im 15. und 16. Jahrhundert entstand der *Welthandel,* der noch bis ins 19. Jahrhundert von Europa ausging. In Augsburg besaß die Familie *Fugger* im 15. und 16. Jahrhundert weltweite Handelsbeziehungen und wurde unermeßlich reich. Die führende Handelsmacht in unserem Jahrhundert ist **Amerika.**

Handwerk Im Gegensatz zur **Industrie** (maschinelle Massenproduktion) werden im Handwerk Waren hauptsächlich mit der Hand einzeln angefertigt. Die ersten handwerklichen Gegenstände waren Geräte und Waffen, die vom Menschen aus Knochen und Holz hergestellt wurden. Lange Zeit gab es nur das Handwerk. Im **Mittelalter** schlossen sich die Handwerker, die den gleichen Beruf (Schuster, Schneider, usw.) hatten, in *Zünften* zusammen. Sie gaben sich strenge Gesetze, überwachten die Arbeit, die Ausbildung ihrer Mitglieder und die Preise. Heute sind an ihre Stelle die *Handwerksinnungen* getreten. Ein Handwerksbetrieb beschäftigt *Lehrlinge, Gesellen* und *Meister*. Lehrlinge haben mit dem Meister einen Ausbildungsvertrag und besuchen während ihrer dreijährigen Lehrzeit eine *Berufsschule*. Die Lehrzeit schließt mit der Gesellenprüfung ab. Gesellen können nach einigen Jahren die Meisterprüfung ablegen und dann auch selbst Lehrlinge ausbilden. Ein Handwerksbetrieb stellt keine Massenware her, sondern arbeitet in der Regel nur auf Bestellung von Kunden. Handwerker sind auch heute noch in vielen Berufsbereichen tätig: im Baugewerbe (Maurer, Maler, Fliesenleger); in der Autoindustrie (Kraftfahrzeugmechaniker); in der Elektrotechnik (Elektriker, Radio- und Fernsehtechniker). Bäcker

Harfe

und Metzger stellen Nahrungsmittel her. Der Friseur dient der Körperpflege. Andere, wie Uhrmacher und Schlosser, stellen die Ware in ihrer Werkstatt nicht mehr her, sondern reparieren sie nur noch.

Alte ägyptische Darstellung einer Harfenspielerin

Harfe Dieses Musikinstrument hat 46 lange und kurze Saiten, die auf einen mannshohen Rahmen gespannt sind, der auf dem Boden steht. Die eine Seite des Rahmens ist schön geschwungen. Das ist der Grund für den besonderen, singenden Harfenton. Der Harfenist zupft mit allen Fingern an den Saiten. Durch Pedaltritte lassen sich diese um einen halben Ton erhöhen.

Harz Dieser zähflüssige Stoff tritt aus verwundeten Stämmen, vor allem bei Nadelbäumen, aus. Dann erhärtet er sich und bildet einen natürlichen Verschluß für die Verletzung. Man verwendet Harz zur Herstellung von Lackfarben, für Balsam und Salben. Der *Bernstein,* so kostbar wie viele **Edelsteine,** ist aus Harz entstanden. Vor Millionen Jahren floß Harz aus den Bäumen, sammelte sich im Waldboden, sank unter den Grundwasserspiegel, wurde zerwaschen und in harten Steinen wieder abgelagert. Heute fertigt man Schmuckstücke aus den honiggelben oder braunroten Steinen.

Hase Dieses kleine **Säugetier** hat im Oberkiefer nicht zwei, sondern vier Schneidezähne. Ursprünglich ein Steppentier, lebt der Hase heute in der Nähe des Menschen. Obwohl er durch Verkehr, Hunde und Katzen bedroht ist, hat er sich dank seines vorsichtigen und klugen Verhaltens diesem für ihn so gefährlichen Lebensraum gut angepaßt. Er ist ein Nachttier, tagsüber hockt er in seinem Bodenlager, in dem er mit seiner Tarnfarbe kaum zu sehen ist. Wenn sich ihm ein Hund oder Mensch nähert, streckt er seine Beine (Läufe), springt mit einem riesigen Satz aus seinem Lager und macht sich in Windeseile (bis zu 80 km/h) aus dem Staub. Kommt ihm der Feind gefährlich nahe,

Feldhase

Haustiere

schlägt er Haken, so daß zum Beispiel ein Hund kaum in der Lage ist, ihn zu fassen. Doch nicht nur seine Tarnfarbe und Schnelligkeit helfen ihm. Der Hase ist sehr wachsam. Er sieht und hört ausgezeichnet, erkennt eine Gefahr sehr früh und kann dann schnellstens flüchten. Die Häsin wirft 3- bis 4mal im Jahr Junge. Viele der kleinen Hasen überleben jedoch das naßkalte Frühlingswetter nicht oder werden das Opfer von Raubtieren. Vom 16. Oktober bis zum 15. Januar wird der Hase auf Treib- oder Suchjagden geschossen **(Jagd).** Obwohl jährlich bei uns etwa 1,3 Millionen Hasen erlegt werden, ist der Hase aufgrund seiner Fruchtbarkeit und Lebenskraft in seinem Bestand nicht bedroht. Bei uns lebt vor allem der braune *Feldhase.*

Hauptstadt Das ist die Bezeichnung für die Stadt eines Landes, in der **Regierung** und **Parlament** ihren Sitz haben. Sie ist oft zugleich auch die größte Stadt. Die Hauptstadt unseres Landes war *Bonn* (bis 1990). Als Hauptstadt von **Deutschland** gilt heute Berlin. Die älteste noch existierende Hauptstadt der Welt ist die syrische Stadt *Damaskus.* Sie wird bereits 950 v. Chr. in alten Schriften als Hauptstadt eines Aramäerreiches genannt.

Haustiere Bereits in vorgeschichtlicher Zeit begann der Mensch, wilde Tiere einzufangen. Diese wurden zutraulich und flohen nicht mehr vor dem Menschen, weil er ihnen Nahrung und Unterkunft gab. Er zähmte sie, benutzte sie als Arbeitstiere und ernährte sich von ihrem Fleisch und ihrer Milch. Die Felle und Häute verarbeitete er zu Zelten und Kleidung. Das älteste Haustier ist der **Hund.** Er lebt schon vor 12000 Jahren im Wohnbereich des Men-

Haustiere auf einem Bauernhof

Haut

schen. Ihm folgten in der Jungsteinzeit **Schwein** und **Rind.** Dann wurden **Schafe,** Ziegen und **Esel** gezähmt. Das **Pferd** gibt es etwa seit 7000, das Huhn seit 4000 und die **Gans** seit 3000 Jahren als Haustiere. Neben diesen Nutztieren lebten aber auch schon sehr früh **Katzen, Vögel** und **Fische** einfach zur Freude des Menschen in seiner Nähe. Später begann man Haustiere auch planmäßig zu züchten. Das Pferd wurde sehr bald in kriegerischen Auseinandersetzungen als Reittier unentbehrlich. Heute gelten Hund, Katze und Vögel nur noch als Begleiter des Menschen. In anderen Ländern gibt es natürlich andere Haustiere, wie zum Beispiel in Asien den **Elefanten** und das **Kamel.**

Haut Sie schützt den Körper wie eine Decke vor allzu großer Hitze oder Kälte, vor Austrocknung und Verletzung. Die Haut ist aber auch ein Sinnesorgan, das Empfindungen und Reize (Schmerz, Kälte, Wärme) weitergibt. Sie besteht aus drei verschiedenen Schichten. Die äußerste ist die sehr dünne *Oberhaut.* Die äußere Hornschicht ist sehr widerstandsfähig, undurchlässig und dehnbar. Darunter erneuern sich ständig die **Zellen.** Sie wandern nach oben, verhornen und bilden die *Hornschicht.* Unter der Oberhaut liegt die *Lederhaut.* Sie setzt sich aus einem feinen Netz fester und elastischer Fasern *(Bindegewebe)* zusammen. Dazwischen liegen die Blutgefäße **(Blut)** und die **Nerven.** Sie reagieren sehr empfindlich auf Schmerz, Kälte, Wärme und **Bakterien.** Wird es uns kalt, stellen winzig kleine **Muskeln** die Körperhaare auf (»Gänsehaut«). So kommt die Haut nicht direkt mit der kalten Luft in Berührung. Gleichzeitig verengen sich die Blutgefäße, und die Haut wird blaß. Wird es warm, öffnen sich die Blutgefäße, die Haut wird mehr oder weniger rot, heiß und feucht. Über Schweißdrüsen wird eine salzige Flüssigkeit, der *Schweiß* ausgeschieden. Auf diese Weise regelt die Haut den Wärmehaushalt des Körpers. *Talgdrüsen* halten die Haut geschmeidig. Unter der Lederhaut liegt die *Unterhaut.* Sie besteht aus Fettgewebe. Sie verbindet die Haut mit Muskeln und **Knochen** und gibt dem Körper seine Form. Bei dicken Menschen ist die Unterhaut besonders stark. Die Haut ist das größte Organ des menschlichen Körpers. Wird ein Drittel der Haut zerstört (zum Beispiel durch Verbrennungen), muß der Mensch sterben.

Hebel Er ist ein wichtiges Werkzeug zur Übertragung von Kräften. Mit einem Hebel können große Lasten mit geringem Kraftaufwand bewegt werden. Jede um eine **Achse** drehbare Stange eignet sich zum Heben einer Last. Dann nennt man sie Hebel. Die Hebelarme heißen *Lastarm* und *Kraftarm.* Der Lastarm reicht immer vom Drehpunkt eines Hebels bis zum Angriffspunkt der Last.

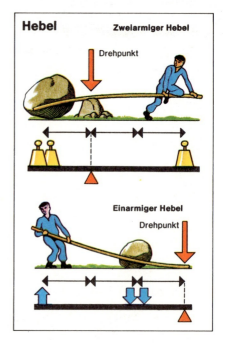

Herz

Der Kraftarm führt vom Drehpunkt zum Angriffspunkt der **Kraft**. Je länger der Kraftarm ist, desto leichter lassen sich Lasten heben. Es gibt *einarmige* oder *zweiarmige* Hebel. Beim einarmigen Hebel wirken die Last und die Kraft vom Drehpunkt aus gesehen auf derselben Seite (zum Beispiel bei einem Nußknacker). Beim zweiarmigen Hebel liegt der Drehpunkt zwischen dem Angriffspunkt der Last und dem der Kraft (zum Beispiel bei einer Brechstange). Hebelwerkzeuge erleichtern uns die Arbeit, verringern sie allerdings nicht. Denn was am Hebel mit weniger Kraft erreicht wird, muß an Weg zugesetzt werden.

Hecht Dieser *Raubfisch* lebt in Seen und Flüssen Europas, Nordamerikas und Nordasiens. Da er sehr gut schmeckt, wird er auch als Speisefisch gezüchtet. Der Hecht liebt stille, bewachsene Uferregionen. Dort lauert er in seiner olivbraunen oder graugrünen Tarnfärbung regungslos auf Beute. In seinem entenschnabelförmigen Maul stehen etwa 700 spitze, rückwärts gebogene Zähne. Der Hecht macht Jagd auf Fische, Frösche und junge Wasservögel. Alte Hechte werden fast 2 m lang und bis zu 30 kg schwer. Das Weibchen legt im Frühjahr etwa 100 000 Eier in Gräben und überschwemmte Wiesen.

Herz Dieser etwa faustgroße hohle **Muskel** treibt den *Blutkreislauf* im Körper an. Das Herz liegt im *Herzbeutel* in der linken Hälfte des Brustkorbs dicht hinter dem Brustbein. Wie eine Pumpe stößt es das **Blut** durch die **Adern**. Dieses Pumpen hören und spüren wir als das »Herzklopfen«. Durch eine Scheidewand wird das Herz in einen linken und einen rechten Teil *(Herzkammern)* getrennt. Durch Klappen ist jeder Teil nochmals in *Vorhöfe* unterteilt. In den rechten Vorhof münden die beiden großen Hohlvenen, die das verbrauchte Blut zurück zum Herzen leiten. Vom rechten Vorhof aus gelangt das Blut in die rechte Kammer und wird von dort aus in die Lungenarterie gepreßt. In der **Lunge** wird das Blut mit neuem **Sauerstoff** versorgt und fließt über die Lungenvenen in den linken Vorhof. Über die linke Herzkammer gelangt es in die große Körperschlagader. Die Klappen

Der Bau des menschlichen Herzens

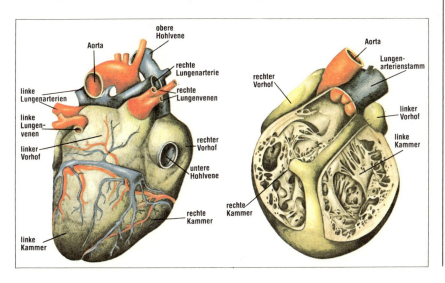

Heuschrecke

sorgen dafür, daß das Blut nicht zurück, sondern nur in eine Richtung fließt. Dieser Vorgang läuft in der Regel siebzigmal in der Minute, beim Erwachsenen und bei ganz kleinen Kindern wesentlich öfter ab. Dabei werden pro Minute etwa 4,5 Liter Blut gepumpt. Strengt man sich körperlich an, erhöht sich »der Herzschlag« und damit auch die Menge des gepumpten Blutes. Auch das Herz selbst muß mit Blut und Sauerstoff versorgt werden. Dafür sorgen die *Herzkranzgefäße*. Ist eines dieser Gefäße verstopft, kommt es zum *Herzinfarkt,* der häufig zum Tode führt. Noch vor 20 Jahren bedeutete ein schwerer, nicht zu behebender Herzschaden für den Menschen den sicheren Tod. 1967 entfernte der berühmte Herzchirurg *Christian Barnard* in Kapstadt (Südafrika) einem todkranken Patienten das kranke Herz und pflanzte ihm das gesunde eines fremden Menschen ein, der kurz zuvor gestorben war. Mit dieser ersten *Herztransplantation* brach eine neue Epoche in der **Medizin** an. Heute leben bereits viele Menschen mit einem fremden Herzen. Das erste *künstliche Herz* wurde einem Menschen 1982 eingesetzt.

Heuschrecke Dieses **Insekt** kommt hauptsächlich in warmen Ländern vor. Von den etwa 10 000 Heuschreckenarten leben bei uns 90. Zu ihnen zählen die *Feldheuschrecken,* die *Laubheuschrecken (Grashüpfer)* und die *Grabheuschrecken (Grillen).* An warmen Sommerabenden hören wir überall das Heuschreckengezirpe, das die Männchen mit ihren Deckflügeln veranstalten. Die Weibchen haben Hörorgane in ihren Beinen und werden so angelockt. Die Hinterbeine der Heuschrecken sind kräftige Sprungbeine. Im Sprung jagen Laub- und Grabheuschrecken kleine Insekten. Manchmal nehmen sie auch ihre Flügel zu Hilfe. Die Feldheuschrecken können auch zur Plage werden.

Grünes Heupferd

Wandernde Heuschreckenschwärme sind die größten Tieransammlungen, die es gibt. In Amerika, Asien und Afrika richten pflanzenfressende *Wanderheuschrecken* große Schäden an. Wie riesige schwarze Wolken ziehen sie durch das Land und fressen in wenigen Stunden Bäume, Sträucher und Äcker kahl. Früher versuchte man, mit Feuer gegen Heuschreckenschwärme vorzugehen. Heute werden sie vom Flugzeug aus mit chemischen Mitteln bekämpft.

Hieroglyphen So nennt man die Bilderschrift der alten Ägypter (**Ägypten**) etwa um 3000 v. Chr. Zuerst bestand diese Schrift nur aus Bildern. Ein Gefäß wurde nachgezeichnet, und das Zeichen stand für das Wort »Gefäß«. Bald bekamen die Zeichen jedoch einen größeren Geltungsbereich. Eine aufgehende Sonne bedeutete zunächst »Tag«, dann auch »hell« und »weiß«. Es gab etwa 2000 solche Zeichen, die nur die Priester und der hochangesehene Stand der Schreiber beherrschten. Als

Himalaja

Hieroglyphen

die Griechen an den **Nil** kamen, konnten sie die Zeichen nicht lesen und nannten sie daher Hieroglyphen, was heilige Zeichen bedeutet. Erst im 19. Jahrhundert konnten die Schriftzeichen entziffert werden.

Himalaja Dieses höchste Gebirge der Welt verläuft 3000 km lang zwischen dem Hochland von Tibet und der nordindischen Tiefebene. Im Himalaja liegt auch der höchste **Berg** der Welt, der *Mount Everest* (8848 m). Er wurde erstmals 1953 von dem Neuseeländer *Sir Edmund Hillary* und dem nepalesischen *Sherpa* (Lastenträger) *Tensing* bestiegen. Ebenfalls über 8000 m sind der *Kangchendzönga* oder K 2 (8597 m), der *Lhotse* (8510 m), der *Dhaulagiri* (8222 m) und der *Nanga Parbat* (8125 m). Die Schneegrenze des Hima-

Der höchste Berg der Welt, der Mount Everest, liegt im Himalaja

Hirsch

Sir Edmund Hillary bestieg als Erster den Mount Everest

Röhrender Rothirsch

laja liegt auf der Südseite bei 4500 m, auf der Nordseite bei 5500 m. Bis in eine Höhe von 4000 m sind seine Gebirgshänge mit dichtem Wald bedeckt. Für den Verkehr ist der Himalaja kaum erschlossen.

Hirsch Das Geweih (mit 14–24 Enden) dieses *Huftieres* erneuert sich jährlich. Es wird meist im Februar abgeworfen. Der Hirsch erreicht ein Gewicht zwischen 180 und 200 kg. Zur Zeit der **Fortpflanzung** (Brunftzeit) geben Hirsche einen röhrenden Ton von sich. Das ist das Zeichen zum Kampf um die weiblichen Alttiere. Dabei lassen die Hirsche ihre großen Geweihe gegeneinanderkrachen. Bei uns kommt am häufigsten der *Rothirsch* vor. Er trägt im Sommer ein rötlichbraunes und im Winter ein graubraunes Fell. Der größte in Europa lebende Hirsch ist der **Elch**.

Hobby So bezeichnet man eine Freizeitbeschäftigung, die aus Interesse regelmäßig, jedoch ohne beruflichen

Holz

Jäger aus der Steinzeit im Kampf mit einem Bären vor dessen Höhle

Zwang ausgeübt wird. Ein Hobby kann eine Tätigkeit sein, die auch als Beruf ausgeübt wird, zum Beispiel Fotografieren. Das auf der Welt am meisten verbreitete Hobby ist das Briefmarkensammeln. Es wird von etwa 55 Millionen Menschen betrieben.

Höhle Unterhalb der Erdoberfläche gibt es Hohlräume, Gänge oder Hallen im Gestein, die entweder zusammen mit dem Gestein oder nachträglich, zum Beispiel durch Einwirken von Wasser, entstanden sind. Höhlen bilden sich meist in Kalkstein und können bis tief in das Erdinnere vordringen. In manchen von ihnen gibt es reißende Flüsse oder riesige Seen. Das tiefste bisher entdeckte Höhlensystem konnte man bis in fast 12000 m Tiefe verfolgen. Es liegt unter den Pyrenäen (Spanien). Durch das ständige Tropfen von der Decke einer Höhle entstehen Zapfen aus **Kalk.** Die stehenden, von unten nach oben wachsenden Säulentropfsteine nennt man *Stalagmiten.* Die von der Decke einer Höhle hängenden Zapfentropfsteine werden als *Stalaktiten* bezeichnet. Die Menschen in vorgeschichtlicher Zeit lebten in Höhlen. Hier fanden sie Schutz vor Unwetter oder gefährlichen Tieren.

Holz Damit bezeichnet man den unter der Rinde liegenden Teil von **Bäumen** und Sträuchern. Zwischen Holz und Rinde wächst das Bildungsgewebe. das jährlich um den Holzkörper, der aus Faserzellen besteht, eine neue Schicht bildet. Der Querschnitt durch den Stamm läßt diese Zuwachsschichten als *Jahresringe* erkennen. Holz ist sehr belastbar. Es kann das Vielfache seines eigenen Gewichtes tragen. Man unterscheidet *Weichholz* (Fichte, Tanne, Kiefer, Weide) und *Hartholz* (Eiche, Birke, Buche). *Nutzholz* wird für Möbel, Holzdecken und Dachstühle verarbeitet. Auch bei der Papierherstellung (**Papier**) ist es von Bedeutung. Das leichteste Holz ist *Balsaholz,* das zum Flug-

Horizont

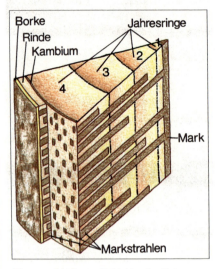

Die verschiedenen Schichten im Holz

zeugmodellbau benutzt wird. Das schwerste Holz ist das *Pockholz*. Daraus werden u. a. Schiffsteile gemacht.

Horizont Darunter versteht man eine scheinbare Trennungslinie zwischen Erde und Himmel, die unser Blickfeld begrenzt. Durch *Längen-* und *Breitenkreise* **(Globus)**, die sich mit dieser Trennungslinie schneiden, wird der Horizont in Abschnitte eingeteilt. Diese Abschnitte sind die *Himmelsrichtungen* Norden, Süden, Osten und Westen.

Hormone Das sind Stoffe, die den Ablauf von Stoffwechselreaktionen steuern. Ist das Gleichgewicht im Hormonhaushalt eines Menschen gestört, so kommt es zu verschiedenen Krankheitserscheinungen. Die wichtigsten Organe, die Hormone produzieren, sind bei Menschen und Tieren Eierstöcke und Hoden **(Geschlecht),** Mark und Rinde der Nebenniere, Schilddrüse und Bauchspeicheldrüse.

Horoskop Es sagt in der **Astrologie** etwas über die nähere und fernere Zukunft eines Menschen voraus. Die Astrologen gehen dabei vom **Tierkreiszeichen,** unter dem ein Mensch geboren ist, aus. Auch die Stellung der **Planeten** spielt dabei eine Rolle. Obwohl die Wissenschaft Horoskope für Unsinn hält, glauben doch sehr viele Menschen an Dinge, die ihnen ihr Horoskop prophezeit.

Hubschrauber So bezeichnet man ein **Flugzeug,** das anstelle von Tragflächen große *Rotorblätter* **(Propeller)** hat. Sie drehen sich waagerecht über der Maschine um eine senkrechte **Achse** und treiben das Flugzeug sowohl nach oben als auch nach vorne an. Durch diese Rotorblätter können Hubschrauber senkrecht starten und landen sowie in der Luft stehen. Manche Hubschrauber haben zwei große Rotoren. Diese werden mit einem Kolben oder einer **Turbine** angetrieben. Bei der Steuerung des Hubschraubers hilft der kleinere, senkrecht gestellte Heckrotor. Hubschrauber fliegen mit einer Geschwindigkeit von etwa 200–250 km/h. Sie werden zur Beförderung von Personen und Lasten insbesondere dort eingesetzt, wo keine ausgebaute Landepiste vorhanden ist. So können Hubschrauber auch von Schiffen aus starten und wieder landen. Auch als Rettungsflugzeuge sind sie vorzüglich geeignet. Der Hubschrauber kann zum Beispiel bei Unfällen auf der **Autobahn** landen, Bergsteiger aus Bergnot retten oder Schiffbrüchige aus Seenot. Da der Hubschrauber in der Luft stehen kann, ist es möglich, Schiffbrüchige oder Bergsteiger mit Seilen nach oben in den Hubschrauber zu ziehen.

Hund Schon vor 12000 Jahren begleitete er den Menschen auf der Jagd. Der Hund stammt vom **Wolf** ab und wird deshalb auch den **Raubtieren** zugeordnet. In vielen tausend Jahren hat der Mensch immer neue *Hunderassen* ge-

Hund

züchtet, von denen es heute etwa 400 verschiedene gibt. Hunde sind sehr gelehrig. Sie haben einen guten Geruchssinn und können bei einer Spur, die mehrere Tage alt ist, noch den Duft, die Witterung des Urhebers wahrnehmen. Mit seinen kurzen Tasthaaren an der Schnauze erkennt der Hund auch im Dunkeln ein Hindernis. Ist einem Hund heiß, so läßt er seine Zunge aus dem

Rettungshubschrauber im Einsatz

Hygiene

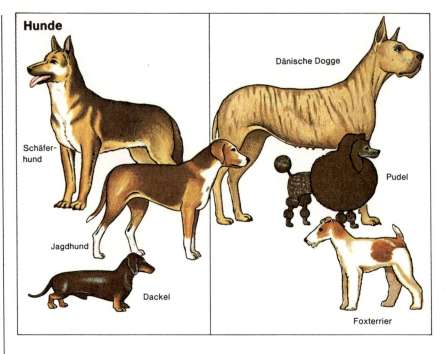

Hals hängen und *hechelt*. Die an den Mundschleimhäuten vorbeistreichende Luft fördert die Wasserverdunstung und wirkt so abkühlend, denn der Hund kann nicht schwitzen wie der Mensch. Wegen ihrer guten Spürnase und Lernfähigkeit werden Hunde auch für besondere Zwecke eingesetzt und abgerichtet, zum Beispiel bei der **Jagd** zum Aufspüren des Wildes oder als Suchhunde bei der **Polizei**. Besonders ausgebildete Polizeihunde können auch Rauschgiftverstecke aufspüren. Die größten Hunde sind die *Doggen* mit einer Schulterhöhe von über 1 m. Die kleinsten Hunde sind die *Yorkshire-Terrier*. Sie wiegen nur etwa 300 g.

Hygiene Darunter versteht man die Gesundheitsvorsorge und -pflege. Mit persönlicher Hygiene bezeichnet man die tägliche Körperpflege. Grundvoraussetzung ist Sauberkeit in allen Lebensbereichen. So muß der Staat für sauberes Trinkwasser, die Lieferung einwandfreier Lebensmittel, die Beseitigung von **Müll** und die Verhütung von **Seuchen** sorgen. Herrscht keine Hygiene, können sich **Bakterien** und andere Krankheitserreger ansammeln. Wo Menschen in unhygienischen Verhältnissen leben, brechen oft Krankheiten aus und verbreiten sich sehr schnell über größere Gebiete.

Hypnose Dieser Begriff bezeichnet eine Einengung des Bewußtseins. Bei der hypnotisierten Person entsteht dabei gleichzeitig eine gesteigerte Aufnahmefähigkeit für den Willen des Hypnotiseurs. Der hypnotisierten Person wird ein tiefer Entspannungszustand »eingeredet«. Ist sie dazu bereit, kann man sie während und auch nach der Hypnose zu bestimmten Handlungen und Gedanken veranlassen. Im Bereich der **Medizin** wird Hypnose beispielsweise zur Behandlung von Angstzuständen oder zur Heilung einer Sucht (**Drogen, Alkohol**) eingesetzt.

Indianer

Igel Dieses kleine **Säugetier** hat einen kurzen und gedrungenen Körper, vier kurze Beinchen, eine Rüsselschnauze, einen kurzen Schwanz und ein Stachelkleid. Der Igel lebt im Unterholz von Feldern, Wiesen und Gärten und baut sich dort ein Nest aus Moos und Laub. Seine Nahrung sind Insekten, Regenwürmer, Eier, Schnecken und Fallobst. Im Winter hält er einen *Winterschlaf.* Er verfällt dabei in eine Kältestarre. Die Körpertemperatur wird gesenkt und alle Stoffwechselprozesse sind verlangsamt. Steigt die Außentemperatur auf über 8 °C, wacht der Igel wieder auf. Wenn man im Herbst einen kranken, verletzten Igel oder sehr kleine Igel findet, muß man ihnen helfen, denn sie können sonst den Winter nicht überstehen. Am besten bringt man sie zuerst zum Tierarzt, der auch hilft, sie von Ungeziefer zu befreien und Auskunft über die richtige Pflege und Ernährung gibt. Weil immer mehr Lebensräume des Igels zerstört werden und viele Igel dem Straßenverkehr zum Opfer fallen, sollte man, wo immer es geht, dem kleinen »Stachelritter« helfen. So kann er zum Beispiel sehr gut in einem Garten mit Hecken und Büschen leben. Da der Igel unter Naturschutz steht, darf man allerdings keine gesunden Tiere einfach mitnehmen und gefangenhalten. Auch die Igel, die man gesundgepflegt und überwintert hat, muß man im Frühjahr wieder in die Natur entlassen.

Impfung Durch sie wird eine künstliche *Immunität* zur Vorbeugung gegen bestimmte Krankheiten erzeugt. Bei der Impfung werden lebende, abgeschwächte oder getötete Krankheitskeime oder deren Stoffwechselprodukte in den menschlichen Körper gebracht. Damit wird der Körper angeregt, Abwehrstoffe im **Blut** zu bilden. Diesen Vorgang bezeichnet man als *Immunisierung.* Impfungen gibt es heute gegen eine Reihe von Erkrankungen wie Pokken, Masern, **Kinderlähmung,** Röteln, Mumps, Grippe, **Tollwut,** Tuberkulose, Wundstarrkrampf, Diphtherie und Keuchhusten.

Indianer So nennt man die Ureinwohner **Amerikas.** Man nimmt an, daß die Indianer vor etwa 10 000–15 000 Jahren über eine damalige Landbrücke nördlich der Behringstraße aus **Asien** eingewandert sind. Die Indianer sind mit den Mongolen verwandt und haben eine gelblich-braune Haut und glatte, schwarze Haare. Ihren Namen haben sie von *Christoph Kolumbus,* dem Entdecker Amerikas, erhalten. Da er der

Igel

169

Industrie

Meinung war, in Indien gelandet zu sein, nannte er die Eingeborenen Indianer. Auch die Bezeichnung »Rothäute« stammt aus dieser Zeit, weil die Indianer ihr Gesicht und den Körper mit roter Farbe bemalten. Einst bildeten sie etwa 370 Stämme und entwickelten über 125 Sprachen. Die Indianer Südamerikas schufen frühe Hochkulturen. Die *Azteken, Maya* und *Inka* gründeten große Reiche, zu deren Untergang im 16. Jahrhundert die Goldgier spanischer Eroberer führte. Die ehemaligen Reichsgebiete wurden spanische **Kolonien.** Die Indianer Nordamerikas waren wandernde Jäger. Ihr Lebensraum erstreckte sich von **Alaska** bis hinunter nach *Mexiko.* Sie ernährten sich von der Bisonjagd **(Büffel),** vom Fischfang oder von gesammelten Früchten. Auch für die Indianer Nordamerikas bedeutete die Einwanderung des »weißen Mannes« nichts Gutes. Rücksichtslos wurden sie von den weißen Siedlern immer weiter zurückgetrieben und um ihr Land gebracht. Den Siedlern kam dabei auch die Feindschaft vieler Stämme untereinander zu Hilfe. Die jahrelangen Kämpfe zwischen Weißen und Indianern fanden 1890 mit dem Tod des berühmten Häuptlings »Sitting Bull« und dem Massaker am »Wounded Knee« ein Ende. Heute leben die noch etwa 1,4 Millionen Indianer Nordamerikas in Schutzgebieten *(Reservationen),* wo sie ein mehr oder weniger trauriges Dasein führen. In Mittel- und Südamerika gibt es noch etwa 16 Millionen Indianer. In einigen Ländern Südamerikas stehen die Indianer vor der völligen Ausrottung. Deshalb setzen sich in Amerika verschiedene Vereinigungen für die Indianer ein. Junge Indianer kämpfen heute wie die **Neger** (Schwarze) um ihre Rechte in einem Land, das einst ihren Vorfahren allein gehörte.

Industrie Unter diesem Begriff faßt man alle gewerblichen Betriebe zusammen, die im Gegensatz zum **Handwerk** Waren und Güter in großen Mengen mit **Maschinen** herstellen. Die Industrie verarbeitet Rohstoffe und halbfertige Fabrikate. So besteht zum Beispiel ein Auto aus über 10000 Einzelteilen, die in rund 2000 **Fabriken** hergestellt werden. Die *Industrialisierung* begann mit der Erfindung der **Dampfmaschine.** Da der Einsatz von Maschinen die Arbeitswelt völlig veränderte, sprach man von einer *industriellen Revolution.* Sie ging Ende des 18. Jahrhunderts von England aus. Neue Arbeitsverhältnisse ergaben sich im 20. Jahrhundert durch die *Automatisierung* **(Automat).** Heute stehen wir in der Arbeitswelt durch den Einatz der **Computer** vor einer neuen, einschneidenden Umwälzung der Produktionsweise.

Infektion Dringen Krankheitserreger wie **Bakterien,** Viren **(Virus)** oder **Pilze** in den menschlichen Körper ein und vermehren sich dort, liegt eine Infektion vor. Der Zeitraum zwischen dem Eindringen der Krankheitserreger in den Körper und dem Ausbrechen der Krankheitserscheinung wird als *Inkubationszeit* bezeichnet. Sie ist für die jeweilige Krankheit typisch und abhängig von der Körperverfassung der betroffenen Person. Bei Masern beträgt sie 7–14 Tage, bei Diphtherie 2–5 Tage, bei Röteln 10–20 Tage, bei Grippe nur 1–3 Tage. Mit vorbeugenden **Impfungen** kann man sich auch vor bestimmten Infektionskrankheiten schützen.

Ingenieur Ein Ingenieur ist ein wissenschaftlich ausgebildeter Fachmann für die **Technik.** Er muß an einer Technischen Hochschule **(Universität)** ein mindestens 8 Semester (4 Jahre) dauerndes Studium absolvieren und eine Diplomhauptprüfung ablegen. Der Tätigkeitsbereich eines Ingenieurs ist auf die Leitung und Überwachung der Produktion sowie auf die Entwicklung und

Insel

den Entwurf neuer technischer Produkte ausgerichtet.

Insekten Mit ungefähr einer Million verschiedener Arten stellen sie die formenreichste Gruppe im Tierreich dar. Insekten gibt es überall: im Wasser, auf dem Land, in der Wüste, im Gebirge und sogar in der Antarktis. Sie sind *Gliedertiere,* ihr Körper ist deutlich in Kopf, Brust und Hinterleib unterteilt. Der dreiteilige Brustabschnitt hat drei gegliederte Beinpaare und meist zwei Flügelpaare. Am Kopf sitzen *Netzaugen,* mit denen das Insekt nach allen Seiten schauen kann, ein Paar Fühler und Mundwerkzeuge. Diese sind je nach Art verschieden gebaut. Die Insekten atmen durch winzige Löcher auf der Körperoberfläche, durch feinste Röhrchen wird der ganze Körper mit **Sauerstoff** versorgt. Insekten pflanzen sich durch Eier fort. Aus den Eiern schlüpfen *Larven* (bei Schmetterlingen heißen sie *Raupen*), die sich in *Puppen* und dann zum ausgewachsenen Insekt umwandeln. Es gibt schädliche und nützliche Insekten. Zu den schädlichen gehören zum Beispiel die Flöhe, Läuse und Wanzen, die Krankheiten und Seuchen auf den Menschen übertragen. Motten ruinieren Kleidungsstücke, Holzwürmer die Möbel. Zu den nützlichen Insekten gehören die **Bienen,** die uns mit Honig versorgen, oder auch die Seidenspinner (Maulbeerspinner), eine Schmetterlingsart, aus deren Kokongespinsten **Seide** gewonnen wird.

Insel So nennt man ein rundum von Wasser umgebenes Festland. Die **Erdteile** (Kontinente) jedoch sind keine Inseln. *Festlandinseln* haben sich erst im Laufe von Jahrtausenden vom Festland abgetrennt und sind von diesem nur durch einen schmalen Meereskanal getrennt (zum Beispiel die Britischen Inseln). *Tiefseeinseln* waren nie mit dem Festland verbunden und sind durch Vulkanausbrüche **(Vulkan)** oder aus

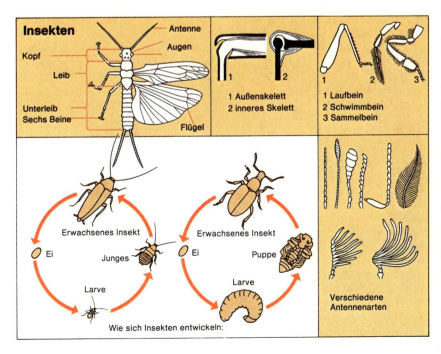

Instinkt

Die Malediven, Inselgruppe im Indischen Ozean

Korallen entstanden. Man nennt sie auch *Atolle*. Mehrere beieinanderliegende Inseln nennt man *Inselgruppe* oder *Archipel* (zum Beispiel Japan). Eine *Halbinsel* ist ein Landvorsprung an einer Meeres- oder Seeküste (zum Beispiel Italien). Zu den größten Inseln der Welt gehören **Grönland,** Neuguinea und Borneo.

Instinkt Damit bezeichnet man ein bei Mensch und Tier angeborenes Verhalten. Der Instinkt ist besonders stark bei Tieren ausgeprägt. Durch einen äußeren Reiz löst ein innerer Mechanismus in einer bestimmten Situation ein bestimmtes Verhalten aus. Im Herbst folgen die Zugvögel ihrem Instinkt und ziehen in den wärmeren Süden. Der Nestbau und die Brutpflege **(Brut)** sind ebenfalls ein Instinktverhalten. Bei Menschen ist der Instinkt sehr stark von seinem bewußten Tun, seinem Denken überlagert und nur noch in besonderen Situationen (zum Beispiel bei Gefahr) in Ausdrucks- und Reaktionsbewegungen erkennbar.

Intelligenz Das ist ein anderes Wort für Klugheit, geistige Fähigkeit und gute Auffassungsgabe. Mit einem besonderen Verfahren, dem sogenannten *Intelligenztest*, läßt sich die Intelligenz eines Menschen ermitteln. Das Ergebnis bezeichnet man als *Intelligenzquotienten (IQ).* Damit ist das Verhältnis des Intelligenzalters zum Lebensalter gemeint. Ein Intelligenzquotient von 100 drückt eine Durchschnittsleistung aus. Bei einem überdurchschnittlich intelligenten Menschen liegt der IQ über 100, bei einem unterdurchschnittlich intelligenten unter 100. *Intelligenztests* werden heute häufig bei Aufnahmeprüfungen oder als Einstellungstest durchgeführt.

Interview Darunter versteht man die Befragung einer meist bekannten Persönlichkeit. Ein Interview wird später in der **Zeitung** veröffentlicht, im Radio **(Rundfunk)** oder **Fernsehen** gesendet. Durchgeführt wird es von einem *Reporter* **(Journalist).** Oft aber werden auch

Islam

Interview mit dem ehemaligen Box-Weltmeister Muhammad Ali

Passanten auf der Straße interviewt, das heißt nach ihrer Meinung zu einer bestimmten Angelegenheit befragt. Dieses Interview nennt man eine *Meinungsumfrage*.

Islam Diese **Religion** hat in Vorderasien, Nordafrika und der ehemaligen Sowjetunion 600–800 Millionen Anhänger. Der Islam wurde 622 n. Chr. von dem *Propheten Mohammed* in Arabien gegründet. Er war ein Kaufmann, der viel reiste und dabei den Glauben anderer Stämme, aber auch die Religion der **Juden** und Christen kennenlernte. Im Jahre 610 hatte er Erscheinungen: Gott und der Engel Gabriel erschienen ihm und beriefen ihn zum Propheten der **Araber.** Nach der Lehre Mohammeds ist **Allah** der Schöpfer aller Dinge, und nur ihm allein ist alles möglich. Es gibt keinen Gott außer Allah, und Mohammed ist sein Prophet. Einst wird Allah die Menschen vor sein Gericht rufen. Er befiehlt, wo immer der Mensch auch sei, das Gebet zu verrichten und Almosen zu geben. Allah verlangt, daß sich die Menschen durch tägliche Waschungen reinhalten und daß sie auf Schweinefleisch und Alkohol verzichten. Was dem Menschen im Leben zustößt, hat Allah vorher bestimmt. Man kann deshalb seinem Schicksal *(Kismet)* nicht entgehen. Mohammed forderte die bedingungslose Ergebenheit in den Willen Allahs. Das größte Heiligtum des Islam, die *Kaaba*, befindet sich in der Pilgerstadt *Mekka*. Deshalb verneigen sich alle Moslems beim Gebet in Richtung Mekka (nach Osten). Das Bethaus des Islams ist die *Moschee*. Dorthin kommen die Gläubigen jeden Freitag zum Gottesdienst. Zuvor müssen sie sich am Brunnen im Vorhof waschen. Zum Gebet knien die Gläubigen nieder und verbeugen sich zweimal so tief, daß ihre Stirn den Boden berührt. Ein Vorbeter *(Imam)* spricht Verse aus dem *Koran*, dem heiligen Buch des Islam. Mehrmals am Tag ruft der *Muezzin* vom Turm *(Minarett)* der Moschee die Gläubigen zum Gebet auf. Heute hat der Islam stark an politischer Bedeutung gewonnen. Seine Führer fordern alle Anhänger auf, sich auf die Lehre des Koran zurückzubesinnen. Dabei streben sie eine Einheit von **Staat** und Religion an. Mit der »Islamischen Revolution« im Iran (1979) unter *Ajatollah Khomeini* übernahm erstmals eine religiöse Bewegung die Macht in einem modernen Staat.

Die »Kaaba« in Mekka, das Heiligtum des Islam

Jagd

Jagd Darunter versteht man das Verfolgen, Fangen oder Erlegen von **Wild**. Jagen dürfen heute nur Personen, die einen *Jagdschein* besitzen. Da es in unseren Wäldern keine großen **Raubtiere** mehr gibt, soll der Jäger hauptsächlich dafür sorgen, daß das Rehwild nicht überhand nimmt. Es gibt unterschiedliche Jagdarten. Im *Ansitz* (Hochsitz) erwartet der Jäger das Wild auf seinem Wechsel, seinem regelmäßig begangenen Weg. Bei der *Pirsch* versucht der Jäger das Wild an seinem Standort aufzuspüren. Bei der *Baujagd* stöbern Jagdhunde den Bau von **Fuchs** und Dachs auf. Dabei verläßt zum Beispiel der Fuchs seinen Bau fluchtartig, und der Jäger kann ihn erlegen. Bei der *Treibjagd* wird das Wild von Treibern aufgescheucht und dem Jäger entgegengetrieben. Bei der *Lockjagd* ahmt der Jäger die Stimme des Beutetiers nach, lockt es so an und erlegt es dann. Die *Beizjagd* mit abgerichteten Raubvögeln **(Falken)** wird heute kaum noch ausgeübt. Die Jagd ist nicht uneingeschränkt erlaubt. Die Jäger müssen die *Schonzeiten* (für weibliches Rehwild und Rehkitze von Februar bis August, für männliches Rotwild von Februar bis Juli) beachten. Krankes Wild darf jedoch zu jeder Zeit abgeschossen werden. Die Geschichte der Jagd geht bis in die Altsteinzeit, die Zeit der Jäger und Sammler, zurück. Damals war sie neben dem Sammeln von Früchten der Hauptnahrungserwerb. Noch heute gibt es Naturvölker, die hauptsächlich von der Jagd leben.

Jahreszeiten In unseren Breiten teilt sich das Jahr in vier Zeitabschnitte, die Jahreszeiten Frühling, Sommer, Herbst und Winter ein. Da die Erdachse schief steht, strahlt die **Sonne** auf die nördliche und südliche Erdhälfte verschieden

»Der angejagte Hirsch«, Kupferstich aus dem 18. Jahrhundert

Juden

stark ein. Deshalb finden die Jahreszeiten nicht gleichzeitig auf der ganzen Welt statt, sondern auf der nördlichen und südlichen Hälfte fast genau gegensätzlich. Bei uns beginnt der Frühling am 21. März, der Sommer am 22. Juni, der Herbst am 23. September und der Winter am 22. Dezember. Der längste Tag des Jahres ist mit 16 Stunden der 21. Juni. Zu jeder Jahreszeit zeigt die Natur ein anderes Gesicht. Im Frühling beginnen alle Pflanzen aufs neue zu wachsen und zu grünen. Die Tiere kommen aus ihren Winterlagern hervor, die Vögel singen bereits in aller Frühe. Im Sommer blühen alle Blumen, Obst und Getreide werden reif. Der Herbst ist die Zeit der Ernte, und die Blätter der Laubbäume leuchten rot und gelb. Im Winter deckt der Schnee alles mit einer weißen Decke zu, so, als ob die Natur schlafen wollte.

Während der nationalsozialistischen Herrschaft in Deutschland mußten die Juden den »Judenstern« tragen

Journalist So nennt man einen *Schriftsteller*, der Berichte für **Zeitungen** und Zeitschriften schreibt, aber auch für den **Rundfunk**, das **Fernsehen** und für Nachrichtenbüros tätig ist. Als *Reporter* berichtet er direkt von politischen, kulturellen oder sportlichen Ereignissen. Als *Korrespondent* arbeitet er zum Beispiel im Ausland für eine Zeitung oder eine Rundfunk- und Fernsehanstalt. Als *Redakteur* ist er für die Form verantwortlich, in der die Berichte veröffentlicht werden.

Juden So nannte man ursprünglich die Angehörigen des Stammes Juda, eines der zwölf Stämme des Volkes *Israel*. Später hießen alle *Israeliten* Juden oder, wegen ihrer hebräischen Sprache, auch *Hebräer*. Die Juden sind ein Mischvolk aus semitischen und anderen Völkerschaften. Die **Bibel** berichtet, daß die Israeliten etwa 2000 Jahre v. Chr. im Gebiet der Stadt Ur in Babylonien lebten. In einer langen Wanderung zogen sie mit ihrem Führer *Abraham* das Tal des Euphrat hinauf und erreichten nach vielen Jahrzehnten **Ägypten**. Hier wurden sie von den Beamten der ägyptischen Könige schwer unterdrückt. Unter der Führung von *Moses* schlossen sie sich zusammen, flohen aus dem Niltal und erreichten nach einem langen Weg *Palästina*, das »Gelobte Land« im Jordantal. Etwa 1000 v. Chr. wurde das Volk Israel unter seinem *König David* geeint. *Jerusalem* wurde die Hauptstadt eines mächtigen Reiches. In der Folgezeit wurde dieses Reich von fremden Kriegerscharen überfallen, die große Teile der Bevölkerung verschleppten. Sie durften erst viele Jahre später wieder in die alte Heimat zurückkehren. Viele von ihnen blieben jedoch in ihrer neuen Heimat. Damit begann die »Zerstreuung« der Juden über die ganze Welt. In den ersten Jahrhunderten n. Chr. zwangen die Unterdrückung durch die Römer und die wirtschaftliche Not die meisten Juden, ihre Heimat Palästina zu ver-

Judentum

lassen und auf der Suche nach einer neuen Heimat auszuwandern. In Deutschland gab es seit etwa 300 n. Chr. Juden. Seit dem 12. Jahrhundert mußten sie in streng abgeschlossenen Vierteln *(Ghettos)* leben. Dadurch bewahrten sie ihre Eigenart und **Religion,** was sie allerdings den Christen verdächtig machte. Als Nichtchristen und ohne bürgerliche Rechte hatten sie zu vielen Berufen keinen Zugang. Sie betrieben hauptsächlich **Handel** und verliehen Geld. Im 14. und 15. Jahrhundert kam es in Deutschland und Spanien zu großen *Judenverfolgungen*. Damals wanderten viele der deutschen Juden nach Osteuropa aus. Im 19. Jahrhundert erhielten die Juden in den westeuropäischen Ländern die gleichen Rechte wie alle Bürger. Nun konnten sie auch in allen Berufen arbeiten. Sehr viele brachten es zu großem Reichtum und Ansehen. Gleichzeitig entwickelte sich in vielen europäischen Ländern eine Judenfeindlichkeit **(Antisemitismus).** Zu einem regelrechten Judenhaß kam es in Deutschland unter der nationalsozialistischen Herrschaft. Ihm fielen 6 Millionen Juden aus ganz Europa zum Opfer. Sie wurden auf schrecklichste Weise in eigens dafür errichteten *Konzentrationslagern* umgebracht. Nach dem Ende des Zweiten Weltkrieges kehrten viele Juden aus aller Welt und diejenigen, die die Schreckensherrschaft in Deutschland und die Konzentrationslager überlebt hatten, in ihre alte Heimat Palästina zurück und gründeten dort den Staat Israel, in dem heute etwa 4,6 Millionen Juden leben.

Judentum Unter den großen Glaubensbekenntnissen nimmt diese **Religion** eine Sonderstellung ein. Ein Jude gehört nicht nur einer Glaubensgemeinschaft, sondern auch dem jüdischen Volk mit seinem Brauchtum an. Als Religionsstifter gilt *Moses*, der die **Juden** um 1230 v. Chr. aus **Ägypten** nach Palästina führte. Am Berge Sinai schrieb er auf Tontafeln die 10 Gebote Gottes auf. Nach ihrer Rückkehr aus der *babylonischen Gefangenschaft* gründeten die Juden 538 v. Chr. eine eigene Religionsgemeinschaft. Die Juden glauben an einen Gott *(Jahwe)*. Der Mensch hat einen freien Willen, Gutes oder Böses zu tun. Die Toten werden einst auferstehen und im Jenseits nach ihren guten oder bösen Taten gerichtet. Die Juden warten (auch heute noch) auf

Juden beim Lesen der Thora

Jury

den Erlöser, den *Messias*, der auf Erden ein Reich des ewigen Friedens errichten wird. An *Jesus Christus* als Messias glauben die Juden nicht. Die Pflichten gegenüber Gott und den Mitmenschen sind in der *Thora* (die auf Rollen geschriebenen 5 Bücher Moses) und in ihrem religiösen Gesetzbuch, dem *Talmud*, niedergeschrieben. In ihm sind auch Speiseregeln festgelegt. Juden dürfen demnach nur reine Speisen essen (Fleisch und Milch dürfen niemals zusammen gegessen werden). Der wöchentliche Ruhetag ist der *Sabbat* (Samstag). Hohe jüdische Feiertage sind *Passah, Laubhüttenfest, Neujahr* und der *Versöhnungstag*. Die jüdischen Geistlichen heißen *Rabbiner*. Der Gottesdienst findet in der *Synagoge* statt. Das **Christentum** und der **Islam** haben mit dem Judentum viele Grundsätze gemeinsam.

Judokämpfer

Judo Diese Kampfart ohne Waffen zur Selbstverteidigung kommt aus Japan. Als sportlicher Zweikampf erlaubt Judo nur bestimmte Abwehrgriffe. Schläge dürfen nicht ausgeteilt werden. Die Judokämpfer heißen *Judoka* und tragen beim Kampf einen weißen Kimono und eine lange Hose. Sehr wichtig ist der 4 cm breite Gürtel. An seiner Farbe kann man erkennen, welchen Fertigkeitsgrad der Judoka erreicht hat. Den Wettkampf gewinnt, wer seinen Gegner auf den Rücken geworfen hat oder mehrere Griffe erfolgreich anbringen konnte.

Jury So bezeichnet man eine Gruppe von Sachverständigen, die bei künstlerischen und sportlichen Wettbewerben (zum Beispiel Kunstausstellungen, Musikwettbewerben, Eiskunstlauf) Leistungen bewertet und Preise vergibt. In England und Amerika bedeutet Jury auch Schwurgericht **(Gericht).**

Jury beim Eiskunstlauf

Käfer

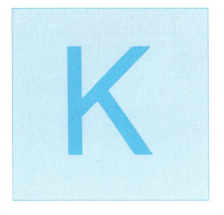

Käfer Mit über 300 000 Arten sind sie die artenreichste Gruppe der **Insekten**. Käfer tragen einen harten Hautpanzer, verhärtete Vorderflügel, feine, häutige, einfaltbare Hinterflügel und drei Beinpaare. Am Kopf sitzen ein Paar Netzaugen, Fühler und die Kauwerkzeuge. Den Halsteil bedeckt ein beweglicher Schild. An den mittleren und hinteren Brustteil schließen die weichen Hinterleibsringe mit den Atemöffnungen an. Alle drei Körperabschnitte sind gelenkartig miteinander verbunden. Beim Fliegen werden die Vorderflügel aufgestellt und die Hinterflügel bewegt. Käfer machen eine vollkommene Verwandlung bis zum fertigen Insekt durch, zu dem sie sich aus Eiern über *Larven* und *Puppen* entwickeln. Viele Käfer sind schädlich. Sie fressen Laubbäume kahl **(Maikäfer)**, zerstören Wälder *(Borkenkäfer)* und vernichten Feldfrüchte *(Kartoffelkäfer)*. Andere sind nützlich, weil sie Schädlinge vertilgen **(Marienkäfer).** Der größte Käfer, nach dem Riesen Goliath *Goliathkäfer* genannt, wird bis zu 20 cm lang. Der größte bei uns lebende Käfer ist der *Hirschkäfer;* das Männchen wird bis zu 9 cm groß. Der kleinste *Zwergkäfer* erreicht nur eine Größe von 0,2 mm und ist nur mit der Lupe zu sehen.

Kaffee Er wird aus dem **Samen** der Kaffeesträucher gewonnen. Ursprünglich stammt der Strauch aus Äthiopien

Käfer
Der Hirschkäfer ist Europas größter Käfer.
Deckflügel
Flügel
Der Mistkäfer dreht eine Pille aus Dung, um seine Eier hineinzulegen

Kaffee Zweig eines Kaffeestrauches
Blüten
Früchte

Kakao

und kam über Arabien nach Indien und Sri Lanka. Heute liegen die größten Anbaugebiete in Brasilien und Kolumbien. Der Kaffeestrauch gehört zu den Rötegewächsen und wird bis zu 8 m hoch. In Kaffeeplantagen stutzt man ihn jedoch, damit er leichter abzuernten ist und mehr Früchte trägt. Erstmals blüht der Kaffeestrauch nach 3 oder 4 Jahren. Seine Blüten sind weiß und verwelken schnell. In 8–12 Monaten reifen die Früchte zu den dunkelroten *Kaffeekirschen* heran, die aus dem ungenießbaren Fruchtfleisch und zwei Samen, den *Kaffeebohnen,* bestehen. Die Kaffeekirschen werden von Hand gepflückt und entweder nach den trocknen oder nach dem nassen Verfahren weiterverarbeitet. Beim trockenen Verfahren werden die Kaffeekirschen in der Sonne getrocknet und dann maschinell geschält. Beim nassen Verfahren wird das Fruchtfleisch der frischen Kaffeekirsche mit Quetschmaschinen entfernt, und die Bohnen kommen in wassergefüllte Bottiche, worin sie 1–3 Tage bleiben und gären. Anschließend werden sie getrocknet. Um aus den Kaffeebohnen Kaffee kochen zu können, müssen sie zuerst geröstet werden. Die Kaffeebohnen verschickt man ungeröstet. Erst am Bestimmungsort werden sie geröstet. Dabei entwickeln sich die aromatischen Stoffe, die den Kaffee zu einem Genußmittel machen. Gerösteter Kaffee enthält etwa 1,5 Prozent *Koffein,* das anregend auf das Nervensystem wirkt.

Kaiser Dieser Herrschertitel leitet sich von *Julius Cäsar* (100–44 v. Chr.), dem ersten Alleinherrscher des Römischen Reiches, ab. Der erste römische Kaiser war *Augustus* (63 v. Chr. – 14 n. Chr.). In **Rußland** wurde aus dem Kaiser der *Zar.* Erster Kaiser des Abendlandes wurde der Frankenkönig *Karl der Große* im Jahre 800 n. Chr. Zum ersten Kaiser des »Heiligen Römischen Reiches

Reich verziert mit Edelsteinen und Perlen ist die deutsche Kaiserkrone. Sie wurde im 10. Jahrhundert angefertigt

Deutscher Nation« wurde 962 der deutsche König *Otto I.* vom **Papst** in Rom gekrönt. Diese Kaiserwürde gab es in Deutschland bis 1806. Damals legte der letzte deutsche Kaiser, *Franz II.,* die Kaiserwürde nieder und führte nur noch den Titel »Kaiser von Österreich«. In Frankreich ließ sich 1804 *Napoleon I.* zum Kaiser krönen. Von 1871 bis 1918 gab es noch einmal zwei deutsche Kaiser *(Wilhelm I.* und *Wilhelm II.).* Nach Ende des 1. Weltkrieges dankten die Kaiser von **Deutschland** und **Österreich** ab. Von 1877 bis 1947 trugen die englischen Herrscher auch den Titel »Kaiser von Indien«. In Persien (Iran) regierte von 1925 bis 1979 ebenfalls ein Kaiser, der *Schah.* China war bis 1912 ein Kaiserreich. Heute gibt es nur noch das Kaiserreich Japan. Der Kaiser ist zwar das Oberhaupt des Landes, regiert wird es jedoch nach demokratischen Grundsätzen.

Kakao Aus dem bohnenförmigen **Samen** des Kakaobaumes, den Kakaobohnen, wird das Kakaopulver gewonnen. Der bis 10 m hohe Kakaobaum wächst und gedeiht nur in warmen und

Kakteen

Kakao
Kakaoernte
Aufgeschnittene Kakaofrucht und eine Kakaobohne

Verschiedene Kakteen

regenreichen Gebieten. Aus den Blüten entwickeln sich in 5–8 Monaten 15–20 cm lange, gurkenförmige Früchte. Jede Frucht enthält etwa 50 Kakaobohnen. Die geernteten Bohnen läßt man 2–10 Tage gären. Danach werden sie gewaschen, getrocknet und in Säkke abgefüllt. Die Bohnen werden erst im Verbraucherland gereinigt, gelesen, geröstet, gebrochen, entkeimt und gemahlen. Nach dem Mahlen erhält man die zähflüssige Kakaomasse. Zur Herstellung von Kakaopulver muß etwa die Hälfte des Fetts (Kakaobutter) ausgepreßt werden, dann kann man die restliche Kakaomasse trocknen. Will man hingegen Schokolade herstellen, gibt man zu der flüssigen Kakaomasse Milch und Zucker, walzt die Masse, gibt sie in Formen und läßt sie erstarren.

Kakteen Es gibt etwa 2000 verschiedene Kakteenarten; sie wachsen in der **Wüste**, **Steppe** oder auch im Gebirge sehr warmer Länder. Kakteen können lange Trockenzeiten gut überstehen, weil sie in ihrem Stamm Wasser speichern. Die meisten dieser Pflanzen tragen Dornen, die sich aus Blättern entwickelt haben. Ihre Gestalt ist kugelig, scheibenförmig oder säulenartig, und manche können bis 20 m hoch und 2 m dick werden. Einige Kakteenarten tragen eßbare Früchte, die ähnlich wie Feigen schmecken. Die Blüten der Kakteen sind meist groß und farbenprächtig, einige duften stark. Die häufigste Kakteenart ist der im Mittelmeerraum wachsende *Feigenkaktus*. Bei uns sind Kakteen beliebte Zierpflanzen.

Kalender Er ist eine Zeiteinteilung unter astronomischen Gesichtspunkten, die sich auf die Umlaufzeit unserer **Erde** um die **Sonne** bezieht. Unser heute gültiger Kalender ist der sogenannte *Gregorianische Kalender,* der 1582 von Papst *Gregor XIII.* festgelegt wurde. Nach dieser Zeiteinteilung hat jedes Jahr 12 Monate, 52 Wochen und 365 Tage; alle vier Jahre folgt ein *Schaltjahr* mit 366 Tagen. Dieser zusätzliche Tag wird im Februar eingeschaltet, der dann nicht wie gewöhnlich

Kanal

»Ewiger Kalender« aus dem 18. Jahrhundert

28, sondern 29 Tage hat. Das Jahr beginnt mit dem 1. Januar und endet am 31. Dezember. Die Monate folgen im Wechsel von 31 und 30 Tagen aufeinander, nur Juli und August haben beide 31 Tage. Nicht alle Länder haben unsere Zeitrechnung. Der jüdische, mohammedanische, chinesische und indische Kalender weichen von der sogenannten christlichen Zeitrechnung ab.

Kalk Er kommt in der Natur als *Kalkstein* vor, ein Gestein, das sich im Wasser ablagert. Kalkstein besteht vorwiegend aus *Kalkspat* und entstand in vielen Jahrtausenden in warmen Flachmeeren. Er bildet sich auch aus Kalkschalen, Kalkskeletten von längst abgestorbenen **Muscheln, Schnecken** und **Korallen.** Man unterscheidet den dichten, feinkörnigen Massenkalk, erdigen Kalk *(Kreide)* und kristallinen Kalk, der als *Marmor* bezeichnet wird. *Kalksandstein* (Kalkstein mit Sandbeimischungen) ist ein leicht zu bearbeitender Werkstoff und wurde schon von den **Bildhauern** des Mittelalters für Statuen und Domfassaden verwendet. Heute findet er auch beim Hausbau Verwendung. Kalk wird in Steinbrüchen abgebaut und in Öfen gebrannt. Gießt man zu gebranntem Kalk Wasser hinzu, beginnt dieser zu kochen. Bei »gelöschtem« Kalk muß man sehr vorsichtig sein, denn er ruft auf der Haut schwere Ätzungen hervor. Mischt man gelöschten Kalk mit Sand, dann bekommt man *Mörtel.* Er verbindet Bausteine fest miteinander. Kalk ist auch für Mensch, Tier und Pflanze ein wichtiger Aufbaustoff und unterstützt das Wachstum der **Knochen, Zähne,** Nägel und Krallen. Als Düngemittel entzieht Kalk dem Boden überschüssige **Säure.** Auch unser Trinkwasser ist mehr oder weniger kalkhaltig. Der Kalk setzt sich als grauweißer Rand in Töpfen und Wasserkesseln ab.

Kamel Dieses paarhufige, genügsame und ausdauernde Tier lebt in Wüstengebieten als Haus- und Lasttier. Kamele sind für das Leben in der Wüste hervorragend geeignet, da sie in ihrem Höcker (das eigentliche Kamel hat zwei Höcker, das *Dromedar* einen) Fett und in Zellen der Magenwand Wasser speichern können.

Kanal So bezeichnet man einen künstlich angelegten Wasserlauf. Der *Bewässerungskanal* leitet Wasser in Trockengebiete. Der *Entwässerungskanal* führt Wasser aus Feuchtgebieten (Mooren und Sümpfen) ab. Der *Schiffahrtskanal* ist eine künstliche Wasserstraße, die schiffbare Flüsse oder durch schmale Landstreifen getrennte Meere verbindet. Der *Suezkanal* in **Ägypten** stellt mit einer Länge von 160 km eine Verbindung zwischen dem Mittelmeer und dem Roten Meer her und erspart somit den Weg um Afrika. Durch den

Kanarienvogel

Das einhöckrige Kamel oder Dromedar

81,6 km langen *Panamakanal* in Mittelamerika wird der Atlantische mit dem Stillen Ozean verbunden. In Deutschland soll der *Main-Donau-Kanal* mit einer Länge von 210 km nach seiner Fertigstellung im Herbst 1992 die Nordsee mit dem Schwarzen Meer verbinden. Auch unter den Ortschaften gibt es Kanäle. Sie gehören zur *Kanalisation,* durch die das **Abwasser** abgeleitet wird. In der Funk- und Fernmeldetechnik bezeichnet man mit Kanal das für die Übertragung von Telegrafierzeichen, Sprache oder Fernsehen erforderliche Frequenzband aus Träger und ein oder zwei Seitenbändern.

Kanarienvogel Er zählt zur Vogelfamilie der *Finken* und lebt auf den Kanarischen Inseln. Im 15. Jahrhundert brachten spanische Seefahrer den Kanarienvogel wegen seines schönen Gesangs nach Europa. Seither wird er bei uns in vielen Arten als Käfigvogel gezüchtet. Im Gegensatz zu den graugrün

Kanarienvögel

gefärbten Vorfahren haben die Zuchtvögel ein leuchtend gelbes Gefieder.

Känguruh Dieses **Beuteltier** lebt nur in **Australien** und ist das Wappentier des Landes. Känguruhs sind hasen- bis mannsgroß und bewegen sich mit ihren starken, verlängerten Hinterbeinen springend oder hüpfend fort. Dabei stüt-

Kartoffel

Känguruh mit Jungem im Beutel

zen sie sich mit ihrem kräftigen Schwanz ab. Das *Rote Riesenkänguruh* springt etwa 13 m weit und 3 m hoch. Das Weibchen bringt nach einer Tragzeit von 33 Tagen ein winziges Junges zur Welt, das nur 2 cm lang ist und knapp 1 g wiegt. Dieser Winzling hat weder Haare, Augen noch Ohren, aber weit geöffnete Nasenlöcher. Kaum geboren, klettert er in den warmen Bauchbeutel der Mutter. Hier saugt er sich an einer Zitze fest und bleibt etwa 235 Tage dort. Dann wiegt das Junge 2–4 kg und kann schon aus dem Beutel herausschauen und herausklettern. Ist es für den Beutel zu groß geworden, steckt es nur noch zum Trinken den Kopf hinein. Das Känguruh ist ein wichtiges Jagdtier und wird jährlich zu Hunderttausenden abgeschossen. In Europa kennen wir es nur aus den **Zoos**.

Kapital Unter diesem Begriff faßt man alle gewinnbringenden Sachwerte eines Unternehmens oder einer Privatperson (Geld, Gebäude, Grundstücke, Maschinen, Rohstoffe, Waren) zusammen. Der *Kapitalismus* ist eine Wirtschaftsform, in der das Kapital die wichtigste Rolle spielt. Im Kapitalismus steht einer kleinen Zahl von Besitzenden *(Kapitalisten)* die große Zahl der nichtbesitzenden, lohnabhängigen Arbeitnehmer gegenüber. Deren einziges Kapital ist ihre Arbeitskraft. Diese wird von den Unternehmen zur Vergrößerung des Kapitals eingesetzt. Der Kapitalist trägt allerdings auch das Risiko für das ganze Unternehmen. Der Arbeitnehmer dagegen muß fürchten, daß er ausgenützt wird. Viele Länder haben soziale **Reformen** durchgeführt, um die negativen Auswirkungen des Kapitalismus einzuschränken. Daran waren vor allem die **Gewerkschaften** beteiligt. Zu den Errungenschaften der Gewerkschaften zählen Lohn und Gehalt (auch im Krankheitsfall), geregelte Arbeitszeit sowie Urlaub.

Karawane In der Wüste schließen sich Reisegesellschaften von Kaufleuten und Pilgern zu ihrer Sicherheit in Karawanen zusammen. Sie wandern auf jahrtausendealten Wüstenwegen. Die schwer bepackten **Kamele** werden von Wüstenbewohnern, den *Beduinen* oder *Nomaden* begleitet. *Karawanserei* heißt die Reiseunterkunft an der Karawanenstraße, wo auch die Tiere getränkt werden. Nur mit gegenseitiger Hilfeleistung sind die Karawanen in der Lage, die mühevolle und oft gefährliche Reise zu machen.

Kartoffel Sie ist eines unserer wichtigsten Nahrungsmittel. Die Kartoffel ist der in der Erde liegende, knollige Sproßteil der Kartoffelpflanze, die ursprünglich in Südamerika beheimatet war. Kartoffeln enthalten Stärke, Eiweiß, **Vitamine** und Wasser. Sie werden im Frühjahr in lockerer, etwas sandiger Erde meist in Reihen angebaut. Im Herbst erntet man die Früchte mit Hacken oder Maschinen. Die ersten Kartoffeln gelangten mit den Spaniern im 16. Jahrhundert nach Europa. In

Kassettenrecorder

Eine Karawane zieht durch die Wüste

Deutschland wurde die Kartoffelpflanze erstmals 1588 in einem botanischen Garten in Breslau als Zierpflanze angebaut. Doch erst im 18. Jahrhundert unter *Friedrich dem Großen* wurde ihr allgemeiner Anbau in Deutschland gefördert.

Kassettenrecorder Dieses *Tonbandgerät* arbeitet mit einschiebbaren Bandkassetten. Diese sind, im Gegensatz zu den offenen Spulen der herkömmlichen Tonbandgeräte, geschlossene Systeme und damit wesentlich bedienungsfreundlicher. Die *Kassette* besteht aus einem rechteckigen Plastikgehäuse, in dem zwei Spulen untergebracht sind, die das knapp 5 mm breite Tonband aufnehmen. Die Tonbänder sind von unterschiedlicher Qualität. Es gibt Chromdioxid-, Ferrochrom- und für höchste Ansprüche Metallbänder. Zwischen den beiden Spulen der Tonbandkassette liegt ein Reinigungspolster, auf dessen Höhe der Tonkopf des Re-

Roßkastanie

corders das Band abspielt. Die Spulen der Kassette haben zahnradartige Mittelachsen, durch die sie vom Kassettentonbandgerät angetrieben werden und die das Band von der einen auf die andere Spule ziehen. Kassettenrecorder können klein und tragbar, aber auch als *Kassettendeck* in einer Stereoanlage eingebaut sein.

Katzen

Kastanie Dieser *Laubbaum* wächst in Europa, Asien und Nordafrika. Man unterscheidet verschiedene Arten. Die *Edelkastanie* wurde von den Römern aus Kleinasien, Südeuropa und Nordafrika auch nach Süddeutschland gebracht. Hier wird sie heute als Frucht- und Waldbaum angepflanzt. Ihre **Samen** sind die *Kastanien* oder *Maronen*. Sie enthalten Öl und Stärke, schmecken süß und werden besonders gerne im Winter als »heiße Maroni« gegessen. Die Edelkastanie kann sehr alt werden und bis 30 m hoch wachsen. Die ursprünglich in Asien beheimatete *Roßkastanie* wird heute in Europa überall angepflanzt. Sie ist nicht mit der Edelkastanie verwandt. Ihre Samen schmecken bitter und dienen dem Vieh und **Wild** als Futter.

Katalog So nennt man ein Verzeichnis, in dem Gegenstände nach einer bestimmten Ordnung zusammengefaßt sind. In einem *Versandhauskatalog* werden die Waren unter Angabe des Preises, der Größe, des Materials usw. geführt. In einem *Kunstkatalog* sind alle Kunstgegenstände einer Ausstellung aufgeführt. Ein *Verlagskatalog* enthält die Übersicht aller lieferbaren Bücher sowie deren Preise.

Katalysator In der **Chemie** versteht man darunter Stoffarten, die normalerweise nur ganz langsam ablaufende chemische Vorgänge beschleunigen oder in Gang setzen. Im Rahmen des **Umweltschutzes** spielt der *Autokatalysator* eine große Rolle. Darunter versteht man eine Anlage zur Reinigung der wichtigsten Schadstoffe im **Abgas**. Diese Abgasreinigungsanlage besteht in der Regel aus einem wabenförmigen Keramikkörper, dessen feines Röhrensystem mit einer katalytisch wirkenden Edelmetallschicht überzogen ist. Der zylindrische Grundkörper des Katalysators ist in ein Metallgehäuse eingebettet, das etwa die Größe eines Auspufftopfes hat und im Abgasstrang des **Autos** montiert ist. Der Katalysator im Auto muß mit *bleifreiem* **Benzin** betrieben werden, da Bleipartikel die katalytisch wirksame Edelmetallschicht der Abgasreinigungsanlage überlagern und den Katalysator unwirksam machen würden.

Katastrophe So bezeichnet man ein schreckliches Ereignis, dessen Ausmaß und Folgen im Augenblick gar nicht abzusehen sind. Eine Katastrophe bedeutet Vernichtung, Tod, Elend und Leid. Die Geschichte der Menschheit ist auch eine Folge von Katastrophen. Dazu gehören furchtbare **Seuchen** wie die *Pest,* die im Mittelalter rund 75 Millionen Menschen dahinraffte. Jeder **Krieg** ist eine Katastrophe. *Naturkatastrophen* (**Erdbeben,** Überschwemmungen, Dürre, Feuer usw.) fordern Tausende, ja Hunderttausende von Menschenleben, vernichten Häuser, Land und Ernte. Bei einer *Flugzeugkatastrophe* finden in wenigen Minuten viele Menschen den Tod. Aber auch ein persönlicher Schicksalsschlag kann eine Katastrophe sein, wenn er den Zusammenbruch einer Existenz bedeutet.

Katzen Diese **Säugetiere** zählen zu den **Raubtieren** und kommen in etwa 40–50 verschiedenen Arten auf der Welt vor. Katzen werden in vier Hauptgruppen eingeteilt: *Großkatzen* (**Löwe, Tiger,** Jaguar, **Leopard** und *Puma*) sowie *Geparde, Luchse* und *Kleinkatzen* (Wildkatze, Hauskatze). Die *Hauskatze* ist schon seit langer Zeit ein beliebtes **Haustier** und stammt von der ägyptischen *Falbkatze* ab. Von ihr hat sie auch die Angewohnheit geerbt, warme Plätze aufzusuchen. Der Körper der Katze ist meist schlank und geschmeidig, der Kopf kurz. Sie kann ausgezeichnet hören und nimmt sogar noch

Kinderkrankheiten

Junge Hauskatzen

im Schlaf das leiseste Geräusch wahr. Bei Dunkelheit zeigt das Katzenauge eine runde und sehr weite Pupille, die sich am Tag zu einem senkrechten Schlitz verengt. In der Nacht leuchten die Augen grünlich. Bei völliger Dunkelheit kann auch die Katze nichts sehen. Dann helfen ihr die Schnurrhaare, mit denen sie die Umgebung abtastet. Selbst bei einer Hauskatze zeigt sich das Wildtierverhalten. Sie geht auf Mäuse- oder Vogeljagd. Auf leisen Sohlen schleicht sie sich an und kann stundenlang vor einem Mäuseloch warten. Zeigt sich die Maus, springt die Katze mit einem Satz auf die Beute zu, packt sie mit ihren scharfen Krallen und tötet sie mit einem Biß ihrer dolchartigen Eckzähne. Manchmal jedoch spielt sie auch noch eine Weile mit ihrem Opfer. Zweimal im Jahr wirft die Katze 4–6 Junge. Sie werden blind und hilflos geboren und von der Mutter gesäugt.

Kinderkrankheiten Darunter versteht man Krankheiten, die hauptsächlich im Kindesalter auftreten. Zu ihnen zählen Infektionskrankheiten **(Infektion)** wie *Masern, Windpocken, Keuchhusten, Mumps, Röteln, Scharlach* und **Kinderlähmung.** Gegen die meisten dieser Krankheiten können Kinder heute frühzeitig geimpft werden **(Impfung).** Aber auch Erwachsene können von diesen Krankheiten befallen werden. Bei ihnen ist der Krankheitsverlauf jedoch meist schwerer und häufig auch gefährlicher als bei Kindern.

Kinderlähmung Diese Infektionskrankheit **(Infektion)** wird durch einen **Virus** (der in drei Arten vorkommt) hervorgerufen. Von der Kinderlähmung werden zwar vorwiegend Kinder befallen, es können jedoch auch Jugendliche und Erwachsene daran erkranken. Die Krankheit wird durch Sprechen oder Husten übertragen. Bei 75 Prozent der Erkrankten verläuft die Kinderlähmung relativ harmlos. Sie haben einige Tage Fieber, Übelkeit, Erbrechen, Kopf-, Hals- und Gliederschmerzen. Nach etwa 2 Wochen fühlt sich der Patient wieder wohl. Bei rund 25 Prozent

Klasse

der Kranken bricht 3 Tage nach Ende der Beschwerden die Krankheit erneut aus, und bei etwa 2 Prozent treten Lähmungen der Gliedmaßen und anderer Muskelgebiete auf. Besonders gefährlich wird es, wenn die **Atmung** gelähmt wird. Dann muß der Patient mit einer Spezialvorrichtung (»eiserne Lunge«) künstlich beatmet werden. Gegen Kinderlähmung gibt es heute wirksame **Impfungen** *(Polio-Schluckimpfung),* die jedes Kind bekommen sollte.

Kläranlage Das ist eine Anlage, in der **Abwasser** gereinigt und für den Gebrauch neu aufbereitet wird. Man unterscheidet zwei Arten von Wasserverschmutzung: 1. die Verunreinigung durch Schwebeteile verschiedenster Größe (von der Konservendose bis zu Sandkörnern); 2. die Verschmutzung durch chemische Stoffe wie Waschmittel, Öle, **Salze, Säuren** und Giftstoffe. Eine Kläranlage arbeitet mit folgenden Reinigungsvorrichtungen, die das Wasser der Reihe nach durchfließt: 1. Grobrechen, 2. Sandfang, 3. Fettfang, 4. Vorklärbecken, 5. Belebtschlammbecken, 6. Nachklärbecken, 7. Vorfluter, 8. Faulturm. Die Schwimm- und Schwebeteilchen werden durch Siebe, Rechen, Sandfilter oder Absetzbecken aus dem Wasser entfernt. Öle, Fette und **Benzin** setzen sich im Fettfang ab. Im Faulturm fault der abgesetzte Schlamm aus. Haben sich jedoch bestimmte Stoffe im Wasser gelöst, muß es chemisch gereinigt werden. Diese Art der Wasserreinigung können jedoch nur Großklärwerke leisten. Es ist sehr wichtig, die Verschmutzung der Gewässer durch den Betrieb von Kläranlagen zu verhindern, da Verunreinigungen und Gifte im Wasser nicht nur an dem Ort wirken, an dem sie eingeleitet werden.

Klasse Lebewesen oder Dinge mit gemeinsamen Eigenschaften, Aufgaben oder Fähigkeiten gehören einer bestimmten Klasse an. Schüler werden ihrem Alter und ihren Kenntnissen nach in verschiedenen Klassen unterrichtet. In der **Biologie** werden Tiere und Pflanzen innerhalb größerer Ordnungen bestimmten Klassen zugeteilt. Im Sport gibt es Wettkämpfe in verschiedenen Klassen (Boxen: Schwer- und Leichtgewichtsklasse). Früher wurden auch die Menschen zu verschiedenen Klassen gezählt **(Adel,** *Geistlichkeit, Bürgertum* und **Bauern).** Im 19. Jahrhundert, dem Zeitalter der *Industrialisierung* **(Industrie),** führte *Karl Marx* (1818–1883),

Grobentschlammungsbecken und Belebungsbecken einer Kläranlage

Karl Marx führte im 19. Jahrhundert neue Klassenbegriffe ein

Klavier

der Begründer einer neuen Gesellschaftslehre *(Marxismus),* neue Klassenbegriffe ein: die Klasse der Besitzenden und die Klasse der Besitzlosen. Zur Beseitigung der Klassenunterschiede rief Marx in der Programmschrift »Das kommunistische Manifest« **(Kommunismus)** zum *Klassenkampf* auf. Am Ende dieses Kampfes sollte die Klasse der Arbeiter siegen und eine »klassenlose Gesellschaft« errichten.

Klavier Wenn man die Tasten dieses **Saiteninstruments** niederdrückt, bringen kleine Hämmerchen die Saiten zum Klingen. Das Klavier wird auch *Piano, Pianoforte* oder aber *Flügel* genannt. Auf einem Klavier kann man leise und laut spielen. Der Klang der Töne läßt sich durch zwei *Pedale* verstärken. Einer der berühmtesten Klavierbauer war *Heinrich E. Steinway,* der 1853 in New York die Firma »Steinway & Sons« gründete. Steinway-Flügel zählen auch heute noch zu den besten Klavieren der Welt.

Klima So bezeichnet man den Zustand der **Atmosphäre,** der eine bestimmte Region der Erde kennzeichnet. Das Klima wird bestimmt von Meeresströmungen, der Bodenbeschaffenheit und der **Vegetation** eines Gebietes. Auch Niederschläge **(Regen),** Sonnenschein, Lufttemperatur und **Wind** sind für das Klima maßgeblich. Große Gebiete mit annähernd gleichem Klima bezeichnet man als *Klimazone.* Man unterscheidet *tropische Zonen* (beiderseits des **Äquators**); *Trockenzonen* (zum Beispiel das Innere Afrikas und Australiens); *warmgemäßigte Zonen* (zum Beispiel Mitteleuropa); *kaltgemäßigte Zonen* (zum Beispiel **Rußland)** und *polare Zonen* (arktische Gebiete, **Alaska** und **Grönland**). Überall dort, wo der Mensch über lange Zeit hinweg mehr oder weniger gedankenlos in die Natur eingegriffen hat (zum Beispiel durch Abholzen der Wälder), hat sich das Klima ungünstig verändert. Das Klima ist für unser Wohlbefinden mitbestimmend. Bei bestimmten Krankheiten wird zur Gesundung ein Klimawechsel empfohlen. Die Wissenschaft vom Klima heißt *Klimatologie.*

Verteilung der Klimazonen

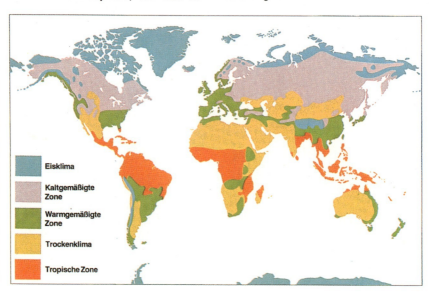

Kolonie

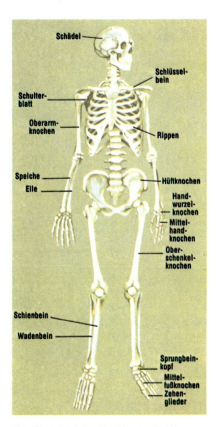

Das Skelett ist das Knochengerüst der Menschen und der Wirbeltiere

Knochen Sie sind (zusammen mit den **Zähnen**) die härtesten Körperbestandteile der Menschen und Wirbeltiere. Das Knochengerüst nennt man *Skelett*. Es verleiht dem Körper und seinen Organen Halt und Form. Knochen sind nicht leblos. Sie verändern sich fortwährend bis ins hohe Alter. Jedes Jahr erneuern sich 5 Prozent der **Zellen,** die die Knochen bilden. Diese bleiben dadurch elastisch und halten großen Belastungen stand. Die Knochen eines Kindes sind beweglicher als die eines Erwachsenen. Bei älteren Menschen brechen sie schneller und wachsen auch nicht mehr so gut zusammen. Ein Knochen besteht aus mehreren Schichten. Außen überzieht ihn die Knochenhaut. Mit ihr sind die Blutgefäße verwachsen **(Blut).** Im Inneren liegt das Knochenmark. Es bildet am Rande Blutzellen und besteht in der Mitte hauptsächlich aus gelbem Fettmark.

Kohle Sie ist einer der wichtigsten Bodenschätze und Energielieferanten. Die Kohle hat sich, wie das **Erdöl,** unterirdisch in Millionen Jahren aus Pflanzenresten gebildet. Riesige tropische Urwälder wandelten sich zu Torfmooren **(Moor),** die weiter absanken und von Sandschichten überdeckt wurden. Unter enormem Druck und Luftabschluß verkohlten die Pflanzen. Im Laufe ungeheurer Zeiträume überlagerten Gesteinsschichten diese Kohlelager und drückten sie zu einer steinartigen Kohlenmasse zusammen. So entstand in 250 Millionen Jahren tief unter der Erdoberfläche die *Steinkohle.* Die weiter oben liegende Kohlenschicht, die *Braunkohle,* bildete sich in »nur« 40 Millionen Jahren. Kohle wird im **Bergbau** abgebaut (Steinkohle im *Untertagebau,* Braunkohle meist im *Tagebau).* Erhitzt man Steinkohle unter Luftabschluß, erhält man *Koks.* Er wird hauptsächlich zur Gewinnung von **Eisen** und Stahl gebraucht. Steinkohle ist härter als Braunkohle und hat deshalb einen größeren Heizwert. Die Weltvorräte an Kohle sind gewaltig: etwa 6–8 Billionen Tonnen. In der Steinkohlenförderung steht **Rußland** an erster Stelle in der Welt. Die größten Braunkohlenlager liegen im Osten Deutschlands.

Kolonie Darunter versteht man die Siedlungsgemeinschaft von Menschen eines Volkes in einem fremden Land. Kolonie nennt man auch das Gebiet, das eine ausländische Macht in einem Land in Besitz genommen hat. Bereits im **Altertum** besaßen die Phönizier, Griechen und Römer im Mittelmeerraum und in Kleinasien Kolonien. Mit

Komet

den **Entdeckungsreisen** im 15. und 16. Jahrhundert begann die europäische Kolonialherrschaft über Gebiete auf allen Erdteilen. Die ersten Kolonialmächte waren Spanien und Portugal mit Besitzungen in Mittel- und Südamerika. Im 16. Jahrhundert setzten sich die Holländer in Südostasien und Südafrika fest. Im 17. und 18. Jahrhundert kämpften England und Frankreich um die Vorherrschaft in Ostindien und Nordamerika. Im 19. Jahrhundert teilten die europäischen Mächte ganz Afrika untereinander auf. Die Kolonialherren beuteten die Kolonien rücksichtslos aus. Sie holten sich wertvolle Rohstoffe zu äußerst billigen Preisen von dort und lieferten dann fertige, teure Waren in die Kolonien. In viele Kolonien wurden Strafgefangene geschickt *(Strafkolonien)*. Im 20. Jahrhundert gewannen die Völker in den Kolonien nach und nach, häufig nach langen, schweren Kämpfen, ihre Unabhängigkeit zurück. Die meisten ehemaligen Kolonien gehören heute zu den Ländern der **Dritten Welt**. Kolonie nennt man auch eine Gruppe von Tieren, die gesellig zusammenlebt. Viele Vögel leben und brüten in Kolonien.

Komet Das ist ein Himmelskörper, der sich um die **Sonne** bewegt. Nur wenige Kometen kann man mit dem bloßen Auge sehen. Bei einem Kometen unterscheidet man zwischen Kopf (mit Kern und Nebenhülle) und Schweif. Nähert sich der Komet der Sonne, lösen die Sonnenstrahlen Ausbrüche von leuchtenden Gasmassen aus. Sie legen sich als Hülle um den Kometenkern. Dieser besteht aus **Meteoriten** und Eisstücken. Der Schweif des Kometen entsteht dadurch, daß leuchtende Gasteile durch die Sonnenstrahlung vom Kometenkopf weggetrieben werden. Manche Kometen lösen sich in viele Teile auf. Treten diese Kometenteile in die **Atmosphäre** ein, erscheinen sie als *Sternschnuppen*. Der bekannteste Komet ist der *Halleysche Komet*. Er

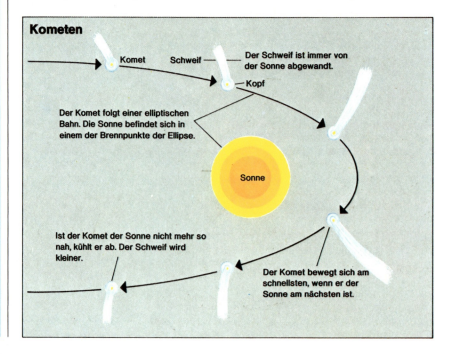

König

ist alle 76 Jahre zu sehen und erschien 1985/86 wieder am Himmel.

Kommunismus Das ist eine Gesellschafts- und Wirtschaftsform, in der es keinen Privatbesitz gibt. Alle Menschen sind sozial gleichgestellt und allen gehört alles **(Sozialismus)**.

Kompaß Mit diesem Gerät kann man die Himmelsrichtungen bestimmen. Beim Kompaß wirkt sich der Erdmagnetismus aus. An jedem Punkt der Erde stellt sich die Magnetnadel auf die Nordsüdrichtung ein. Da jedoch die geographischen Erdpole nicht mit den magnetischen Erdpolen übereinstimmen, ergibt sich örtlich eine geringe Abweichung der Nordsüdrichtung *(Mißweisung)*. Bei einem kleinen Kompaß dreht sich die auf einer Pinne sitzende Nadel über einem Zifferblatt. Bei größeren Kompassen sind mehrere Nadeln an der Unterseite der Kompaßrose angebracht. Man unterscheidet verschiedene Kompaßarten je nach Verwendung. Auf **Schiffen** ist ein *Regelkompaß* an einer magnetisch günstigen Stelle angebracht. Er kontrolliert den eigentlichen Schiffskompaß, da dieser vom Magnetismus **(Magnet)** der Eisenteile auf dem Schiff beeinflußt wird. In **Flugzeugen** ist ein *Fernkompaß* eingebaut. Dabei steuert ein Mutterkompaß einen Kursgeber und Kurszeiger. Der *Astrokompaß* wird zur **Navigation** in polnahen Gebieten eingesetzt. Dann gibt es noch den *Kreiselkompaß* und den *Elektronenkompaß*.

König So nannten die **Germanen** den gewählten Fürsten ihres Stammes. Später war der König der oberste Herrscher eines Landes. Das Land, über das ein König herrscht, ist ein *Königreich*. Im **Mittelalter** wurde das Königtum in England und Frankreich erblich, in **Deutschland** wählten den König noch die Stammesherzöge. Allerdings ging die Königswürde meist vom Vater auf

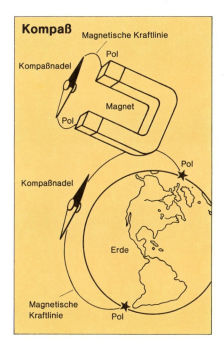

König Ludwig XIV. von Frankreich (1638–1715)

Kopie

den ältesten Sohn über. Der deutsche König war, wenn er in Rom vom **Papst** gekrönt wurde, auch römischer **Kaiser.** In späterer Zeit führten auch einige deutsche Landesfürsten den Königstitel (zum Beispiel in Preußen, Württemberg und Bayern). Nach Ende des Ersten Weltkrieges wurde in **Deutschland** die Königs- und Kaiserwürde abgeschafft. In Europa gibt es heute noch einen König in Spanien, Belgien, Schweden, Norwegen und eine Königin in England, Holland und Dänemark. In all diesen Königreichen liegt jedoch die politische Macht und Entscheidung beim **Parlament** und einer gewählten **Regierung.**

Die Atlantische Becherkoralle ist auch im Mittelmeer zu finden

Kopie Dieses Wort hat verschiedene Bedeutungen. Einmal kann damit die Nachbildung eines Kunstwerks oder Schmuckstücks gemeint sein. Zum anderen wird auch die Vervielfältigung eines Schriftstücks, von Filmen und Fotografien Kopie genannt. Für die Vervielfältigung von Schriftstücken und Zeichnungen werden unterschiedliche Techniken angewandt. Beim Trocken- oder Naßkopieren wird die Vorlage auf einen elektrostatisch aufgeladenen Zwischenträger übertragen und dann mit entgegengesetzt geladener Pulverfarbe (Trockenkopierer) oder flüssiger Farbe (Naßkopierer) in Kontakt gebracht und dann auf ein unbelichtetes Papier aufgetragen. Dann gibt es noch das Wärmekopierverfahren (Wärmestrahlung auf Spezialpapier), das Lichtpausverfahren (für Bau- und Konstruktionszeichnungen) sowie das elektrofotografische Verfahren, bei dem die Kopiergeschwindigkeit sehr groß ist.

Korallen Sie sind meeresbewohnende Hohltiere und sitzen wie Polypen auf dem Untergrund fest. Ihr Körper besteht aus einer Hohlröhre. Um den Mund sind viele Fangarme verteilt. Mit ihnen fängt die Koralle kleine Krebstierchen und führt sie zur Mundöffnung. Es gibt Korallen als Einzelwesen und riffbewohnende Korallen *(Korallenriffe)* in warmen Meeren. Die Riffkorallen sind im Stock durch ein kalkhaltiges Skelett mit Ernährungskanälen untereinander verbunden. Das größte Korallenriff der Erde ist mit einer Länge von 2400 km und einer Breite von 100 m das »Große Barrierriff« vor der Nordostküste Australiens.

Kraft Erhöht ein Körper seine **Geschwindigkeit,** spricht man von *Beschleunigung.* Wird ein Körper losgelassen, fällt er beschleunigt der Erde entgegen. Jede Fallbewegung wird von einer Kraft verursacht, die alle Körper senkrecht nach unten zum Erdmittelpunkt zieht. Man nennt sie *Erdanziehungskraft* oder *Schwerkraft* (Gravitation). Ihre Wirkung spürt man als Gewicht. Kein Körper setzt sich von selbst in Bewegung, dazu ist immer eine Kraft nötig. Schiebt man einen Wagen an oder wirft einen Ball, so wird Muskelkraft aufgewendet. Übt ein Körper auf einen zweiten eine Kraft aus, so übt der zweite auf den ersten eine entgegengesetzt gerichtete, gleich große Kraft aus, die sogenannte *Gegenkraft.* Je nach

Kran

ihrer Ursache unterscheiden wir Muskelkraft, Magnetkraft **(Magnet)**, Federkraft **(Feder)**, Reibungskraft, Gewichtskraft, Wasserkraft und Windkraft.

Kraftwerk Das ist eine Anlage, in der **Energie** in *elektrischen Strom* **(Elektrizität)** umgewandelt wird. In einem Kraftwerk werden von verschiedenen Energieträgern **Turbinen** angetrieben. Diese setzen einen *Generator* (eine elektrische Maschine, die mechanische in elektrische Energie umwandelt) in Gang. Je nach Energieträger unterscheidet man verschiedene Kraftwerke: 1. *Wärmekraftwerke,* die vorwiegend Dampfkraftwerke sind. Die riesigen Dampfkessel werden mit Kohle, Gas oder Öl beheizt. 2. *Wasserkraftwerke,* die mit der Wasserkraft aus einem Stausee **(Staudamm)** betrieben werden. 3. **Atomkraftwerke,** bei denen die Feuerung der Dampfkessel durch den Atomreaktor ersetzt wird. 4. *Gezeitenkraftwerke,* die mit Hilfe von **Ebbe und Flut** arbeiten. 5. *Windkraftwerke,* bei denen der Wind einen Rotor dreht, der seinerseits einen Generator antreibt. 6. *Sonnenkraftwerke,* bei denen die Sonnenstrahlen mit einem Hohlspiegel gesammelt und auf einen Ofen gelenkt werden, in dem Wasserdampf erhitzt wird. Der erzeugte Strom fließt in Überlandleitungen vom Kraftwerk an den Verbrauchsort.

Kran Mit seiner Hilfe lassen sich schwere Lasten aller Art heben, schwenken oder versetzen. Auf Baustellen wird ein *Turmdrehkran* eingesetzt. Die Lasten (Sand, Steine usw.) werden über einen verstellbaren Ausleger gehoben. Je steiler dieser hinausragt, desto weniger wirkt die Last auf das Gegengewicht des Krans unten am Kranwagen. Dieses Gegengewicht sorgt dafür, daß der Kran nicht umstürzt. Ein *Laufkran* ist beweglich und läuft auf einem kleinen Wagen (Laufkatze). Er dient zum Bewegen schwerer

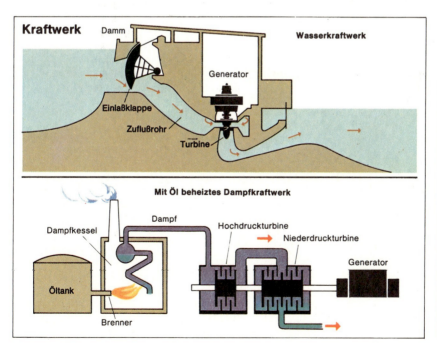

Krankenhaus

Maschinenteile in Fabriken. Der *Drehkran* dreht sich um eine senkrechte Achse. Mit ihm werden Schiffe, Eisenbahnwaggons und Lastwagen entladen. In Häfen werden *Schwimmkräne* eingesetzt. Sie sind auf schwimmenden Stahlsockeln montiert.

Krankenhaus Hier sind Kranke *(Patienten)* untergebracht und werden von Ärzten und Pflegepersonal behandelt und gesundgepflegt. In einem Krankenhaus gibt es verschiedene Abteilungen. In der *chirurgischen* Abteilung werden **Operationen** durchgeführt und nachbehandelt. In der *internistischen* Abteilung behandelt man Krankheiten aller Art mit Medikamenten. In der *gynäkologischen* Abteilung heilt man Frauenkrankheiten. Dort wird auch die Geburtshilfe **(Geburt)** geleistet. In der **Ambulanz** werden Kranke und Verletzte versorgt, die nicht im Krankenhaus bleiben müssen. Weiter verfügt ein Krankenhaus über Operationssäle, eine Intensivstation (Wachstation für Frischoperierte und Schwerstkranke), Röntgen- und Bestrahlungsräume, Untersuchungs- und Laborräume sowie eine Großküche und eine Wäscherei. Medikamente und medizinische Geräte sind in Vorratsräumen untergebracht. Neben den allgemeinen Krankenhäusern gibt es Fachkliniken wie Kinder-, Frauen-, Haut-, Augen- und Nervenkliniken. Großkliniken verfügen über viele Fachabteilungen. Es gibt staatliche, private und Gemeindekrankenhäuser. Angehörige des Militärs werden in einem Militärkrankenhaus oder *Lazarett* behandelt.

Krebs Er gehört zum artenreichen Tierstamm der *Gliederfüßer* und lebt in Flüssen, Seen und Meeren. Krebse haben mehr als 4 Beinpaare, von denen das erste Gehbeinpaar zu kräftigen Scheren ausgebildet ist. Ihr Körper trägt einen Chitinpanzer und gliedert sich in Kopf, Brust und Hinterleib. Der Kopf trägt zwei Paar Antennen und drei Paar Mundgliedmaßen. Als Wasserbewohner atmen die Krebse mit *Kiemen,* selten durch die feine Oberhaut. Die **Fortpflanzung** erfolgt durch Eier. Viele Krebsarten betreiben Brutpflege **(Brut).** Zu den Krebsen gehören der *Flußkrebs,* der *Hummer,* der *Einsiedlerkrebs,* die *Krabben,* die *Garnelen* und der *Wasserfloh.* Mit Krebs wird auch eine schlimme und weitverbreitete Krankheit bezeichnet. Sie äußert sich in bösartigen Geschwulsten, die überall im Körper auftreten können. Bei Krebs entsteht eine krankhafte Teilung von Körperzellen **(Zellen),** die sich rasch

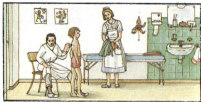

Krankenhaus mit Krankenwagen, Ambulanz und Pflegestation

Krokodil

vergrößern und vermehren. In sehr vielen Fällen führt diese Krankheit unweigerlich zum Tode. Wird Krebs jedoch frühzeitig entdeckt, kann vielen Kranken noch durch eine **Operation,** durch Bestrahlung und Behandlung mit Medikamenten geholfen werden. Deshalb wird allen Männern und Frauen ab 30 Jahren empfohlen, sich jährlich einer *Krebsvorsorgeuntersuchung* zu unterziehen.

Krieg Können Staaten oder Volksgruppen ihre Streitigkeiten nicht mehr im vernünftigen Gespräch beilegen, versuchen sich die Gegner mit Waffengewalt durchzusetzen. Dann führen sie Krieg miteinander. Die Geschichte der Menschheit wurde von Anfang an durch Kriege bestimmt. Die schrecklichsten davon waren der *Erste* und der *Zweite Weltkrieg,* alle beide in unserem Jahrhundert. Allein durch diese zwei Kriege mußten innerhalb von 40 Jahren viele Millionen Menschen ihr Leben lassen, entweder in Kampf oder durch Bombenzerstörung, Hunger, Krankheit und Not. Millionen von Menschen verloren ihr Hab und Gut, ihre Heimat und mußten flüchten. Hauptleidtragende des Krieges ist immer die Zivilbevölkerung, die den Krieg ja niemals will. Besonders traurig aber ist es, wenn Menschen ihr Wissen, ihr Können und ihre Geschicklichkeit einsetzen, um immer schrecklichere Waffen zu erfinden und zu bauen. Heute gibt es Waffen, mit deren Einsatz man die ganze Erde zerstören kann. Doch seit es Krieg gibt, hoffen die Menschen darauf, einmal in Frieden miteinander zu leben. Auch wenn diese Hoffnung sich bisher nicht erfüllt hat, so gibt es heute immer mehr Menschen, die sich mit ganzer Kraft für den Frieden einsetzen.

Kristalle Das sind feste Körper, deren **Atome** regelmäßig angeordnet sind. Die innere Anordnung läßt sich

Kristalle

Wenn das Wasser in einer Salzlake verdunstet, bekommt man kleine, viereckige Kristalle aus Kochsalz, Natriumchlorid.

Die Kristalle sind viereckig, weil Natrium- und Chlor-Atome in einem viereckigen Muster oder Kristallgitter geordnet sind.

auch an der äußeren, durch ebene Flächen begrenzten Form erkennen. **Gesteine** bestehen aus vielen kleinsten, eng miteinander verwachsenen Kristallen. Ihre Form ist deshalb nicht regelmäßig. **Eis** und **Schnee** sind ebenfalls winzige Kristalle. **Edelsteine** setzen sich aus Kristallen zusammen, die sich durch besondere Härte und schöne Farbe auszeichnen. Auch geschliffenes **Glas** bezeichnet man als Kristall.

Krokodil Dieses urtümlich aussehende *Kriechtier* lebt vorwiegend im Süßwasser. Krokodile sind mit den **Sauriern** verwandt. Heute leben noch 20 Arten, die jedoch in ihrem Bestand bedroht sind, da ihre schuppige Panzerhaut zur Herstellung kostbarer Lederwaren sehr begehrt ist. In Amerika werden deshalb Krokodile auf Farmen gezüchtet. Krokodile kommen hauptsächlich in den tropischen Flüssen vor. Im Wasser sind sie mit ihrem hohen Ruderschwanz und den Schwimmhäuten

Kuckuck

Krokodil

zwischen den Zehen recht flink. An Land bewegen sie sich nur sehr schwerfällig. Mit ihrem riesigen Maul, das mit vielen Zähnen besetzt ist, schnappen sie nach Fischen oder Säugetieren, die zum Trinken kommen. Sie zerreißen ihre Beute mit den Zähnen und schlingen sie in großen Bissen hinunter. Krokodile pflanzen sich durch Eier fort, die das Krokodilweibchen im Sand vergräbt. Wenn sich die jungen Krokodile quakend in den Eiern melden, werden die Eier aus dem Sand gescharrt. Das bekannteste ist das *Nilkrokodil*. Es wird etwa 6 m lang und einige Tonnen schwer. Von den *Alligatoren* unterscheiden sich die sogenannten *echten* Krokodile dadurch, daß der 4. Unterkieferzahn auch bei geschlossenem Maul sichtbar ist.

Kuckuck Dieser unruhige, scheue und einsam lebende *Waldvogel* wird ungefähr 30 cm lang und hat ein blaugraues Gefieder. Sein Ruf klingt wie sein Name: »Ku-kuck«. Am häufigsten hört man den Kuckuck im Frühling rufen, wenn er aus Afrika, wo er den Win-

Ein junger Kuckuck wird von einer Bachstelze gefüttert

Kupfer

ter verbringt, zurückgekehrt ist. Das Weibchen legt die Eier einzeln in die Nester anderer kleiner Singvögel und läßt sie von den »Pflegeeltern« ausbrüten. Der junge Kuckuck wächst dort rasch heran und verdrängt die anderen jungen Vögel aus dem Nest. Er ist meist größer als die Pflegeeltern, die ihn so lange füttern, bis er fortfliegen kann.

Kultur Unter diesem Begriff faßt man alle Bestrebungen und Leistungen des Menschen, sich und seine **Umwelt** zu gestalten, zu formen und zu veredeln, zusammen. Kultur umfaßt die Nutzung des Bodens, die Gestaltung der Siedlungs- und Wohnräume, die **Kunst**, die **Religion**, die Pflege geistiger Güter und die Formen des Zusammenlebens in einer Gemeinschaft. Schon 4000 Jahre v. Chr. entstanden in **Ägypten** die ersten Hochkulturen, deren Zeugnisse wir zum Teil heute noch bewundern können. **China** ist eines der ältesten Kulturländer der Welt. Im **Altertum** war in Europa die Kultur der Griechen und Römer von großem Einfluß. Im **Mittelalter** wurde das **Christentum** zum wichtigsten Kulturträger. Durch die **Entdeckungsreisen** gelangte die europäische Kultur in alle Erdteile. Mit Anbruch des »technischen Zeitalters« **(Technik)** im 19. und 20. Jahrhundert setzte eine neue kulturelle Entwicklung ein.

Kunst Damit bezeichnet man alle Erzeugnisse einer schöpferischen und gestaltenden Tätigkeit des menschlichen Geistes. Dazu gehören Werke der Architektur (Baukunst), Malerei, Bildhauerei, Musik und Dichtung; aber auch Theater, Tanz sowie körperliches Geschick und Können (Kunstturnen). Den Schöpfer eines Kunstwerkes nennt man *Künstler*. Kunst steht im Gegensatz zur gewachsenen Natur.

Kunststoff Darunter versteht man einen im Gegensatz zu natürlichen Stoffen chemisch abgewandelten Naturstoff oder völlig neu hergestellten Stoff. Kunststoffe sind widerstandsfähiger und beständiger als natürliche Werkstoffe wie **Holz, Metall,** Wolle und Leder. Deshalb finden sie auch in allen Bereichen Anwendung: in der Textilindustrie, Bauindustrie, Autoindustrie, Verpackungsindustrie, Möbelherstellung, bei Haushaltsgeräten, ja sogar in der **Medizin** (Einsetzung von künstlichen Gelenken). Der Nachteil von Kunststoffgegenständen ist, daß sie nicht verrotten. 1983 wurde in der Bundesrepublik Deutschland eine erste Großanlage in Betrieb genommen, in der Kunststoffabfälle **(Müll)** in ihre chemischen, wieder verwertbaren Bestandteile zerlegt werden. Dabei werden Gas, Öl und chemische Rohstoffe gewonnen.

Kupfer Dieses rötliche, sehr dehnbare *Schwermetall* kommt in der Natur entweder rein als **Kristall** oder in **Erzen** (Kupferkies, Kupferglanz, Malachit) vor. An feuchter Luft überzieht sich Kupfer allmählich mit einer grünen Schicht. Das läßt sich an vielen Kupferdächern oder -kuppeln beobachten. Kupfer wird vorwiegend in der Elektroindustrie verarbeitet. Es ist nach Silber der beste Wärme- und Elektrizitätsleiter. Mit Kupferblech werden Dächer gedeckt. Auch Pfannen, Braukessel und Dichtungsringe werden aus Kupfer hergestellt. *Kupferlegierungen* (Mischungen aus zwei Metallen) sind **Bronze** (Kupfer und Zinn) und *Messing* (Kupfer und Zink). Die größten Lager sind in Amerika und in der ehemaligen Sowjetunion, in China und in Sambia. Schon vor 7000 Jahren wurde Kupfer von den alten Ägyptern im **Bergbau** gewonnen. Dort begann um 3900 v. Chr. die *Kupferzeit*. Im **Altertum** wurde Kupfer vor allem in Spanien bergmännisch abgebaut. In Deutschland fing man damit erst im **Mittelalter** an.

Labor

Labor Damit bezeichnet man einen Arbeitsraum, der Naturwissenschaftlern **(Physik, Chemie, Medizin)** und Technikern für ihre Forschungen dient. In einem Labor werden mit besonderen Geräten wissenschaftliche Untersuchungen vorgenommen. Die Ergebnisse dieser Forschungen werden in der Industrie bei der Herstellung bestimmter Stoffe genutzt. Ein *Laborant* oder eine *Laborantin* ist jemand, der bei diesen wissenschaftlichen Arbeiten, Untersuchungen und Versuchen mithilft oder assistiert.

Land Es umfaßt alle festen Teile der Erdoberfläche im Gegensatz zu den Meeren, Seen und Flüssen. Die **Erdteile** sind große Landteile, **Inseln** kleine Festlandsgebiete im Meer oder einem See. Am Rande der Meere liegt das *Küstenland,* das Landesinnere nennt man *Binnenland.* Je nach Höhe über dem Meeresspiegel spricht man von *Hoch-* oder *Tiefland. Flach-, Hügel-* oder *Gebirgsland* sind weitere Landschaftsbezeichnungen. Auch ein politisch begrenztes Gebiet **(Staat)** nennt man Land. Man kann entweder in der Stadt oder auf dem Land (in einem Ort oder Dorf) leben.

Landkarte Man braucht sie, um sich zu Land und zu Wasser zurechtzufinden. Auf Landkarten werden Teile der Erdoberfläche in einem stark verkleinerten Maßstab dargestellt. Bestimmte Zeichen weisen auf Grenzen, Straßen, Städte und kleinere Ortschaften, Wäl-

Ein chemisches Labor

der, Gebirge, Flüsse, Seen, Feuchtgebiete, Trockengebiete und Graslandschaften hin. Bei *geographischen* Karten werden nur die wesentlichen geographischen und politischen Gegebenheiten **(Grenzen)** gezeigt. In einer *topographischen* Karte sind Bodenformen, Gewässer, Vegetation, Besiedlung, Verkehrswege usw. eines Landes, einer Landschaft oder Örtlichkeit aufgezeigt. Land- und Seekarten werden heute mit Hilfe von Luft- und Satellitenfotos **(Satellit)** angefertigt. Die Wissenschaft und Technik der Herstellung von Landkarten heißt *Kartographie,* der Landkartenzeichner *Kartograph.*

Landwirtschaft Unter diesem Begriff faßt man die Nutzung des Bodens zum Anbau von Pflanzen **(Ackerbau)** und zur *Viehzucht* zusammen. In der **Vorgeschichte** lebten die Menschen von der **Jagd,** vom Fischfang oder Pflanzensammeln. Erst als sie seßhaft wurden, sich feste Hütten errichteten und Tiere zähmten, bauten sie auch Pflanzen an. Die ersten landwirtschaftlichen Erzeugnisse waren wohl verschiedene Getreidearten, zum Beispiel Weizen und Gerste. Der Boden jedoch erschöpft sich nach mehrmaligem Anbau, und die Pflanzen gedeihen nicht mehr so recht. Früher zogen die Menschen dann einfach weiter und bepflanzten neues Land, von dem es ja genügend gab. Durch das Anwachsen der Bevölkerung wurden diese Wanderungen immer mehr eingeschränkt. Im **Mittelalter** ging man deshalb zur »Dreifelderwirtschaft« über. Das Land wurde in drei Abschnitte eingeteilt. Auf dem ersten Feld brachte man die Sommersaat, auf dem zweiten die Wintersaat aus. Das dritte lag brach, um sich zu erholen. Im 19. und 20. Jahrhundert konnte die Bodennutzung durch Anbauwechsel verbessert werden. Der Kunstdünger **(Dünger)** wurde erfunden; er ließ Pflanzen schneller wachsen und steigerte die Erträge. Den Landwirten **(Bauern)** wird heute ihre schwere Arbeit durch den Einsatz modernster und leistungsfähiger Landmaschinen (Mähdrescher, Hack- und Sämaschinen) erleichtert. Seit den 70er Jahren wird in der Landwirtschaft der sogenannte *biologische Landbau* verstärkt vorangetrieben. Er verzichtet auf Kunstdünger und chemische Pflanzenschutzmittel und bemüht sich um einen geschlossenen Stoffkreislauf in der Natur.

Lautsprecher Dieses Gerät wandelt elektrische Schwingungen **(Elektrizität)** in **Schall** und Töne um. Der Lautsprecher arbeitet umgekehrt wie ein **Mikrofon.** Hinter einer Metallmembran mit einer Drahtspule liegt ein Dauermagnet **(Magnet).** Die Membran wird durch das veränderliche Magnetfeld bewegt. Dieses ändert sich, wenn durch die Wicklung in der Spule elektrischer Strom fließt. Die Membran schwingt dann im Rhythmus der Magnetfeldschwankungen und überträgt diese Schwingungen als hörbaren Schall. Lautsprecher dienen zur Wiedergabe von Sprache und Musik und sind in Rundfunk- und Fernsehgeräten, Plattenspielern, Tonbandgeräten und als besonders kleine Exemplare in Telefonhörern **(Telefon)** eingebaut (Bild Seite 200).

Lawine So bezeichnet man Schnee- und Eismassen, die sich von einem steilen Hang talwärts bewegen und dabei Bäume mitreißen sowie Schutt und Geröll mit sich führen. Lawinen lösen sich meist dann, wenn Tauwetter einsetzt oder sich der Neuschneezuwachs mit der vorhandenen Schneegrundlage noch nicht verfestigt hat. Die sich rasch vorwärts bewegenden Lawinen sind eine große Gefahr für Skifahrer. Auch können sie Bergstraßen und Eisenbahnstrecken zuschütten und in Bergdörfern großen Schaden anrichten. Um einem Lawinenunglück vorzubeugen,

Leber

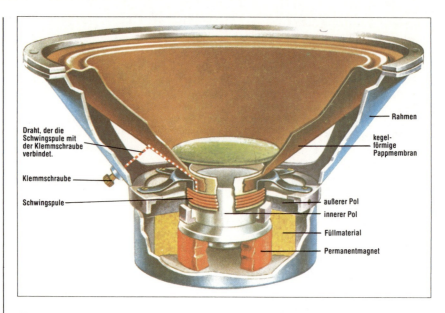

Ein Lautsprecher im Querschnitt

nimmt man heute zur Sicherung von Skipisten bereits am frühen Vormittag fachmännische Sprengungen der Schneebretter vor. Zum Schutz von Ortschaften und Straßen baut man Stützmauern und Galerien. Auch im Sommer können nach starken Regenfällen Geröll-, Stein- und Schlammlawinen schreckliche Zerstörung anrichten.

Schneelawine

Leber Mit 1,5 kg Gewicht ist sie das zweitgrößte Organ des menschlichen Körpers. Die Leber liegt zu drei Vierteln im rechten Oberbauch. Im Normalfall ist sie weich und kann mit der Hand nicht gefühlt werden. Erst bei krankhaften Veränderungen wird sie hart und fühlbar. Die Leber ist von zahl-

Leopard

reichen Blutgefäßen durchzogen. Eine Leberverletzung (zum Beispiel durch Schläge in den Bauch) führt zu starken Blutungen und unter Umständen zum Tode. Die Leber erfüllt viele Aufgaben im Körper. Sie speichert Nährstoffe und bildet Harnstoffe, die für die Ausscheidung wichtig sind. In ihr wird auch eine Substanz gebildet, die das **Blut** gerinnen läßt. Anderenfalls müßte man bei einer Schnittverletzung verbluten. Auch bei der **Verdauung** wirkt die Leber mit. Alle aus der Darmflüssigkeit aufgesaugten Stoffe gelangen mit dem Blut in die Leber. Hier wird das sogenannte Darmblut kontrolliert und entgiftet. Deshalb führen dauernde Vergiftungen über die Nahrungsaufnahme (zum Beispiel Alkoholmißbrauch) zu schweren Leberschäden.

Leichtathletik Damit bezeichnet man Sportarten, die sich aus den natürlichen Bewegungen des Menschen (Gehen, Laufen, Springen, Werfen, Stoßen) entwickelt haben. In der Leichtathletik werden heute Wettkämpfe im Kurz-, Mittel-, Langstrecken-, Hindernis- und Staffellauf, im Strecken- und Stundengehen, im Weit-, Drei-, Hoch- und Stabhochsprung; im Diskus-, Hammer- und Speerwerfen sowie im Kugelstoßen ausgetragen. Dazu gehören auch noch der Fünf- und Zehnkampf, bei denen mehrere **Disziplinen** zusammengefaßt sind.

Leopard Diese große Raubkatze **(Katzen)** lebt in den Wäldern und Steppen Afrikas und Südasiens. Der Leopard oder *Panther* ist als Waldbewohner ein hervorragender Kletterer. Im Gegensatz zum **Tiger** ist sein Fell gelbschwarz gefleckt oder ganz schwarz. Mäntel aus kostbarem Leopardenfell waren so begehrt, daß das Tier in seinem Bestand ernsthaft bedroht war. Durch Tierschutzmaßnahmen **(Tier-**

110-m-Hürdenlauf

Leuchtturm

Ein Leopard im Serengeti-Nationalpark in Tansania, Afrika

schutz) wurde der rücksichtslosen Leopardenjagd Einhalt geboten. Dem Leoparden sehr ähnlich sind der *Jaguar* und der *Puma* oder *Silberlöwe,* die in den Wäldern und Bergen Amerikas zu Hause sind.

Leuchtturm An diesem weithin sichtbaren Seezeichen orientieren sich bei Nacht oder schlechter Sicht die **Schiffe.** Der Leuchtturm steht an wichtigen Stellen der Küste, wie gefährlichen Felsenriffen und Untiefen, oder Küstenstrichen, wo sich häufig Nebelbänke festsetzen. Bei Tag ist er an seiner rot-weiß gestreiften Leuchtfarbe zu erkennen. Nachts strahlt er ein starkes Leuchtfeuer mit Kennsignalen aus. Darüber hinaus ist er mit Funkanlagen, Nebelsignalen sowie Einrichtungen für Sturmwarnungen und Seenotdienst ausgestattet.

Lexikon In diesem **Buch** sind die Wörter alphabetisch geordnet, das heißt von A bis Z. In einem Lexikon werden Wörter erklärt und die Worterklärungen mit Beispielen oder auch Bildern versehen, so daß jeder, der etwas wissen möchte, nachsehen kann. Ein Lexikon kann groß oder klein sein. Wenn sehr viele Wörter einer Sprache beschrieben oder erklärt werden, umfaßt es etwa 24 dicke Bände. Es kann aber auch so schmal sein, daß man es ganz leicht in die Tasche schieben kann.

Licht Es ermöglicht uns, daß wir alle Dinge in ihren verschiedenen Farben und Formen sehen können. In der **Physik** versteht man unter Licht eine besondere Form von sichtbarer Strahlungsenergie. Es gibt auch Lichtstrahlen, zum Beispiel **Röntgenstrahlen,** die für uns nicht zu sehen sind. Weißes Licht ist eine Mischung von Lichtstrahlen verschiedener Farben. Die Lichtstrahlen breiten sich im Weltraum nach allen Seiten mit einer Geschwindigkeit von etwa 300 000 km/s aus. Von der Lichtquelle (**Sonne,** Feuer, elektrischer

Löwe

Funke) werden die Lichtstrahlen als *elektromagnetische Wellen* ausgesandt. Manche Körper lassen die Lichtstrahlen ungehindert durch (zum Beispiel weißes Glas). Andere Körper (Metall, Holz oder Stein) sind lichtundurchlässig. Treffen die Lichtstrahlen auf einen solchen Körper, werden sie bei Metall zurückgeworfen (reflektiert) oder bei Holz und Stein nach allen Seiten hin zerstreut. Von bestimmten Stoffen (einem schwarzen Tuch) kann das Licht aber auch ganz aufgesaugt (absorbiert) werden. Treten Lichtstrahlen aus einem durchsichtigen Körper in einen anderen durchscheinenden Stoff über (zum Beispiel aus Wasser in Glas), ändern sie ihre Richtung, sie werden »gebrochen«.

Linde Dieser *Laubbaum* ist in etwa 25 Arten in den nördlichen, gemäßigten und subtropischen Klimazonen der Erde verbreitet. Bei uns wächst die bis zu 40 m hohe, früh blühende *Sommerlinde* und die nicht ganz so mächtige, spät blühende *Winterlinde*. Die gelblichen oder weißen Blüten der Linde duften sehr stark und locken die **Bienen** an. Aus den Blüten der Linde wird ein Tee bereitet, der fiebersenkend wirkt. Das Holz eignet sich für Schnitz- und Drechselarbeiten. Linden können bis zu 1000 Jahre alt werden. Im Volksbrauchtum der **Germanen** spielte die Linde als Gerichtsplatz (Gerichtslinde) eine große Rolle.

Eine Gerichtslinde in Eversen, Niedersachsen

Literatur Mit diesem Wort bezeichnet man alle geistigen, wissenschaftlichen und künstlerischen Äußerungen, die niedergeschrieben werden; also das gesamte Schrifttum. Jedes Volk bringt in seiner Muttersprache ein Schrifttum hervor. Die Menschheit besitzt über alle Grenzen hinweg ein gemeinsames Erbe an großen Dichtungen, das die *Weltliteratur* ausmacht. Die Literatur wird nach Zeitabschnitten und Gattungen eingeteilt. Zur *schönen* (oder schöngeistigen) Literatur zählen Romane, Erzählungen, Dramen, Gedichte, **Märchen**. Zur *Unterhaltungsliteratur* gehören leichtere, erzählende Werke. Fachwissen aus allen Bereichen vermittelt die *Fachliteratur*.

Lotterie An diesem Glücksspiel ist jeder, der ein Los kauft, beteiligt und hat die Chance zu gewinnen. Das *Lottospiel* wird unter staatlicher Aufsicht durchgeführt. Auf einen *Lottoschein* trägt man bestimmte Zahlen ein. Die Gewinnzahlen werden öffentlich (zum Beispiel im Fernsehen) gezogen und bekanntgegeben. Die Einnahmen gehören, abzüglich der Gewinne, dem Staat. Manche Lotterien werden für wohltätige Zwecke veranstaltet wie die Fernsehlotterie »Ein Platz an der Sonne« oder die »Glücksspirale«. Durch Lottospielen ist schon mancher zum Millionär geworden.

Löwe Diese größte Raubkatze gilt mit ihrem lauten, imponierenden Gebrüll als »König der Tiere«. Der Löwe hat

203

Luft

Löwenpärchen

wegen seiner Kraft keine natürlichen Feinde. Früher lebte er in ganz Afrika und Südasien. Heute findet man ihn nur noch in den **Steppen** Mittel- und Südafrikas. Der Löwe jagt nicht allein wie die meisten **Katzen,** sondern im Rudel. Er braucht täglich etwa 25 kg Fleisch. Seine Beute sind vorwiegend **Zebras** und **Antilopen.** Er springt ihnen meist auf den Rücken, reißt mit seiner mächtigen Pranke den Kopf des Opfers nach hinten, so daß das Genick bricht, oder tötet das Beutetier mit einem kräftigen Biß in den Nacken. Größeren Tieren (**Elefanten, Giraffen** oder **Büffeln**) gegenüber ist er meist im Nachteil. Der Löwe ist nicht sehr schnell. Verfehlt er sein Opfer im Sprung, läuft er ihm nur noch eine kurze Weile nach oder gibt gleich auf. Das scheinen die meisten Steppentiere, die ihm an Schnelligkeit überlegen sind, zu wissen. Oft grasen sie ganz gelassen in der Nähe eines Löwen, wobei sie ihn allerdings nicht aus den Augen lassen.

Luft Sie umgibt uns überall und hüllt die ganze Erde mit einer Schicht ein, die wir **Atmosphäre** nennen. Alles Lebendige braucht Luft, um zu leben. Sie ist farb- und geruchlos, ein Gemisch aus verschiedenen **Gasen** (21 Prozent **Sauerstoff,** 78 Prozent Stickstoff, 1 Prozent Edelgase, Kohlendioxid und Wasserdampf). Ohne Luft wären wir nicht in der Lage zu hören, denn der **Schall** kann im luftleeren Raum nicht reisen. Luft läßt sich auch zusammendrücken, ist aber bestrebt, sich immer wieder auszudehnen. Wie alle anderen Gase beansprucht sie einen bestimmten Raum. Ein »leeres« Gefäß enthält Luft; wenn man es füllt, muß sie entweichen können. Als *Luftdruck* bezeichnet man den durch das Gewicht der Luft erzeugten Druck.

Lunge Sie ist das Atmungsorgan des Menschen und der höheren Tiere. Die Lunge teilt sich in den rechten und linken Lungenflügel. Der rechte Lungenflügel ist mit drei Lappen etwas größer als der aus zwei Lappen bestehende linke Lungenflügel, der ja noch dem **Herzen** Platz machen muß. Die Lunge besteht aus vielen kleinsten Bläschen. Sie sitzen an den Enden winziger Luftröhrenäste, die elastisch sind und sich beim Ein- und Ausatmen erweitern oder verengen. Die hauchdünnen Wände

Magen

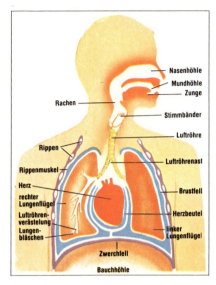

Die Lunge

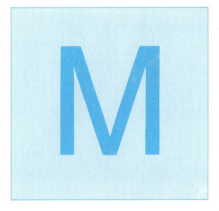

Magen Er stellt den größten Abschnitt des Verdauungsapparates dar. Der Magen liegt im Oberbauch, sieht aus wie ein kleiner Sack und ist ein **Muskel,** der sich regelmäßig bewegt. Seine Aufgabe ist es, die im **Mund** bereits zerkleinerte Nahrung zu einem Brei zu vermischen. Das geschieht mit Hilfe des Magensaftes, den die Magenschleimhaut liefert. Er besteht aus Wasser, Schleim, Salzsäure und *Pepsin,* einem Eiweißstoff, der für die Verwertung der Nahrung im Körper sehr wichtig ist. Durch wellenartige Bewegungen der Magenwände wird der Speisebrei zur weiteren **Verdauung** über den Magenausgang in den Zwölffingerdarm befördert.

der Lungenbläschen sind von winzigen Blutgefäßen durchzogen. Sie nehmen den **Sauerstoff** auf und geben das *Kohlendioxid* ab **(Atmung).** Die Lunge nimmt, je nach den mit der Atemluft eingedrungenen Fremdstoffen, eine rötliche bis schwarze Farbe an. Im Notfall kann sie 2–5 l Luft aufnehmen. Bei der Ausatmung entleeren sich jedoch die Lungen nie völlig.

Lupe Das ist ein Vergrößerungsglas, eine Sammellinse mit kleiner Brennweite zur Beobachtung sehr kleiner Dinge. Man nennt die Lupe auch *Brennglas.* Der beobachtete Gegenstand befindet sich in der vorderen Brennebene der Linse, so daß ein scheinbar vergrößertes Bild entsteht. Die Vergrößerung ist annähernd gleich dem Verhältnis der Sehweite zur Linsenbrennweite. Eine Lupe mit einer Linse von der Brennweite 50 mm vergrößert also fünffach. Wenn man mit Hilfe einer Lupe die Sonnenstrahlen auf ein leicht brennbares Material im Brennpunkt konzentriert, kann man ein Feuer anzünden.

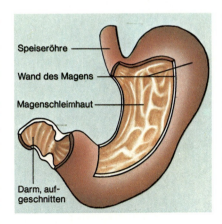

Der menschliche Magen im Längsschnitt

205

Magie

Magier

Magie So nennt man die Zauberkunst. Sie ist schon sehr alt und wird heute noch von Naturvölkern betrieben. Der *Magier* ist ein Zauberer, der früher Zaubersprüche und Beschwörungsformeln gebrauchte. Bei den **Indianern** verfügte der *Medizinmann* über magische Kräfte. Heute verstehen wir die Magie in erster Linie als Unterhaltungskunst, bei der weiße Kaninchen aus dem Zylinder gezaubert werden, Menschen in der Luft schweben und Dinge verschwinden. Doch für jedes noch so verblüffende Zauberkunststück gibt es eine natürliche Erklärung. Ein geschickter Zauberkünstler muß es verstehen, sein Publikum so abzulenken, daß es den Zaubertrick, der immer dabei ist, nicht wahrnimmt.

Magnet Er zieht **Eisen,** Eisenverbindungen und einige Metallgemische stark an. Taucht man einen Magneten in Eisenfeilspäne, bleiben vor allem an seinen Enden sogenannte »Bärte« aus Eisenspänen hängen. Diese Stellen mit der stärksten Magnetwirkung nennt man die *Magnetpole*. Von ihnen aus wirkt die magnetische Kraft, der *Magnetismus,* nach allen Seiten in den Raum. Das Wirkungsgebiet nennt man das »magnetische Feld«. Wird ein Magnetstab frei beweglich aufgehängt, stellt er sich in Nord-Süd-Richtung ein. Der Pol, der nach Norden zeigt, heißt Nordpol, derjenige, der nach Süden zeigt, Südpol. Nähert man zwei Magnete mit ihren Polen einander an, ist eine Kraftwirkung zu beobachten. Gleichnamige Magnetpole stoßen sich ab, ungleichnamige ziehen sich an. Teilt man einen Magneten immer wieder, erhält man stets erneut einen vollständigen Magneten. Die winzigen Bereiche, die ebenfalls vollständige Magnete sind, heißen *Elementarmagnete.* Aber nicht nur von Eisenerzstücken, sondern auch vom elektrischen Strom **(Elektrizität)** geht eine Anziehungskraft aus. Ein *Elektromagnet* besteht aus einer Drahtspule mit einem Eisenkern. Sobald durch die Spule Strom fließt, werden durch das Magnetfeld der Spule die Elementarmagnete im Eisenkern geordnet. Er wirkt nun selbst wie ein Magnet und verstärkt die magnetische Kraft der Spule. Elektrische Energie kann also in magnetische Energie umgewandelt werden. Bei vielen elektrischen Maschinen ist ein Elektromagnet ein wesentlicher Bestandteil.

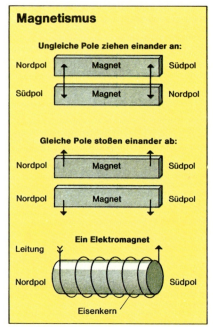

Märchen

Maikäfer

Maikäfer Dieser *Laubkäfer* kommt nur noch sehr selten in unseren Laubwäldern vor. Früher traten die Maikäfer in Massen auf und fraßen oft ganze Wälder kahl. Deshalb wurden sie überall mit chemischen Mitteln bekämpft. Heute will man sich jedoch darum bemühen, den Maikäfer vor dem Aussterben zu retten. Die Entwicklung von der Eiablage zum ausgewachsenen Tier dauert vier Jahre. Ende Mai graben sich die Weibchen in die Erde ein und legen dort 60–80 Eier ab. Aus den Eiern schlüpfen die weißen, wurmartigen *Engerlinge*. Sie ernähren sich von den Wurzeln verschiedener Pflanzen. Im Sommer des vierten Jahres verpuppen sie sich. Im Herbst schlüpft aus der *Puppe* das fertige Insekt. Den Winter verbringt der junge Maikäfer in der Puppenwiege. Erst wenn ein besonders warmer Frühlingstag kommt, kriecht er aus der Erde und setzt nach seinem vierjährigen, unterirdischen Dasein zum ersten Flug als **Käfer** an.

Main Dieser bedeutendste Nebenfluß des **Rheins** ist 524 km lang und auf einer Strecke von 400 km schiffbar. Die beiden Quellflüsse des Mains sind der *Weiße Main* (er entspringt im Fichtelgebirge) und der *Rote Main* (er entspringt in der Fränkischen Schweiz). Beide vereinigen sich bei Kulmbach. Der Main fließt durch die Städte Bamberg, Würzburg, Aschaffenburg, Frankfurt und mündet bei Mainz in den Rhein. Zwischen Bamberg und Mainz wurden 37 Staustufen eingebaut, an denen **Kraftwerke** liegen. Auf dieser Strecke bildet der Main einen Teil des *Rhein-Main-Donau-Kanals*.

Manager So wird häufig bei uns der leitende Angestellte einer großen Firma genannt. Ein Manager wird von dem Eigentümer des Unternehmens zur Leitung des Betriebes oder bestimmter Geschäftsbereiche angestellt. Er hat also viel zu sagen und kann wichtige Entscheidungen treffen. Er muß sehr gut organisieren und vorausschauend planen können. Künstler und Berufssportler werden ebenfalls von einem Manager betreut. Ein Manager wird gut bezahlt, muß aber auch sehr hart und viel arbeiten. Meist steht er unter Zeitdruck und führt ein gehetztes Leben. Diese Überbelastung führt häufig zu Erkrankungen, vor allem des Kreislaufs und des Herzens. Der *Herzinfarkt* (**Herz**) wird deshalb heute auch als »Managerkrankheit« bezeichnet.

Märchen Das sind frei erfundene Geschichten, die wunderbare und phantastische Begebenheiten erzählen. Im Märchen greifen übernatürliche Mächte in das Leben der Menschen ein. Tiere können sprechen oder nehmen Menschengestalt an. Menschen werden in Tiere oder Pflanzen verwandelt. Wesen, die es im wirklichen Leben nicht gibt, wie Riesen, Zwerge, Hexen, Zauberer, Feen, Elfen, Drachen bestimmen die Handlung. Am Ende eines Märchens wird stets das Gute belohnt und das Böse bestraft. Die *Volksmärchen* stammen aus dem Orient und gelangten im **Mittelalter** nach Europa. Sie

Marienkäfer

Den Gebrüdern Grimm hat die Stadt Hanau ein Denkmal gesetzt

Ein Marienkäfer mit Blattlaus

wurden von Generation zu Generation mündlich überliefert. »Tausendundeine Nacht« ist eine Sammlung der schönsten orientalischen Märchen. Die Brüder *Jakob* und *Wilhelm Grimm* sammelten hierzulande Märchen und gaben sie als »Kinder- und Hausmärchen« heraus. Aber auch von Dichtern wurden Märchen geschrieben. Zu ihnen zählen *Wilhelm Hauff* (»Zwerg Nase«) und *Hans Christian Andersen* (»Die Schneekönigin«). Diese Märchen werden als *Kunstmärchen* bezeichnet. Moderne Märchen der Gegenwart sind zum Beispiel »Die unendliche Geschichte« und »Momo« von *Michael Ende*.

Marienkäfer Diese **Käfer** sind Schädlingsvertilger. Der bekannteste Marienkäfer ist der *Siebenpunkt.* Er hat einen halbkugelig gewölbten Körper mit platter Unterseite und eingezogenem Kopf. Er kann seine Fühler und die kurzen Beine unter dem Körper einschlagen. Auf den roten Flügeldecken trägt er sieben schwarze Punkte. Im Winter finden wir den *Zweipunkt* mit zwei schwarzen Punkten. Wenn man einen Marienkäfer berührt, stellt er sich tot, er wird völlig starr. Der Siebenpunkt jagt die schädlichen Blatt- und Schildläuse, ist also ein sehr nützliches Insekt.

Marionette So nennt man eine Gliederpuppe mit Gelenken, die an Fäden oder Drähten bewegt wird. Die Fäden der Marionette sind an einem Holzkreuz befestigt, das vom Puppenspieler mit viel Geschick bewegt wird. Im 19. Jahrhundert schrieb der Münchner Dichter *Franz Graf von Pocci* **Märchen** und Kasperlstücke für Marionetten, die heute noch aufgeführt werden. In einigen Städten gibt es Marionettentheater, die Opern aufführen.

Markt Früher bezeichnete man mit diesem Begriff den Verkauf verschiedener Waren zu bestimmten Zeiten an bestimmten Orten und Plätzen. Im **Mittelalter** konnte der Markt nur in einer Stadt abgehalten werden, der vom König oder Fürsten das Marktrecht verliehen worden war. Zunächst gab es nur einige Markttage im Jahr. Später wurde wöchentlich Markt abgehalten. Der Weg zwischen Hersteller und Verbraucher war kurz. Der Bauer verkaufte seine Erzeugnisse direkt an den Handwerker. Man traf sich auf dem Marktplatz, denn es gab noch keine Geschäfte.

Mathematik

Marionette

markt«. Allgemein bezeichnet man auch das Verhältnis von Warengangebot und -nachfrage als Markt.

Maschine Darunter versteht man ein mechanisches Gerät, das dem Menschen körperliche Arbeit abnimmt. Kraftmaschinen brauchen zum Antrieb **Energie,** die aus **Dampf (Dampfmaschine), Elektrizität (Elektromotor)** oder **Erdöl (Verbrennungsmotor)** gewonnen wird. Arbeitsmaschinen (zum Beispiel ein Förderband) werden von Kraftmaschinen angetrieben. Als einfache Maschinen bezeichnet man in der **Physik** mechanische Vorrichtungen, mit deren Einsatz man Kraft auf Kosten des Weges gewinnen kann.

Material So bezeichnet man den Stoff, Rohstoff oder Werkstoff, aus dem ein Gegenstand besteht oder angefertigt wird. Der *Materialismus* ist eine Weltanschauung, die im **Altertum** begann, sich aber erst im 19. Jahrhundert richtig durchsetzte. Unter dem Eindruck der gewaltigen Fortschritte in den Naturwissenschaften und der **Technik** sowie der zunehmenden *Industrialisierung* **(Industrie)** wandten sich die Menschen verstärkt den Dingen dieser Welt zu. Einige **Philosophen** gaben dem Stoff, der *Materie,* den Vorrang vor allem Geistigen. Für *Materialisten* gibt es kein übernatürliches Leben, keinen **Gott** und keine Seele. Die Welt und alle Lebewesen sind demnach keine Schöpfungen Gottes, sondern haben sich im Laufe von Jahrmillionen nach bestimmten, vom menschlichen Verstand jederzeit begreifbaren Gesetzen entwickelt. Damit mußte der Materialismus jede **Religion** ablehnen. Heute wird der Begriff Materialismus hauptsächlich im Gegensatz zu *Idealismus* gebraucht.

Man tauschte die Waren nach Angebot und Nachfrage aus. Zwischenhändler für die Güter des täglichen Lebens gab es nicht. Aber auch die Bürger der Stadt handelten auf dem Markt miteinander. Der Bäcker brauchte den Metzger, der Schreiner den Schuhmacher usw. Auch heute noch sind die Marktplätze das Zentrum vieler Städte und Dörfer. Es gibt Märkte, die das ganze Jahr über ihren festen Platz haben, wie der »Viktualienmarkt« in München. Heute sind *Trödel-* oder *Fischmärkte* besonders beliebt. Vom Fahrradsattel bis zur alten Familienbibel, aber auch kostbare Dinge kann man dort finden. In manchen Städten werden zu kirchlichen Feiertagen Märkte abgehalten. In der Adventszeit gibt es in Nürnberg, München und anderen Städten den »Christkindl-

Mathematik Darunter versteht man die Wissenschaft von den Zahlen, Figu-

Mathematik

Maßeinheiten

Längenmaße

Bezeichnung	Abkürzung	nähere Bestimmung
Meter	m	1 m = 10 dm = 100 cm = 1000 mm
Dezimeter	dm	1 dm = 10 cm
Zentimeter	cm	1 cm = 10 mm
Millimeter	mm	
Kilometer	km	1 km = 1000 m

Flächenmaße

Quadratmeter	m^2	$1\,m^2 = 100\,dm^2 = 10000\,cm^2$
Quadratdezimeter	dm^2	$1\,dm^2 = 100\,cm^2$
Quadratzentimeter	cm^2	$1\,cm^2 = 100\,mm^2$
Quadratmillimeter	mm^2	
Ar	a	$1\,a = 100\,m^2$
Hektar	ha	1 ha = 100 a
Quadratkilometer	km^2	$1\,km^2 = 100\,ha$

Raum- und Hohlmaße

Kubikmeter	m^3	$1\,m^3 = 1000\,dm^3$
Kubikdezimeter	dm^3	$1\,dm^3 = 1000\,cm^3$
Kubikzentimeter	cm^3	$1\,cm^3 = 1000\,mm^3$
Kubikmillimeter	mm^3	
Liter	l	1 l = 10 dl
Deziliter	dl	1 dl = 10 cl
Zentiliter	cl	1 cl = 10 ml (Milliliter)
Hektoliter	hl	1 hl = 100 l

Gewichte

1 Kilogramm	kg	1 kg = 1000 g
1 Gramm	g	1 Gramm = 0,001 kg
1 Doppelzentner	dz	1 dz = 100 kg
1 Zentner	Ztr.	1 Ztr. = 50 kg
1 Tonne	t	1 t = 1000 kg
1 Pfund	℔	1 ℔ = 0,5 kg = 500 g

Zeit und Geschwindigkeit

1 Sekunde	s	
1 Minute	min	60 s
1 Stunde	h	60 min
1 Tag	d	24 h
1 Jahr	a	365 d
1 Meter je Sekunde	m/s	= ist Zahl der m, die in 1 s zurückgelegt werden
1 Kilometer je Stunde	km/h	= Zahl der km, die in 1 h zurückgelegt werden

Medizin

ren und räumlichen Gebilden. Die Mathematik untersucht die gegenseitigen Beziehungen zwischen diesen Größen und bedient sich dabei einer Formelsprache. Mit der *Mengenlehre* läßt sich aus wenigen Grundprinzipien fast die ganze Mathematik aufbauen. Die *Zahlenlehre* umfaßt die verschiedenen Rechnungsarten wie Addieren, Subtrahieren, Multiplizieren und Dividieren. In der *Algebra* geht es um Gleichungen, in denen Buchstaben anstelle von Zahlen stehen. Die *Geometrie* befaßt sich mit den Figuren und räumlichen Gebilden (Dreieck, Quadrat, Rechteck, Kreis, Kegel, Würfel). Die Mathematik ist ein wichtiges Hilfsmittel für viele Wissenschaften **(Physik, Chemie, Astronomie)** und die **Technik.**

Maus Dieses kleine *Nagetier* hat einen langen Schwanz, eine spitze Schnauze und große Ohrmuscheln. Die *Hausmaus* lebt überall in menschlichen Behausungen, in Scheunen, Ställen, Kellern, auf Dachböden und unter dem Fußboden. Im Sommer verlegt sie ihre Wohnstatt aber auch oft nach draußen. Unabhängig von der Jahreszeit wirft die Maus 4–9 nackte und blinde Junge, die sie drei Wochen säugt. Die Jungen sind dann schon selbständig und können bereits mit 3 Monaten Nachwuchs bekommen. Da die Maus alles frißt und anknabbert, richtet sie viel Schaden an. Sie wird deshalb vom Menschen zum Beispiel mit Mausefallen verfolgt. Unter den natürlichen Feinden der Maus steht die **Katze** an erster Stelle. Die rotäugige *Weiße Maus* ist in der **Medizin** und **Biologie** ein wichtiges Versuchstier.

Mechanik Dieses älteste Teilgebiet der **Physik** untersucht die Bewegungen und das Verhalten von Körpern, auf die eine Kraft einwirkt. *Mechaniker* arbeiten in verschiedenen Bereichen der **Industrie.** Sie stellen Einzelteile für **Maschinen** und Apparate her, stellen sie ein, überprüfen und reparieren sie. Meist sind sie Fachspezialisten wie *Kraftfahrzeugmechaniker, Feinmechaniker, Elektrotechniker* usw. Mit *Mechanismus* bezeichnet man das Triebwerk einer Maschine oder eines Werkes (Uhrwerk).

Medizin Das ist die Wissenschaft, die sich mit dem gesunden und kranken Menschen befaßt. Die Medizin erforscht Krankheiten, untersucht ihre äußeren Anzeichen und Auswirkungen und entwickelt Maßnahmen zur Vorbeugung und Heilung. Sie ist so alt wie die Menschheit. Im 4. Jahrhundert behauptete der griechische Arzt *Hippokrates:* »Alle Krankheiten haben eine natürliche Ursache; ohne eine solche kann nichts geschehen.« Er lehnte alle Zauberei in der Heilkunst ab und gilt deshalb als Stammvater der Medizin. Der »Eid des Hippokrates« hat heute noch für jeden **Arzt** Gültigkeit. Ihm zufolge verpflichtet sich der Arzt, bei der Ausübung seines Berufes nach bestem Gewissen und sittlichen Grundsätzen zu handeln. Im 19. Jahrhundert bildeten sich in der Medizin die einzelnen Fachgebiete aus.

Hausmaus

Meer

Meer Die **Erde** ist von größeren Wasser- als Landflächen bedeckt. Die großen zusammenhängenden Wasserflächen nennt man Meere. Sie nehmen etwa 71 Prozent (360 Millionen km^2) der Erdoberfläche ein. Die **Erdteile** trennen die Wassermassen der Erde in drei große Weltmeere: den *Atlantischen Ozean,* den *Indischen Ozean* und den *Pazifischen Ozean.* Hinzu kommen das *Nördliche* und *Südliche Eismeer* und Küstenmeere wie das *Mittelmeer,* die *Nord-* und *Ostsee* und das *Schwarze Meer.* Das Meerwasser ist salzig. 1 kg Wasser enthält durchschnittlich etwa 25 g **Salz.** Unter dem Meeresspiegel liegen riesige Gebirge und Täler. Die Gipfel einiger Meeresgebirge ragen als **Inseln** aus dem Wasser heraus. Die durchschnittliche Meerestiefe beträgt 3000 m. Die tiefste Meeresstelle ist mit 11034 m der »Marianengraben« im Westpazifik. Das Wasser der Meere steigt und fällt regelmäßig im Laufe eines Tages. Diese Erscheinung nennt man **Ebbe und Flut.** Die *Brandung* entsteht, weil die Meereswellen auf die Küste zurücklaufen und sich dort überschlagen. Die Wassermasse unter dem Meeresspiegel ist nicht einheitlich, sondern besteht, was Salzgehalt, Temperatur und Art ihrer Lebewesen betrifft, aus unterschiedlichen Schichten. Durch diese Schichten ziehen schnelle Strömungen, manchmal Hunderte von Kilometern lang und bis zu 150 km breit. Diese Strömungen wirken sich auch auf das **Klima** der Erdteile oder Länder aus. Für Europa ist der warme *Golfstrom* die bedeutendste Meeresströmung. Er hält auch im Winter die Küsten eisfrei und sorgt für ein mildes Klima. Das Meer, aus dem einst alles Leben entstand, ist die Heimat fast aller Tiergruppen, einschließlich der **Säugetiere (Wale).** Nur ein Teil der Meeresbewohner – etwa 20000 Arten – sind **Fische.** Daneben gibt es etwa 40000 Arten von *Weichtieren,* zu denen **Schnecken, Muscheln** und **Tintenfische** gehören. Auch Pflanzen sind für das Leben im Meer unerläßlich. Da die meisten Pflanzen nicht ohne Sonne leben können, wachsen Meerespflanzen nur bis zu einer Tiefe von etwa 100 m. Ein großer Teil der Lebensvorgänge im Meer sind deshalb

Meeresbrandung an der Küste von Mallorca

Mensch

auf die obersten Schichten beschränkt, die durch die Meeresströmungen mit neuen Nährstoffen versorgt werden. Für viele Menschen ist das Meer eine wichtige Nahrungsquelle. Einige Völker, zum Beispiel die Japaner, ernähren sich in erster Linie von Fisch und anderen Meerestieren. Seit langer Zeit werden die Meere jedoch als »Abfalleimer« benutzt und sind heute in einem bedrohlichen Maße verschmutzt. Schiffe lassen Öl und giftige Chemikalien ab oder werfen ihre Abfälle über Bord. Noch größer ist die Verschmutzung durch die Flüsse, die mit den **Abwässern** der Ortschaften und Industriebetriebe vergiftet sind und ins Meer fließen. Gefährlich sind auch riesige Öltanker, die bei einem Unfall oft große Mengen Öl verlieren und die **Ölpest** verursachen.

Meerschweinchen Dieses Tier heißt so, weil es von Südamerika über das Meer zu uns gekommen ist. Seine Körperform und Stimme erinnern an ein kleines Schweinchen. Unser *Hausmeerschweinchen* stammt von einer Wildform aus dem Bergland Perus ab. Dort hielten es *Indios* (südamerikanische *Indianer*) als **Haustier.** Das südamerikanische *Wildmeerschweinchen* ist kurzhaarig und bräunlich im Gegensatz zu unserem buntgefleckten Hausmeerschweinchen mit seinen Wirbel- oder langen Haaren. Das Hausmeerschweinchen beißt und kratzt nicht, ist also völlig ungefährlich. Sein Käfig und Auslauf müssen eine bestimmte Größe haben. Auch braucht es ein Häuschen, in dem es ungestört ruhen kann, denn es ist von Natur aus schreckhaft. Meerschweinchen lieben die Temperaturen, die auch uns behagen. Das Meerschweinchen gehört zu den *Nagetieren* und nimmt hauptsächlich pflanzliche Kost zu sich.

Mensch Seine Entwicklung läßt sich bis in die Anfänge der **Eiszeit** zurückverfolgen. Die Eiszeitmenschen lebten noch wie die Tiere um sie herum. Sie schliefen in **Höhlen,** wo sie Schutz vor Wind, Regen, Schnee und eisiger Kälte fanden. Sie jagten Tiere, die sie mit der Hand fangen und greifen konnten und ernährten sich von Wurzeln, Beeren, Laub und Rinde. Bei diesem harten und gefährlichen Leben lernte der Mensch jedoch, Gaben und Fähigkeiten zu entwickeln und zu gebrauchen, die ihn eindeutig vom Tier unterscheiden. Er lernte, sich die Natur dienstbar zu machen. Der Mensch ist das einzige Lebewesen, das sich ständig aufrecht auf zwei Beinen bewegt. Deshalb braucht er seine Vordergliedmaßen nicht zur Fortbewegung und hat sie für andere Dinge frei. Durch den aufrechten Gang und mit Hilfe seiner *Greifhand* kann der Mensch Werkzeuge benutzen. Das waren anfangs vielleicht günstig geformte Steine, mit denen gehauen und gestoßen wurde. Vor etwa 100 000 Jahren besaß der Frühzeitmensch schon selbstgehauene, scharfkantige Faustkeile. Später lösten handgefertigte Speerspitzen die Faustkeile ab. Dann entdeckte der Mensch das **Erz.** Aus **Bronze** und **Eisen**

Meerschweinchen

Metalle

Es dauerte Jahrmillionen, bis der Mensch aufrecht gehen, Gerätschaften benutzen und Ackerbau betreiben konnte

stellte er Geräte her, die ihm die tägliche Arbeit erleichterten. Die Entwicklung von Geräten und Waffen wäre ohne das leistungsfähige **Gehirn** des Menschen nicht möglich gewesen. Der sogenannte »Homo sapiens« (der vernunftbegabte Mensch), der Vorgänger des heutigen Menschen, trat vor etwa 40 000 Jahren in Asien auf. Der Mensch ist ein Gemeinschaftswesen und unterscheidet sich vom Tier durch schöpferisches Handeln und Denken, durch Glauben und Gewissen. All diese Eigenschaften sind an die **Sprache** gebunden, durch die sich der Mensch mitteilt. Auf Grund seiner Fähigkeit, verschiedene Lebensräume, seine **Umwelt,** zu gestalten, übertrifft der Mensch alle anderen Lebewesen.

Metalle Das sind chemische **Elemente** mit folgenden Eigenschaften: sie glänzen stark, reflektieren oder absorbieren **Licht** und leiten **Elektrizität** und Wärme sehr gut. Man unterscheidet *Leichtmetalle* (zum Beispiel Magnesium, **Aluminium**) und *Schwermetalle* (zum Beispiel **Blei, Quecksilber, Eisen**). Darüber hinaus ordnet man Metalle nach unedlen Metallen, Halbedelmetallen und **Edelmetallen.** Die unedlen Metalle reagieren mit **Sauerstoff** und sind zum großen Teil säurelöslich. Metalle kommen selten in reiner Form vor, sie müssen erst in technischen Verfahren aus Erzen gewonnen oder von

Mikroskop

Gesteinen getrennt werden. Alle Metalle lassen sich schmelzen und durch Walzen, Ziehen oder Schmieden formen.

Meteor Dabei handelt es sich um einen Gesteinskörper, der nicht auf der **Erde** vorkommt, sondern sich oft als Bruchstück von einem **Kometen** löst. Bei seinem sehr raschen Eintritt in die Erdatmosphäre **(Atmosphäre)** erhitzt er sich glühend und ist für uns auch als *Sternschnuppe* zu sehen. Manche Meteore verdampfen nicht völlig, sondern fallen als *Meteoriten* auf die Erde. Ein mittelgroßer Meteorit dringt dabei bis zu 2 m in den Boden ein. Ein großer reißt einen Krater bis zu 1000 m auf. Alle übrigen Meteoriten rieseln als meteoritischer Staub auf die Erde herab. Diese erhält dadurch täglich einen Massenzuwachs von etwa 14000 t. Es werden Eisen- und Steinmeteorite unterschieden, in denen chemische **Elemente** gefunden wurden, die auch auf der Erde vorkommen.

Mikrofon Dieses Gerät wandelt *Schallwellen* **(Schall)** in elektrische Schwingungen um und verrichtet also die entgegengesetzte Arbeit wie der **Lautsprecher.** Spricht man in ein Mikrofon, wird eine *Membrane* (ein dünnes Häutchen oder Blättchen) zum Schwingen gebracht. Je lauter man spricht, desto weiter schwingt die Membrane vor und zurück. Eine hohe **Stimme** läßt die Membrane stärker als eine tiefe Stimme schwingen. Die Schwingungsweite der Membrane hängt also von der Lautstärke, die Schwingungszahl von der Tonhöhe ab. Die Schwingungen rufen im Mikrofon Stromschwankungen hervor, die genau den Schwankungen der menschlichen Stimme entsprechen. Durch den Lautsprecher werden diese Stromschwankungen hörbar gemacht. Es gibt verschiedene Arten von Mikrofonen, so zum Beispiel für Musikübertragungen das besonders geeignete elektrodynamische Mikrofon oder das Kondensatormikrofon für die Aufnahmen in einem Schallplattenstudio. Auch im Telefonhörer **(Telefon)** befindet sich ein kleines Mikrofon.

Mikroskop Das ist ein Gerät, mit dem man Gegenstände, die mit dem bloßen Auge kaum oder nicht zu erkennen sind, vergrößern oder sichtbar machen kann. Mit einem Mikroskop können Gegenstände bis zu tausendmal und mehr vergrößert werden. Es besteht in der Regel aus zwei Linsensystemen. Eine Linse *(Objektiv)* befindet sich am unteren Ende des Mikroskops. Am oberen Ende ist eine zweite Linse *(Okular)* eingebaut. Der Gegenstand wird zunächst vom Objektiv vergrößert. Das Okular vergrößert diesen bereits vergrößerten Gegenstand noch einmal. Mit normalen Mikroskopen konnte man bisher bis etwa 3000 mal vergrößern. Mit Hilfe von *Elektronenmikroskopen* läßt sich eine

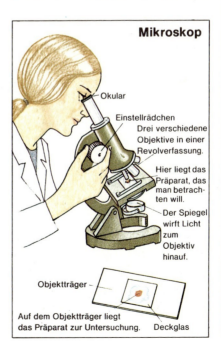

Mikroskop
- Okular
- Einstellrädchen
- Drei verschiedene Objektive in einer Revolverfassung.
- Hier liegt das Präparat, das man betrachten will.
- Der Spiegel wirft Licht zum Objektiv hinauf.
- Objektträger
- Deckglas
- Auf dem Objektträger liegt das Präparat zur Untersuchung.

Milchstraße

bis zu 100 000fache Vergrößerung erreichen. 1590 wurde das erste Mikroskop von den Optikern *Johann* und *Zacharias Janssen* erfunden.

Milchstraße Die **Sterne,** die wir von der Erde aus am Himmel sehen können, sind nur ein winziger Teil der ungeheuer zahlreichen Sterne im **Weltall.** Beobachten wir in einer klaren Nacht den Himmel, sehen wir eine große, helle, milchig-weiße »Lichtwolke«, die sich wie eine breite Straße über den Nachthimmel zieht. Betrachtet man diese Lichtstraße durch ein **Fernrohr,** ist zu erkennen, daß sie aus unvorstellbar vielen Sternen besteht. Das ist unsere Milchstraße, auch *Galaxis* genannt. Sie gehört zusammen mit der **Sonne** und den **Planeten** einschließlich der **Erde** zu einem festen *Sternensystem.* Dieses wiederum ist jedoch nur eine von etwa einer halben Milliarde Galaxien.

Milchstraße

Der Bergkristall ist reinste Form von Quarz, einem gesteinsbildenden Mineral

Mineralien Das sind feste, kristallisierte **(Kristalle)** oder formlose Bestandteile der Erdkruste. Flüssige Mineralien sind **Wasser** und **Quecksilber.** In **Gesteinen** kommen beispielsweise **Quarz,** Feldspat und Glimmer vor. Auch die **Edelmetalle** sind Mineralien. Heute lassen sich auch viele künstlich in einem **Labor** herstellen. Die Lehre von den Mineralien, die in rund 2000 Arten vorkommen, ist die *Mineralogie.*

Mittelalter

Mittelalter So bezeichnet man das Zeitalter zwischen dem **Altertum** und der **Neuzeit** (um 500 n. Chr. bis etwa 1500). Im Mittelalter verbreitete sich das **Christentum** über ganz Europa und vereinte dessen Völker in einem Glauben. Das Leben der Menschen, das politische Handeln und Geschehen wurde in diesem Zeitabschnitt von der christlichen Religion bestimmt. Dort, wo im Altertum das mächtige römische Weltreich lag, entstanden die Staaten der germanischen, romanischen und slawischen Völker. Während der **Völkerwanderung** machten sich die **Germanen** auf, suchten neue Siedlungsgebiete im Süden und gründeten in Italien, Spanien und Nordafrika Reiche. Damit war das Ende des weströmischen Reiches besiegelt, das oströmische Reich bestand noch bis 1453 und erlag dann dem Ansturm der islamischen Türken. Bereits 1054 hatte sich die *orthodoxe* Kirche von der römischen endgültig getrennt. Aus dem von *Karl dem Großen* (747–814) begründeten Fränkischen Reich gingen unter anderem Frankreich und **Deutschland** hervor. Seit der Kaiserkrönung Karls des Großen in Rom (800 n. Chr.) verstanden sich die deutschen **Kaiser** auch als Schutzherren der Christenheit. Dadurch gerieten sie in Gegensatz zum Papsttum **(Papst)**. Noch einmal fanden sich jedoch Papsttum und Kaisertum und die Völker Europas im Kampf gegen den sich ausbreitenden **Islam** zu einer großen gemeinsamen Aufgabe zusammen. Seit 1096 zogen Kaiser, **Könige**, Fürsten, **Ritter,** ja sogar Kinder ins *Heilige Land* (nach Jerusalem), um das Grab Christi vom Islam zu befreien. In sieben *Kreuzzügen* kämpften Christen fast 200 Jahre lang gegen Moslems um das Heilige Land. Wenn die Kreuzzüge am Ende auch ohne Erfolg blieben, so brachten die Kreuzfahrer aus dem Morgenland doch auch neue Ideen und Kenntnisse mit, die für die

Kaiser Friedrich I. Barbarossa (1125–1190) war ein großer Kaiser im Mittelalter

Kultur Europas von großer Bedeutung waren. Im späten Mittelalter entwickelten sich in Frankreich, England, Spanien, Skandinavien, Polen und Ungarn selbständige Königreiche. In Italien entstanden viele mächtige Stadtstaaten, die sich gegen die Herrschaft der deutschen Kaiser auflehnten. Auch die deutschen Landesfürsten wurden immer mächtiger und verfolgten ihre eigenen Interessen. In den Städten erstarkte das *Bürgertum,* was den Niedergang des *Rittertums* zur Folge hatte. Die **Bauern** waren während des ganzen Mittelalters unterdrückt und konnten selbst durch Aufstände *(Bauernkriege)* zu Beginn des 16. Jahrhunderts ihre Lage nicht verbessern. Das kulturelle Leben im Mittelalter ging zunächst von den Klöstern aus. Hier erreichte die Buchmalerei **(Buch)** ihre höchste Blüte, und in den Klosterschulen wurden Wissen und Bildung gepflegt. Im 12. Jahrhundert entstanden in Italien und in

Mond

Frankreich die ersten **Universitäten**. In der Folge entwickelten sich auch die Fürstenhöfe und Städte zu kulturellen Zentren.

Mond Dieser Himmelskörper umläuft die Erde in 27 Tagen und 8 Stunden von Westen nach Osten in einer mittleren Entfernung von 384 400 km. Von Monden werden auch andere Himmelskörper **(Planeten)** begleitet. Der Durchmesser unseres Mondes beträgt 3470 km und entspricht in etwa einem Viertel des Erddurchmessers. Seine **Schwerkraft** beträgt nur ein Sechstel der Erdschwerkraft. Mit einem astronomischen **Fernrohr** kann man Einzelheiten auf der Mondoberfläche gut erkennen. Sie ist von vielen Kratern und Ringgebirgen durchzogen. Auf dem Mond gibt es kein Wasser und keine **Atmosphäre**. Die Temperaturen der Oberfläche schwanken zwischen 120°C in der Sonne und −160°C im Schatten. Auf Grund dieser extremen Temperaturen gibt es kein Leben auf dem Mond. Der Mond strahlt kein eigenes **Licht** aus, sondern wird nur von der **Sonne** beleuchtet. Steht die Erde zwischen Sonne und Mond, erscheint für uns der Mond voll beleuchtet. Es herrscht *Voll-*

Deutlich sind auf der Mondoberfläche die vielen Krater zu sehen

mond. Steht der Mond zwischen Erde und Sonne, beleuchtet diese die uns abgekehrte Seite des Mondes. Wir können ihn nicht sehen, es herrscht *Neumond*. Durchläuft der Vollmond den Erdschatten, wenn die Erde etwa zwischen Sonne und Mond steht, verfinstert sich der Mond. Die Erde hält die Sonnenstrahlen vom Mond ab, es herrscht *Mondfinsternis*. Bei einer völligen Mondfinsternis ist der Mond als kupferrote Scheibe zu sehen. Der Mond dreht sich in etwa 27 Tagen einmal um seine **Achse** und wendet der Erde dabei stets die gleiche Seite zu. Die Anziehungskräfte des Mondes und der Sonne bewirken **Ebbe und Flut**.

Moor So bezeichnet man ein ständig feuchtes Gebiet. Der Moorboden besteht aus nicht vollkommen zersetzten Pflanzenresten und einer von Wassertümpeln unterbrochenen Pflanzendecke. Nach ihrer Entstehungsart unterscheidet man *Flach-* und *Hochmoore*. Flachmoore sind vom Grundwasser durchfeuchtet und entstehen durch Versandung von Seen. Die vom Grundwasser unabhängigen Hochmoore entstehen überwiegend in Gebieten mit viel **Regen**, in denen die Verdunstung wesentlich geringer als die Feuchtigkeitszufuhr ist. Wirtschaftlich nutzt man die Moore durch den Abbau von *Torf.* Torf entsteht aus Pflanzenresten, die vom Wasser bedeckt werden. Neue Schichten überlagern die alten und drücken sie immer stärker zusammen. Hebt man die Pflanzendecke ab, läßt sich der feuchte Torf »stechen«. Man schneidet ihn in rechteckige Stücke, läßt ihn trocknen und kann ihn dann als Brennstoff oder als **Dünger** zur Verbesserung der Gartenerde verwenden. Vielfach werden Moorgebiete durch Entwässern in landwirtschaftlich nutzbares Land umgewandelt. Dadurch gehen leider viele schöne Moorlandschaften verloren. Da in Mooren seltene Vo-

Motorrad

gelarten leben, werden einige von ihnen zu Naturschutzgebieten erklärt. In Deutschland gibt es noch Moore in Schleswig-Holstein und im Alpenvorland.

Moose Diese blütenlosen, grünen Pflanzen haben keine echten Wurzeln, sondern saugen ihre Nahrung mit kurzen »Wurzelhaaren« aus der Erde. Moose stehen dicht beieinander und wachsen gut an feuchten Plätzen, können aber auch starke Trockenheit, Hitze und Kälte ertragen. Deshalb wachsen Moose fast überall. Als Teppich breiten sie sich im schattigen Wald aus, kriechen an Felsen und an Stämmen der Bäume hoch. Im Wald haben sie eine besondere Aufgabe. Sie können große Wassermengen speichern und geben die überschüssige Flüssigkeit bei Trockenheit nur langsam wieder an ihre Umgebung ab. Darin liegt ihre Bedeutung für den Wasserhaushalt (**Wasser**) einer Landschaft.

Motorrad Dieses einspurige, zweirädrige Fahrzeug wird durch einen **Verbrennungsmotor** angetrieben, der durch den Fahrtwind oder Wasser gekühlt wird. Motorräder werden nach der Hubraumgröße des Motors unterschieden. Sie kann zwischen 50 und 1200 cm^3 liegen. Der tragende Teil des Motorrads ist ein Rahmen aus Stahlrohr, mit dem das Vorderrad durch eine gefederte Radgabel verbunden ist. Das Hinterrad ist an einer langen Schwinge befestigt. Die Vorderradgabel ist schwenkbar. Jedes Motorrad hat zwei voneinander unabhängige Bremsen. Die Hinterradbremse wird mit dem Fuß, die Vorderradbremse mit einem Hebel am Lenker betätigt. Gas- und Kupplungshebel befinden sich am Lenker und werden mit der Hand bedient. Die Schaltung erfolgt durch den Fuß. In der Regel haben Motorräder 4 (manchmal aber auch 3 oder 5) Gänge. Die elektrische Ausrüstung besteht aus Licht- und Zündanlage, Blinker, Hupe und Starter.

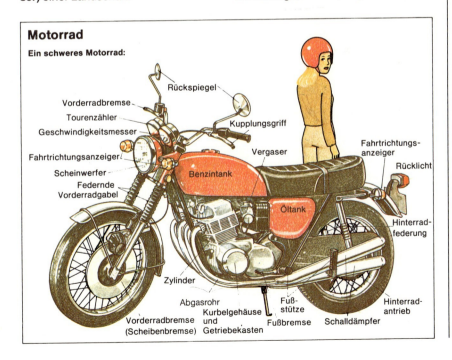

Motorrad
Ein schweres Motorrad:
Rückspiegel, Vorderradbremse, Tourenzähler, Geschwindigkeitsmesser, Kupplungsgriff, Fahrtrichtungsanzeiger, Vergaser, Fahrtrichtungsanzeiger, Scheinwerfer, Benzintank, Rücklicht, Federnde Vorderradgabel, Öltank, Hinterradfederung, Zylinder, Abgasrohr, Fußstütze, Hinterradantrieb, Vorderradbremse (Scheibenbremse), Kurbelgehäuse und Getriebekasten, Fußbremse, Schalldämpfer

Möwe

Der Tank faßt zwischen 9 und 40 l Benzin. Jedes Motorrad muß behördlich zugelassen werden und auch mit einem polizeilichen Kennzeichen versehen sein. Der Fahrer braucht den **Führerschein** Klasse 1. Die schnellsten, serienmäßig gebauten Motorräder fahren bis zu 300 km/h. Neben den Motorrädern gibt es auch Kleinkrafträder mit einem Hubraum bis zu 50 cm^3. Mokicks und Mopeds können eine Höchstgeschwindigkeit von 40 km/h erreichen; man braucht dafür den Führerschein Klasse 4. Für ein Mofa, das bis zu 25 km/h schnell ist, braucht man keinen Führerschein. Das erste Motorrad wurde 1885 von *Gottlieb Daimler* gebaut.

Heringsmöwe

Möwe Dieser *Wasservogel* kann ausgezeichnet schwimmen. Möwen sind sehr gesellig und leben und brüten in **Kolonien** an den Küsten aller Meere und Ufern der Binnengewässer. Die Möwe ist ein Allesfresser und ernährt sich von Kleintieren aus dem Wasser, aber auch von Abfällen. Man unterscheidet 5 echte Möwenarten: die *Lachmöwe,* die *Silbermöwe,* die *Heringsmöwe,* die *Sturmmöwe* und die *Mantelmöwe.* Bei uns findet man an Seen, Flüssen und Sümpfen hauptsächlich die Lachmöwe. Die anderen Möwenarten leben am Meer.

Müll Damit bezeichnet man Stoffe und Gegenstände, die nicht mehr gebraucht werden. Zum Müll oder *Abfall* gehören Haushaltsabfälle, Straßenkehricht, Sperrmüll, Gewerbemüll, Klärschlamm **(Kläranlage),** Autowracks, Altreifen, tierische Reststoffe und (meist chemischer) Sondermüll. In Großstädten beläuft sich der Müll pro Kopf täglich auf etwa 0,5–1,5 kg. Aus hygienischen **(Hygiene)** Gründen muß der Abfall aus den Haushalten und Wohngebieten schnellstmöglich entfernt werden. Er wird in Mülltonnen oder -containern gesammelt und von der Müllabfuhr abgeholt. Es gibt heute drei Möglichkeiten der Müllbeseitigung: 1. die *Mülldeponie,* 2. die *Müllkompostierung* und 3. die *Müllverbrennung.* Die Mülldeponie ist die billigste und häufigste Methode. Eine geordnete Mülldeponie besteht aus mehreren Schichten. Die erste Schicht bildet der zerkleinerte, gepreßte Müll. Auf sie folgt in mehreren Stufen die bepflanzte Abdeckungsschicht. Wilde Müllkippen sind umweltschädigend und deshalb verboten. Bei der Müllkompostierung werden organische Abfälle von Kleinstlebewesen zersetzt; dabei entsteht **Dünger.** Die radikalste, aber auch teuerste Art der Müllbeseitigung ist die Müllverbrennung bei 900–1200 °C. Die dabei erzeugte Wärme wird unter anderem für Treibhäuser, die entstandene Schlacke für Kunststeine verwendet. Im Rahmen des **Umweltschutzes** gewinnt die Müllverwertung *(Recycling)* immer mehr an Bedeutung. So werden zum Beispiel Flaschen in sogenannten Glascontainern gesammelt, eingeschmolzen und ihrer Wiederverwendung zugeführt. Aus Altpapier wie Zeitungen und Telefonbüchern stellt man neues **Papier** her.

Mund Mit ihm wird die Nahrung aufgenommen, zerkleinert und in den Verdauungskanal weitergeleitet. Der Mund dient der Lautbildung **(Stimme)** sowie teilweise der **Atmung.** Er besteht aus

Museum

der Mundspalte, dem Vorhof zwischen Lippen und Wangen, dem Ober- und Unterkiefer und der Mundhöhle. Am Mundboden ist die *Zunge* festgewachsen. Sie ist das Geschmacksorgan und enthält viele Zellen, die sogenannten Geschmacksknospen, die auf die verschiedenen chemischen Stoffe der Nahrung reagieren. An der Zungenspitze und -mitte schmeckt man salzig und süß, an den Rändern sauer, am hinteren Zungenende bitter. Die Mundhöhle schließt nach oben mit dem harten, nach hinten mit dem weichen *Gaumen* ab. Sie ist ganz mit einer Schleimhaut ausgekleidet.

Münzen Diese Geldstücke aus Metall können aus **Gold, Silber, Kupfer** oder *Legierungen* (Metallmischungen) sein. Auf Münzen stehen Zahlen, die ihren Wert angeben. Oft wird das Hoheitszeichen eines Landes aufgeprägt (zum Beispiel der Kopf eines Staatsoberhauptes oder das Staatswappen). Zusätzlich steht auf der Münze oft eine Umschrift, wie zum Beispiel »Bundesrepublik Deutschland«. Die ersten Münzen gab es bereits um 1000 v. Chr. in **China.** Die ältesten europäischen Münzen wurden im 7. Jahrhundert v. Chr. in Kleinasien hergestellt. Im **Mittelalter** wurden die Münzen in Münzwerkstätten von Hand geprägt. In der **Neuzeit** war der »Taler« die weitestverbreitete Münze. Er hat seinen Namen von der böhmischen Stadt Sankt Joachimsthal, in der Silber gefördert wurde. Heute werden Münzen mit einer Prägemaschine hergestellt. Der aufgeprägte Wert entspricht aber nicht mehr dem Wert des Metalls. Es gibt auch Gedenkmünzen, die anläßlich eines bestimmten Ereignisses hergestellt und ausgegeben werden. Sie sind kein Zahlungsmittel und haben nur Sammlerwert. Die Münzkunde, die sich mit Münzen aller Art beschäftigt, heißt *Numismatik*.

Teichmuschel

Muscheln Diese Weichtiere kommen in etwa 25 000 verschiedenen Arten in Meeren, Seen und Flüssen vor. Muscheln ernähren sich von Wasserpflanzen und -tieren sowie kleinsten Abfallstoffen im Wasser. Die Muschelschale besteht zu 98 Prozent aus **Kalk.** Dieser wird mit der Nahrung aufgenommen, als flüssiger Kalkbrei ausgeschieden und erstarrt sehr schnell. Die zwei Muschelschalen sind wie Klappen gelenkartig miteinander verbunden. Muscheln bewegen sich schwimmend, kriechend und manchmal sogar springend fort. Sie haben verschiedenste Farben und Formen. Einige sind nur knapp einen Millimeter, andere bis über 2 m groß.

Verschiedene Goldmünzen

Museum Das ist ein Gebäude, in dem interessante und wertvolle alte und

Musik

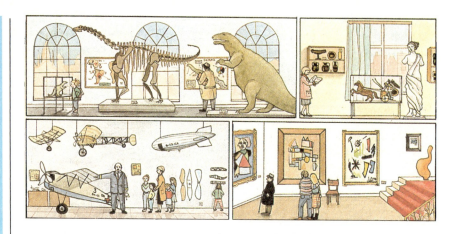

Verschiedene Museen für Naturwissenschaften, Völkerkunde, Technik und Kunst

neue Gegenstände aus **Kunst,** Geschichte, Völkerkunde, Naturwissenschaften und **Technik** gesammelt und ausgestellt werden. Bedeutende Museen in der Bundesrepublik Deutschland sind neben anderen das »Germanische Museum« in Nürnberg und das »Deutsche Museum« in München.

Musik Im **Altertum** war sie bei den alten Griechen die Kunst der *Musen* (die Göttinnen der Künste und Wissenschaften). Erst seit christlicher Zeit be-

Hausmusik im 19. Jahrhundert

Nachtigall

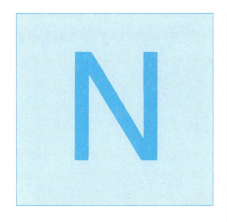

zeichnet man mit Musik die Kunst der Töne. Die ersten Musikinstrumente waren einfache **Blas-** und **Saiteninstrumente.** Durch die Erfindung der Notenschrift (750 n. Chr.) ließen sich Melodien und Musikstücke schriftlich festhalten. Man legte ein Tonsystem fest, das aus zwölf Halbtönen bestand. Dieses System ist bis heute gültig. Bis ins 11. Jahrhundert diente die Musik hauptsächlich religiösen und kultischen Zwecken. Die erste weltliche Musik waren die Lieder der mittelalterlichen Minnesänger. Dann entstanden Musikantengruppen, die an den Fürstenhöfen spielten. Aus ihnen entwickelte sich die Instrumental- und Orchestermusik. Heute teilt man Musik in verschiedene Arten ein. In der ernsten (oder klassischen), weltlichen Musik gibt es Orchester- und Kammermusik, die **Oper,** das Kunstlied und das Singspiel. Zur geistlichen Musik (Kirchenmusik) gehören Messen, Oratorien, Passionen, Kantaten, Choräle und Orgelwerke. Die Volksmusik (Folklore) umfaßt Lieder und Tänze der verschiedenen Völker und Volksgruppen. In der leichten Musik (Unterhaltungsmusik) unterscheidet man Tanzmusik, Jazz, Popmusik (Rock, Beat usw.). Eine Erfindung unserer Zeit ist die *elektronische* Musik.

Muskel Er ist bei der Bewegung von Körperteilen und Eingeweiden von Bedeutung. Man unterscheidet zwei Muskelarten. Die quergestreiften Skelettmuskeln bewegen sich, wann und wie wir es wollen. Mit ihrer Hilfe machen wir Schritte oder heben einen Arm. Die glatten Eingeweide- und Gefäßmuskeln arbeiten unwillkürlich und lassen sich nicht vom Willen beeinflussen. Zu ihnen gehören zum Beispiel die Muskeln in der Darmwand **(Darm),** die mit regelmäßigen Bewegungen den Nahrungsbrei weiterbefördern. Die für die Muskeltätigkeit notwendige Energie liefert der vom **Blut** herangeschaffte Traubenzucker.

Nachrichten Heute faßt man unter diesem Begriff politische, wirtschaftliche, kulturelle, sportliche und sonstige Neuigkeiten und Meldungen zusammen. Früher wurden Nachrichten durch reitende Boten im Land verbreitet. Oft dauerte es Wochen oder Monate, bis eine Nachricht von Ort zu Ort, Land zu Land oder in einen anderen Erdteil gelangte. Die **Indianer** verständigten ihre Stammesbrüder durch Rauchzeichen von wichtigen Ereignissen. In unserer Zeit werden Nachrichten über Nachrichtenbüros, Radio, Fernsehstationen und **Zeitungen** verbreitet. Meldungen, selbst aus den entferntesten Ländern, werden in kürzester Zeit weitergegeben. Das wird durch die verschiedensten Einrichtungen der modernen Nachrichtentechnik ermöglicht. Dazu gehören **Rundfunk, Fernsehen, Radar, Satelliten,** die Fernmeldetechnik **(Telefon, Telegrafie)** und **Datenverarbeitung.**

Nachtigall Dieser *Singvogel* aus der Familie der Drosseln ist seit jeher beliebt und bekannt wegen seines wunderschönen Gesangs. Die Nachtigall sieht mit ihrem rostbraunen Gefieder eher unscheinbar aus. Sie lebt und brütet in feuchten Laubwäldern sowie Gebüschen von Parks und Gärten. Pünktlich am 15. April kehrt sie aus Mittel-

Narkose

Nachtigall

afrika zurück, wo sie den Winter verbracht hat. Von dieser Zeit an ist das Lied der Nachtigall bei Tag und Nacht zu hören. Etwa Mitte Juli hört sie auf zu singen, von da an ist nur noch ihr schnarrender Warnruf zu vernehmen.

Narkose Hierbei wird der Körper des Menschen vollständig betäubt und gegen Schmerzen unempfindlich gemacht. Die Narkose wendet man bei ärztlichen Eingriffen und **Operationen** an. Der Patient fällt dabei in einen tiefen, künstlichen Schlaf, in dem er nicht das Geringste spürt. Die Narkosemittel werden entweder eingespritzt oder eingeatmet. Bei einer *örtlichen Betäubung* macht man nur das Körpergebiet schmerzunempfindlich, in dem ein Eingriff vorgenommen wird. Narkose und Betäubung werden von einem Facharzt, dem *Anästhesisten*, durchgeführt und überwacht.

Nase Sie ist bei Mensch und Wirbeltier der oberste Teil der Atemwege und das Geruchsorgan. In der Nase wird die Atemluft angefeuchtet, gereinigt und kontrolliert. Man unterscheidet die äußere Nase und die Nasenhöhle mit den Nebenhöhlen. Die äußere Nase besteht aus Nasenwurzel, Nasenrücken, Nasenspitze, Nasenlöchern und Nasenflügeln. Die linke und die rechte Nasenhöhle sind voneinander durch die Nasenscheidewand getrennt. Die Nasenhöhle ist mit einer schleimigen Gewebeschicht ausgekleidet. Darunter liegen viele Blutgefäße. Bei Verletzungen kommt es deshalb manchmal zu länger anhaltendem *Nasenbluten*. Im oberen Teil der Nasenhöhlen liegen die Riechfelder. Beim Einatmen streicht die Luft an den Riechfeldern vorbei. Die Riechzellen wandeln die Gerüche in der Luft in Empfindungen um und leiten sie über Riechnerven an das Großhirn weiter. Die ebenfalls mit Schleimhaut ausgekleideten Nebenhöhlen sind durch Öffnungen mit der Nasenhöhle verbunden.

Nashorn Dieses dickhäutige, mächtige *Huftier* lebt in fünf verschiedenen Arten in Asien und Afrika. Das Nashorn oder *Rhinozeros* hat einen gewaltigen Rumpf, der auf kurzen, dackelbeinartig gebogenen Beinstempeln sitzt. Die indischen Nashörner tragen ein Horn, die afrikanischen zwei Hörner. Das Nashorn ist ein reiner Pflanzenfresser. In der asiatischen Volksmedizin werden den Hörnern zauberische Heilkräfte zugesprochen. Dieser **Aberglaube** führte zu rücksichtsloser Jagd auf die Tiere, so daß die asiatischen Arten trotz strenger Schutzbestimmungen fast ausgerottet sind. Die Nashornjagd ist sehr gefährlich. Wird das Tier gereizt, geht es zum Angriff über und kann mit seinem gewaltigen Gewicht (bis zu 3500 kg) und seiner großen Kraft ein Auto umrennen und zerstören. Von den afrikanischen Arten leben noch etwa 4000 Exemplare südlich der Sahara.

Nation So bezeichnet man ein Volk, das durch gemeinsame **Sprache, Kultur** und Geschichte verbunden ist. Eine Nation kann über Grenzen hinaus zu-

Naturschutz

Schwarzes Nashorn mit Jungem

sammengehören, wie z. B. vor 1990 die Menschen in beiden Teilen **Deutschlands** eine Nation bildeten. Aber auch die Gemeinschaft aller Menschen in einem **Staat** ist eine Nation. Das amerikanische Volk setzt sich aus den Nachfahren verschiedener Nationen und Völker zusammen. Heute bildet es durch gemeinsame Sprache, Geschichte und Kultur eine Nation. Die Zugehörigkeit zu einer Nation oder einem Staat nennt man *Nationalität*.

Natur Sie umfaßt das ganze **Weltall** mit all seinen Körpern, Stoffen, Kräften, Veränderungen und Gesetzmäßigkeiten. Die Natur formte und entwickelte sich nach eigenen Gesetzen und durch eigene Kräfte. Sie steht im Gegensatz zu der von Menschenhand geschaffenen **Kultur** und **Technik**. Mit den Erscheinungen und Gesetzmäßigkeiten in der Natur befassen sich die Naturwissenschaften **(Biologie, Physik, Chemie, Erdkunde, Erdgeschichte** und **Astronomie).**

Naturschutz Von Anbeginn an war die **Natur** so eingerichtet, daß der Mensch Nahrung und Wasser in ihr fand. Er holte sich Baumaterial aus der Natur und ihre unterirdischen Schätze. Aus diesem reichen Angebot nahm er immer mehr und immer schonungsloser, und so wurde der Mensch im Verlauf der Zeit, ohne sich dessen bewußt zu werden, zum Feind der Natur. Wo die Natur etwas nicht freiwillig hergab, trotzte er es ihr ab. Über Jahrtausende hinweg dachte der Mensch gar nicht daran, daß das Angebot einmal knapp werden könnte. So wurden viele Tierarten ausgerottet, riesige Wälder abgeholzt. Weite Gebiete der Erde wurden öd und trocken, es wuchsen keine Pflanzen mehr. Mit Anbruch des technischen Zeitalters zerstörten Eisenbahnlinien, Straßen, Kanäle und Industrieanlagen weite Landschaften. Heute muß der Mensch für das bezahlen, was er sich jahrtausendelang bedenkenlos genommen hat. Die Wasservorräte auf der Erde werden knapp. Einst fruchtbare Landschaften sind zu riesigen Dürregebieten geworden, in denen Hungers-

225

Navigation

nöte Millionen von Menschenleben kosten. Viele Tier- und Pflanzenarten gibt es bereits nicht mehr. Weitere sind in ihrem Bestand bedroht. Darüber hinaus wird die ausgebeutete Natur durch Luft- und Wasserverschmutzung zusätzlich belastet. Heute erst erkennt der Mensch, was er angerichtet hat. Weltweit setzen sich tatkräftige Menschen und Organisationen für den Schutz der Natur ein. Noch erhaltene natürliche Landschaften werden zu *Naturschutzgebieten* erklärt und Großlandschaften als *Nationalparks* unter Schutz gestellt. In ihnen wird dafür gesorgt, daß viele der bedrohten Pflanzen und Tiere erhalten bleiben. Seit 1936 werden in Deutschland alle zu schützenden Pflanzen auf einer »Roten Liste« zusammengetragen. Die Beschädigung oder das Pflücken vollkommen geschützter Pflanzen kann mit hohen Geldstrafen belegt werden. Auch für vom Aussterben bedrohte Tierarten gibt es eine solche Liste.

Navigation Darunter versteht man die Technik der Orts- und Kursbestimmung von **Schiffen** und **Flugzeugen.** Navigation ist besonders bei schlechten Wetterbedingungen und Sichtverhältnissen lebenswichtig. Hilfsmittel der Navigation sind See- und Flugkarten, **Kompaß,** *Sextant* (ein Winkelmesser, auf dem man in der Natur vorkommende Winkel anhand der Gestirne ablesen kann), **Leuchttürme** und die **Funktechnik.** Heute ist das wichtigste Verfahren zur Standortbestimmung die Funknavigation, deren Möglichkeiten sich durch **Satelliten** noch erweitert haben.

Nebel So bezeichnet man eine Trübung der **Luft** durch Ausscheiden von Wasserdampf in sehr kleinen Wassertröpfchen. Nebel bildet sich, wenn die Luft viel Wasserdampf enthält und unter den Taupunkt abgekühlt wird. *Bodennebel* entsteht durch Ausstrahlung des kühlen und feuchten Erdbodens. *See-* und *Flußnebel* bilden sich bei niedrigen

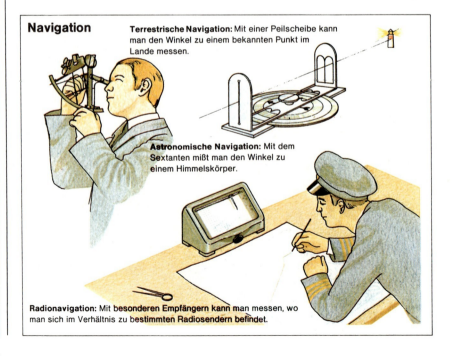

Navigation

Terrestrische Navigation: Mit einer Peilscheibe kann man den Winkel zu einem bekannten Punkt im Lande messen.

Astronomische Navigation: Mit dem Sextanten mißt man den Winkel zu einem Himmelskörper.

Radionavigation: Mit besonderen Empfängern kann man messen, wo man sich im Verhältnis zu bestimmten Radiosendern befindet.

Nest

Temperaturen über Gewässern. *Bergnebel* sind **Wolken,** die die Berggipfel einhüllen. Nebel hält sich nur bei schwachem Wind. Er kann so dicht sein, daß die Sicht nur noch wenige Meter beträgt.

Neger So nannte man früher die dunkelhäutige, ursprünglich in Afrika beheimatete Menschenrasse **(Rasse).** Heute spricht man von den *Schwarzen* in Afrika und Amerika. Schwarze haben eine besonders dunkle Haut, dunkle Augen, krauses, dunkles Haar und kräftige Lippen. Im 16. Jahrhundert gerieten die Schwarzen in **Afrika** unter die Herrschaft der weißen Eroberer. Bis ins 19. Jahrhundert wurden sie als **Sklaven** nach Amerika gebracht. Nach 1865, durch die Aufhebung der Sklaverei unter Präsident *Abraham Lincoln,* erhielten die Schwarzen in Amerika ihre Freiheit. Doch bis heute sind sie in Nordamerika nicht überall gleichberechtigt. Seit vielen Jahren kämpfen *Bürgerrechtsbewegungen* gegen diese Diskriminierung. Schon zweimal wurden prominente Farbige für ihr Engagement mit dem Friedensnobelpreis **(Nobelpreis)** ausgezeichnet: 1964 *Dr. Martin Luther King* und 1984 der südafrikanische *Bischof Tùtù,* der sich für die Aufhebung der Rassentrennung **(Apartheid)** in Südafrika einsetzt.

Nerven Als strangartige Gebilde durchziehen sie den Körper des Menschen und fast aller Tiere. Manche Nerven sind so dünn wie ein Haar, andere so dick wie ein Bleistift. Sie leiten Reize und Empfindungen der **Haut,** der Glieder und Sinnesorgane in das **Gehirn** und geben umgekehrt Befehle des Gehirns an den ganzen Körper weiter. Nerven sind Teile des *Nervensystems,* das wesentlich das Zusammenwirken aller Körperorgane lenkt.

Nest So bezeichnet man die von Tieren angelegte Wohn- und Brutstätte. Im Nest werden die Jungen versorgt und aufgezogen. Meist bauen die Weibchen die Nester, manchmal auch die Männchen, oder sie helfen dabei mit. Oft sind die Nester kunstvoll gebaut und mit Wolle, Haaren und Federn gepolstert. Andere wiederum sind einfach, und manche sehen regelrecht unordentlich

Massai-Krieger mit Kopfschmuck

Amselnest

Neuzeit

aus. Einige kleine Säugetiere, wie zum Beispiel Mäuse und Eichhörnchen, bauen ebenfalls Nester für ihren Nachwuchs. Sehr kunstvolle Nester legen **Bienen** und **Ameisen** an.

Neuzeit So bezeichnet man den Zeitraum vom Ende des **Mittelalters** (etwa ab 1500) bis heute. Innerhalb dieser Epoche unterscheidet man die *Neuere Zeit* (etwa ab 1790) und die Neueste Zeit (etwa ab 1914). Mit den **Entdeckungsreisen** brachen Ende des 15. Jahrhunderts die Menschen in eine neue Welt, aber auch in ein neues Zeitalter auf. Von ihren Reisen brachten die Seefahrer nicht nur neue Erkenntnisse mit, sondern kamen dabei auch mit fremden Kulturen in Berührung. In der **Astronomie** begründeten *Nikolaus Kopernikus* und *Galileo Galilei* ein neues Weltbild, in dem nicht mehr die **Erde** der Mittelpunkt des **Weltalls** war. Der *Humanismus* war eine neue Geisteshaltung, die in der griechischen und römischen **Kultur** alle Ideale wahrer Menschlichkeit verwirklicht sah. Parallel dazu entwickelte sich ein neuer Kunststil, die *Renaissance,* die die klassische Schönheit antiker Kunstwerke neu entdeckte. Der Zusammenhalt der im **Christentum** vereinten europäischen Völker wurde durch die *Reformation* und Glaubenskriege *(Dreißigjähriger Krieg)* geschwächt. Es bildeten sich viele Nationalstaaten. Um die Vorherrschaft kämpften England, Spanien und Frankreich. Gegen die absolute Herrschaft *(Absolutismus)* der Fürsten, die ohne Rücksicht auf das Volk regierten, trat die *Aufklärung* an, eine geistige Bewegung, die den Verstand als den obersten Richter betrachtete. Mit der *Französischen Revolution* erreichte die Aufklärung ihren politischen Höhepunkt. Das Königtum wurde gestürzt und die **Demokratie** eingeführt. Die Gedanken der **Revolution** griffen auch auf andere Länder über und führten im 18. Jahrhundert zur Gründung der *Vereinigten Staaten von Nordamerika* und im 19. Jahrhundert zur Auflösung des spanischen Kolonialreichs in Südamerika. Aber auch bahnbrechende Erkenntnisse auf dem Gebiet der Naturwissenschaften und umwälzende technische Erfindungen führten in eine neue Zeit und zur Veränderung der Arbeitswelt sowie des gesamten Lebens. Der Wettkampf der europäischen Staaten um Weltmacht und Besitz vertiefte die Gegensätze zwischen den Völkern. Die Auseinandersetzungen ließen sich nicht mehr begrenzen und führten die Völker der Erde in den *Ersten Weltkrieg.* Sein Ende aber löste die Probleme in **Europa** nicht. Wirtschaftliche Not, übersteigertes Nationalbewußtsein und rücksichtsloses Großmachtstreben ließen **Deutschland** 20 Jahre später den

Im 16. Jahrhunder begründete Kaiser Karl V. (1519–1556) ein Weltreich

Nil

Zweiten Weltkrieg beginnen. Nach seinem Ende lag halb Europa in Trümmern, die Welt war in einen östlichen und westlichen Machtblock geteilt. Die ehemaligen europäischen **Kolonien** in Afrika und Asien wurden unabhängig und bildeten zusammen mit den Ländern Südamerikas die **Dritte Welt.** Das Wettrüsten zwischen den USA und der GUS (Gemeinschaft Unabhängiger Staaten; ehemalige Sowjetunion) fand 1992 nach Verhandlungen zwischen den Präsidenten Bush (USA) und Jelzin **(Rußland)** ein Ende. Mit der Eroberung des Weltraums **(Raumfahrt),** der Herrschaft des **Computers** und den Möglichkeiten, die sich durch Forschungsergebnisse der Naturwissenschaften (vor allem auch in der **Medizin**) auftun, steht die Menschheit erneut an der Schwelle einer neuen Zeit, wohl aber auch an der Grenze ihres Daseins. Diese Erkenntnis führt bei vielen zur Rückbesinnung; sie wollen die Erde mit allem, was zu ihr gehört, schützen und bewahren.

Nikotin Das ist ein in den Blättern der Tabakpflanze **(Tabak)** enthaltener, sehr giftiger Stoff. Nikotin wirkt in kleinsten Mengen anregend, in größeren Mengen führt es zur Lähmung des Nervensystems, stört den Kreislauf und schädigt die Atemorgane. Wer Nikotin in Form von Zigaretten regelmäßig und über einen langen Zeitraum zu sich nimmt, schadet also seiner Gesundheit sehr. Zudem kann starker Nikotingenuß über Jahre hinweg zur Sucht führen, aus deren Abhängigkeit man sich nur schwer wieder lösen kann **(Drogen).** Rauchen ist auch eine der Ursachen, die zu **Krebs** führen kann.

Nil Er ist mit 6671 km der längste Fluß der Erde und fließt durch mehrere Länder **Afrikas.** Seine Quellflüsse sind der *Weiße Nil* (er entspringt nordwestlich

Der Nil bei Assuan

Nilpferd

von Tansania) und der *Blaue Nil* (er entspringt im Hochland von Äthiopien). Beide vereinigen sich bei Karthoum im Sudan und fließen als Nil durch weite Wüstengebiete nach Norden zum Mittelmeer. Etwa 20 km vor Kairo, der Hauptstadt **Ägyptens,** beginnt das große Mündungsgebiet des Nils. Hochwasser, das durch die Zuflüsse aus Äthiopien verursacht wird, überschwemmte früher regelmäßig von Juni bis Oktober große Teile des Landes. Durch den abgelagerten Schlamm bildete sich zu beiden Seiten des Stromes fruchtbares Ackerland. Heute wird das Hochwasser vor allem durch den *Assuan-Staudamm* **(Staudamm)** geregelt und verteilt.

Nilpferd Dieses pflanzenfressende *Huftier* ist in Afrika zu Hause. Das Nil- oder Flußpferd hat einen massigen, bis zu 3200 kg schweren Körper und kann sowohl im Wasser als auch auf dem Lande leben. Taucht das Tier unter Wasser, ragen Augen und Nase wie kleine Hügel über die Wasseroberfläche hinaus. Die vier Zehen seiner kurzen Beine sind mit Schwimmhäuten verbunden. Am liebsten hält sich das Nilpferd in Sümpfen und Flüssen auf, die nicht sehr tief sind. Hier kommen auch die Nilpferdjungen zur Welt. Bei Tag leben die Tiere im Wasser, nachts gehen sie an Land. Dort richten sie auf den Feldern häufig großen Schaden an. In vielen Teilen Afrikas wurden die Nilpferde in großer Zahl abgeschossen. In anderen Gebieten leben jedoch noch Tausende von ihnen.

Nobelpreis Diese Auszeichnung ist nach dem schwedischen Chemiker *Alfred Nobel* (1833–1896) benannt. Er erfand das *Dynamit,* einen Sprengstoff. Der Nobelpreis wird jährlich für außergewöhnliche Leistungen auf dem Gebiet der **Physik, Chemie, Medizin,** Wirt-

Nilpferde

Nordpol

Den Nobelpreis für Literatur erhielt 1985 der französische Schriftsteller Claude Simon (links)

Am Nordpol

schaftswissenschaften und **Literatur** verliehen. Den *Friedensnobelpreis* erhält, wer sich um den Weltfrieden in besonderem Maße verdient gemacht hat. Mit dem Preis gehen jeweils 500 000 DM an die Preisträger. Dieses Geld kommt aus der *Nobelstiftung,* die von Alfred Nobel eingerichtet wurde. Die Preise werden jedes Jahr am Todestag von Alfred Nobel (10. Dezember) vom schwedischen König in Stockholm (für Physik, Chemie, Medizin, Wirtschaftswissenschaften und Literatur) und vom norwegischen König in Oslo (für Frieden) verliehen. Berühmte deutsche Preisträger waren unter anderem *Albert Einstein* (Physik, 1921), *Otto Hahn* (Chemie, 1944), *Robert Koch* (Medizin, 1905), *Heinrich Böll* (Literatur, 1972) und *Willy Brandt* (Frieden, 1971). 1988 wurde der Nobelpreis für Chemie an die Deutschen *Johann Deisenhofer, Robert Huber* und *Hartmut Michel* verliehen. Den Nobelpreis für Physik 1989 erhielten die Deutschen *Wolfgang Paul* und *Hans Dehmelt.*

Nordpol So nennt man das Gebiet um den nördlichsten Ort der Welt. Der Nordpol (auch **Arktis** oder Nordpolargebiet genannt) liegt im nördlichen Eismeer, einer riesigen Eiswüste, in der kein Mensch leben kann. Etwas südlicher ist das Land fast das ganze Jahr über fest gefroren. Im kurzen Nordpolarsommer taut die Oberfläche leicht auf, und dann können bescheidene Pflanzen wachsen. Es ist sehr kalt am Nordpol, weil die Sonne dort niemals hoch am Himmel erscheint. Im Winter gibt es Tage, an denen sie überhaupt nicht aufgeht, weil sie zu tief steht. Im Sommer wiederum verschwindet sie an manchen Tagen gar nicht. Es wird nicht dunkel. Heute leben viel mehr Menschen in der Arktis als früher, weil man dort **Mineralien** und **Erdöl** gefunden hat. Als erster Mensch erreichte der amerikanische Polarforscher *Robert Pearly* 1909 den Nordpol. Das amerikanische **U-Boot** »Nautilus« fuhr 1958 in vier Tagen unter dem Nordpol hindurch.

Oase

Oase So nennt man eine Wasserstelle in oder am Rande der **Wüste.** Eine Oase kann so klein sein, daß dort nur einige Dattelpalmen beieinanderstehen, oder so riesig wie das Niltal in der Nubischen und Arabischen Wüste. Der Pflanzenwuchs einer Oase wird durch die Nähe von Grundwasser oder den Austritt einer **Quelle** begünstigt. Manch-

Oase in El Qued in der Sahara

mal ist die Wasserversorgung so reichlich, daß die Bewohner einer Oase ihre Dattelpalmenhaine und Gärten bewässern können. Für durchziehende **Karawanen** sind diese Wasserstellen in der Wüste Raststätten oder Handelsstützpunkte. Heute sind sie oft auch Kreuzungspunkte der Autostraßen.

Obst Unter diesem Begriff faßt man alle eßbaren Früchte und Samen zusammen, die an Bäumen und Sträuchern wachsen. Bei uns gibt es vor allem *Steinobst* (Pflaumen, Kirschen, Aprikosen, Pfirsiche), *Kernobst* (Äpfel, Birnen, Quitten) und *Beerenobst* (Johannisbeeren, Brombeeren, Himbeeren, Erdbeeren, Stachelbeeren und Weintrauben). Von den *Schalenfrüchten* (Walnüsse, Haselnüsse) ißt man die Samen. Tropisches Obst nennt man »*Exoten*«. Zu ihnen zählen die *Zitrusfrüchte* (Zitronen, Apfelsinen oder Orangen, Mandarinen, Clementinen, Grapefruits), Mangos, Kiwis, Bananen, Datteln, Feigen, Ananas und verschie-

dene Nüsse (Erdnüsse, Paranüsse, Kokosnüsse, Pinienkerne, Pistazien). Obst ist sehr gesund, weil es viele **Vitamine** und Mineralstoffe enthält; außerdem läßt es sich auf verschiedenste Weise verwenden und verwerten. Man kann es je nach Jahreszeit frisch essen oder einmachen.

Ohr In ihm sind zwei verschiedene Sinne vereinigt: der *Gehör-* und *Gleichgewichtssinn* **(Gleichgewicht).** Vom *äußeren Ohr* wird der **Schall** aufgenommen, vom *Mittelohr* weitergeleitet und vom *inneren Ohr* verarbeitet. Das äußere Ohr besteht aus der Ohrmuschel und dem äußeren Gehörgang. Er ist mit Haut und winzigen Härchen bedeckt, die Fremdkörper fernhalten. Am inneren Ende wird er durch das *Trommelfell* verschlossen. Das Mittelohr liegt im Schläfenbein. Zu ihm gehören das Trommelfell, die Paukenhöhle, die *Gehörknöchelchen* und die *Ohrtrompete*. Das Trommelfell überträgt seine Schwingungen, die es von Geräuschen empfängt, auf die Gehörknöchelchen *(Hammer, Amboß* und *Steigbügel).* Das innere Ohr ist im Schädelknochen eingebettet. Es besteht aus Bogengängen und der *Schnecke,* die eine Flüssigkeit und die Enden der Gehörnerven enthält. Die Bogengänge bilden den wichtigsten Teil des Gleichgewichtssinns. Er macht es uns möglich, eine Lageveränderung des Körpers auch mit geschlossenen Augen wahrzunehmen. Die vom Trommelfell auf Hammer und Amboß übertragenen Schwingungen setzen die Flüssigkeit des inneren Ohrs in Bewegung. Dadurch werden die Hörzellen in den Gehörnerven gereizt und diese Reize weiter ins **Gehirn** geleitet.

Ölpest So nennen wir die Verschmutzung der Küsten und Meere durch Rohöl und Ölprodukte. Sie gelangen bei Schiffsunfällen ins Meerwasser, treten durch Bohrlöcher in Küstengewässern

Olympische Spiele

Dieser Seevogel wurde das Opfer einer Ölpest

aus und verseuchen das Wasser. Die größte und folgenschwerste Ölpest wurde im Jahr 1989 durch die »Exxon Valdez« verursacht. Dieser Supertanker war vor der Küste Alaskas auf Grund gelaufen und auseinandergebrochen. 45 Millionen Liter Rohöl flossen ins Meer. Die Küste starb auf 1100 km Länge, 2,6 Millionen toter Vögel wurden gezählt. Die Folgen der Ölpest sind verheerend. Fische, Muscheln und andere Meerestiere gehen zugrunde. Seevögel sind zu einem qualvollen Tod verurteilt, denn das Öl verklebt ihr Gefieder. Sie können nicht mehr fliegen und schwimmen und finden dadurch kein Futter mehr. Es ist außerordentlich schwierig, eine Ölpest zu bekämpfen. Man kann versuchen, Ölflächen (sogenannte Ölteppiche) vom Wasser abzupumpen, da sie aufgrund ihres geringeren Gewichts auf der Oberfläche schwimmen. Oder man bindet sie mit chemischen Mitteln, damit das Öl in Klumpen absinken kann.

Olympische Spiele So nannte man im **Altertum** sportliche Wettkämpfe, die im griechischen *Olympia* zu Ehren des

Olympische Spiele

Übergabe der olympischen Fahne bei der Eröffnungsfeier der Olympischen Spiele 1984 in Los Angeles

Göttervaters Zeus abgehalten wurden. Vor den Spielen reisten Boten aus Olympia durch das Land und luden jeden freien, unbescholtenen Griechen ein. Während der Spiele durften keine kriegerischen Auseinandersetzungen stattfinden. Sieger dieser Wettkämpfe wurden erstmals 776 v. Chr. aufgezeichnet. Seitdem fanden die Wettkämpfe regelmäßig alle vier Jahre statt. Die Olympischen Spiele waren in der antiken Welt so bekannt, daß man sie zur Grundlage der Zeitrechnung machte. Die »Olympiade« ist die Zeitspanne von vier Jahren zwischen zwei Olympischen Spielen, ausgehend von den Spielen des Jahres 776 v. Chr. Ursprünglich dauerten die Spiele, bei denen nur Wettläufe ausgetragen wurden, einen Tag. Im Laufe der Zeit kamen immer mehr Disziplinen hinzu: Fünfkampf (Sprung, Speerwurf, Lauf, Diskuswurf und Ringen), Faustkampf, Wagenrennen, Reiterrennen, Waffenlauf, und die Spiele wurden auf sechs Tage verlängert. Bis 394 n. Chr. fanden die alten Olympischen Spiele statt. Dann wurden sie vom oströmischen **Kaiser Theoderich** als heidnischer Kult verboten. Es dauerte fast 1500 Jahre, bis die olympische Idee neu belebt wurde. Als Begründer der neuen Olympischen Spiele gilt der französische Lehrer und Sportler *Baron Pierre de Coubertin*. 1892 rief er zur Erneuerung der Olympischen Spiele auf. Als Austragungsort für die ersten Spiele der Neuzeit wurde 1896 die griechische Hauptstadt Athen bestimmt. In der Charta der Olympischen Spiele ist festgelegt worden: Die Spiele finden alle vier Jahre statt. Überwiegend Amateure dürfen teilnehmen. Die Ehre, die Spiele auszutragen, kommt einer Stadt, nicht einem Land zu. Darüber entscheidet das *Olympische Komitee*. Symbol der Spiele wurde die weiße Flagge mit den fünf ineinander verschlungenen Ringen. Sie stellen die fünf Erdteile dar, die sich zu einem friedlichen Wettkampf zusammenfinden sollen. Während der Spiele brennt im Stadion die *Olympische*

Optik

Die 1985 wiedereröffnete Semper-Oper in Dresden

Flamme, deren Feuer in Olympia in Griechenland entzündet und an den Austragungsort gebracht wird. Zu Beginn der Spiele leisten alle Sportler den *Olympischen Eid* und verpflichten sich zu einem fairen, den olympischen Regeln entsprechenden Wettkampf. Seit 1924 finden parallel zu den olympischen Sommerspielen auch olympische Winterspiele statt. 1986 jedoch wurde beschlossen, daß olympische Sommerspiele und Winterspiele nicht mehr in einem Jahr abgehalten werden sollen. So finden beide ein letztes Mal gemeinsam im Jahre 1992 (Sommerspiele in Barcelona, Spanien; Winterspiele in Albertville, Frankreich) statt. Die nächsten olympischen Winterspiele finden dann bereits 1994 statt.

Oper So bezeichnet man ein Bühnenstück, in dem die Personen nicht sprechen, sondern singen und dazu vom Orchester begleitet werden. Auch das Gebäude, in dem eine Oper aufgeführt wird, nennt man so. Die Oper entstand Ende des 16. Jahrhunderts in Italien und verbreitete sich im 17. Jahrhundert rasch in ganz Europa. Sie wurde besonders an deutschen Fürstenhöfen aufgeführt. Bedeutende Opernkomponisten waren im 18. Jahrhundert *Christoph Willibald Gluck* und *Wolfgang Amadeus Mozart,* im 19. Jahrhundert *Guiseppe Verdi* und *Richard Strauß.* Auch in die moderne Unterhaltungsmusik hat die Oper Eingang gefunden. Es gibt bereits einige Rockopern. Das größte Opernhaus der Welt ist die »Metropolitan Oper« in New York.

Operation Damit bezeichnet man in der **Medizin** einen chirurgischen Eingriff. Eine Operation wird unter *Narkose* oder mit örtlicher Betäubung vorgenommen. Der *Chirurg* entfernt bei der Operation krankes Gewebe, verschließt innere Verletzungen und verlagert innere Organe oder ersetzt kranke durch gesunde *(Transplantation).*

Optik Darunter versteht man die Lehre vom **Licht**. Sie ist ein Teilgebiet der

Orang-Utan

Physik. Auf den Gesetzen der Optik beruhen Erfindungen wie die **Fotografie** und die Entwicklung von Linsen **(Brille), Fernrohr** und **Mikroskop.** *Optiker* nennt man einen Fachmann für Herstellung, Wartung und Pflege optischer Geräte.

Orang-Utan Dieser *Menschenaffe* ist in den tropischen Urwäldern Ostasiens zu Hause. Der Orang-Utan lebt ausschließlich in den Baumwipfeln und bewegt sich dort hangeld und schwingend

Ein Orang-Utan-Weibchen mit Jungem

fort. Am Boden ist er sehr ungeschickt. Der Orang-Utan hat ein braunrötliches Fell und wird bis zu 1,90 m groß. Das Gesicht des Männchens wird durch einen großen Kehlsack, der seine Stimme verstärkt, umrahmt. In Freiheit leben nocht etwa 2500 Orang-Utans.

Orchideen Sie bilden vorwiegend in den Tropen und Subtropen eine große Pflanzengruppe mit etwa 20 000 Arten. Orchideen haben meist sehr farbenprächtige, kompliziert gebaute und stark duftende **Blüten.** Sie pflanzen sich durch Insektenbestäubung fort. Bei uns wachsen der *Frauenschuh*, das *Knabenkraut* und der *Nestwurz*. Diese Orchideen stehen unter **Naturschutz.**

Die Orgel im Passauer Dom

Orgel Dieses Musikinstrument wird hauptsächlich in Kirchen gespielt. Eine Orgel besteht aus *Blasebälgen, Pfeifen* und dem *Spieltisch.* Die Pfeifen sind in Reihen auf *Windkästen* angeordnet. Die Pfeifenreihen und ihren Klang nennt man *Register.* Früher wurden die Blasebälge mit den Füßen getreten, heute treibt sie in der Regel ein Motor an. Sie drücken Luft in Windkästen. Der Spieltisch hat zwei bis vier *Manuale,* auf denen mit den Händen gespielt wird und Registerzüge, mit denen man Luft in die verschiedenen Windkästen leiten kann. Zum Spieltisch gehört eine weitere Tastenreihe *(Pedal),* die mit den Füßen gespielt wird. Die größte Kirchenorgel der Welt befindet sich im Dom von Passau in Niederbayern.

Österreich Dieses Nachbarland der Bundesrepublik Deutschland ist ein demokratischer Bundesstaat mit 7,5 Millionen Einwohnern. Die Landessprache Österreichs ist Deutsch. Die neun Bundesländer sind: *Burgenland, Kärnten, Niederösterreich, Oberösterreich, Salzburg, Steiermark, Tirol, Vorarlberg* und *Wien.* Hauptstadt und Regierungssitz ist *Wien.* Österreich ist ein überwiegend bergiges Land. Zwei Drittel liegen in den Ostalpen (der höchste Berg ist mit 3798 m der Großglockner). Ein Drittel im Norden gehört zum Alpenvorland. Hier durchfließt die **Donau** das Land von Westen nach Osten. Kärnten und das *Salzkammergut* sind reich an Seen. Wegen seiner landschaftlichen Schönheit und Vielfalt und einer hervorragenden Verkehrserschließung, auch des Hochgebirges, ist Österreich im Sommer wie im Winter eines der beliebtesten Erholungs- und Ferienländer. Der Fremdenverkehr ist deshalb der wichtigste Wirtschaftszweig. Eine große Rolle spielen Holz- und Landwirtschaft. Der Waldbestand macht fast 40 Prozent der Landfläche aus. In der *Wachau,* im Burgenland und in Kärnten werden Wein und Obst angebaut. An Bodenschätzen besitzt das Land Eisenerze, Erdöl, Erdgas, Magnesit und Braunkohle. In zahlreichen großen **Kraftwerken** erzeugt das Land viel Strom. Wichtige Ausfuhrgüter sind Maschinen, Metallwaren, Holz, Eisenerz und Nahrungsmittel. Österreich entstand aus der unter *Karl dem Großen* im 8. Jahrhundert errichteten Ostmark des Fränkischen Reiches. Anfangs regierten dort die *Babenberger,* später die *Habsburger,* aus deren Haus auch die deutschen **Kaiser** kamen. Durch Eroberung und politische Heiraten konnte Österreich im Laufe der Zeit weite Gebiete hinzugewinnen (Ungarn, Böhmen und Mähren). Es mußte sich aber auch gegen Angriffe von außen wehren. Im 16. und 17. Jahrhundert bestürmten die Türken das Land. Im 18. Jahrhundert verlor es unter seiner großen Kaiserin, *Maria Theresia* Schlesien an *Friedrich den Großen* von Preußen. Anfang des 19. Jahrhunderts hatte es schwer gegen Kaiser *Napoleon I.* von Frankreich zu kämpfen. 1806 legte Kaiser *Franz II.* die deutsche Kaiserkrone nieder und verwandelte Österreich in ein erbliches Kaisertum. Bis zum Ersten Weltkrieg, der 1914 durch die Ermordung des österreichischen Thronfolgers in Serbien ausgelöst wurde, gehörte Österreich zu den mächtigsten Staaten Europas. Im Krieg kämpfte es an der Seite **Deutschlands** und wurde nach dessen Niederlage auf seine heutigen Grenzen eingeschränkt. Der österreichische Kaiser dankte ab. Aus der *Donaumonarchie Österreich-Ungarn* entstand die Republik Österreich. Im Zweiten Weltkrieg wurde Österreich 1938 von *Adolf Hitler* an das Deutsche Reich angeschlossen. 1945 erklärte es sich wieder zum selbständigen Staat. Die Siegermächte teilten Österreich in vier Besatzungszonen ein. Erst der *Staatsvertrag* von 1955 zwischen Österreich und der ehemaligen Sowjetunion sowie Vereinbarungen mit Amerika, Großbritannien und Frankreich, machten Österreich wieder unabhängig. In diesem Vertrag wurde das Land zur immerwährenden *Neutralität* verpflichtet. Es darf an keinem Krieg (außer zur eigenen Verteidigung) teilnehmen und keinem Bündnis beitreten. 1989 stellt Österreich den formellen Antrag auf Mitgliedschaft in der *Europäischen Gemeinschaft (EG)* unter der Voraussetzung, daß der Staatsvertrag von 1955 unangetastet bleibt.

Ozonloch   So wird ein Loch in der Ozonschicht, einem Bereich der **Atmosphäre** in etwa 15 bis 50 km Höhe, bezeichnet. Ozon (O_3) ist eine Form von **Sauerstoff.** Die Ozonschicht schützt die Erde vor der schädlichen ultravioletten Strahlung der **Sonne.** Das Ozonloch wird seit den 70er Jahren über dem Südpol beobachtet und hatte zeitweise (1982–87) eine Fläche bis zur Größe der USA. Mitverantwortlich für die gefährliche Zerstörung der Ozonschicht sind neben natürlichen Ursachen chemische Mittel, die durch menschliches Handeln in die Atmosphäre gelangen. Vorrangig sind hier Treib- und Kühlmittelgase zu nennen. Man bemüht sich nun weltweit, ihren Verbrauch energisch einzuschränken.

Palme

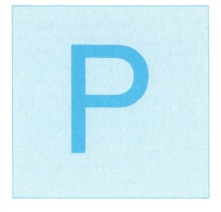

Palme Diese Pflanze hat einen meist hohen, selten verzweigten Stamm, der gestielte Blätter, die sogenannten Palmenwedel, trägt. Palmen wachsen in etwa 3400 Arten in den Tropen und Subtropen, besonders zahlreich im Stromgebiet des **Amazonas.** Je nach Aussehen der Blätter unterscheidet man *Federpalmen* und *Fächerpalmen.* Genutzt werden vor allem die zu den Federpalmen gehörenden *Dattel-, Öl-* und *Kokospalmen.* Sie liefern Fette, Öle, Kokosnuß, Palmenstärke, Palmenherzen (ein eßbarer Teil des Stammes), Wachs und Alkohol. Holz, Fasern und Blätter der Palmen werden von den Einheimischen zum Dachdecken verwendet.

Palmenhain im Naturschutzpark »Palmar« in Argentinien

Pandabär Der seltene, lustig aussehende Bär mit seiner auffällig schwarz-weißen Zeichnung lebt in freier Wildbahn nur noch in einigen Gebieten **Chinas,** wo es Bambuswälder gibt. Der Pandabär ernährt sich von Bambus. Die Pandaweibchen bringen im Jahr 1–2 Junge zur Welt, von denen allerdings nur wenige überleben. Seit 1949 steht der Pandabär in China unter Staatsschutz. Sein Überleben hängt in erster Linie von der Nahrung ab: Ein erwachsener Pandabär frißt täglich 10–20 kg Bambus. Seit 1975 jedoch

Die Pandabärin Shao-Shao mit ihrem Jungen Chu Lin im Zoo von Madrid, Spanien

wurden aufgrund des großen Bambussterbens die Tiere in bedrohlichem Maße reduziert. Einige Exemplare leben in verschiedenen **Zoos** außerhalb Chinas. Der Pandabär ist das Wappentier der »World Wildlife Foundation« (WWF), einer internationalen Tier- und Naturschutzorganisation.

Papagei Dieser farbenprächtige Vogel lebt in über 300 Arten in tropischen Wäldern. Papageien besitzen meist einen langen Schwanz. Mit einem ihrer beiden Greiffüße führen sie ihre Nahrung, die aus Samen und Früchten besteht, zum kräftigen Schnabel. Papageien sind Waldvögel und leben in den Baumwipfeln. Manche können ein paar

Papst

Papagei (Roter Ara)

Sätze sprechen oder Melodien nachsingen, wie der afrikanische *Graupapagei.* Sie gelten daher als besonders intelligent.

Papier Darunter versteht man einen Werkstoff, der vor allem aus Pflanzenfasern besteht und zum Bedrucken, Beschreiben oder als Packpapier verwendet wird. Das Wort Papier kommt von *Papyrus,* einer schilfartigen Pflanze, aus deren Stengelmark die alten Ägypter bereits einen papierähnlichen Stoff herstellten. Es gibt viele Papiersorten, vom feinsten Krepp- bis zum groben Packpapier. Der wichtigste Rohstoff für die Papierherstellung ist das Holz, aus dem durch Schleifen der Zellstoff gewonnen wird (Holzschliff). Dazu werden meist Nadelhölzer verwendet. Je nach Verwendungsart des Papiers wird das Fasergemisch mit weiteren Fasern aus Altpapier oder Leinen vermischt. Das Gemisch wird dann gebleicht und zerkleinert, mit Füllstoffen und viel Wasser vermengt, ständig verrührt und mit weiteren Stoffen versetzt. Diese Papiermasse wird auf Siebe gegossen und in einer besonderen Anlage entwässert. Danach wird es gepreßt, mit Wasserzeichen versehen, getrocknet, gewalzt und am Ende aufgerollt oder in Bogen geschnitten und gestapelt. Zeitungs-, Haushalts- und Büropapier werden heute überwiegend aus Altpapier hergestellt. Normales, glattes Heft- und Schreibpapier ist je nach Qualität holzfrei oder holzhaltig. Hochwertiges Büttenpapier stellt man aus Baumwoll-, Leinen- oder Hanflumpen her.

Papst Er ist das Oberhaupt der *römisch-katholischen* Kirche und für die *Katholiken* der Stellvertreter Christi auf Erden. Als erster Papst gilt der *Apostel Petrus.* Der Papst ist auch das Staatsoberhaupt des unabhängigen *Vatikanstaates* und Bischof von Rom. Er wird von allen *Kardinälen* der Welt in einer geheimen Wahl auf Lebenszeit gewählt. Im Laufe der Geschichte besaßen die Päpste, besonders im **Mittelalter,** große politische Macht. Meist waren sie Italiener. 1978 wurde nach 455 Jahren erstmals wieder ein Nichtitaliener zum Papst gewählt: der Erz-

Papst Johannes Paul II. küßt bei seiner Ankunft in Spanien den Boden

Parlament

bischof von Krakau (Polen), *Johannes Paul II.*

Parlament Das ist in einer **Demokratie** die Volksvertretung. Das Parlament besteht in der Regel aus gewählten **Abgeordneten.** In der Bundesrepublik Deutschland heißt das Parlament *Bundestag.* Dort beraten die Abgeordneten Fragen der Innen- und Außenpolitik, bringen Gesetzesvorschläge ein und stimmen darüber ab. Nach Ablauf der Amtszeit finden **Wahlen** für ein neues Parlament statt. Erhält bei einer entscheidenden Abstimmung die **Regierung** nicht die erforderliche Mehrheit, kann diese zurücktreten und das Parlament aufgelöst werden.

Partei Darunter versteht man den Zusammenschluß von Menschen mit gleichen politischen Überzeugungen und gesellschaftlichen Interessen. Jede Partei hat das Ziel, in einem **Staat** die **Regierung** zu übernehmen oder diese zu beeinflussen. Im Wettbewerb mit anderen Parteien versucht sie möglichst viele Wählerstimmen zu gewinnen. Je mehr Wähler für eine Partei gestimmt haben, desto mehr **Abgeordnete** kann sie in das **Parlament** schicken und somit politische Macht ausüben. Die Partei mit den meisten Wählerstimmen stellt die Regierung. Parteien, die nicht regieren, bilden im Parlament die *Opposition.* Den Zusammenschluß mehrerer Parteien zu einer Regierungsmehrheit nennt man *Koalition.*

Paß Mit diesem amtlichen Dokument kann sich der Besitzer ausweisen. Einen Paß braucht man vor allem für eine Auslandsreise. Der Paß hat eine Nummer und enthält ein Foto sowie Angaben zur Person. Der *Personalausweis* ist in der Bundesrepublik Deutschland ein Inlandsausweis und in einigen westeuropäischen Ländern auch als Grenzausweis zugelassen. Paß nennt man auch den Übergang über einen Gebirgszug an dessen niedrigster Stelle.

Patent Damit läßt ein Erfinder seine **Erfindung** beim *Patentamt* rechtlich schützen. Dadurch hat nur er für einen bestimmten Zeitraum das Recht, aus seiner Erfindung wirtschaftlichen Nut-

Debatte im deutschen Bundestag (Parlament)

Pferd

zen zu ziehen. Im *Europäischen Patentamt* in München werden jedes Jahr Tausende von Patentanträgen gestellt. Früher wurde mit Patent auch eine Urkunde bezeichnet, die zur Ausübung eines bestimmten Berufs berechtigte (Kapitänspatent) oder einen Rang nachwies (Offizierspatent).

Pendel nennt man allgemein einen Körper, der frei um eine **Achse** oder einen Punkt schwingt. Schwingt ein Pendel nach unten, wird Lageenergie in Bewegungsenergie umgewandelt **(Energie)**. Beim Fadenpendel hängt die Dauer der Schwingung allein von der Länge des Fadens ab. Je länger der Faden ist, desto länger dauert die Schwingung. Ein Pendel, das an einem 1 m langen Faden hängt, schwingt genau 1 s hin und 1 s zurück. Ein Pendel kann somit auch den Gang einer **Uhr** regulieren.

Perlen Dringt ein Fremdkörper in eine **Muschel** ein, bildet der Mantel eine Ausstülpung, den Perlensack. Er umkleidet den Fremdkörper so, daß die Perlmuttschicht der sich bildenden Perle außen liegt. Die auf diese Art entstehenden natürlichen Perlen waren von jeher als Schmuckstücke sehr begehrt. In bestimmten Meeren gelangte die Perlenfischerei zu hoher Blüte. Hauptsächlich in Japan züchtet man auf Perlenfarmen auch Kulturperlen. Dabei werden kleine Perlmuttkügelchen mit lebendem Mantelgewebe umkleidet, so daß ein künstlicher Perlensack mit Perlkern entsteht. Dieses den Muscheln eingesetzte Gebilde beginnt bald um den Kern herum Perlsubstanz abzuscheiden. Etwa nach 2–3 Jahren können den Muscheln die reifen Perlen entnommen werden. Von den natürlichen Perlen, die wesentlich kostbarer sind (allerdings erst nach 10 Jahren eine mittlere Größe erreichen), lassen sich die Kulturperlen äußerlich kaum unterscheiden.

Radschlagender Pfau mit Henne

Pfau Die Heimat dieses großen *Hühnervogels* ist Südasien. Die Pfauenhenne ist recht unscheinbar, der Hahn gehört jedoch zu den schönsten Tieren. Auf seinem Kopf trägt der Pfau einen kleinen Federbusch, sein Gefieder schillert goldgrün und goldblau. Die über 1 m langen schwarzen Schwanzfedern haben am Ende einen runden blauen Augenfleck. »Schlägt der Pfau ein Rad«, breitet er seine Schwanzfedern wie einen Fächer aus und zeigt deren ganze Pracht. Der Pfau wird heute als Ziervogel gehalten, er gilt als Sinnbild der Eitelkeit.

Pferd Schon in der Bronzezeit wurde dieses *Huftier* als **Haustier** gehalten. Unser Hauspferd stammt vom Wildpferd ab. Von den Wildpferdrassen leben nur noch einige Exemplare des *Mongolischen Wildpferdes*. Seit Jahrtausenden dienen Pferde dem Menschen als Last-, Zug- und Reittiere. Die Eroberungszüge vieler Reitervölker wären ohne sie nicht denkbar gewesen. Man unterscheidet drei Hauptgruppen: Die temperamentvollen, schnellen *Vollblüter* sind besonders auf Geschwindigkeit gezüchtete Tiere mit edlem Körperbau. Sie stammen vom *Araberpferd* ab. Die *Warmblüter* sind schlanke und schnelle Pferde, die überall als Arbeits-,

Pflanzenkunde

Rappe, Fuchs (links und rechts oben); Schimmel, Pony (links und rechts unten)

Kutsch- und Reitpferde Verwendung finden. *Kaltblüter* sind schwere, sehr starkknochige, langsame Schrittpferde und werden nur als Arbeitstier eingesetzt. Nach der Fellfarbe unterscheidet man *Rappen* (schwarzes Fell und schwarze Mähne), *Füchse* (rotbraunes Fell), *Braune* (rotbraunes bis dunkelbraunes Fell mit schwarzem Schwanz und schwarzer Mähne) und *Schimmel* (weißes Fell und weiße Mähne). Das männliche Pferd heißt *Hengst*, das weibliche *Stute*, das junge *Fohlen* oder *Füllen*. Ein kleines, etwa 1 m hohes, aber sehr zähes Pferd ist das *Pony*.

Pflanzenkunde Sie ist die Wissenschaft von den Pflanzen und ein Teilgebiet der **Biologie.** Die Pflanzenkunde oder *Botanik* untersucht den Bau der Pflanzen, ihre Lebensvorgänge und Beziehungen zur **Umwelt.** Außerdem erforscht sie die **Fortpflanzung,** Vererbung und Verteilung der Pflanzen auf der Erde.

Philosoph So bezeichnet man jemanden, der über die Welt und den Sinn des Lebens nachdenkt und nach allgemeingültigen Wahrheiten sucht. Ursprünglich nannte man einen jeden so, der sich um Erkenntnisse auf irgendeinem Wissensgebiet bemühte. Als erste betrieben die Griechen die

Plattenspieler

Philosophie als Wissenschaft und brachten im **Altertum** große Philosophen wie *Sokrates, Platon* oder *Aristoteles* hervor.

Physik Sie beobachtet Vorgänge in der Natur, hält sie durch Messungen fest und erfaßt ihre Gesetzmäßigkeiten. Zur *Makrophysik* gehören die **Mechanik,** die **Wärmelehre,** die Lehre vom **Schall** (Akustik), die Lehre vom **Licht (Optik)** und die Lehre von der **Elektrizität.** Die *Mikrophysik* untersucht die physikalischen Eigenschaften der **Atome.**

Pilze Diese große Pflanzengruppe mit annähernd 100 000 Arten hat kein *Blattgrün* und keine **Wurzeln.** Pilze ernähren sich, indem sie entweder tote Tiere oder Pflanzen zersetzen oder an lebenden Tieren und Pflanzen schmarotzen. Sie vermehren sich durch Sporen (abgeteilte Einzelzellen, aus denen jeweils eine neue Pflanze heranwächst). Man unterscheidet *Blätterpilze* **(Champignon),** *Röhrenpilze (Steinpilz)* und *Leistenpilze (Pfifferling).* Zu den eßbaren Pilzen zählen Champignon, Pfifferling und Steinpilz. Zu den giftigen Pilzen gehören die *Knollenblätterpilze* und der **Fliegenpilz.** *Schimmelpilze* bilden weiße Schimmelrasen auf der Nahrung und verderben sie.

Pinguine in der Antarktis

Pinguin Dieser *Schwimm-* und *Tauchvogel* lebt auf der südlichen Halbkugel, vor allem in der **Antarktis.** Pinguine haben schuppenartige Federn, können nicht fliegen, sind aber im Meer als Unterwasserjäger sehr gewandt. Ihre kurzen Flügel benutzen sie als Flossen. An Land stützen sie sich aufrecht stehend mit ihrem kurzen Schwanz ab. Es gibt über 15 Pinguinarten; der größte ist der *Kaiserpinguin.* Zum Brüten ziehen die Pinguine im März (antarktischer Winter) vom Meer weg in die kälteste und nahrungsärmste Region der Erde, in die Antarktis. Dort brüten sie in **Kolonien** an Land oder auf festem Packeis.

Planet Das ist ein Himmelskörper, der nicht selbst leuchtet und sich in einer Kreisbahn um die **Sonne** bewegt. Uns sind neun Planeten bekannt: **Erde,** *Merkur, Venus* **(Abendstern),** *Mars, Jupiter, Saturn, Uranus, Neptun* und *Pluto.* Die Stärke, mit der die Planeten das Licht der Sonne reflektieren, hängt von ihrer wechselnden Stellung zur Erde und Sonne ab. Die Planeten werden von 44 Monden und etwa 50 000 *Planetoiden* (kleine Planeten) und **Kometen** begleitet. (Bild S. 244)

Plattenspieler Das ist ein Gerät, mit dem sich der **Schall** wiedergeben läßt, der auf einer *Schallplatte* aufgezeichnet ist. Der Plattenteller des modernen

Politik

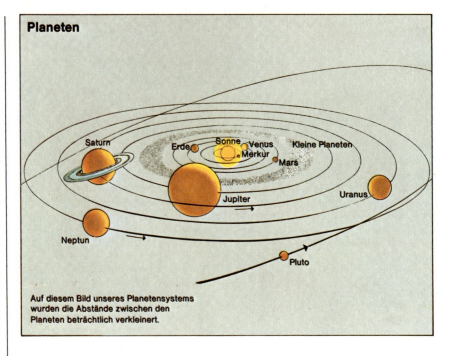

Planeten

Auf diesem Bild unseres Planetensystems wurden die Abstände zwischen den Planeten beträchtlich verkleinert.

Plattenspielers wird von einem **Elektromotor** angetrieben. Während sich der Plattenteller gleichmäßig mit 45 oder 33 Umdrehungen pro Minute dreht, tastet die Saphirnadel oder Diamantnadel des beweglichen *Tonabnehmers* die Rille der Schallplatte ab. Die Schwingungen der Nadel werden in elektrische Schwingungen umgewandelt und sind verstärkt über einen **Lautsprecher** als Töne zu hören. Eine *Maxi-Single* oder *Single* läuft mit 45 Umdrehungen in der Minute. Eine *Langspielplatte (LP)* dreht sich 33mal in der Minute. Die bestmögliche Tonwiedergabe wird heute mit »CD-Playern« und *CDs* (compact disc) erreicht. Ein Laserstrahl ersetzt die Nadel.

Politik Darunter versteht man die verantwortungsvolle Tätigkeit von Staatsmännern und Politikern, die sich im Dienste des **Staates** um Sicherheit, Frieden, Wohlfahrt und Gerechtigkeit für das **Volk** bemühen sollen. Die *Innenpolitik* umfaßt die inneren Angelegenheiten des Staates, die Verwaltung, Gesetzgebung, **Finanzen, Wirtschaft** und das Bildungswesen. Die *Außenpolitik* befaßt sich mit den Beziehungen zu anderen Staaten. Allgemein ist Politik die Kunst, durch kluges und geschicktes Verhandeln die unterschiedlichen Interessen verschiedener Parteien, Gruppen oder Staaten zusammenzufassen und für ein bestimmtes oder gemeinsames Ziel durchzusetzen.

Polizei Diese staatliche Behörde wacht über die öffentliche Sicherheit und Ordnung. Die Polizei versteht sich »als Freund und Helfer«, weil es ihre Aufgabe ist, Gefahren von den Bürgern abzuwenden. Sie arbeitet im Innen- und Außendienst. Zu den Aufgaben der Polizei gehört auch das Paß- und Meldewesen. In den *Ordnungsämtern* werden Ausweispapiere wie *Personalausweis* und **Führerschein** ausgestellt. Die uniformierte *Schutzpolizei* regelt den Verkehr, verfolgt Ordnungswidrigkeiten und Übertretungen von Vorschriften (Bau- und Gesundheitspolizei). Die *Kriminalpolizei* (in Zivilkleidung) ermittelt bei Verbrechen und Strafvergehen. In der Bundesrepublik Deutschland hat jedes Bundesland eine eigene Polizei. Nur der *Bundesgrenzschutz,* der *Zollgrenz-* und *Zollfahndungsdienst, Wasser-* und *Schiffahrtspolizei,* die *Bahnpolizei* der Bundesbahn, oder das *Bundeskriminalamt* sind überregionale Polizeibehörden. Die Polizei ist zur Bewältigung ihrer vielen und umfassenden Aufgaben mit den modernsten Mitteln ausgerüstet. Zur Verkehrsüberwachung stehen Polizeifahrzeuge, Motorräder, Radargeräte, Funkgeräte und Hubschrauber zur Verfügung. Die Kriminalpolizei arbeitet mit modernsten Computern und Fernmeldeanlagen, chemischen Labors und Verbrecherkarteien. In der Rauschgiftbekämpfung und bei großen Fahndungs- und Suchaktionen werden Polizeihunde eingesetzt. Die Polizei verfolgt zwar Straftaten, bestimmt aber weder Art noch Höhe der Strafe. Das ist die Aufgabe eines **Gerichts.**

Porzellan Das ist eine sehr feine Tonware, die aus einer Mischung von *Porzellanerde, Feldspat* und **Quarz** besteht. Aus diesen Stoffen wird ein knetbarer Porzellanbrei hergestellt, der auf Töpferscheiben oder mit Hilfe von Schablonen geformt wird. Für Figuren wird die Porzellanmasse verdünnt und in Gipsformen gegossen, für technische Gegenstände in Gußformen gepreßt. Hat sich das Porzellan in der gewünschten Form erhärtet, wird es bei 900°C im Brennofen gebrannt. Die gebrannte Form taucht man in eine Flüssigkeit *(Glasur),* die den durchlässigen Ton mit einer harten, dichten, später glänzenden Schicht überzieht. Dann wird die Form ein zweites Mal bei etwa 1350°C gebrannt. Farben, die un-

Handgemalte chinesische Porzellanvase

ter der Glasur liegen, werden vor dem zweiten Brand aufgetragen. Farbige Muster und Verzierungen malt man auf die Glasur und brennt sie in einem dritten Brand ein. Aus Porzellan werden Geschirr, Vasen, Kunstgegenstände und kunstgewerbliche Gegenstände hergestellt. Es wird aber auch in der Elektrotechnik (Isoliermaterial) und Zahntechnik (Zahnersatz) verarbeitet. Schon im 7. Jahrhundert n. Chr. stellte man in **China** Porzellan her. Chinesisches Geschirr und kostbare Vasen wurden an jedem Fürstenhof gesammelt und waren hochgeschätzte Gastgeschenke. In Europa gelang es erstmals 1708, Porzellan zu schmelzen. In den folgenden Jahren wurde die fabrikmäßige Herstellung von Porzellangegenständen entwickelt und die erste *Porzellanmanufaktur* in Meißen gegründet.

Post Schon im Römischen Reich des **Altertums** richtete *Kaiser Augustus* einen Nachrichtendienst ein, und Reiter oder Pferdegespanne eilten von Ort zu Ort. Unterwegs wurden an bestimmten Punkten die Pferde gewechselt. Diese

Presse

Stationen nannte man »Statio posita«, von daher kommt unser Wort Post. Im **Mittelalter** schickten Kaufleute ihre Briefe durch private Boten. Die erste feste Postverbindung richtete um 1500 *Franz von Taxis* ein. Im 18. Jahrhundert wurde mit der Postkutsche auch der Reiseverkehr aufgenommen. Seit 1871 gibt es in Deutschland ein einheitliches Postwesen. Heute ist die *Deutsche Bundespost* ein staatliches Unternehmen, das verschiedene Dienstleistungen anbietet: 1. Der Postdienst stellt Briefe, Postkarten, Päckchen und Pakete durch *Postboten* zu. 2. Die Telekom ist für das Fernmeldewesen zuständig, dazu gehören **Telefon,** Telefax (Fernkopierer) und Fernschreiber. Im Telefonverkehr gibt die Telekom Auskünfte, informiert durch Ansagedienste, vermittelt Ferngespräche, nimmt Telegramme entgegen und stellt sie zu. 3. Der Postbankdienst wickelt für seine Kunden den Zahlungsverkehr **(Bank)** ab. Die Kosten für diese Dienstleistungen sind bei Postsendungen das *Porto* **(Briefmarken)** und im Telefonverkehr die Telefongebühren. Die Post ist verpflichtet, alle ihr anvertrauten Nachrichten *(Postgeheimnis)* geheimzuhalten. Der 1874 gegründete Weltpostverein regelt die internationale Zusammenarbeit im Postwesen.

Presse Unter diesem Begriff faßt man alle **Zeitungen** und Zeitschriften, Nachrichtenbüros, aber auch die **Journalisten** und *Reporter,* die im Zeitungswesen tätig sind, zusammen. Die Presse spielt in der öffentlichen politischen Meinungsbildung eine bedeutende Rolle. *Pressefreiheit* ist das Recht der Presse auf freie Meinungsäußerung in Wort und Bild. Sie gilt jedoch nicht un-

Postbotin bei der Zustellung

Pubertät

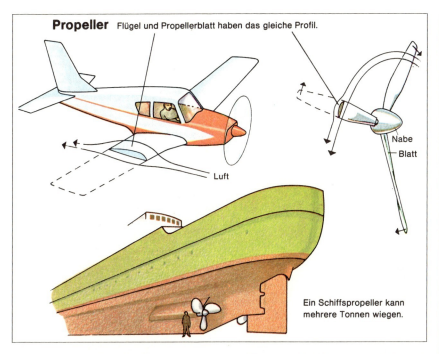

Propeller Flügel und Propellerblatt haben das gleiche Profil.
Luft
Nabe
Blatt
Ein Schiffspropeller kann mehrere Tonnen wiegen.

eingeschränkt. Bei der Berichterstattung in Artikeln oder Kommentaren dürfen geltende Gesetze nicht verletzt werden. Die Presse muß wahrheitsgemäß informieren, darf niemanden beleidigen oder verleumden und keine Persönlichkeitsrechte verletzen. In der Technik nennt man Geräte, mit denen man Druck erzeugen kann, Pressen (Dampf-, Druckluftpressen). Pressen werden zum Zusammendrücken, Ausquetschen (Weinpresse) und Entwässern verwendet.

Propeller Das ist eine Antriebsschraube bei Flugzeugen oder Schiffen. Die schräg gestellten Flügel des Propellers wirbeln bei schneller Umdrehung große Luft- oder Wassermengen nach hinten und treiben so die Flugzeuge oder Schiffe vorwärts. Bei Flugzeugen können die Propeller einen Durchmesser bis zu 5 m haben. Der Propeller beim **Hubschrauber** wird *Rotor* genannt. Auch im *Ventilator* (Gerät zur Be- und Entlüftung von Räumen) dreht sich ein Propeller.

Prozeß Allgemein versteht man unter diesem Begriff einen Entwicklungsvorgang (zum Beispiel in der **Chemie** oder im Körper des Menschen). Im Rechtswesen bezeichnet Prozeß einen Rechtsstreit, der von mindestens zwei Parteien vor Gericht ausgetragen wird. In einem *Zivilprozeß* müssen sich die Parteien von einem Rechtsanwalt **(Anwalt)** vertreten lassen. Bei einem *Strafprozeß* erhebt der *Staatsanwalt* die Anklage. Der *Angeklagte* hat einen selbstgewählten oder vom **Gericht** bestimmten *Verteidiger*. Ankläger und Verteidiger lassen zur Be- und Entlastung des Angeklagten *Zeugen* vor Gericht aussagen oder legen Beweismaterial vor.

Pubertät So bezeichnet man die Zeit der geschlechtlichen Reife **(Geschlecht),** in der sich Jungen und Mädchen vom Kind zum Jugendlichen ent-

Pyramide

wickeln. Dabei gehen körperliche wie seelische Veränderungen in ihnen vor; die unterschiedlichen Geschlechtsmerkmale werden deutlicher. Gleichzeitig ändert sich auch die Persönlichkeit des jungen Menschen. Der Jugendliche wird seiner Umwelt gegenüber kritischer, die Autorität der Erwachsenen ist für ihn nicht mehr widerspruchslos gültig. Für Jungen und Mädchen ist diese Zeit manchmal recht schwierig, weil sie sehen, daß sie körperlich reif werden, aber doch noch nicht als erwachsen gelten. Es ist deshalb sehr wichtig, Jugendlichen in der Pubertät viel Verständnis und Vertrauen entgegenzubringen.

Pyramide Dieses Wort bezeichnet einen geometrischen Körper, der eine Grundfläche mit mehreren (meist vier) Ecken hat, über der dreieckige Seitenflächen eine gemeinsame Spitze bilden. Pyramiden heißen auch die gewaltigen Grabmäler der ägyptischen Könige *(Pharaonen)*. Sie wurden im 3. und 2. Jahrtausend v. Chr. errichtet. Die größten und berühmtesten sind die *Cheops-* und die *Chephren-Pyramide.* Sie stehen in *Gizeh* am Westufer des **Nils** und gelten als eines der **Sieben Weltwunder.** Im Inneren der Pyramiden liegen die Grabkammern, in denen die einbalsamierten Leichen *(Mumien)* der Pharaonen in prächtigen Sarkophagen aufbewahrt wurden. In diesen Grabkammern befanden sich oft unermeßliche Schätze als Grabbeigaben, die vorwiegend im 19. Jahrhundert Grabräubern zum Opfer fielen. Auch in den alten Kulturepochen Südamerikas **(Amerika)** wurden Pyramiden erbaut.

Die Pyramiden von Gizeh in Ägypten

Quarantäne

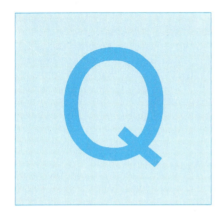

Qualität Darunter versteht man die Eigenschaft, den Wert oder die Güte einer Ware. Ein Fernsehgerät hat eine gute, weniger gute oder schlechte Qualität. Aber auch die Übertragung einer Sendung im Fernsehen oder Radio kann von schlechter Ton- und Bildqualität sein. Ein Mensch besitzt gute oder schlechte Qualitäten (Eigenschaften des Charakters). Wenn es bei einer Ware weniger auf die Qualität ankommt als auf die *Quantität,* dann zählt nicht die Beschaffenheit, sondern die Menge oder Masse, in der sie zur Verfügung steht.

Quallen Diese freischwimmenden *Hohltiere* leben im Meer. Am häufigsten kommt die *Ohrenqualle* vor, die man vor den atlantischen Küsten Europas und Amerikas findet. Quallen bestehen zu 96–98 Prozent aus Wasser. Werden sie an den Strand geworfen, trocknen sie aus. Von ihrem Körper bleibt nur ein dünnes Häutchen übrig. Im Wasser sehen die glashellen, hauchzarten, oft auch farbenprächtigen Tiere jedoch sehr schön aus. Quallen haben eine glocken- oder schirmförmige Gestalt. Unter dem Schirm hängt ein Magenstiel mit fransigen Mundarmen. Er trägt die Mundhöhle, die sich in der Magenhöhle fortsetzt. Von dieser zweigen Röhren ab, die sich unterhalb des Schirms zu einem Ring formen. Durch dieses Ringsystem gelangt die aufgenommene Nahrung in alle Körperteile. Die Mundhöhle trägt viele, meist giftige Nesselkappen. Mit ihnen fängt die Qualle winzig kleine Wassertiere. Kommt man beim Baden mit bestimmten Quallen *(Nesselqualle, Gelbe Haarqualle)* in Berührung, kann es zu einem Jucken auf der Haut und zu leichten Verbrennungen kommen.

Knollenqualle

Quarantäne So bezeichnet man eine vorbeugende Maßnahme gegen die Ausbreitung ansteckender Krankheiten. Kommt ein Schiff aus einem Land, in dem eine **Seuche** herrscht, oder bricht diese während der Reise an Bord aus, darf niemand im Zielhafen ohne Erlaubnis und Kontrolle der Gesundheitsbehörden an Land gehen. Damit die Seuche nicht eingeschleppt wird, werden die Kranken und diejenigen Passagiere, die sich ebenfalls angesteckt haben könnten, in einem Krankenhaus auf einer abgesonderten Station untergebracht. Dort werden sie behandelt und beobachtet, bis die Zeit, die zwischen Ausbruch und Ansteckung der Krankheit liegt, vorüber ist. Auch

Quartett

Tiere müssen, wenn sie in andere Länder mitgenommen werden, in Quarantäne, damit sie keine gefährlichen Krankheiten einschleppen.

Quartett Dieser Begriff wird verschieden gebraucht. Er bezeichnet: 1. ein Musikstück, das für vier Singstimmen oder vier Instrumente geschrieben ist; 2. die Sänger oder Musiker, die das Musikstück vortragen (ein Streichquartett besteht aus zwei Geigen, einer Bratsche und einem Cello); 3. ein Kartenspiel, bei dem immer vier Karten zusammengehören.

Quarz Dieses **Mineral** ist sehr hart, schwer schmelzbar und bildet sechseckige **Kristalle.** Quarz kommt in der Natur sehr häufig vor. Einige Quarze gehören zu den Halbedelsteinen, wie der klare *Bergkristall,* der lilafarbene *Amethyst* und der rosafarbene *Rosenquarz.* Sie werden zu Schmuck verarbeitet. Quarz dient als Rohstoff zur Porzellan- und Glasherstellung. Darüber hinaus finden Quarzkristalle in der optischen, chemischen, elektrotechnischen und feinmechanischen Industrie Verwendung. Große Bedeutung hat Quarz in der Uhrenindustrie **(Uhr)** erlangt. Weil Quarz sehr gut ultraviolette Lichtstrahlen **(Licht)** durchläßt, wird es vielfach für Quarzlampen (Höhensonnen) verwendet. Aus Quarzsand werden auch Mörtel, Zemente und Schleifmittel hergestellt.

Quecksilber Das ist ein silbrigweiß glänzendes *Schwermetall,* das bereits bei Zimmertemperatur flüssig wird und

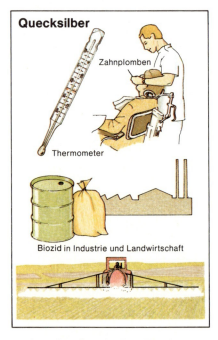

Quecksilber

Zahnplomben

Thermometer

Biozid in Industrie und Landwirtschaft

verdampft. Quecksilberdämpfe sind überaus giftig. In der Natur findet sich Quecksilber in Erzen, das wichtigste ist *Zinnober.* Reines Quecksilber wird erst durch Rösten der Quecksilbererze gewonnen. Es findet vor allem als Füllung von **Thermometern, Barometern** sowie als Quecksilberdampf in Leuchtröhren und als Spiegelbelag umstrittene Verwendung.

Quelle So nennt man einen Ort, an dem Wasser (aber auch Erdöl und Erdgas) aus dem Boden heraustreten. Das Wasser sammelt sich im Erdboden über einer nach unten durchlässigen

Quarz

R

Rabe

Gesteinsschicht und sucht den Ausweg nach oben. Jeder große Strom hat seinen Ursprung in einer Quelle. Aus sehr großer Tiefe stammt das Wasser der *Heilquellen.* Ihnen kommt in der Behandlung von Krankheiten schon seit langer Zeit große Bedeutung zu. In der Nähe von heilkräftigen Quellen wurden auch christliche Wallfahrtsorte gegründet (zum Beispiel in Lourdes). Im übertragenen Sinn bezeichnet Quelle jede Art von Ursprung oder Herkunft. Will man sich über einen ganz bestimmten Zeitraum in der Geschichte informieren,

Quelle

liest man in den Quellen nach. Das sind zum Beispiel alte Schriftstücke und Urkunden, die in der betreffenden Zeit verfaßt wurden.

Quiz Darunter versteht man ein Ratespiel, bei dem es auch wertvolle Preise oder Geld zu gewinnen gibt. Ein *Quizmaster* leitet das Spiel und stellt den Teilnehmern Fragen aus den verschiedensten Wissensgebieten. Im Fernsehen sind Quizsendungen zur Unterhaltung sehr beliebt.

Rabe Rabenvögel sind eine *Singvogelfamilie* mit etwa 100 Arten. Sie haben schwarzes oder buntes Gefieder. Der größte unter ihnen ist der mächtige schwarze *Kolkrabe.* Er wird etwa 65 cm lang, hat einen klotzigen Schnabel und einen breiten Keilschwanz. Wie alle Rabenvögel plündert er Vogelnester und frißt **Aas** und Abfälle. Der Rabe lebte früher überall in den Wäldern Mitteleuropas, wurde aber dann so stark verfolgt, daß er heute unter **Naturschutz** steht. Er brütet bei uns nur noch in den Alpen und in Schleswig-Holstein. Rabenvögel sind sehr kluge Tiere und ha-

Kolkrabe

Rad

ben, ähnlich wie die **Papageien,** eine erstaunliche Fähigkeit, menschliche Laute nachzuahmen.

Rad Es zählt zu den größten **Erfindungen** der Menschen. Früher mußten sie alle Lasten selbst tragen. Wenn etwa ein schwerer Felsbrocken zu bewegen war, wurde er mit viel Mühe über den Boden geschleift. Dann aber kamen die Menschen auf die Idee, Baum-

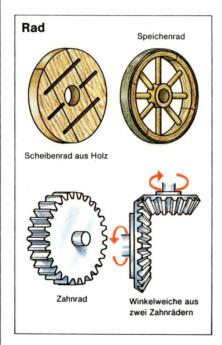

Rad — Speichenrad — Scheibenrad aus Holz — Zahnrad — Winkelweiche aus zwei Zahnrädern

stämme als Rollen unter schwere Lasten zu legen, und da ging die Arbeit viel leichter voran. Das war der Anfang des Rades. Den Baumstamm schnitt man dann in runde Scheiben, bohrte Löcher in sie und setzte sie auf **Achsen.** Im Laufe vieler Jahrhunderte wurden aus den schweren Holzscheibenrädern leichte Räder, zunächst noch aus Holz, später aus Metall. Sie hatten Speichen und Gummimäntel, damit die Räder leichter und ruhiger liefen und sich nicht so leicht abnützten.

Radar Dieser Begriff bezeichnet das Erkennen sich bewegender Körper **(Autos, Flugzeuge, Schiffe)** und Hindernisse sowie die Messung ihrer Entfernung und Geschwindigkeit mit Hilfe *elektromagnetischer Wellen*. Diese werden von einer *Radarantenne* ausgestrahlt. Treffen sie auf ein Hindernis oder sich bewegende Gegenstände, werden sie zurückgeworfen. Auf dem *Radarschirm* zeichnen sie dann durch Leuchtpunkte den Umriß des getroffenen Gegenstandes auf. Die Entfernung des angepeilten Gegenstandes und die Geschwindigkeit, mit der er sich bewegt, läßt sich aus der Zeit zwischen Ausstrahlung und Wiederempfang der Wellen errechnen. Radargeräte sind für die **Navigation** im Flug- und Schiffsverkehr unentbehrlich. Sie zeigen auch bei Nacht oder schlechter Sicht den Standort von Flugzeugen, Schiffen und die Lage von Flughäfen, Häfen, Bergen und Städten. Mit Radargeräten mißt die **Polizei** Geschwindigkeitsübertretungen der Autofahrer.

Radioaktivität Damit bezeichnet man die Strahlungsenergie, die bestimmte **Elemente** ohne äußere Beeinflussung ständig abgeben. Wird zum Beispiel ein uranhaltiger Stein einige Tage auf ein lichtundurchlässiges, verpacktes Filmstück gelegt, so ist bei der anschließenden Entwicklung auf diesem Filmstück eine Belichtung zu erkennen. Auf diese Weise entdeckte 1896 *Henri Becquerel,* daß uranhaltiges Erz eine unsichtbare, durchdringende Strahlung aussendet. Dem französischen Ehepaar *Pièrre* und *Marie Curie* gelang es 1898, aus uranhaltigen Erzen zwei Elemente abzutrennen, die eine besonders starke Strahlung ausschicken. Sie nannten sie *Radium* und *Polonium,* ihre Strahlung Radioaktivität. Diese Strahlung kommt dadurch zustande, daß **Uran,** Radium und Poloniumatome **(Atom)** von selbst zerfallen. Dabei wird laufend Masse

Rasse

und **Energie** in Form von Strahlen herausgeschleudert. Radioaktive Stoffe sind also Energiequellen **(Atomenergie).** Sie dringen in alle Stoffe ein, werden geschwächt und in großer Tiefe verschluckt. Nur durch dicke Wände aus **Blei** können sie nicht hindurchdringen. Radioaktive Strahlen sind in der Medizin von großer Bedeutung, zum Beispiel beim Bestrahlen von Krebszellen. Daß radioaktive Strahlung auch verheerend sein kann, zeigte sich nach dem Abwurf der ersten **Atombombe.** Vor den großen Gefahren radioaktiver Strahlung warnen immer wieder die Gegner von **Atomkraftwerken,** vor allem seit der Reaktorkatastrophe von Tschernobyl.

Rakete Darunter versteht man einen Flugkörper, der nach Zündung der Treibstoffladung wie ein Geschoß durch die Luft fliegt. Die einfachsten Raketen sind Feuerwerks- oder Signalraketen. Große Raketen bestehen im wesentlichen aus Raketentriebwerk, Regel- und Steuermechanismen, der Flugkörperzelle und der Nutzlast (wissenschaftliche Geräte, Besatzung, u. a.). Angetrieben werden Raketen durch *Rückstoß.* In Flughöhen über 30 km reicht jedoch ein Strahltriebwerk nicht mehr aus, da für die Verbrennung des Treibstoffs nicht mehr genügend Luftsauerstoff vorhanden ist. Deshalb führen Raketen noch flüssigen **Sauerstoff,** flüssigen **Wasserstoff** oder *Kerosin* (Benzin) in Zusatztanks mit. Eine Rakete kann bei einem genügend großen Rückstoß die Lufthülle der Erde durchstoßen und ihr Schwerefeld überwinden. Mit mehrstufigen Raketen können größte Höhen und Reichweiten erzielt werden. Hat eine Stufe ihren Treibstoff verbraucht, so wird sie abgetrennt und das Triebwerk der nächsten Stufe gezündet. Raketen werden für militärische Zwecke, als Satellitenträger und seit 1961 in der bemannten **Raumfahrt**

Die zum Start der Raumfähre notwendige Feststoffrakete wird in 40 km Höhe abgeworfen

eingesetzt. Einen entscheidenden Anteil an der Entwicklung von Trägerraketen für die Raumfahrt hatte der deutsche, in der amerikanischen Raketentechnik tätige Physiker *Wernher von Braun.*

Rasse Alle Lebewesen, Menschen, Tiere und Pflanzen, mit gemeinsamer Herkunft und gemeinsamen Merkmalen gehören einer Rasse an. In der Tier- und Pflanzenkunde haben sich Rassen durch Züchtung ergeben (zum Beispiel verschiedene Hunderassen). Die Menschen teilt man nach ihrem augenfälligsten Merkmal, der Hautfarbe, in *Europide* (Weiße), *Mongolide* (Gelbe) und *Negride* (Schwarze) ein. Eine eigene Menschenrasse bilden *Australide,* die Ureinwohner **Australiens.** In der Geschichte und auch in der Gegenwart gab und gibt es immer wieder Anschauungen, die eine bestimmte Rasse als

Raubtiere

Die vier Menschenrassen und Ureinwohner der Erdteile: Mongolide, Europide, Negride und Australide

minderwertig betrachten *(Rassismus)*. Eine regelrechte Rassenpolitik in Form von strenger Rassentrennung **(Apartheid)** wird in Südafrika durch die weiße Minderheitsregierung betrieben. Zu schrecklichen Folgen führte die Rassenpolitik im *Dritten Reich* in **Deutschland**. Alle Menschen, die nicht der »germanischen Rasse« angehörten, wurden als minderwertig angesehen, verfolgt und ausgerottet **(Juden, Zigeuner)**. Das Grundgesetz der Bundesrepublik Deutschland verbietet die Benachteiligung von Menschen einer anderen Rasse, Rassismus wird bestraft.

Raubtiere Diese Säugetiere ernähren sich durch die Jagd auf andere Tiere. Einige von den 250 Arten fressen aber auch oder nur Pflanzen. Als Fleischfresser haben Raubtiere ein kennzeichnendes Gebiß. Mit dolchartigen Eckzähnen ergreifen und töten sie die Beute. Die Reißzähne zerkleinern das Beutestück, von den Backenzähnen wird es zerkaut. Die wichtigsten Raubtierfamilien sind die **Hunde**, Marder, **Bären, Katzen,** Walrosse und Seehunde. *Raubfische* **(Hai, Hecht)** ernähren sich von anderen Fischen. *Raub-* oder *Greifvögel* machen Jagd auf andere Vögel und Bodenwild.

Raumfahrt Sie erforscht den Weltraum außerhalb der Lufthülle der Erde. Durch die Entwicklung und den Bau von **Raketen** ist es möglich geworden, diese Lufthülle zu durchstoßen und die Erdschwere (Erdanziehungskraft) zu überwinden. Die unbemannte Raumfahrt hat in wenigen Jahren wichtige Erkenntnisse über die hohe **Atmosphäre** und den interplanetarischen Raum ermöglicht. Die Mondrückseite wurde fotografiert, auf den **Planeten** Mars und Venus glückten weiche Landungen von Raumsonden. Der bemannten Raumfahrt ist es gelungen, die Belastungen auszugleichen, die der Raumfahrer **(Astronaut)** bei einem Raumflug zu tragen hat. Diese Belastungen sind der überaus starke Druck beim Start der Trägerrakete und der schwerelose Zustand, der nach Brennschluß eintritt und über lange Zeit anhält. Eine schwierige Situation für die Besatzung ist auch der Wiedereintritt der Raumkapsel in die Lufthülle der Erde, bei dem eine große Reibungshitze entsteht. Ein Raumschiff startet mit einer mehrstufigen Rakete. Nach der Zündung auf der Startrampe steigt diese mit einem gewaltigen

Reederei

Feuerstrahl in die Luft. Nach etwa zwei Minuten ist die erste Stufe ausgebrannt und wird abgetrennt. Zur Zündung der zweiten Stufe wird das Raumschiff auf etwa 30 000 km/h beschleunigt. Dann wird auch die zweite Stufe abgelöst. Mit der dritten Raketenstufe gelangt das Raumschiff in eine Erdumlaufbahn. Nach einer Erdumkreisung verläßt es durch eine weitere Zündung diese Umlaufbahn. Die dritte Stufe wird ebenfalls abgeworfen. Jetzt fliegt das Raumschiff ohne Antrieb durch den Weltraum. Der Raumflug wird vom *Raumforschungszentrum* auf der Erde überwacht. Von dort erhalten die Astronauten Anweisungen für den Flug und alle Aufgaben, die sie zu erfüllen haben. Da der Materialverlust bei einem Raumflug ungeheuer groß war, wurden *Raumstationen* entwickelt. Sie kreisen ständig im Weltraum, und die Astronauten können sich wochenlang in ihnen aufhalten. Seit 1981 fliegen die amerikanischen Astronauten mit wiederverwendbaren *Raumfähren* in den Weltraum, mit denen sie auch – wie in einem Flugzeug – wieder zur Erde zurückkehren. Die bedeutendsten Ereignisse in der bemannten Raumfahrt sind:

Der erste »Raumausflug«

1961 Als erster Mensch im Weltraum umkreist der russische Kosmonaut *Juri Gagarin* die Erde einmal.
1962 Der erste amerikanische Astronaut *John Glenn* umkreist die Erde dreimal.
1964 Erstmals befinden sich mit den russischen Kosmonauten *Komarow,* Feoktistow und Jegorow mehrere Menschen zusammen im Weltraum.
1965 Erstes Ausstiegsmanöver im Weltraum (Leonow, UdSSR).
1966 Erstes Kopplungsmanöver im Weltraum (»Gemini VIII«, USA).
1968 Erste bemannte Mondumrundung (»Apollo VIII«, USA).
1969 Erste Mondlandung (»Apollo IX«, USA). Der amerikanische Astronaut *Neil Armstrong* ist der erste Mensch, der den Mond betritt.
1970 Erstes unbemanntes Mondfahrzeug (»Lunochod I«, UdSSR).
1973 Erste Raumstation (»Skylab«, USA).
1975 Erstes gemeinsames Weltraumunternehmen von USA und UdSSR.
1981 Erster erfolgreicher Flug der wiederverwendbaren Raumfähre (»Space Shuttle Columbia«, USA).
1984 Erster »Raumausflug« ohne Sicherheitsleine eines Astronauten (USA).
1986 Die amerikanische Raumfähre »Challenger« explodiert 73 Sekunden nach dem Start. Die fünf Männer und zwei Frauen an Bord, darunter erstmals eine Zivilistin, kommen dabei ums Leben.
1988 Im November startet die erste russische Raumfähre.

Reederei Darunter versteht man eine Gesellschaft, die **Schiffe** als Transportmittel einsetzt, um dadurch Gewinne zu erzielen. Es gibt Linienreedereien und

Reform

sogenannte Trampreedereien. Auch die Transportunternehmen der Binnenschiffahrt (See- und Flußschiffahrt) nennt man Reedereien.

Reform Darunter versteht man die Erneuerung oder Verbesserung einer bestehenden Ordnung. Man spricht zum Beispiel von einer Reform des Schulwesens oder des Strafrechts. Abgeleitet von Reform ist das Wort *Reformation.* »Die Reformation« war im 16. Jahrhundert eine große religiöse Bewegung. Sie wollte die Kirche erneuern und führte zu deren Spaltung (Katholiken und Protestanten).

Regen So nennt man einen flüssigen *Niederschlag,* der dann fällt, wenn die mit Feuchtigkeit gesättigte **Luft** abkühlt. Bei Regen bilden sich innerhalb einer **Wolke** Regentropfen. Sind diese so schwer, daß die Wolke sie nicht mehr halten kann, fallen sie als Regen herunter. Je nach Größe und Menge der Regentropfen gibt es feinen *Nieselregen,* starken Regen oder einen *Platzregen.* Bei einem *Wolkenbruch* können die Regentropfen 25mal so groß sein wie bei Nieselregen. In kurzer Zeit fällt so viel Wasser auf die Erde, daß es vom Boden und den Flüssen nicht mehr aufgenommen werden kann. Die Folge sind Überschwemmungen. *Regenzeit* nennt man eine Jahreszeit, in der es viel und lange regnet. Sie ist in den **Tropen** im Sommer; im Mittelmeerraum und in den Subtropen im Winter. Ein *Regenbogen* entsteht, wenn die im Rücken des Beobachters stehende Sonne auf eine vor ihm liegende Regenwand scheint. Er stellt sich als ein in den *Spektralfarben* **(Farben)** leuchtender Bogen dar. Seine Entstehung läßt sich durch die Brechung und Reflexion der Sonnenstrahlen in den einzelnen Wassertröpfchen erklären.

Regierung In ihrer Hand liegt die Leitung und Führung eines jeden **Staates.** *Regierungschef* ist je nach Staatsform der *Staatspräsident,* der *Kanzler* oder der **König.** In der Bundesrepublik Deutschland setzt sich die Regierung (das *Kabinett*) aus *Bundesministern* und *Bundeskanzler* zusammen. Staatsoberhaupt ist der *Bundespräsident,* der nicht zur Regierung gehört. Aufgabe

Regenbogen

Revolution

Reh mit Kitz

der Regierung ist es, die Verhältnisse im Innern des Staates sowie seine Beziehung zu anderen Ländern zu regeln. In einer **Demokratie** nimmt das Volk über ein frei gewähltes **Parlament** an der Regierung teil.

Reh Dieses schlanke und zierliche *Huftier* gehört zur Familie der **Hirsche.** Das Reh hat im Sommer ein rotbraunes, im Winter ein graubraunes Fell (Decke). Am Hinterteil hat es einen weißen Fleck, den »Spiegel«. Die Männchen (Böcke) besitzen ein Geweih, das im Spätherbst abgeworfen wird. Die Weibchen (Ricken) sind geweihlos. Die *Brunftzeit* der Rehe ist im Juli und August. Die neugeborenen Rehe (Kitze) kommen im Mai und Juni zur Welt. Ihr bräunliches Fell ist weiß gefleckt. Rehe leben in Rudeln im Flachland und Gebirge bis zur Baumgrenze vorwiegend im Wald. Sie sind Pflanzenfresser, äsen (weiden) auf der Wiese und knabbern an jungen Bäumen.

Religion Darunter versteht man den Glauben an eine übernatürliche, göttliche Macht. Auch ein bestimmtes Glaubensbekenntnis nennt man Religion. Im **Altertum** glaubten Griechen, Römer oder **Germanen** an viele verschiedene Götter. Die Anhänger des **Christentums, Judentums** und **Islams** glauben an einen **Gott.** *Naturreligion* ist der Glaube der Naturvölker an heilige Naturkräfte.

Revolution So nennt man die gewaltsame Änderung einer bestehenden Ordnung, zum Beispiel eines Regierungssystems oder einer Gesellschaftsform. Wird das **Volk** unterdrückt und ausgebeutet, erhebt es sich gegen die Herrschenden. Während der *Französischen Revolution* (1789) übernahm das Volk die Regierung, der **Adel** wurde entmachtet. Die russische *Oktoberrevolution* (1917) beseitigte den *Zaren* **(Kaiser)** und brachte für **Rußland** eine neue kommunistische Gesellschaftsform **(Kommunismus).** Mit der *Islamischen Revolution* im Iran (1979) über-

Rhein

nahm erstmals eine religiöse Bewegung die Macht im **Staat**. 1989 wurde die Welt durch eine Reihe von Revolutionen im Ostblock entscheidender verändert als in den Jahrzehnten davor. In wenigen Wochen gelang es in unblutigen Volksaufständen in der DDR **(Deutschland)** und Tschechoslowakei, ein totalitäres Regime zu stürzen und einen umfassenden Demokratisierungsprozeß einzuleiten. Selbst der blutige Volksaufstand in Rumänien gegen einen grausamen **Diktator** endete nach zwei Wochen mit dem Sieg des Volkes. Auch tiefgreifende Veränderungen in der Entwicklung der Menschheit bezeichnet man als Revolution, wie zum Beispiel die *Industrielle Revolution* **(Industrie)** im 19. Jahrhundert.

Rhein Er ist der längste Fluß **Deutschlands** und der verkehrsreichste Strom Europas. Die Quellflüsse des Rheins entspringen im schweizerischen Kanton Graubünden. Der Rhein fließt bei Reichenau in den Bodensee, verläßt ihn bei Stein am Rhein wieder und bildet bei Schaffhausen den 24 m hohen *Rheinfall*. Auf seinem weiteren Weg nach Westen wird er bis Basel *Oberrhein,* zwischen Basel und Bonn *Niederrhein* genannt. In Holland mündet der Rhein in einem großen Delta in die Nordsee. Bedeutende Binnenhäfen an seinen Ufern sind in Basel (Schweiz), Straßburg (Frankreich), Duisburg-Ruhrort (Bundesrepublik Deutschland) und Rotterdam (Holland). Durch **Kanäle** ist der Rhein mit vielen anderen Flüssen verbunden und bildet so Europas wichtigste Wasserstraße. Da er durch große Industriegebiete fließt, gehört er zu den stark verschmutzten Gewässern. Aufgrund großer Chemieunfälle, vor allem 1986, ist der Rhein über weite Abschnitte sogar regelrecht tot. Mit umfangreichen Maßnahmen des **Umweltschutzes** versucht man heute, sein Wasser wieder zu säubern.

Rind Der Vorfahre dieses *Huftieres* ist der *Ur* oder *Auerochse,* der schon vor 8000 Jahren das wichtigste **Haus-**

Rheinfall in Schaffhausen, Schweiz

Roboter

Hausrind

tier des Menschen war. Das *Hausrind* von heute ist wesentlich kleiner und in Europa eines der wichtigsten Nutztiere als Arbeitstier sowie als Fleisch- und Milchlieferant. Sowohl das weibliche (Kuh) wie auch das männliche Tier (Stier, Bulle) tragen zwei Hörner. Im Sommer wird das Rind auf der Weide gehalten, im Winter steht es im Stall. Die reine Pflanzenkost ist für das Rind schwer verdaulich. Als *Wiederkäuer* besitzt es einen vierteiligen Magen, der etwa 20 kg Nahrung faßt. Diese kommt zunächst in den *Pansen,* in dem viele **Bakterien** die Zellwände der Nahrung auflösen und sie verwertbar machen. Die im Pansen vorbereitete Nahrung gelangt dann in den *Netzmagen,* wird dort zu kleinen Ballen geformt und ins Maul zurückgestoßen. Der dann mit Speichel vermischte und nochmals zerkaute Speisebrei rutscht durch die Speiseröhre in den *Blättermagen.* Dort wird er angedickt und wandert zur Verdauung in den *Labmagen.* Einmal im Jahr bringt die Kuh ein Kalb zur Welt.

Robben Diese im Wasser lebenden Säugetiere gehören zu den **Raubtieren.** Robben haben einen spindelförmigen Körper, der ganz dem Leben im Wasser angepaßt ist. Ohren und Nase lassen sich leicht verschließen. Die vier Beine haben sich zu flossenartigen Gebilden entwickelt. Die bekrallten Zehen sind durch Schwimmhäute miteinander verbunden. Robben leben fast ausschließlich in Meeren der gemäßigten und kalten Zone der nördlichen und südlichen Erdhälfte. Sie schwimmen sehr wendig und ernähren sich von Fischen, **Krebsen** und **Tintenfischen.** Die *Seehunde, Ohrenrobben* und *Walrosse* bilden jeweils eine eigene Robbenfamilie. Bei den Robben folgt nicht das Junge der Mutter, sondern umgekehrt. Werden jedoch manchmal Zwillinge geboren, muß sich die Mutter für eines der beiden

Robben mit Jungtier in Alaska

Jungen entscheiden, denn sie kann nur einem folgen. Das zweite wird vom Wasser abgetrieben. In seiner Verlassenheit beginnt es vor Hunger kläglich zu heulen. Diese armen »Heuler« magern rasch ab und gehen bald zugrunde. Robbenfelle sind als Pelze begehrt, deshalb werden Robben stark gejagt. In aller Welt setzen sich deshalb vor allem auch prominente Tierschützer für ein Verbot der Robbenjagd ein.

Roboter Darunter versteht man Maschinen, die ähnlich wie ein **Computer**

Rocky Mountains

Schweißroboter bei BMW

bestimmte Arbeiten nach einem eingegebenen Programm ausführen. Gegenüber dem **Automaten** haben Roboter den Vorteil, daß sie den unterschiedlichsten Arbeitsvorgängen angepaßt werden können. Bei der Autoherstellung schweißen sie Metallteile zusammen und lackieren sie. In der Getränkeindustrie füllen sie Flaschen ab und verschließen sie usw. In der Spielzeugindustrie oder zu Werbezwecken werden sprechende »Menschenroboter«, die sogar Fragen stellen und beantworten können, hergestellt.

Rocky Mountains Mit einer Gesamtlänge von 4500 km sind sie das größte

Der Glacier Nationalpark in den Rocky Mountains

Rundfunk

Gebirge Nordamerikas. Die Rocky Mountains verlaufen von **Alaska** durch Kanada bis hinunter an die Nordgrenze Mexikos. Im Norden sind sie häufig von Wäldern bedeckt. Dort gibt es auch einige **Gletscher**. Im Süden sind sie von **Steppen** überzogen. Im »Yellowstone Nationalpark« ist das Gebirge vulkanisch **(Vulkan)**. Die Rocky Mountains sind reich an Bodenschätzen (Gold, Silber, Eisenerz, Erdöl, Kohle und Uran). Die höchste Erhebung ist der *Mount Elbert* (4399 m).

Röntgenstrahlen Das sind elektromagnetische Strahlen mit sehr kurzer Wellenlänge **(Welle)**. Röntgenstrahlen sind für das Auge unsichtbar, durchdringen lichtundurchlässige Stoffe und können auf fotografischen Platten und Leuchtschirmen sichtbar gemacht werden. In der **Medizin** wird mit Röntgenstrahlen der menschliche Körper durchleuchtet. Dabei lassen sich Knochenbrüche und krankhafte Gewebeveränderungen erkennen. Die Röntgenbestrahlung wird zur Behandlung von Geschwulstkrankheiten und zur Schmerzlinderung eingesetzt. In der Technik untersucht man mit Röntgenstrahlen Kristalle oder prüft Metalle. Die Röntgenstrahlen sind nach dem deutschen Physiker *Wilhelm Röntgen* benannt, der sie im Jahre 1895 entdeckte.

Rotes Kreuz Diese internationale Hilfsorganisation wurde 1863 von dem Schweizer Schriftsteller *Henri Dunant* gegründet. Zutiefst betroffen vom Elend der Kriegsverwundeten rief er 1864 die Vertreter aller Völker dazu auf, einen Vertrag zur Schonung von Kriegsverletzten zu unterzeichnen. Dieser Vertrag wird *Genfer Konvention* genannt. Als internationales Zeichen vereinbarte man ein rotes Kreuz auf weißem Grund. In Kriegszeiten dürfen Ärzte, Schwestern, Helfer und Krankenfahrzeuge, die dieses Zeichen tragen, nicht angegriffen oder gefangengenommen werden. Heute gibt es in fast allen Ländern Rotkreuzgesellschaften, die sich auch der Kriegsgefangenen annehmen. Aber auch in Friedenszeiten erfüllt das Rote Kreuz mit zahlreichen Einrichtungen in der Krankenfürsorge viele Aufgaben.

Rundfunk Dieser Begriff umfaßt alle Techniken zur drahtlosen Übermittlung von akustischen Informationen mit Hilfe *elektromagnetischer Wellen*. Im Aufnahmestudio eines Funkhauses oder im Übertragungswagen werden Schallwellen **(Schall)** von einem **Mikrofon** in Stromstöße umgewandelt. Sie sind jedoch für eine Sendung zu schwach und werden von *Transistoren* (kleine beschichtete **Kristalle**) verstärkt und in Rundfunkwellen umgewandelt. Diese breiten sich mit Lichtgeschwindigkeit aus. Je nach ihrer Länge unterscheidet man *Lang-, Mittel-, Kurz-* und *Ultrakurzwellen*. Von der **Antenne** des Senders

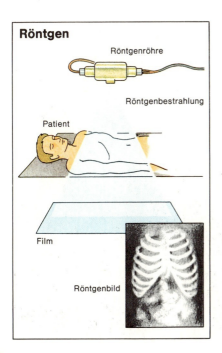

Röntgen

Rundfunk

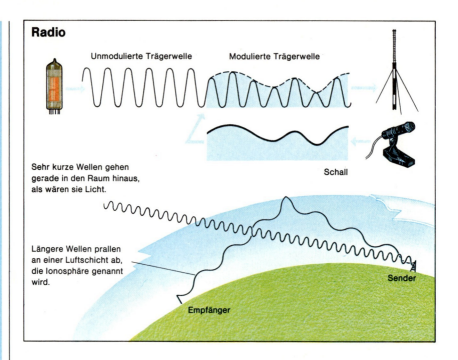

Rüstung

gelangen die Rundfunkwellen zur Antenne des Empfängers und von dort in das Empfangsgerät. Dieses verwandelt die Wellen wieder in Stromstöße, die über einen **Lautsprecher** im Radio als Töne zu hören sind. Die erste Übertragung von Nachrichten durch elektromagnetische Wellen gelang 1897 dem Italiener *Marconi*.

Rußland So bezeichnete man bis 1917 das russische Zarenreich. Dann beseitigte die *Oktoberrevolution* den Zaren **(Kaiser).** Unter ihrem Führer *Wladimir Iljitsch Lenin* wurde 1922 die »Union der Sozialistischen Sowjetrepubliken«, abgekürzt *UdSSR* oder *Sowjetunion* begründet. Bis zum Jahr 1991 bestand sie aus 15 Teilrepubliken. Das riesige Land lag zu einem Viertel in Europa und, getrennt durch das *Uralgebirge,* zu drei Viertel in Asien. Im Norden grenzte die Sowjetunion an das Nordpolarmeer, im Süden an die Türkei und den Iran, China und die Mongolische Volksrepublik, im Westen an die nord- und osteuropäischen Staaten und im Osten an den Pazifischen Ozean. Riesige Ebenen und Steppen durchziehen den europäischen Teil des Landes. In Ost- und Mittelsibirien ist das Land gebirgig. Im Norden liegen unendliche Wälder mit Sümpfen und Mooren *(Taiga).* An sie schließt die baumlose *Tundra* an. Die Sommer sind heiß und im Norden nur kurz, die Winter sehr kalt. In weiten Gebieten Rußlands herrscht ständiger Frost. Aufgrund der Erschließung reicher Bodenschätze (Kohle, Erdöl, Erdgas, Eisen, Gold) zählt das Land zu den Industrienationen. Die über 270 Millionen Einwohner der Sowjetunion gehörten über 100 verschiedenen Völkern an. Die Sowjetunion war die Führungsmacht des kommunistischen Ostblocks **(Kommunismus).** Mit dem Amtsantritt von Michael Gorbatschow (1985) wurde eine Reformpolitik eingeleitet. Diese Reformpolitik wurde von anderen Ländern des Ostblocks übernommen. Anfang 1991 erklärten sich Rußland unter Boris Jelzin, dem Nachfolger von Gorbatschow, sowie weitere Unionsrepubliken zum Rechtsnachfolger der Sowjetunion und bildeten zusammen die Gemeinschaft Unabhängiger Staaten (GUS; vorerst 18 Republiken). Die GUS hat über 137 Millionen Einwohner. Bei dem Übergang zur Marktwirtschaft sind noch viele Schwierigkeiten zu überwinden.

Rüstung So hieß im **Mittelalter** das eiserne Schutzkleid der **Ritter.** Man bezeichnet aber auch alle militärischen Maßnahmen, mit denen sich ein Land für den Kriegsfall vorbereitet, als Rüstung. Verstärkt ein Land seine Rüstungsmaßnahmen, nennt man das *Aufrüstung.* Baut es schrittweise seine militärischen Einrichtungen ab, spricht man von **Abrüstung.**

Der Kreml in Moskau, der Hauptstadt von Rußland

Ritterrüstung (um 1600)

Saiteninstrumente

Saiteninstrumente Diese Musikinstrumente sind mit Saiten aus Darm, Kunststoff, Seide, Stahl, Messing oder Kupfer bespannt. Bei Saiteninstrumenten werden die Töne durch Streichen mit einem pferdehaarbespannten Bogen, Zupfen oder Schlagen erzeugt. Zu den *Streichinstrumenten* gehören die Geige, das *Cello*, die *Bratsche* und die *Baßgeige*. Gezupft werden *Gitarre, Mandoline, Zither* und **Harfe.** Beim **Klavier,** *Cembalo* und *Spinett* werden die Saiten über Tasten, beim *Hackbrett* mit kleinen Hämmerchen angeschlagen.

Salz Das ist eine chemische Verbindung, die bei der *Neutralisation* von **Säuren** und *Laugen* sowie aus **Metall** und Säuren entsteht. Das gebräuchlichste Salz ist unser *Kochsalz.* Es findet sich als *Steinsalz* in großen Lagern in der Erde, die aus Salzseen oder Meeresteilen entstanden sind. Es wird im Tagebau oder unter Tage bergmännisch abgebaut. *Solesalz* wird aus natürlichen Salzquellen gewonnen, das *Seesalz* kommt in den Meeren vor. Für den menschlichen, tierischen und pflanzlichen Organismus ist Salz unentbehrlich. Im Haushalt ist es das wichtigste Gewürz. In der chemischen Industrie wird es für die verschiedensten Zwecke gebraucht.

Samen Sie bewirken die **Fortpflanzung** pflanzlichen, tierischen und menschlichen Lebens. Bei Blütenpflanzen **(Blüte)** entsteht der Same nach der **Befruchtung** aus den Samenanlagen im Fruchtknoten. Pflanzensamen werden durch Insekten, Vögel und andere Tiere oder den Wind verbreitet. Bei Menschen und Tieren ist der Samen eine weißliche, klebrig-schleimige Flüssigkeit *(Sperma),* die in den männlichen Geschlechtsorganen **(Geschlecht)** gebildet wird.

Bei Menschen und Tieren bewegen sich die männlichen Samenzellen im Eileiter zur weiblichen Eizelle

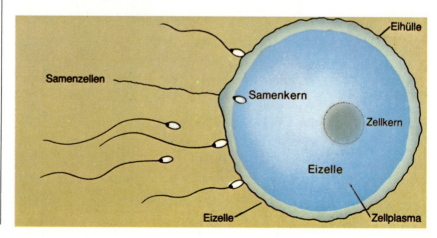

Säugetiere

Rundfunkprogramme kommen direkt vom Satelliten TV-SAT in die Hausantenne

Satellit In der **Astronomie** bezeichnet man damit **Monde,** die die **Planeten** bei ihren Kreisbahnen um die **Sonne** begleiten. Heute nennt man Satelliten jedoch hauptsächlich künstliche Himmelskörper. Sie waren die Vorläufer der bemannten Raumschiffe, mit ihnen begann die **Raumfahrt.** Der erste Erdsatellit (»Sputnik I«) wurde 1957 von den Russen auf eine Erdumlaufbahn geschickt. Satelliten beobachten aus großen Höhen das **Wetter,** werden für militärische Beobachtungszwecke eingesetzt und übermitteln Nachrichten- und Fernsehbilder von einem Ende der Welt zum anderen.

Sauerstoff Er kommt als geruchloses **Gas** in der **Luft** vor. Sauerstoff benötigen alle Menschen, Tiere und Pflanzen. Können sie nicht genügend Sauerstoff aufnehmen, müssen sie ersticken. Der Sauerstoffgehalt in der Luft nimmt mit zunehmender Höhe ab. Das spüren vor allem Bergsteiger. Sie verwenden deshalb in Höhen über 7000 m meist ein *Sauerstoffgerät.* Dieses besteht aus einer Stahlflasche, in die unter hohem Druck Sauerstoff gepreßt wurde. Aus ihr atmen dann die Bergsteiger über Schläuche in großen Höhen den Sauerstoff ein. Aber auch **Taucher** verwenden Sauerstoffgeräte. Ist bei einem schwerkranken Menschen eine regelmäßige **Atmung** nicht mehr gewährleistet, wird er künstlich mit Sauerstoff beatmet.

Säugetiere Diese warmblütigen *Wirbeltiere* atmen über **Lungen,** tragen ein Haarkleid (mit Ausnahme der **Wale)** und sind Pflanzen-, Fleisch- oder Allesfresser. Säugetiere bringen (bis auf wenige Arten) lebende Junge zur Welt, die von der Mutter gesäugt werden. Sie sind in etwa 4250 Arten über die ganze Erde verbreitet. Da sie alle Klimazonen

Säure

und Lebensräume bewohnen, kommen sie in den verschiedensten Formen und Gestalten vor. Säugetiere leben als Einzelgänger, in Familien, Rudeln oder Herden. Das Gemeinschaftsleben wird durch eine Rangordnung geregelt, die durch Kämpfe zwischen Artgenossen festgelegt wird. Die kalte Jahreszeit überstehen einige Arten im *Winterschlaf* **(Igel)** oder in einer sogenannten *Winterruhe* **(Bär)**.

Säure Das ist eine meist sauer schmeckende chemische Verbindung, die **Wasserstoff** enthält. Die wichtigsten Säuren sind *Salz-, Salpeter-* und *Schwefelsäure.* **Metalle** zersetzen sich unter der Einwirkung von Säuren. Dabei entstehen **Salze.** Von einer Mischung aus Salzsäure und Salpetersäure (»Königswasser«) werden sogar die **Edelmetalle** angegriffen.

Saurier Das waren artenreiche *Kriechtiere* des frühen Erdmittelalters, die vor 70 Millionen Jahren ausgestor-

ben sind. In der Luft gab es *Flugsaurier,* auf dem Lande *Dinosaurier* unterschiedlichster Gestalt. Manche der Saurier zählen zu den größten Landwirbeltieren, die je auf der Erde lebten. Sie hatten überlange Hälse, kleine Köpfe und gewaltige Stützschwänze. Auf säulenartigen Beinen stampften sie durch die Ursümpfe und hinterließen Fußabdrücke von bis zu 60 cm Durchmesser. Die größten Saurier waren bis zu 35 m lang und 50 t schwer. Das Skelett eines 18 m langen »Brontosaurus« nimmt in einem New Yorker **Museum** eine ganze Halle ein. Heute erinnern nur noch einige Kriechtiere **(Krokodile)** und sehr seltene, riesige Meeresechsen auf den *Galapagos-Inseln* im Pazifischen Ozean an ihre Vorfahren aus der Urzeit.

Schaf Dieses *Huftier* ist wie das **Rind** ein *Wiederkäuer.* Das Schaf gehört seit Jahrtausenden zu den **Haustieren** des Menschen und liefert ihm Wolle, Milch und Fleisch. Die feinste Wolle stammt vom *Merinoschaf.* Die fein gekräuselten Felle junger Lämmer der *Karakulschafe* werden zu Persianerpelzen verarbeitet. Schafe leben in Herden. Die männlichen Tiere tragen nach hinten gedrehte Hörner. In **Australien** ist die Schafzucht

Saurier

Der Tyrannosaurus war ein gieriges Raubtier,

der Stegosaurus ein friedlicher Pflanzenfresser.

Hausschaf mit Lamm

Schiffe

einer der wichtigsten Wirtschaftszweige. Bei uns gibt es vor allem in der Lüneburger Heide noch große Schafherden.

Schall Man bezeichnet damit alles, was gehört werden kann. Schall entsteht, wenn Stäbe, Platten, Saiten oder Membranen schwingen. Von einer Schallquelle aus werden Luftteilchen wellenartig fortbewegt. Wir nennen diese Bewegung *Schallwellen.* Sie breiten sich nach allen Seiten im Raum aus und werden von uns als Geräusch, Ton oder Knall gehört. Das menschliche **Ohr** kann Schalwellen von 16–20000 Schwingungen in der Sekunde wahrnehmen. Alles, was über 20000 Schwingungen liegt, ist für uns nicht mehr zu hören. Diesen *Ultraschall* vermögen nur einige Tiere wie die Fledermaus zu hören. Schallwellen pflanzen sich in der Luft mit einer Geschwindigkeit von 331 m/s, in Wasser von 1464 m/s fort. Im luftleeren Raum kann sich der Schall nicht ausbreiten. Nähert sich ein Flugzeug der *Schallgeschwindigkeit,* nimmt der Widerstand in der Luft so zu, daß sie sich vor dem Flugzeug staut und eine *Schallmauer* bildet. Bei einer Geschwindigkeit von etwa 1200 km/h (Mach 1) durchbricht das Flugzeug die Schallmauer und erzeugt dabei einen lauten Doppelknall.

Schiffe Sie sind die ältesten Fahrzeuge der Menschen. Die ersten Schiffe bestanden aus ausgehöhlten *(Einbaum)* oder mehreren zu einem Floß zusammengebundenen Baumstämmen. Sie wurden durch Ruder oder bei günstigem Wind mit Hilfe von Segeln fortbewegt. Mit Beginn der Seefahrt setzte auch eine kulturelle Höherentwicklung der Völker ein. Diejenigen, die sich das Meer als Handelsweg erschlossen, konnten ihre Kenntnisse erweitern und gelangten zu Macht und Reichtum. Die Kriegsschiffe der Römer wurden von **Sklaven** gerudert. Die Schiffe der *Wikinger* besaßen Ruder und Segel. Im Zeitalter der **Entdeckungsreisen** bauten die Portugiesen schnelle *Segelschiffe.* Diese waren länglich und hatten geringen Tiefgang. Segelschiffe beherrschten bis ins 19. Jahrhundert die Weltmeere. Dann wurden die ersten *Dampfer* gebaut. Anfangs wurden sie von einer **Dampfmaschine** angetrieben, die die Schaufelräder oder eine Schiffsschraube am Heck des Schiffes in Gang setzte. Seit Ende des 19. Jahrhunderts erfolgte der Antrieb durch Dampfturbinen **(Turbine).** Im 20. Jahrhundert baute man riesige Passagierschiffe, die viele Dampfkessel mit über 100 Feuerlöchern hatten. Im Maschinenraum mußten die Heizer zur Befeuerung der Kessel Tag und Nacht Kohlen schaufeln. Heute werden moderne Passagier- und Frachtschiffe von **Dieselmotoren** oder *Gasturbinen* angetrieben. Bei *Flugzeugträgern* und **U-Booten** erfolgt der Antrieb häufig

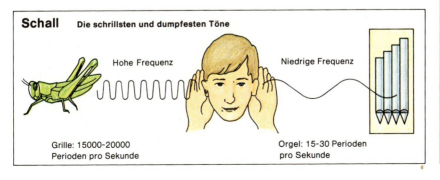

Schall Die schrillsten und dumpfesten Töne

Hohe Frequenz

Niedrige Frequenz

Grille: 15000-20000 Perioden pro Sekunde

Orgel: 15-30 Perioden pro Sekunde

Schildkröten

Passagierdampfer, Containerschiff (links und rechts oben), Segelschiff, Flugzeugträger (links und rechts unten)

auch durch **Atomenergie.** Zu den größten Schiffen, die die Meere befahren, zählen die *Tanker*. Sie bringen das Rohöl aus den erdölfördernden Ländern zu den verschiedenen Raffinerien. Für den Frachtverkehr gibt es heute die *Containerschiffe* **(Container).** Zur Beförderung von Passagieren im Fährverkehr werden zunehmend schnelle *Tragflächenboote* oder *Luftkissenfahrzeuge* eingesetzt. Alle modernen Schiffe sind mit Funk **(Funktechnik),** Navigationsgeräten **(Navigation)** und **Radar** ausgerüstet.

Schildkröten Diese *Kriechtiere* stecken in einem gewölbten, zweiteiligen Panzer. Er besteht aus Knochenplatten, die von Hornplatten überlagert sind. Im Rückenschild ist der Panzer mit der Wirbelsäule der Schildkröte verwachsen. Für den Kopf, die vier Beine und den Schwanz hat der Panzer Öffnungen. Bei Gefahr kann sie ihre Gliedmaßen aber auch sich selbst ganz im Panzer verschwinden lassen. Schildkröten atmen durch Lungen. Die landbewohnenden Schildkröten ernähren sich von Pflanzen, die wasserbewohnenden von kleinen Wassertieren und Tang. Ihre Nahrung zerstückeln sie mit ihren scharfen Hornkiefern. Sowohl

Griechische Landschildkröte

Schlangen

Land- als auch Wasserschildkröten legen ihre Eier an Land in kleinen Sandgruben ab und scharren sie zu. Sonne und Bodenwärme besorgen das Ausbrüten. Es gibt etwa 200 verschiedene Schildkrötenarten. Die bekanntesten sind die *Griechische Landschildkröte,* die *Europäische Sumpfschildkröte* und die *Seeschildkröte.*

Schimpansenbabys

Schimpanse Er gehört zu den *Menschenaffen* und ist das menschenähnlichste Tier. Der Schimpanse ist bis auf Gesicht, Ohren und die Handinnenflächen schwarz behaart. Er wird 1,70 m groß und kann aufrecht gehen. Seine langen Arme reichen bis fast zum Boden. Schimpansen leben in tropischen Regenwäldern, aber auch in den Trockenwäldern Afrikas. Dort halten sie sich überwiegend am Boden auf, nur zum Schlafen klettern sie in ihre Schlafnester auf den Bäumen. Die Tiere leben in Familien und Horden mit einer strengen Rangordnung. Sie wandern weit umher und ernähren sich von Früchten, Pflanzen und der Jagd auf kleine Säugetiere. Ihre Lernfähigkeit können wir in **Zoos** und im **Zirkus** bestaunen.

Schlaginstrumente Durch Schlagen mit der Hand, mit Schlegeln, Hämmern oder einem Metallbesen werden sie zum Tönen gebracht. Zu den Schlaginstrumenten gehören das *Becken,* die große und kleine *Trommel,* die *Pauke,* das *Glockenspiel,* das *Xylophon* und der *Gong.* Auch andere, nicht zu schlagende Rhythmusinstrumente wie *Rasseln, Rumbakugeln* und *Windmaschine* zählen dazu. Die Schlaginstrumente sind die Rhythmus- und Geräuschinstrumente eines Orchesters. Man bezeichnet sie auch als *Schlagzeug.*

Schlangen Das sind *Kriechtiere* ohne Gliedmaßen. Der Körper der Schlan-

Abgottschlange (Boa constrictor)

Schleuse

gen ist langgestreckt und mit Schuppen bedeckt. Von Zeit zu Zeit häuten sie sich, wobei die gesamte Oberhaut abgestreift wird. Schlangen bewegen sich fort, indem sie die Schuppen am Boden einhaken und sich vorwärtsziehen. Im wesentlichen sind sie Fleischfresser, ihre Nahrung besteht aus Insekten, Würmern und kleinen Wirbeltieren. Schlangen können sogar Beutetiere, die größer sind als sie selbst, ganz verschlingen, da sie einen dehnbaren Schädel und eine gewisse Dehnfähigkeit des Körpers besitzen. Die Beute wird entweder durch Biß (bei *Giftschlangen*) oder durch Umschlingen und Erdrosseln getötet. Es gibt etwa 2500 Schlangenarten auf der ganzen Welt, von denen etwa ein Drittel giftig ist. Aus einer Giftdrüse wird Gift in den röhrenartigen Giftzahn geleitet. Damit werden die Opfer gelähmt. Einige Giftschlangen sind auch für den Menschen gefährlich. Zu ihnen zählen die *Kreuzotter,* die *Klapperschlange,* die *Kobra* und die *Mamba. Riesenschlangen* erdrücken ihre Opfer durch ihre Körperkraft.

Schleuse Sie gleicht in einem hügeligen Gelände die verschieden hohen Wasserstände aus und ermöglicht so den **Schiffen** die Weiterfahrt. Schleusen werden in Flüsse und Kanäle eingebaut und bestehen aus der *Schleusenkammer* und den *Schleusentoren.* Das Schiff fährt in die Schleusenkammer ein, die Tore werden geschlossen. Soll das Schiff von einem hohen auf einen niedrigen Wasserstand gesenkt werden, läuft das Wasser aus der Schleusenkammer ab. Muß es auf eine höhere Wasserstufe gehoben werden, füllt sich diese mit Wasser. Die Schleusentore lassen sich erst wieder öffnen, wenn vor und hinter dem Tor der Wasserstand gleich ist.

Schmetterlinge Diese Fluginsekten stellen die am zahlreichsten vertretene Insektenordnung dar. Nahezu alle Schmetterlinge besitzen zwei Flügelpaare, wobei das hintere immer kleiner ist als das vordere. Die Flügel sind sehr dicht mit Schuppen aus *Chitin,* einem hornähnlichen wasser- und luftundurchlässigen Stoff, bedeckt. In den Schuppen befinden sich oft Farbstoffe *(Pigmente),* die den Flügeln eine wunderschöne Färbung verleihen. Die Nahrung der Schmetterlinge bildet überwiegend der *Nektar,* den sie sich mit ihrem Saugrüssel aus den **Blüten** holen. Sie haben *Facettenaugen* (viele dicht aneinanderliegende, rechteckige Netzaugen). Ihre Fühler sind empfindliche Sinnesorgane. Männchen und Weibchen besitzen Duftdrüsen und Dufthaare, mit denen sie sich gegenseitig anlocken. Bei ihrer Entwicklung machen Schmetterlinge eine vollkommene Verwandlung durch. Aus dem Ei schlüpft die *Raupe (Larve).* Sie verwandelt sich in einer dichten Hülle aus Seidenfäden *(Kokon)* zur *Puppe.* Aus der Puppe

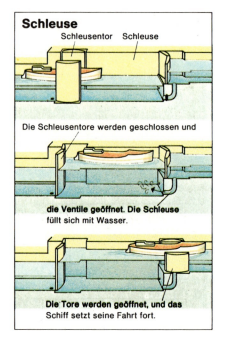

Schleuse
Schleusentor Schleuse

Die Schleusentore werden geschlossen und

die Ventile geöffnet. Die Schleuse füllt sich mit Wasser.

Die Tore werden geöffnet, und das Schiff setzt seine Fahrt fort.

Schrift

schlüpft das fertige Insekt. Bei den *Großschmetterlingen* unterscheidet man die *Tag-* und *Nachtfalter.* Zu den *Kleinschmetterlingen* gehören die *Motten* und *Wickler.* Die echten Motten nagen an Kleidern, Pelzen und Tapeten. Unter den Schmetterlingsraupen gibt es auch viele Schädlinge, die Gemüse, Obst und Obstbäume schädigen.

Schnecken Das sind *Weichtiere,* deren Körper sich in Kopf, Mantel, Kriechsohle und Eingeweidesack gliedert. Am Kopf trägt die Schnecke zwei Fühler mit einfachen Augen. An den Mantelrändern sitzen Kalkdrüsen, aus denen das Gehäuse entsteht. Schneckenhäuser weisen die verschiedensten Formen auf. Bei einigen Schnecken ist es auch sehr verkümmert, bei anderen fehlt es ganz. In einer Mantelhöhle zwischen dem Gehäuse und dem Weichkörper liegen die Atmungsorgane. Je nachdem, ob die Schnecken an Land oder im Wasser leben, atmen sie mit **Lungen** oder *Kiemen.* Bei Gefahr kann sich die Schnecke ganz in ihr Haus zurückziehen. Schnecken legen Eier oder bringen lebende Junge zur Welt. Von den etwa 85000 Schneckenarten leben die meisten im Wasser. In der Regel sind sie Pflanzenfresser, einige jagen kleine Wassertierchen.

Schnee Wenn die Temperatur der Luft unter 0°C sinkt, fällt statt **Regen** Schnee. Er besteht aus Eissternchen, die sich bilden, wenn Wassertropfen in einer **Wolke** gefrieren. Sie schweben als »Schneeflocken« zur Erde. Ist auch der Boden gefroren, bleibt der Schnee liegen. Betrachtet man eine Schneeflocke genau, so sieht man, daß sie ein kleiner, sechsstrahliger Stern ist. Je kälter es ist, desto kleiner sind die Schneeflocken und um so lockerer ist die Schneedecke *(Pulverschnee).* Wird es wärmer, ist der Schnee feuchter, schwerer und für Schneebälle und Schneemänner gut geeignet. Nur auf einem Drittel der Erde gibt es im Winter Schnee. In den Polargebieten und auf den Gipfeln sehr hoher Berge liegt immer Schnee.

Schrift Sie zählt zu den bedeutendsten **Erfindungen** der Menschheit. Mit Hilfe der Schrift ließen sich das Wissen der Menschen und Zeitgeschehnisse festhalten und der Nachwelt übermitteln. Die älteste uns bekannte Schrift ist die *Keilschrift* der Sumerer und Babylonier (etwa um 3300 v. Chr.). In **Ägypten** gab es seit etwa 3000 v. Chr. die **Hieroglyphen.** Von den einst 5000 Schriftzeichen der alten chinesischen Schrift (um 1500 v. Chr.) sind heute nur noch etwa 4000 in Gebrauch. Aus der *Lautschrift* der Phönizier entwickelte sich im 13. Jahrhundert v. Chr. die erste *Buchstabenschrift,* deren Zeichen man in einem **Alphabet** zusammenfaßte. Von den frühesten Buchstabenschriften sind heute die *hebräische* Schrift (die

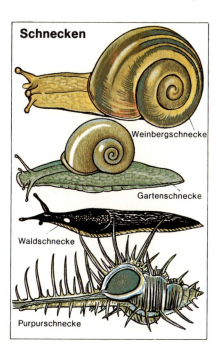

Schnecken
- Weinbergschnecke
- Gartenschnecke
- Waldschnecke
- Purpurschnecke

Schule

Schrift der **Juden**) und die *arabische* Schrift erhalten. Aus der *griechischen* Schrift entstanden die *lateinische* und die *kyrillische* Schrift (sie wird heute noch in **Rußland** und in einigen Balkanländern gebraucht). Die **Germanen** hatten eine *Runenschrift*. Heute ist bei allen Völkern des Westens die *lateinische* Schrift in Gebrauch. Neu entwickelt wurde in unserer Zeit eine *Kurzschrift (Stenographie)*. Sie besteht aus Schriftzeichen, die Worte und ganze Sätze zusammenfassen.

Schule Bei den alten Griechen bedeutete Schule genau das Gegenteil von dem, was sie heute für Schüler ist, nämlich Freizeit und Muße. Schule im heutigen Sinn gab es im **Altertum** nicht. Die Kinder vornehmer Leute wurden von Privatlehrern unterrichtet. Im **Mittelalter** wurden unter *Karl dem Großen* im 8. Jahrhundert die ersten Schulen für besonders begabte Kinder eingerichtet. Den Unterricht erteilten die Mönche in den Klöstern. Aus diesen *Klosterschulen* entstand im 16. Jahrhundert das **Gymnasium**. Dort wurden bereits breitere Volksschichten unterrichtet. Doch viele Kinder armer Leute lernten weder lesen noch schreiben. Bis ins 19. Jahrhundert hinein gab es keine allgemeine Schulpflicht. Heute müssen bei uns alle Kinder (ab dem 6. Lebensjahr) zunächst einmal vier Jahre die Grundschule besuchen. Daran schließen entweder die *Hauptschule*, die *Realschule* oder das Gymnasium an. Für geistig und körperlich behinderte Kinder gibt es *Sonderschulen. Berufsschulen* ergänzen eine praktische Berufsausbildung. Eine *Volkshochschule* kann jeder Erwachsene besuchen. Man braucht für sie keinen Schulabschluß. Sie bietet Kurse und Vorlesungen auf vielen verschiedenen Wissens- und Fachgebieten an.

Schwan Dieser große *Entenvogel* hat einen kräftigen Körper, einen langen

Ein Höckerschwan mit Jungen

Hals und kurze Schwimmfüße. Schwäne leben überall, außer in Afrika. Bei uns kommt vor allem der *Höckerschwan* vor. Er wird vielfach halbzahm an Parkteichen und Seen gehalten. Sein Kennzeichen ist ein schwarzer Höcker auf dem orange-roten Schnabel und ein ganz weißes Gefieder. Den dicken Hals trägt er meist S-förmig geschwungen. Im Winter sind bei uns aus nordischen Brutgebieten manchmal auch der *Singschwan* und der *Zwergschwan* zu Gast. Beide tragen ihren Hals beim Schwimmen gerade. Der Schnabel ist leuchtend gelb. Der *Schwarzhalsschwan* mit schwarz gefiedertem Kopf und Hals ist in Südamerika beheimatet. In Australien lebt der *Schwarze Schwan*. Bis auf die weißen Schwingen ist sein Gefieder ganz schwarz.

Schwangerschaft Das ist bei der Frau die Zeit von der Empfängnis bis zur **Geburt** ihres Kindes. Die Schwangerschaft beginnt mit der **Befruchtung** des weiblichen Eis durch den männlichen Samen und dauert im Normalfall 40 Wochen (9 Monate). Ab der 16. Schwangerschaftswoche kann die Mutter deutlich die Bewegungen des Kindes in ihrem Leib spüren.

Schweiz

Schwein Dieses *Huftier* gibt es auf der ganzen Welt. Schweine werden in fünf Gruppen eingeteilt: *Wildschweine, Warzenschweine, Pinselschweine, Riesenwaldschweine* und *Hirscheber.* Unser *Hausschwein* stammt vom Wildschwein ab, das schon seit 5000 Jahren vom Menschen als **Haustier** gehalten und gezüchtet wird. Sein Körper ist plump und mit einer dicken, kaum behaarten Fettschicht umgeben. Am kurzen Kopf sitzen herunterhängende Schlappohren. Früher ließ man die Hausschweine im Freien ihre Nahrung suchen, denn sie haben einen feinen Geruchs- und Tastsinn. Sie finden Früchte, Eicheln, Wurzeln, Pilze, Würmer, Schnecken, Vogeleier, Mäuse und **Aas.** Mit ihrem rüsselartig verlängerten Kopf, der vorne eine knorpelige Rundscheibe trägt, durchfurchen sie den Erdboden. Heute läßt man Schweine nicht mehr im Freien weiden, sondern gibt den Allesfressern Küchenabfälle, Milch, Getreide, Rüben und Kartoffeln. Das weibliche Hausschwein *(Sau)* bekommt zweimal im Jahr Junge *(Ferkel).* Ein Wurf kann 20 Junge haben. Das *Europäische Wildschwein* lebt auch bei uns in größeren Waldgebieten. Es trägt ein dichtes, schwarzbraunes Borstenkleid. Tagsüber ruhen die Wildschweine in Erdgruben und gehen erst in der Dämmerung auf Nahrungssuche. Das weibliche Wildschwein *(Bache)* wirft einmal im Jahr 4–8 gestreifte *Frischlinge.* Alte männliche Tiere *(Keiler)* leben oft als Einzelgänger und greifen gelegentlich auch den Menschen an.

Schweiz Dieser Bundesstaat grenzt im Südwesten an die Bundesrepublik Deutschland. In der Schweiz leben auf einer Fläche von 41 293 km^2 6,8 Millionen Einwohner. Von ihnen sprechen 65 Prozent Deutsch, 18 (in der Westschweiz) Französisch, 12 (im Tessin und in Teilen Graubündens) Italienisch und etwa 1 Prozent Rätoromanisch, eine alte romanische Sprache mit verschiedenen Mundarten. Die *Schweizerische Eidgenossenschaft* ist ein demokratischer Bundesstaat und in 23 *Kantone* (Bundesländer) unterteilt. Das

Wildschwein mit Frischlingen

Schwerkraft

Schweizer **Parlament** *(Bundesversammlung)* besteht aus *National-* und *Ständerat* und wird alle vier Jahre gewählt. Der **Regierung** *(Bundesrat)* steht der *Bundespräsident* vor. Er ist zugleich auch das Staatsoberhaupt. Regierungssitz und Hauptstadt ist *Bern*. Die Stadt *Genf* ist ein internationaler Konferenzort. Ständigen Sitz haben dort das Internationale **Rote Kreuz** und die europäische Zentrale der **Vereinten Nationen**. Die Schweiz ist ein gebirgiges Land und gliedert sich in die Schweizer Alpen, in das hügelige Alpenvorland und den Schweizer Jura. Der höchste Berg ist die *Dufourspitze* (4634 m). Der größte Fluß ist der **Rhein,** der größte See der *Genfer See*. Ein Viertel des Landes ist von Wäldern bedeckt, ein Viertel landwirtschaftliche Anbaufläche. Wichtige Wirtschaftszweige sind der Fremdenverkehr, die Viehzucht, Feinmechanik, Maschinen-, Textil- und Genußmittelindustrie. Berühmt sind die Schweizer **Uhren**. Die Schweiz ist eine Nation, die sich aus vier verschiedenen Volks- und Sprachgruppen bildete. 1291 schlossen sich die Urkantone *Uri, Schwyz* und *Unterwalden* gegen die Unterdrückung der Habsburger Herrscher zusammen. Später wurde dieser Bund nach und nach zur Schweizerischen Eidgenossenschaft erweitert. Der deutsche **Kaiser** *Maximilian* erkannte 1499 die Unabhängigkeit der Schweiz an. Im 16. Jahrhundert erreichte die *Reformation* das Land und fand durch *Johan Calvin* zu einer eigenen Form. Mitte des 17. Jahrhunderts trennte sich die Schweiz endgültig vom Deutschen Reich. Zu Beginn des 19. Jahrhunderts verpflichteten sich alle europäischen Großmächte, die *Neutralität* der Schweiz zu achten. 1848 wurde eine bundesstaatliche Verfassung angenommen.

Schwerkraft Jede Fallbewegung wird von einer **Kraft** verursacht, die alle Kör-

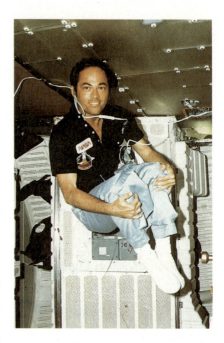

Schwerelos schwebt der Astronaut Robert Crippen in der Raumfähre »Columbia«

per senkrecht zum Erdmittelpunkt hinzieht. Man nennt sie Erdanziehungskraft oder Schwerkraft. Auch der **Mond** übt eine Anziehungskraft aus. Während eines Raumfluges **(Raumfahrt)** nimmt die Erdanziehungskraft laufend ab, die Mondanziehungskraft ständig zu. Das Raumfahrzeug kommt dann an einen Punkt zwischen **Erde** und Mond, an dem beide Anziehungskräfte gleich groß sind. Da sie entgegengesetzt wirken, heben sie sich auf. Das Raumfahrzeug, die Besatzung, Geräte und Proviant haben kein Gewicht mehr und schweben schwerelos durch den Raum. Für das Raumschiff und seine Besatzung setzt der Zustand der *Schwerelosigkeit* ein, wenn die Triebwerke abgeschaltet sind und die Erdumlaufbahn erreicht ist. Raumkapsel und Insassen fliegen gleich schnell durch den Raum, ein Oben und Unten ist für sie nicht zu spüren.

Sieben Weltwunder

Seide So nennt man ein festes, glänzendes, kostbares Gewebe, das aus dem Spinnfaden der *Seidenspinner-Schmetterlinge* gewonnen wird. Seide wurde schon vor Jahrtausenden in **China** hergestellt. Die *Seidenraupe* wird dort seit etwa 5000 Jahren gezüchtet. Lange Zeit wurde das Geheimnis der Seidenherstellung streng geheim gehalten. Auf abenteuerliche Weise gelangte es nach Europa. 419 n. Chr. heiratete eine chinesische Prinzessin nach Ostturkestan. In ihrem Kopfschmuck schmuggelte sie Seidenspinnereier in ihre neue Heimat. 522 brachten Pilger solche Eier in ihren ausgehöhlten Pilgerstäben nach Byzanz. Von dort verbreitete sich die Seidenraupenzucht über Griechenland, Italien, Frankreich und gelangte später auch nach Deutschland. Heute noch sind China und Japan die größten Rohseidelieferanten der Welt. Auf chemischem Wege läßt sich auch *Kunstseide* herstellen.

Seuche Das ist eine ansteckende Krankheit, die sich rasch verbreitet und dann in bestimmten Gebieten viele Opfer fordert. In früheren Zeiten wurde die Menschheit von vielen Seuchen heimgesucht. Die schlimmste von ihnen war die *Pest*, die im 16. Jahrhundert in Deutschland ganze Landstriche entvölkerte. Gegen die meisten Infektionskrankheiten (**Infektion**) gibt es heute medizinische Schutzmaßnahmen (**Impfung**). In Gebieten, in denen es keine ausreichende **Hygiene** gibt, besteht auch heute die Gefahr von Seuchen wie *Cholera* und *Typhus*.

Sexualität Darunter versteht man alle zum Geschlechtsleben (**Geschlecht**) gehörenden Vorgänge und Erscheinungen. Die Sexualität ist die Voraussetzung für die **Fortpflanzung** aller Lebewesen. Im engeren Sinne bezeichnet sie die geschlechtlichen Beziehungen zwischen Mann und Frau, in denen beide körperliche und seelische Befriedigung und Erfüllung finden können.

Sieben Weltwunder So nannte man im **Altertum** fünf Bauwerke und zwei Figuren, die in der damaligen Welt wegen ihrer Schönheit, Größe und schwie-

Eines der Sieben Weltwunder sind die »Hängenden Gärten der Königin Semiramis« von Babylon

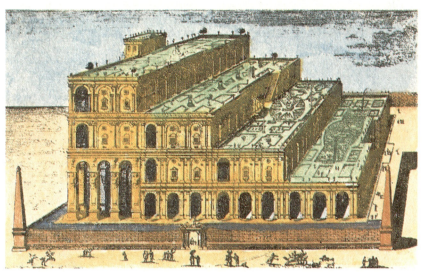

Silber

rigen Bauweise größte Bewunderung fanden. Die *Hängenden Gärten der Königin Semiramis von Babylon* wurden 575 v. Chr. angelegt. Der *Tempel der Artemis* in Ephesus wurde 550 v. Chr. aus weißem Marmor erbaut. Das *Mausoleum von Halikarnassos* war ein Grabmal, das für König Mausolos von Karien 353 v. Chr. errichtet wurde. Die *Zeus-Statue von Olympia* (um 430 v. Chr.) war ein Werk des griechischen Bildhauers Phidias. Der *Koloß von Rhodos,* ein gewaltiges, aus Erz gegossenes Standbild des Sonnengottes Helius (285 v. Chr.), stand über der Hafeneinfahrt. Seit 279 v. Chr. wies der riesige *Leuchtturm von Pharos* vor der ägyptischen Hafenstadt Alexandria den Seefahrern bei Tag und Nacht den sicheren Weg in den Hafen. Zu den Sieben Weltwundern zählen auch die ägyptischen **Pyramiden.**

Silber Dieses **Edelmetall** läßt sich leicht formen und wurde schon im **Altertum** zu Schmuck und **Münzen** verarbeitet. Aus Silber macht man aber auch nützliche Geräte wie Löffel, Gabeln, Messer oder Schüsseln, Kannen und Vasen. Manchmal bedeckt es nur wie ein Mantel weniger wertvolle Metalle wie Nickel oder **Kupfer,** damit diese silbern aussehen; sie sind *versilbert.* Silber läßt sich gut mit Kupfer mischen; dann nennt man es »Sterling-Silber«. Weil Silber **Elektrizität** und Wärme sehr gut leitet, wird es auch vielfältig in der **Industrie** verwendet. Silber ist selten und deshalb teuer. Es wird an vielen Plätzen der Erde geschürft. Am meisten hat man jedoch bisher in Nord- und Südamerika gefunden.

Skisport Unter diesem Begriff faßt man alle Wintersportarten auf Skiern zusammen. Im Wettkampf wird zwischen *alpinem* (Abfahrtslauf, Slalom, Riesenslalom und Superriesenslalom) und *nordischem* Skilauf (Skilanglauf,

Das schwedische Skias Ingemar Stenmark

Sprunglauf und Biathlon) unterschieden. Skilanglauf und Sprunglauf zusammen ergeben die *Nordische Kombination.* Neuerdings werden auch Meisterschaften im *Trickskilaufen* ausgetragen. Hierbei vollführen die Skisportler akrobatische Kunststücke auf Skiern.

Sklave Er war ein rechtlos gemachter Mensch, der einem anderen Menschen gehörte, von diesem in Knechtschaft gehalten wurde und schwer arbeiten mußte. Im **Altertum** machte man Kriegsgefangene und die Einwohner eroberter Gebiete zu Sklaven. In **Ägypten** wurden sie zum Bau der **Pyramiden** benutzt. Im alten Rom setzte man sie im Straßenbau und in der Landwirtschaft ein. Dort mußten sie auch zur Unterhaltung des Volkes als *Gladiatoren* in der **Arena** gegen wilde Tiere oder gegeneinander kämpfen. Im 2. und 1. Jahrhundert v. Chr. lehnten sich die Sklaven in Italien in den *Sklavenkriegen* gegen diese schlechte Behandlung auf. Erst das **Christentum** lehnte die Sklaverei ab und in den ersten Jahrhunderten n. Chr. wurden die Sklaven freigelassen. Mit den **Entdeckungsreisen** kam der Sklavenhandel erneut in Gang. Seit

Sonne

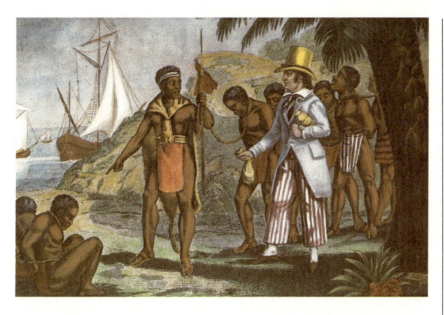

Einkauf von Sklaven an der afrikanischen Westküste um 1820

dem 16. Jahrhundert wurden afrikanische Schwarze von Sklavenhändlern nach **Amerika** verkauft. Zu Beginn des 19. Jahrhunderts verboten als erstes die Engländer den Sklavenhandel in ihren **Kolonien**. Die endgültige Befreiung der Sklaven in Amerika brachte allerdings erst der *amerikanische Bürgerkrieg* (1861–65). In Europa ließ sich die *Leibeigenschaft* der **Bauern** bis ins 19. Jahrhundert (vor allem in **Rußland**) mit der Sklaverei vergleichen. Heute ist sie auf der ganzen Welt verboten. Dennoch gab es 1984 in Mauretanien (Afrika) noch 100 000 Sklaven, die ganz offiziell auf Sklavenmärkten gehandelt wurden.

Skorpion Er gehört zu den *Spinnentieren,* trägt ein Paar krebsähnliche Scheren und am Hinterleib einen Giftstachel. Der Körper des Skorpions besteht aus 3 Teilen: Vorderkörper, vorderer Hinterkörper und Schwanz, der aus den letzten 5 Gliedern des Hinterkörpers besteht. Der Stich einiger tropischer, bis zu 15 cm großer Skorpionarten kann auch für den Menschen gefährlich werden. Skorpione leben in vorwiegend trockenen und warmen Gebieten. Sie ernähren sich von Insekten und Spinnen. Mit ihren Scheren zerteilen sie die Beute und saugen sie aus.

Skorpion

Sonne Ohne sie gäbe es kein **Licht** und kein Leben auf der Erde. Die Sonne ist der größte Energiespender, den wir kennen. Astronomisch gesehen ist sie ein *Fixstern.* Sie erscheint uns nur viel

Sozialismus

Sonnenfinsternis

größer als andere **Sterne,** weil sie der Erde näher ist. Die Sonne ist ein riesiger glühender Gasball mit einem Durchmesser von 1,32 Millionen km und einer Oberflächentemperatur von etwa 5500 °C. Von der Erde ist sie 149,6 Millionen km entfernt. Die Sonne ist etwa 4,6 Milliarden Jahre alt. Etwa alle 11 Jahre kann man auf der Sonnenoberfläche *Sonnenflecken* beobachten. In diesen dunklen Flecken ist die Temperatur um etwa 1000 °C niedriger als in der Umgebung. Astronomen **(Astronomie)** haben herausgefunden, daß sie durch gewaltige Magnetstörungen verursacht werden. Ein besonderes Naturschauspiel ist eine *Sonnenfinsternis.* Sie entsteht, wenn der **Mond** sich zwischen die Erde und Sonne schiebt. In bestimmten Gebieten der Erde scheint die Sonne dann völlig oder teilweise verdunkelt. Bei einer totalen Sonnenfinsternis leuchtet rund um die dunkle Sonnenscheibe ein heller Strahlenkranz auf.

Sozialismus Unter diesem Begriff versteht man eine Lebens- und Weltanschauung, die sich zu Beginn des 19. Jahrhunderts, im Zeitalter der *Industrialisierung* entwickelte. Der Sozialismus strebte eine gerechtere Güterverteilung und eine Verbesserung der sozialen Verhältnisse an. Damit richtete sich diese Bewegung gegen den *Kapitalismus* **(Kapital).** Durch *Karl Marx* und *Friedrich Engels* wurde der Sozialismus zu einer weltweiten Lehre, die vor allem von den Arbeitern getragen wurde. Gemäßigte *Sozialisten* versuchten die Verbesserung der Arbeitsbedingungen und eine größere Beteiligung am wirtschaftlichen Ertrag mit Hilfe des Staates auf gesetzlichem Wege zu erreichen. Radikale Sozialisten wollten ihre Ziele durch Umsturz der bestehenden Verhältnisse sowie die Umwandlung von Privateigentum in Gemeinschaftseigentum durchsetzen. Bis Ende des 19. Jahrhunderts galten die Sozialisten als Staatsfeinde. Im 20. Jahrhundert wurden viele ihrer Forderungen als berechtigt anerkannt.

Specht Dieser *Klettervogel* lebt in Wäldern, Parks und Gärten. Spechte haben einen harten, meißelförmigen Schnabel, einen Klammerfuß und einen steifen Stützschwanz. Im Frühjahr beginnt das Männchen an trockenen Ästen zu hämmern, was weithin im Wald zu hören ist. Damit grenzt der Specht sein Revier ab und zeigt, daß er eine Partnerin sucht. Männchen und Weibchen finden sich schließlich an ei-

Schwarzspecht

Staat

nem gemeinsamen Trommel- und Nestbaum zusammen und meißeln eine Bruthöhle in den Stamm oder einen dicken Ast. Das Weibchen legt 4–6 Eier auf die losgehackten Späne und brütet sie abwechselnd mit dem Männchen. Nach etwa 2 Wochen schlüpfen die Jungen aus und werden noch 3 Wochen von den Eltern gefüttert. Dann verlassen die jungen Spechte die Baumhöhle und können sofort geschickt klettern. Seine Nahrung holt sich der Specht mit seiner langen, klebrigen Zunge, die einen Widerhaken hat, aus den an Bäumen freigehackten Larvengängen der Insekten. Bei uns leben der *Buntspecht,* der *Schwarzspecht,* der *Mittelspecht,* der *Kleinspecht* und der *Grünspecht.*

Spinnen Das sind *Gliederfüßer* ohne Fühler und Flügel. Der Körper der Spinne besteht aus Kopf, Bruststück und Hinterleib. Am Kopf-Brust-Stück sitzen zwei Paar Mundwerkzeuge, ein bis vier Paar Augen und vier Beinpaare. Spinnen atmen durch zwei Atemorgane, Fächertracheen und Röhrchentracheen, meist mit beiden Organen gleichzeitig. Die *Echten Spinnen* haben an der Unterseite des Hinterleibes Spinndrüsen. Damit sondern sie eine Flüssigkeit ab, die an der Luft zu feinen Spinnfäden erstarrt. Mit diesen weben die Spinnen feine, kunstvolle Netze und fangen damit auch zum Teil ihre Beute ein. Das Opfer wird mit einem Gift getötet, das aus den Mundwerkzeugen austritt. Das Gift einiger Spinnen *(Schwarze Witwe)* kann auch für den Menschen sehr gefährlich sein. Spinnen pflanzen sich durch Eier fort. Sie hüllen sich entweder in Spinnfäden ein *(Kokon)* und tragen sie mit sich herum oder legen sie in Schlupfwinkeln ab.

Die Schwarze Witwe

Sprache Als einziges Lebewesen kann der **Mensch** seine Gedanken und Gefühle durch Sprache mitteilen. Die menschliche Sprache hat sich vor langer Zeit aus Urlauten, die Freude, Schmerz, Angst oder Erregung ausdrückten, entwickelt. Wörter wurden gebildet und zu Sätzen zusammengefügt. In jedem Volk entstand eine eigene Sprache. Bei Naturvölkern umfaßt die Sprache nur einige hundert Wörter, bei Kulturvölkern heute viele tausend Wörter. Die Sprache eines Volkes ist seine *Muttersprache.* Die Sprache eines anderen Volkes bezeichnet man als *Fremdsprache.* Im Laufe der Zeit formten sich in den Sprachen bestimmte *Mundarten* oder **Dialekte.** Jedes Land hat seine *Umgangssprache,* die im alltäglichen Leben gesprochen wird. Der *Hochsprache* bedient man sich in der **Literatur,** in den **Wissenschaften** sowie bei offiziellen und feierlichen Anlässen. Eine Sprache wird durch Sprachregeln *(Grammatik)* bestimmt. In fast allen Sprachen sind Worte der Sprachen des **Altertums** *(Latein* und *Griechisch)* als *Fremdwörter* eingegangen. Die deutsche Sprache hat heute sehr viele fremdsprachliche Begriffe, vor allem auch aus dem Englischen und Französischen, übernommen.

Staat Finden sich Menschen innerhalb eines bestimmten, räumlich be-

Staudamm

grenzten Gebietes zu einer Gemeinschaft zusammen und leben nach bestimmten Regeln und **Gesetzen,** bilden sie einen Staat. An der Spitze des Staates steht eine **Regierung,** die meist zusammen mit einem **Parlament** die Gesetze macht. Sie ist für das Wohl der Menschen in der Gemeinschaft, für die Ordnung im Staat und für die Beziehungen zu anderen Staaten verantwortlich.

Staudamm Er schließt ein Flußtal ab und staut dahinter den Fluß zu einem *Stausee.* Ein Staudamm, auch *Talsperre* genannt, ist entweder ein Erd- oder Steinwall oder eine Mauer aus Stahlbeton. Staudämme dienen zur Gewinnung von **Elektrizität,** der Trinkwasserversorgung und in Trockengebieten zur Bewässerung. Staudammprojekte werden zunehmend in den Ländern der **Dritten Welt** verwirklicht, da diese insgesamt über rund zwei Drittel der technisch-wirtschaftlich nutzbaren Wasservorräte der Erde verfügen. Das Wasserkraftwerk *Itaipu* (Brasilien/Paraguay) erzeugt nach seiner endgültigen Fertigstellung im Jahr 1988 12 600 Megawatt Strom. Das ist die größte Leistung eines Wasserkraftwerkes auf der Erde überhaupt. Große Staudämme bedeuten allerdings auch einen erheblichen Eingriff in die Natur und sind wegen unabsehbarer ökologischer Folgen sehr umstritten (*Assuan-Staudamm,* **Ägypten**).

Steppe Darunter versteht man eine Landschaftsformation, in der vorwiegend Gräser, Kräuter, einzelne Sträucher und verholzte Stauden wachsen. In der Steppe lassen die geringen Niederschläge keinen Baumbewuchs zu. In Nordamerika nennt man die Steppe *Prärie,* in Südamerika *Pampa,* in Afrika *Savanne.* Steppen werden auch noch unterschieden in Wald-, Strauch-, Gras- und Wüstensteppen.

Stereo Das ist die Abkürzung von *Stereophonie.* Eine besondere Aufnahmetechnik ermöglicht es, daß Musikstücke oder Hörspiele bei der Wiedergabe durch ein Stereogerät vom Hörer räumlich gehört werden können. Dazu werden bei der Aufnahme die Geräusche mit mehreren **Mikrofonen** aufgenommen und über jeweils einen Übertragungsweg je einem **Lautsprecher** des Empfängers zugeleitet. Das wirkt

Der Volta-River-Staudamm in Ghana/Afrika

Steuern

dann bei Musik etwa so, als ob man im Konzertsaal sitzen würde.

Stern   So heißt ein von sich aus leuchtender Himmelskörper. In der **Astronomie** wird zwischen *Wandelsternen,* **Planeten** und *Fixsternen* unterschieden. Ein Blick in den Sternenhimmel ist auch ein Blick in die Vergangenheit. Denn wir sehen viele Sterne nicht so, wie sie jetzt sind, sondern wie sie vor langer Zeit waren. Das **Licht** der meisten Sterne erreicht uns erst nach vielen Jahren. Sie bewegen sich in unvorstellbar großen Abständen im Weltraum. Der uns nächste Stern, die **Sonne,** ist ein kleinerer Stern und im Vergleich zu anderen winzig. Schon früher wurden die Sterne in Gruppen zusammengefaßt und mit Namen von Tieren oder Heldengestalten versehen. Einige haben auch eine gewisse Ähnlichkeit mit den Figuren, deren Namen sie tragen. Der »Große Wagen« zum Beispiel besteht aus sieben Sternen, vier für den Kasten und drei für die Deichsel. Der »Polarstern« befindet sich genau über dem **Nordpol.** Auf der südlichen Halbkugel ist überall das »Kreuz des Südens« zu sehen. Die *Plejaden* sind ein größerer Sternhaufen, der am nördlichen Himmel 120 Sterne umfaßt. Unsere **Milchstraße** ist ein Sternensystem mit 200 Milliarden Sternen.

Sternwarte   Sie ist ein wissenschaftliches Institut zur Beobachtung von Himmelskörpern. Sternwarten oder *Observatorien* sind in der Regel in freier und erhöhter Lage angelegt und mit astronomischen Instrumenten ausgerüstet. Die **Fernrohre** sollen auf jeden Punkt des Himmels einstellbar sein. Sternwarten besitzen ein drehbares Kuppeldach mit einem Spalt, der beliebig geöffnet werden kann. In Deutschland befinden sich Sternwarten in Berlin, Jena, Potsdam, Dresden, Bonn, Göttingen, Hamburg und München.

Steuern   Darunter versteht man Abgaben an den **Staat,** die jeder **Bürger** zahlen muß. Dörfer, Städte, Länder und auch eine Kirchengemeinde brauchen Geld, um bestimmte Aufgaben zum Nutzen und Wohle der Bürger durchführen zu können. Dazu gehören zum Beispiel der Bau von Städten, Straßen, Schulen, **Krankenhäusern** oder Einrichtungen, die der allgemeinen Sicherheit dienen. Da jeder Bürger in den Nutzen dieser Einrichtungen kommt, muß er seinem Verdienst und Besitz entsprechend vom Staat festgesetzte Steuern zahlen. Zu den *direkten* Steuern gehören die *Lohn-* und *Einkommenssteuer, Vermögenssteuer, Kapitalerstragsteuer, Grundsteuer (Grunderwerbsteuer), Mehrwertsteuer (Umsatzsteuer)* und die *Kirchensteuer.* Mit *indirekten* Steuern sind bestimmte Waren (zum Beispiel **Alkohol, Benzin, Tabak**) belegt. Sie werden beim Kauf der Ware mitbezahlt.

Fernrohr im Beobachtungsraum einer Sternwarte

Stimme

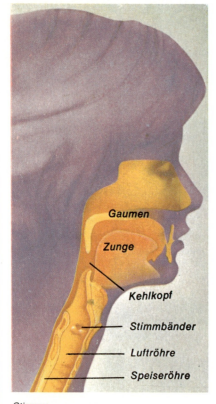

Stimme

Stimme Menschen und Tiere haben eine Stimme und können Laute von sich geben. Nur der **Mensch** aber kann mit seiner Stimme sprechen **(Sprache),** mit ihr Vokale und Konsonanten bilden. Beim Sprechen versetzen wir die Atmungsluft in Schwingungen. Streicht sie am *Kehlkopf* vorbei, wird durch die Schwingungen der *Stimmbänder* ein Grundton hervorgerufen. Er wird von der *Kehle,* vom **Mund,** dem *Gaumen,* von der *Zunge,* den *Lippen* und **Zähnen** so geformt, daß die gewünschten Laute entstehen. Die Stimmbänder sind zwei feine Membranen, die quer durch den Kehlkopf gespannt sind. Schwingen sie, öffnet sich eine zwischen ihnen liegende schmale Ritze. Die Größe der Öffnung bestimmt die Tonhöhe. Mit

Stimmbruch bezeichnet man einen Stimmwechsel, der in der **Pubertät** bei Jungen vor sich geht. Er wird durch das schnelle Wachsen des Kehlkopfs und die Verlängerung der Stimmbänder hervorgerufen. Die Stimme senkt sich dabei in der Regel um etwa eine Oktave.

Storch Dieser große Vogel stolziert auf langen, dünnen Beinen einher. Störche haben einen langen Hals und einen langen, geraden Schnabel. Sie besitzen keine Stimme, sondern verständigen sich durch Schnabelklappern. Störche nisten auf Dächern und Schornsteinen. Beim Brüten wechseln sich die Storcheltern ab. Bei uns lebt vor allem der *Weiße Storch.* Er hat ein weißes Gefieder mit schwarzen Schwingen. Nur noch selten findet man den sehr scheuen *Schwarzstorch* in den Wäldern Norddeutschlands, wo er auf hohen Bäumen nistet. Bis auf die weiße Bauchseite ist sein Gefieder schwarzbraun, seine Beine und der Schnabel sind blutrot. Störche lieben feuchte Wiesen und Sümpfe, in denen sie reichlich Nahrung (Frösche, Würmer,

Storchenpaar im Nest

Schnecken) finden. Beide Storcharten leben bei uns als *Zugvögel*. Ende August beginnen sie ihre weite Reise nach Afrika, wo sie den Winter verbringen. Im Frühjahr kehren sie zurück und suchen wieder den Horst auf, den sie im Vorjahr bewohnt haben.

Strahlenschäden Uran und andere radioaktive Stoffarten **(Radioaktivität)** senden Strahlen aus. Diese können Krankheiten heilen aber auch selbst unheilbare Krankheiten hervorrufen. Körperzellen können verändert oder zerstört werden. Die Störungen hängen von der Strahlendosis ab. Eine hohe Strahlendosis führt zu einer unkontrollierbaren Vermehrung gestörter **Zellen**. Strahlenschäden zeigen sich in verschiedenen Formen wie zum Beispiel Schwindelgefühl, Kopfschmerzen, Übelkeit, Erbrechen, Abgeschlagenheit und Appetitlosigkeit. Schädigungen der blutbildenden Organe **(Blut)** führen zur Blutarmut (Anämie). Mit der Schwächung des körperlichen Allgemeinzustandes können sich **Infektionen** ausbreiten. Der Kräfteverfall des Körpers kann schließlich zum Tode führen. Strahlenbelastung kann auch zu einer unwiederbringlichen Veränderung der Erbanlagen **(Vererbung)** und unter Umständen zur Geburt behinderter Kinder führen. Zu einer bedrohlichen Strahlenbelastung kann es zum Beispiel bei einem Unfall in einem **Atomkraftwerk** kommen, wie im Sommer 1986 im russischen Atomkraftwerk in *Tschernobyl*. Es gab zahlreiche Tote, viele Tausende sind vermutlich lebenslänglich geschädigt. Selbst in unserem Land hatte die schädliche Strahlung schlimme Auswirkungen. Wochenlang konnten u. a. bestimmte Lebensmittel gar nicht oder nur begrenzt verzehrt werden. Da die radioaktiven Schadstoffe mit dem Regen in den Boden eingedrungen sind, ist nicht abzusehen, auf wie viele Jahre hinaus die Nahrungskette geschädigt ist.

Strahlenschutz Darunter versteht man alle Maßnahmen zum Schutz vor **Strahlenschäden**. Der Strahlenschutz orientiert sich an den Toleranzwerten, denen sich ein Mensch ohne nachweisbare Schädigung innerhalb eines bestimmten Zeitraumes aussetzen kann. Manche Strahlen lassen sich bereits durch ein Blatt Papier, andere durch Aluminiumbleche abhalten. Zur Abschirmung gegen andere Strahlen sind jedoch dicke Schichten aus **Blei** notwendig. Personen, die ständig im Bereich radioaktiver Strahlung **(Radioaktivität)** arbeiten, müssen immer ein Gerät zur Dosismessung bei sich tragen. *Strahlenschutzgesetze* sollen mögliche Strahlenschäden verhindern.

Straßenbahn Das ist ein Verkehrsmittel auf Schienen, das in vielen Städten der Personenbeförderung dient. Die Straßen- oder *Trambahn* wird von einem **Elektromotor** angetrieben und erreicht eine Geschwindigkeit von bis zu 70 km/h. Der Strom wird dem Motor aus einer elektrischen Oberleitung durch einen Stromabnehmerbügel auf dem Dach der Straßenbahn zugeführt. Früher wurden die Straßenbahnen von Pferden gezogen. Die erste elektrische Straßenbahn wurde von *Werner von Siemens* konstruiert und nahm 1881 in Berlin ihren Dienst auf.

Strauß Mit einer Höhe von 2,60 m und einem Gewicht bis zu 140 kg ist er der größte aller Vögel. Der Strauß hat stark zurückgebildete Flügel und kann deshalb nicht fliegen, ja, sich nicht einmal kurz in die Luft erheben. Dafür kann er aber schneller und ausdauernder laufen als ein Rennpferd. In seiner Heimat, den Wüsten und Savannen Afrikas, werden sogar Straußenrennen veranstaltet. Ein Straußenei ist etwa 50 cm lang und wiegt 1,5 kg. Eine Henne kann bis zu 8 Eier legen. Oft legen mehrere Vögel ihre Eier in eine gemeinsame

Streik

Strauß

Bodenkuhle und bebrüten sie dann abwechselnd.

Streik Darunter versteht man ein Kampfmittel, mit dem *Arbeitnehmer* bei den *Arbeitgebern* ihre Forderungen nach höheren Löhnen, kürzerer Arbeitszeit oder besseren Arbeitsbedingungen durchsetzen wollen. Bei einem Streik wird die Arbeit niedergelegt. Er wird durch eine **Abstimmung** *(Urabstimmung)* beschlossen und von den **Gewerkschaften** organisiert. Diese zahlt ihren Mitgliedern aus Gewerkschaftsgeldern auch eine Entschädigung für den Lohnausfall. Die Arbeitgeber können einen Streik mit *Aussperrung* (begrenzte Entlassung der Streikenden) beantworten. Vor den bestreikten Betrieben stehen *Streikposten,* die verhindern sollen, daß doch einige zur Arbeit gehen. Ein *wilder* Streik wird ohne oder sogar gegen den Willen der Gewerkschaft durchgeführt. Die Streikenden können also nicht mit ihrer Unterstützung rechnen. Von einem *Generalstreik* sind alle Betriebe, mit Ausnahme lebenswichtiger Einrichtungen, wie Krankenhäuser, betroffen. Der *Hungerstreik* ist ein politisches Kampfmittel einzelner Menschen.

Student Wer nach dem **Abitur** an einer **Universität** oder *Fachhochschule* zugelassen wird und sich einschreibt *(immatrikuliert)* ist Student oder *Studentin.* Er nimmt in einem bestimmten Fachgebiet ein Studium auf und schließt es nach einer bestimmten Anzahl von *Semestern* (Studienhalbjahre) mit einem **Examen,** *Diplom* oder einer *Doktorprüfung* ab. Früher konnten sich die Studenten ihr Studium aussuchen und bekamen auch einen Studienplatz. Heute hat sich die Situation der Studenten sehr verschlechtert, da nicht nur die Universitäten, sondern auch viele akademische Berufe überfüllt sind.

Stummheit Wer stumm ist, kann nicht sprechen, sondern nur undeutliche Laute von sich geben. Stummheit ist meist eine Folge von **Taubheit.** Wenn ein Kind von Geburt an taub ist, kann es gar nicht sprechen lernen, weil es die Worte nicht hört. So kommt es dann zur *Taubstummheit.* In besonderen Schulen lernen Taubstumme eine eigene »Sprache«. Sie machen sich mit Handzeichen verständlich und lesen anderen Menschen die Worte von den Lippen ab.

Südpol Das ist der südlichste Punkt der Erde. Er liegt 2765 m über dem Meeresspiegel auf einer von Eis bedeckten Hochebene in der **Antarktis.** Am Südpol gibt es (wie am **Nordpol**) keine Einteilung in Tage und Tageszeiten. Dort geht die Sonne vom 23. September bis zum 21. März überhaupt nicht unter *(Südpolartag).* Vom 21. März bis zum 23. September erscheint sie gar nicht *(Südpolarnacht).* 1911 erlebte die Polarforschung einen dramatischen Höhepunkt im Wettlauf zum Südpol zwischen dem Engländer *R. F. Scott* und dem Norweger *R. Amundsen.* Amundsen erreichte vor Scott den Südpol, der auf dem Rückweg einen tragischen Tod erlitt.

Tanne

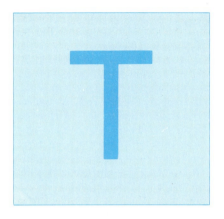

Tabak Dieses Nachtschattengewächs wächst in den tropischen Gebieten Amerikas und wird in *Plantagen* angepflanzt. Tabak wurde dort schon vor langer Zeit von den **Indianern** angebaut, die ihn als *Kautabak* kauten oder als Kraut in langen Pfeifen rauchten. Im Zeitalter der **Entdeckungsreisen** brachten spanische Seefahrer den Tabak nach Europa. Seither wird er in der Pfeife, in Form von Zigaretten und Zigarren geraucht oder »geschnupft« *(Schnupftabak).* Die getrockneten Blätter der Tabakpflanze werden geschnitten, durch Bakteriengärung veredelt und dann weiterverarbeitet. Die Tabakindustrie ist wirtschaftlich von großer Bedeutung. Der Staat erhält Einnahmen über die Tabaksteuer **(Steuer).** Tabak enthält einen chemischen Stoff, das *Nikotin,* der in hoher Dosierung (durch starkes Rauchen) Vergiftungen und schwere Gesundheitsschäden hervorrufen kann.

Tabak · Indianer mit Tabakpfeife · getrocknetes Blatt · Tabakpflanze

Tachometer Darunter versteht man einen Geschwindigkeitsmesser bei **Autos** und **Motorrädern,** dem meist auch noch ein Zählwerk für die gefahrenen Kilometer angeschlossen ist. Am Vorderrad oder an der Antriebsachse des Kraftfahrzeugs ist eine *Tachowelle* angebracht, die einen **Magneten** im Tachometergehäuse in Drehung versetzt. Je schneller das Fahrzeug fährt, desto mehr Umdrehungen macht der Magnet. Diese Umdrehungszahl wird auf einem Zifferblatt am Armaturenbrett in Stundenkilometern (km/h) angezeigt. Das Kilometerzählwerk wird von der Tachowelle durch ein Schneckengetriebe in Bewegung gesetzt. Eine bestimmte Anzahl von Umdrehungen des Vorderrades entspricht einem gefahrenen Kilometer. Der *Kilometerzähler* gibt also die Länge der gefahrenen Strecke wieder.

Tanne Dieser *Nadelbaum* gehört zu den Kieferngewächsen und wächst in etwa 40 Arten auf der nördlichen Erdhälfte. Zur selben Familie gehören auch die *Lärchen, Fichten, Kiefern* und *Zedern.* Die *Edeltanne* hat einen kegelförmigen Wuchs, die Krone wird im Alter oft rundlich. Ihre Nadeln sind gefurcht und haben auf der Unterseite zwei grauweiße Bänder. Die Zapfen stehen aufrecht, befinden sich nur an der Kronenspitze und wachsen bereits an ganz

Tanz

Fichtenzapfen

jungen Bäumen. Die *Weißtanne* ist überall in Europa zu finden. Sie wird etwa 65 m hoch und bis 450 Jahre alt. Das rötlich-weiße Holz wird als Bau- und Möbelholz verwendet. Ausländische Tannen werden bei uns als Zierbäume angepflanzt.

Tanz Darunter versteht man rhythmische Körperbewegungen, die meist von **Musik** begleitet werden. Man unterscheidet *Volks-* und *Gesellschaftstanz.* Der Volkstanz hat sich aus den bäuerlichen Tänzen des **Mittelalters** entwickelt und wird in der Regel in der *Tracht* getanzt. Der Gesellschaftstanz geht zurück auf den höfischen Tanz des 16. Jahrhunderts. Ursprünglich wurde in Gruppen mit vorgeschriebenen Figuren getanzt. Später tanzte man paarweise nach bestimmten Tanzschritten, wobei der Herr die Dame führte. Im Gesellschaftstanz gab es zu allen Zeiten *Modetänze,* die zusammen mit einer bestimmten Musikrichtung *(Tanzmusik)* aufkamen. Die meisten Tänze des 20. Jahrhunderts kamen aus Amerika zu uns. Bei vielen modernen Tänzen tanzt man heute nicht mehr paarweise, sondern für sich allein nach dem Rhythmus der Musik. Eine besondere Kunstform des Tanzes ist das **Ballett.**

Taschenrechner Darunter versteht man elektronische **(Elektronik)** Kleinrechenmaschinen, die im Prinzip genauso arbeiten wie ein **Computer.** In der Regel besitzen sie einen Programmspeicher, der für die vier Grundrechenarten und weitere mathematische Funktionen programmiert ist. Darüber hinaus kann ein Taschenrechner auch Daten speichern. Alle Rechner haben eine Tastatur für die Eingabe der Daten und eine Ziffernangabe für die Rechenergebnisse. Taschenrechner werden auch nach der Art der Anzeige unterschieden. Rechner mit Flüssigkeitsanzeige (LCD-Anzeige) sind wegen des geringen Stromverbrauchs gefragter als Geräte mit Leuchtdiodenanzeige. Manche Taschenrechner können die Ergebnisse sogar ausdrucken.

Taubheit Wer taub ist, kann nur sehr schlecht oder gar nicht hören. Ist die Taubheit angeboren, führt sie fast immer zur *Taubstummheit* **(Stummheit),** da das Kind keine Töne hört, die es nachahmen kann. Je nach Art der Störung müssen *Schwerhörigen-* oder *Gehörlosenschulen* besucht werden. Gewisse Hörreste lassen sich mit Hilfe von *Hörapparaten* ausnützen. Außerdem können taube Kinder durch Erziehung lernen, die Sprache vom Munde abzulesen. Der Gehörlosenunterricht wendet dabei Gebärden-, Laut- und Schriftsprache an.

Taucher Den Meeresboden zu ergründen hat die Menschen schon immer gereizt. Bereits vor etwa 3000 Jahren banden sich assyrische Taucher mit Luft gefüllte Tierhäute auf den Rücken. Lange konnte man damit jedoch nicht unter Wasser bleiben. Später bediente man sich der Taucherhauben oder -glocken. Die erste wurde 1691 von *Dr. Edmund Halley* gebaut. Heute ermöglichen modernste Geräte einen längeren Aufenthalt unter Wasser. Beim

Tausendfüßer

Taucher

schlauchlosen Kleintauchgerät wird **Sauerstoff** in einer Stahlflasche mitgeführt. Damit kann man bis zu 40 Minuten und 12 m tief tauchen. Bei Schlauchgeräten wird die Luft von oben zugeführt. Zur Verständigung mit der Schiffsbesatzung dient die Signalleine oder ein Fernsprecher. Zur Beschwerung trägt der Taucher Brust-, Rücken- und Fußplatten aus Blei. Auf diese Weise kann er bis zu 3 Stunden lang und 50 m tief tauchen. Die *Taucherglocke* ist ein Tauchgerät für mehrere Personen. Mit einem *Tauchpanzer* kann man in Tiefen bis zu 200 m vordringen, da dieser mit Druckausgleich arbeitet.

Tausendfüßer Das ist eine Gruppe wurmförmiger *Gliederfüßer,* die über 10000 Arten umfaßt. Tausenfüßer zeigen im Gegensatz zum dreiteiligen Insektenkörper eine deutliche Zweiteilung in einen Kopf und einen aus gleichartigen Ringen zusammengesetzten Rumpf. Fast jeder Rumpfring trägt gegliederte Beinpaare. Der Tausendfüßer hat zwar keine 1000 Füße, aber bis zu

Tausendfüßer

Technik

340 Beinpaare. Zu den *Hundertfüßern* gehört der *Steinkriecher,* der seine Beute (Insekten, Asseln und Spinnen) mit Beißzangen tötet, die eine Giftdrüse enthalten. Zu den *Doppelfüßern* zählt der *Sandschnurfüßer.* Er läßt bei Gefahr alle Beine unter dem harten Rückenschild verschwinden. Seine Nahrung besteht aus zerfallenen Pflanzen- und Tierresten.

Technik Dieser Begriff bezeichnet zum einen die Wissenschaft, natürliche Stoffe und Kräfte dem Menschen nutzbar zu machen, zum anderen alle Mittel und Methoden, mit deren Hilfe man eine bestimmte Leistung oder ein Werk hervorbringt. Mit dem Beginn der Menschheitsgeschichte setzte auch die Geschichte der Technik ein. Einen ersten Aufschwung nahm sie im **Altertum** bei den Griechen, die als erste Gesetzmäßigkeiten und Erscheinungen in der Natur planmäßig erforschten und zu nutzen begannen. Weitere Fortschritte brachte im **Mittelalter** die Ausnutzung der Wind- und Wasserkraft. Die moderne Technik begann im 18. Jahrhundert. Der Einsatz der ersten Arbeitsmaschinen ermöglichte einen gewaltigen technischen Aufschwung und führte zur *industriellen Revolution* **(Industrie).** Durch sie wurde das Gesicht der Welt verändert. Mit Hilfe der **Dampfmaschine** ließen sich Güter serienmäßig herstellen und neue Verkehrsmittel (**Eisenbahn,** Dampfschiffe) einsetzen. Im 19. Jahrhundert veränderte die Verbrennungskraftmaschine **(Verbrennungsmotor)** den gesamten Straßenverkehr. Im 20. Jahrhundert machte es die Technik dem Menschen möglich, die Erde zu verlassen und in den Weltraum vorzudringen. Die elektronische **Datenverarbeitung** und die Mikroelektronik haben einen starken Umschwung in der technischen Entwicklung gebracht, der noch lange nicht abgeschlossen ist. Die Technik wird in verschiedene Bereiche eingeteilt. Dazu gehören u. a. die Maschinenbautechnik, Elektrotechnik, Berg- und Hüttentechnik, Verkehrstechnik und Feinmechanik. Mit *Technologie* bezeichnet man Verfahren, nach denen technische Erzeugnisse hergestellt werden.

Tee
Zweig des Teestrauches mit Blüten.

Tee-Ernte auf einer Plantage.

Tee Dieses anregende Getränk wird aus den gegorenen und getrockneten Blättern des *Teestrauches* bereitet. Der Teestrauch wächst in den Tropen und Subtropen, da er Feuchtigkeit und Wärme braucht. Geerntet wird in der Regel zwischen dem 5. und 25. Jahr. Man nimmt dabei die Knospen und die folgenden 2–3 Blätter im Abstand von 8–10 Tagen. Die getrockneten Teeblätter enthalten zu 1–5 Prozent *Koffein* und etwa 12 Prozent Gerbstoffe. Hauptteelieferanten sind heute Indien, Sri Lanka (Ceylon), China und Japan.

Telefon Es ermöglicht eine Sprechverbindung über beliebig weite Entfer-

Tennis

nungen. Beim Telefon oder *Fernsprecher* werden Schallschwingungen **(Schall)** der Sprache im **Mikrofon** in elektrische Schwingungen verwandelt. Diese werden über eine elektrische Leitung zum Empfänger geschickt und dort in der Hörkapsel wieder in Schallschwingungen umgewandelt. Wird der Telefonhörer abgehoben, erhält die Vermittlungsstelle im *Fernmeldeamt* über eine Schaltung ein Signal, daß eine Verbindung gewünscht wird. Mit der Wählscheibe (oder Tasten) am Telefonapparat werden Stromstöße erzeugt und an den Vermittlungsautomaten weitergegeben. Er stellt die Verbindung zwischen zwei Fernsprechteilnehmern her. Die Telefonleitungen liegen meist unter der Erde. Überseekabel liegen im Atlantischen Ozean. Erdfunkstationen können über **Satelliten** Sprechverbindungen zu allen Erdteilen herstellen. Über Richtfunkantennen werden auch Flugzeuge, Schiffe, Autos und Eisenbahnen in den Telefonverkehr einbezogen. Den ersten brauchbaren Fernsprecher erfand 1875 der Amerikaner *Alexander Bell*.

Telegrafie Darunter versteht man die Fernübertragung von **Nachrichten** über elektrische Leitungen oder die drahtlose Nachrichtenübermittlung über Funk **(Funktechnik)**. Bei der Telegrafie werden telegrafische Zeichen benutzt, die beim Empfänger in Klarschrift aufgezeichnet werden. Früher benutzte man zur Übermittlung eiliger Nachrichten noch den *Morseapparat*. Er wurde 1837 von dem Amerikaner *Samuel Morse* konstruiert. Heute werden als Telegrafen oder *Fernschreiber* moderne Büromaschinen benutzt, die wie eine ferngesteuerte Schreibmaschine arbeiten. Der Absender schreibt auf seinem Gerät eine Nachricht, die fast gleichzeitig vom Empfangsgerät aufgeschrieben wird. Die Telegrafie wird in der Bundesrepublik Deutschland und allen anderen Ländern durch die **Post** betrieben. Das private Fernschreibnetz wird *Telex* genannt (Abkürzung des englischen Begriffs teleprinter exchange).

Temperatur Darunter versteht man den Wärmezustand eines Körpers, einer Flüssigkeit oder eines Gases. Die Temperatur wird durch die unterschiedlich starke Bewegung der kleinsten Teilchen **(Atom)** innerhalb eines Körpers hervorgerufen. Die Lufttemperatur bezeichnet den Wärmezustand der Luft. Sie hängt vom Sonnenstand und der Beschaffenheit der Erdoberfläche ab. Überall auf der Welt werden die höchsten Tagestemperaturen zwischen 14 und 15 Uhr erreicht. Die Temperaturunterschiede zwischen Tag und Nacht können im Landesinneren bis zu 20°C, in Wüsten bis zu 40°C betragen. Die Temperatur wird mit einem **Thermometer** in *Celsius-Graden* (°C), in England und Amerika auch in *Fahrenheit-Graden* (°F) gemessen.

Tennis Dieses Ballspiel mit Schlägern wird auf einem Rasen-, Sand- oder Hartplatz, aber auch in der Halle gespielt. Beim Tennis wird die Spielfläche durch ein 91 cm hohes Netz in 2 Spielfelder eingeteilt. Beim *Einzel* (zwei Spieler) ist das Spielfeld $23{,}77 \times 8{,}23$ m, beim *Doppel* (4 Spieler) $23{,}77 \times 10{,}97$ m groß. Der kleine filzüberzogene Gummiball wird nach bestimmten Regeln von den Spielern über das Netz hin- und hergeschlagen. Um ein Spiel zu gewinnen, muß ein Spieler 4 Ballwechsel für sich entscheiden (oder immer 2 mehr als der Gegner). Für den Gewinn eines Satzes braucht der Spieler sechs gewonnene Spiele bzw. 1 *(tiebreak)* oder 2 Siegspiele mehr als der Gegner. Den Wettkampf (das *Match*) entscheidet derjenige für sich, der 2 von 3 oder 3 von 5 Sätzen gewonnen hat. Tennis stammt aus England. Dort findet auch alljährlich in *Wim-

Terrorist

Boris Becker ist nach wie vor einer der auch international erfolgreichsten deutschen Tennisspieler

bledon das berühmteste Tennisturnier statt.

Terrorist So bezeichnet man jemanden, der seine politischen Überzeugungen mit Gewalt durchsetzen oder zum Ausdruck bringen will. Zu den Mitteln eines Terroristen gehören Sachbeschädigung, Entführung, Erpressung von Lösegeldern, Folter, ja sogar Mord. In vielen Ländern der Welt haben sich Terroristen in verschiedenen *Terror-Organisationen* zusammengeschlossen, die immer wieder durch Bombenanschläge, Flugzeugentführungen oder Morde auf sich aufmerksam machen. Es ist sehr schwierig, den internationalen *Terrorismus*, der schon viele Opfer gefordert hat, wirksam zu bekämpfen.

Testament Das ist ein *Dokument*, in dem jemand bestimmt, was nach seinem Tod mit seinem **Erbe** geschehen soll. Das Testament muß handgeschrieben oder von einem Notar beglaubigt werden, damit es vor Gericht anerkannt wird. Der *Testamentsvollstrecker* wird entweder vom Verfasser des Testaments oder vom Gericht bestimmt. Er sorgt dafür, daß der letzte Wille des Verstorbenen auch durchgeführt wird.

Theater Dieser Begriff umfaßt alle darstellenden Künste wie *Schauspiel*, **Oper**, *Operette*, **Ballett** sowie das Gebäude, in dem sie aufgeführt werden. Im **Altertum** lag das *Amphitheater* im Freien, meist an einem Berghang. Um den kreisförmigen Spielplatz stiegen die Zuschauerplätze schräg an. Bei den Römern fanden in den Amphitheatern auch Gladiatorenkämpfe **(Sklaven)** statt. Im **Mittelalter** entstanden aus den christlichen Gottesdiensten *Mysterien-* und *Passionsspiele*, in denen man die Leidensgeschichte Jesu Christi darstellte. Aus Volksbräuchen entwickelten sich die *Fastnachtsspiele* der Handwerker. Im 16. Jahrhundert entstanden die ersten geschlossenen Theaterbauten. Seit dieser Zeit wurden der Theaterbau, die Bühnentechnik und die Art der Darstellung immer weiter entwickelt. Heute gliedert sich der Theaterbau in den *Zuschauerraum* und das *Bühnenhaus*, die durch den *eisernen Vor-*

Tierkreiszeichen

hang getrennt werden können. Auf dem *Schnürboden* unter dem Dach des Bühnenhauses laufen alle Seilzüge zusammen, mit denen die *Kulissen* (bewegliche Aufbauten) bewegt werden. Auf Versenkbühnen können die Kulissen zwischen den einzelnen *Akten* (Abschnitte eines Theaterstückes) in die Unterbühne versenkt werden. Sehr schnell läßt sich ein *Bühnenbild* auf einer *Drehbühne* aufbauen. Während an der Vorderseite für die Zuschauer das Theaterstück weitergeht, werden auf dem hinteren Teil bereits Kulissen für den nächsten Akt aufgebaut. Vorne am Bühnenrand ist eine kleine Versenkung, der *Souffleurkasten*, in dem, unsichtbar für den Zuschauer, der *Souffleur* (Vorsager) sitzt. Hat ein Schauspieler seinen Text vergessen, wird ihm vom Souffleur dieser leise vorgesagt.

Thermometer Das ist ein Meßgerät zur Ermittlung der Wärme und Kälte. Das Thermometer zeigt die **Temperatur** mit Hilfe eines Stoffes an, der auf Temperaturveränderungen sehr schnell reagiert. (Alle Stoffe dehnen sich bei Erwärmung aus und ziehen sich bei Abkühlung wieder zusammen). Im Thermometer befindet sich meist ein mit **Quecksilber** gefülltes dünnes Glasröhrchen, hinter dem eine Skala angebracht ist. Bei Temperaturanstieg dehnt sich das Quecksilber in dem Röhrchen aus und zeigt auf der Skala eine erhöhte Temperatur an. Sinkt die Temperatur, zieht sich das Quecksilber zusammen, es fällt nach unten. Die Röhre, in der das Quecksilber auf und ab wandert, ist sehr dünn. Je dünner diese Röhre ist, um so genauer kann man die Temperatur messen.

Tierkreiszeichen Tierkreis nennt man in der **Astronomie** und **Astrologie** eine gedachte Kreisbahn, in der sich die

Tierkreiszeichen, eine Darstellung aus dem 12. Jahrhundert

Tierkunde

Sonne, der **Mond** und die **Planeten** bewegen. Innerhalb eines Jahres durchlaufen sie scheinbar 12 Abschnitte dieser Bahn, die Tierkreiszeichen oder *Sternbilder.* Mit dem Frühling beginnend, folgen aufeinander *Widder, Stier, Zwillinge, Krebs, Löwe, Jungfrau, Waage, Skorpion, Schütze, Steinbock, Wassermann* und *Fische.* Diese Einteilung des Himmelsgewölbes besteht schon viele tausend Jahre. In der Astrologie spielen die Tierkreiszeichen eine große Rolle. Jedes Tierkreiszeichen bedeutet bestimmte Charaktereigenschaften. In vielen Zeitschriften wird für jedes Tierkreiszeichen ein **Horoskop** abgegeben.

Tierkunde Sie ist ein Teilgebiet der **Biologie** und befaßt sich mit dem Körperbau, der Gestalt und Entwicklung der einzelnen Tiere und Tierstämme. Die Tierkunde oder *Zoologie* untersucht das Verhalten und die Verwandtschaft der Tiere untereinander. Sie erforscht deren Beziehung zu ihrer **Umwelt,** ihre Abhängigkeit von bestimmten Lebensräumen und ihre Verbreitung auf der Erde.

Tierschutz Wie die Menschen empfinden auch Tiere Schmerz. Deshalb gibt es Tierschutzgesetze, die Tiere vor Schmerzen und Schäden schützen sollen. Sie verbieten vor allem die Tierquälerei. Wer gegen diese Tierschutzgesetze verstößt, kann streng bestraft werden. Tierschützer setzen sich vor allem dafür ein, *Tierversuche* zu verbieten, bei denen die Wirkung von chemischen Stoffen auf Tiere untersucht wird, die in Kosmetika oder Medikamenten enthalten sind. Weltweit kämpfen auch prominente Persönlichkeiten gegen die Ausrottung bestimmter Tierarten oder grausame Tierjagden.

Tiger Diese große, bis 200 kg schwere *Raubkatze* lebt nur in den Dschun-

Ein Bengal-Tiger auf der Wanderschaft

geln Asiens. Der auf gelbrotem Grund schwarzgestreifte Tiger ist ein Einzelgänger und beschleicht hauptsächlich **Antilopen, Hirsche** und **Büffel.** Er raubt aber auch Vieh und wird oft auch dem Menschen gefährlich. Die Eingeborenen unterteilen die Tiger in »Wildjäger«, »Viehräuber« und »Menschenmörder«. Nach ihrer Größe unterscheidet man den *Sibirischen Tiger* (3 m lang, 1 m hoch), den *Bengalischen* oder *Königstiger* (2 m lang) und den wesentlich kleineren *Inseltiger.* Das Tigerweibchen wirft nach einer Tragezeit von etwa 109 Tagen 2–3 Junge.

Tintenfisch Er gehört zum Stamm der *Weichtiere* und zur Ordnung der *Kopffüßer.* Den Mund des Tintenfischs umgeben zehn Fangarme, von denen zwei besonders lang sind. Alle Arme tragen Saugnäpfe. Das Tier bewegt sich auf einem Saum aus Flossen fort. Ist der Tintenfisch aufgeregt, wechselt er die Farbe und kann sich so dem jeweiligen Untergrund gut anpassen. Der Farbwechsel wird durch verschiedene Zellen in der Haut möglich. Seinen Namen hat er von der nützlichen Eigen-

Tropen

Tintenfisch

schaft, sich bei Gefahr »einzunebeln«. Aus einer Drüse, dem Tintenbeutel, stößt er einen schwarz-braunen Farbstoff *(Sepia)* aus. Der Tintenfisch wird vom Menschen, von Fischen und Vögeln stark verfolgt, lebt aber auch räuberisch. Seine Beute sind **Muscheln, Krebse** oder kleine Fische. Er schnellt seine zwei langen Fangarme plötzlich nach vorne und zieht das Beutetier in den Bereich der übrigen Arme, wobei die Saugnäpfe die Beute gut festhalten. Der Tintenfisch pflanzt sich durch Eier fort. Diese werden an verschiedenen Unterlagen im Meer festgeheftet.

Tod Jeder Mensch, jedes Tier, jede Pflanze muß sterben. Der Tod bedeutet das Ende des Lebens, das **Herz** hört auf zu schlagen, das **Gehirn** stellt seine Tätigkeit ein, die **Atmung** setzt aus. Beim Menschen tritt der Tod in der Regel im hohen Alter durch eine allgemeine Schwäche ein. Seine Organe sind verbraucht, und kommt eine Belastung durch Krankheit hinzu, können sie ihren Dienst nicht mehr wie früher tun. Viele Menschen sterben aber auch schon in jüngeren oder ganz jungen Jahren durch eine sehr ernste Krankheit oder einen Unfall. In vielen **Religionen** glauben die Menschen an ein neues, anderes Leben nach dem Tod. Den Körper, der ja gestorben ist, und von dem nach einiger Zeit nicht mehr viel übrig ist, braucht man für dieses Leben nach dem Tod nicht mehr. Aber die *Seele* des Menschen ist im religiösen Sinn unsterblich, sie wird dieses neue Leben führen.

Tollwut Das ist eine lebensgefährliche *Infektionskrankheit,* die bei den meisten wild lebenden Tierarten sowie bei Haustieren vorkommt und in der Regel durch Biß übertragen wird. Tollwut ist tödlich, nach Ausbruch der Krankheit ist keine Heilung mehr möglich. Der Erreger, ein **Virus,** befindet sich im Speichel des kranken Tieres. Im Gegensatz zum Namen der Krankheit, scheinen tollwütige Tiere oft sehr zahm und verlieren gegenüber dem Menschen jede Scheu. Man muß deshalb bei besonders zutraulichen Wildtieren sehr vorsichtig sein. Die Krankheit äußert sich in ruhelosem Umherstreifen, starkem Speichelfluß und Angriffslust, bevor im Endstadium Teilnahmslosigkeit und Lähmungen einsetzen. Wird ein Mensch infiziert, kann es unter Umständen 1–6 Monate und länger dauern, bis sich folgende Krankheitszeichen zeigen: anhaltende Krämpfe der Rachen- und Atemmuskeln, Atemnot, großer Durst, Lähmungen und Bewußtlosigkeit. Schließlich tritt der Tod ein. Der Hauptüberträger der Tollwut ist der **Fuchs.** Bei Verdacht auf Tollwut müssen sofort die Polizei, der nächste Arzt und der Förster verständigt werden. Jeder, der von einem tollwütigen Tier gebissen wurde oder auf andere Weise mit ihm in Berührung kam, muß sich sofort impfen **(Impfung)** lassen.

Tropen So nennt man die Gebiete auf beiden Seiten des **Äquators.** Die Tropen haben heißes und sehr feuchtes **Klima** und sind meist mit dichtem *Regenwald* bedeckt. Winter gibt es in den Tropen nicht, nur regelmäßige *Regen-*

Tunnel

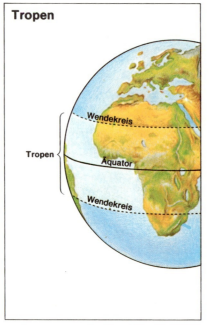

Tropen

zeiten mit starken Regenfällen. Nirgends steigt die Sonne am Himmel so hoch, wie in den Tropen. Mittags kommen ihre Strahlen senkrecht von oben. Das ganze Jahr über geht sie hier morgens um 6 Uhr auf und abends um 6 Uhr unter. Alle Tage des Jahres sind ungefähr gleich. Dem Tropenklima haben sich bestimmte Tiere angepaßt: **Affen**, **Nilpferde** und **Krokodile** können gut in der feuchten Hitze leben. In den Tropen wachsen Bananenstauden, Kokospalmen und Gummibäume.

Tunnel So bezeichnet man die unterirdische Strecke eines Verkehrweges für Autos und Eisenbahnen. Ein Tunnel kann durch einen Berg getrieben sein, unter Straßen, Flüssen und Seen hindurchführen, ja sogar Meeresarme durchqueren. Der Tunnelbau ist sehr schwierig und erfordert den Einsatz vieler Maschinen und technischer Hilfsmittel. Der Tunnelschacht muß gegen lockeres Gestein abgestützt werden.

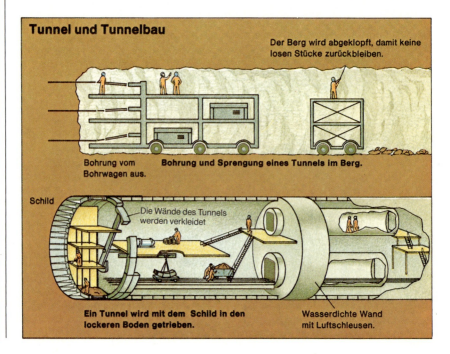

Tunnel und Tunnelbau

U-Boot

Turbine Darunter versteht man eine Maschine zur Krafterzeugung, in der die *Strömungsenergie* von **Dampf, Gas** oder **Wasser** in *Rotationsenergie* umgesetzt wird. Bei der *Dampfturbine* strömt der Dampf unter Hochdruck in die Turbine ein, wird auf Schaufeln von Laufrädern gepreßt und versetzt diese in schnelle Drehungen. Bei der *Gasturbine* werden Verbrennungsgase zum Antrieb der Turbinenräder ausgenutzt. Bei der *Wasserturbine* wird die Bewegungsenergie des Wassers zum Antrieb der Laufräder benutzt.

Turnier So nannte man im **Mittelalter** ein Ritterkampfspiel, in dem zwei **Ritter** in schwerer **Rüstung** zu Pferd gegeneinander antraten. Im Turnier galt es, den Gegner mit der Lanze oder dem Schwert aus dem Sattel zu heben. Heute bezeichnet man mit Turnier hauptsächlich sportliche Wettkämpfe wie *Fußball-, Reit-* oder *Tennisturniere.*

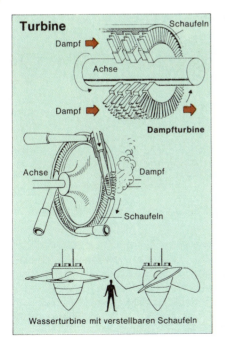

U-Bahn Sie ist ein schnelles Nahverkehrsmittel, das auf Schienen fährt und elektrisch angetrieben wird. Die U-Bahn *(Untergrundbahn)* verkehrt innerhalb der Städte vorwiegend in unterirdischen **Tunnels.** Auf diese Weise ist sie vom örtlichen Verkehrsnetz unabhängig und wird nicht vom Verkehr behindert. Über eine Stromschiene entlang der Gleise wird sie mit elektrischer Energie versorgt. Die Sicherheitsanlagen entsprechen im wesentlichen denen der **Eisenbahn.** U-Bahnen gibt es bei uns in Berlin, München, Frankfurt, Köln, Stuttgart und Hamburg.

U-Boot Das ist die Abkürzung von *Untersee-Boot.* Es kann sowohl auf dem Wasser als auch unter Wasser fahren. Der Schiffsrumpf des U-Boots ist druckfest und wasserdicht. Von ihm ragt nur der *Kommandoturm* mit *Sehrohr* (ein bis zu 10 m langer Stab mit eingebautem **Fernrohr**) auf. Im Schiffskörper liegen Tauchtanks. Das sind Hohlräume, die beim Tauchen mit Seewasser gefüllt (geflutet) werden und so das Schiff beschweren. Zum Auftauchen werden sie durch Druckluft wieder entleert. Bei der Fahrt über Wasser oder in geringer Tiefe treibt ein **Dieselmotor** das U-Boot an. Ein *Doppelrohr* saugt die Luft im **Verbrennungsmotor** an und leitet die Verbrennungsgase ab.

Übersiedler

Fährt das U-Boot in größerer Tiefe, erfolgt der Antrieb über einen **Elektromotor,** der von großen **Batterien** gespeist wird. Heute werden jedoch die meisten U-Boote durch **Atomenergie** angetrieben. Sie können wochenlang unter Wasser bleiben, ohne auftauchen zu müssen. Die Luft für die Besatzung wird chemisch aufbereitet. U-Boote werden in der Regel als Kriegsschiffe, aber auch zur Erforschung des Meeresbodens eingesetzt.

Übersiedler So wurden Menschen genannt, die aus der ehemaligen DDR in die Bundesrepublik kamen, um hier zu leben und zu arbeiten. In den letzten Monaten des Jahres 1989 wurden über 300 000 Übersiedler aufgenommen. Diese hatten viele Risiken und Opfer auf sich genommen, um noch einmal ganz neu zu beginnen. Wenn ihnen auch hier große staatliche Unterstützung gewährt wurde, so mußten sie doch mit großen Problemen fertigwerden. Auch in der Bundesrepublik gibt es zu wenige günstige Wohnungen, auf dem Arbeitsmarkt fehlen die entsprechenden Stellen, und viele Übersiedler müssen sich erst mit den völlig anderen Bedingungen in der neuen Arbeitswelt vertraut machen. Unter *Aussiedlern* versteht man Menschen deutscher Abstammung, die aus den Ostblockländern kommen und in der Bundesrepublik ansässig werden wollen. 1990 waren es knapp 300 000. Sie kamen aus Rußland, Polen und Rumänien.

Uhr Sie ist ein Meßinstrument, das den Ablauf der **Zeit** anzeigt. Wollte man früher wissen, wie spät es war, mußte man die ungefähre Zeit vom Stand der Sonne ablesen. *Sonnenuhren* gibt es auch heute noch. Sie zeigen die Zeit mit Hilfe des Schattens an, den ein Stab auf eine in Stunden eingeteilte Scheibe wirft. Bei einer *Sanduhr* läuft ganz feiner Sand durch einen schmalen Spalt aus einem Glasbehälter in einen anderen. Sanduhren werden heute manchmal noch zum Eierkochen verwendet. Erste sichere Zeitangaben ließen sich mit der Entwicklung von *Pendeluhren* erreichen. Später wurde das Pendel mit einem Räderwerk verbunden, das die Zeiger der Uhr bewegte. Die erste Uhr mit einem Räderwerk baute 1656 der Holländer *Christian Huygens.* Bereits im 15. Jahrhundert hatte der Nürnberger Schlosser *Peter Henlein* eine *Taschenuhr* gebaut, die eine Spiralfeder antrieb. Heute verwenden die meisten mechanischen Armband- und Taschenuhren die *Unruh,* ein Rad, das von einer Spiralfeder **(Feder)** bewegt wird. Sie schwingt hin und her und dreht dabei ein Zahnrad. Ein Anker gibt Zahn um Zahn frei. Diese ruckweise Bewegung hören wir als Ticken. *Automatikuhren* ziehen sich durch Bewegung

Sonnenuhr im Park Planten un Blomen in Hamburg

des Arms mit einem Rotor von selbst auf. In *Quarzuhren* werden die Schwingungen des **Quarzes** zur Gangregelung und eine **Batterie** als Antrieb benutzt. Bei *Digitaluhren* wird die Zeit mit Leuchtziffern angezeigt. Die genaueste Zeitangabe liefert eine *Atomuhr,* die die

Umweltschutz

Schwingungen von Atomen als Grundlage der Zeitmessung nimmt.

Umwelt Unter diesem Begriff versteht man im weitesten Sinne die große Welt, in der wir alle leben. Enger gefaßt bezeichnet Umwelt die soziale Umgebung jedes einzelnen Menschen. Die Umweltforschung untersucht die Beziehungen jedes Lebewesens zu seiner natürlichen Umwelt. So wird jedes heranwachsende Kind in seiner Entwicklung von der Umwelt bestimmt, in der es groß wird. Sind seine Umweltbedingungen nicht gut oder sehr schlecht, wird es das Kind im Leben auch schwer haben oder erst gar keine Lebenschance bekommen. Was für den Menschen gilt, trifft in ähnlicher Weise auch für Tiere und Pflanzen zu. Werden deren natürliche Umweltbedingungen zunehmend schlechter oder gar zerstört, sind sie in ihrem Bestand bedroht oder sterben sogar aus. Der Mensch hat im Laufe der Zeit aus wirtschaftlichen Gründen seine natürliche Umwelt nicht nur stark verändert, sondern in immer größerem Maße auch zerstört. Heute steht die gesamte Menschheit vor großen und bedrohlichen Problemen, die diese Zerstörung mit sich gebracht hat, und muß Maßnahmen zum Schutz der Umwelt ergreifen.

Umweltschutz Darunter versteht man alle Maßnahmen, die der Verschmutzung der Luft, des Wassers und der Verseuchung des Bodens vorbeugen und entgegenwirken sollen. Zum Umweltschutz gehören unter anderem das Anlegen von Grüngürteln in und um Großstädte, die Abgaskontrolle bei Autos **(Abgas)**, die Einrichtung von Überwachungsdiensten, die die Verunreinigung der Luft kontrollieren (Smog). In **Kläranlagen** wird das **Abwasser** wieder neu aufbereitet, ungeordnete Müllhalden werden durch sogenannte geordnete Mülldeponien ersetzt **(Müll).** Auch die Anwendung von Insektenvernichtungsmitteln und chemischen Dünge-

Bürger beseitigen Abfälle in der Natur und tragen so zum Umweltschutz bei

Universität

stoffen wurde eingeschränkt. Im Rahmen des Umweltschutzes sind bereits eine ganze Reihe von **Gesetzen** erlassen worden, die die Erhaltung der **Umwelt** vorschreiben und ihre Verschmutzung, Vergiftung und Zerstörung unter Strafe stellen.

Universität So bezeichnet man eine Lehranstalt, an der die **Wissenschaften** gelehrt und viele Wissensgebiete erforscht werden. An einer Universität oder *Hochschule* kann nur studieren, wer das **Abitur** gemacht hat. Das Universitätsstudium gliedert sich in *Vorlesungen,* bei denen ein Hochschullehrer *(Professor)* einen Vortrag hält und in Übungen *(Seminare)*. Bei vielen Studiengängen wird parallel noch eine praktische Ausbildung an Schulen, Krankenhäusern, in Labors und wissenschaftlichen Instituten verlangt. Ein Universitätsstudium schließt man in der Regel mit einem **Examen** ab.

Uran Dieses *Schwermetall* findet sich in der Natur hauptsächlich in *Pechblende* (Uranerz). Uran ist radioaktiv **(Radioaktivität)** und zerfällt im Laufe der Zeit in andere Elemente. Die Spaltung des Urans ist vor allem bei der Gewinnung von **Atomenergie** in **Atomkraftwerken** von Bedeutung. Die größten Uranvorkommen befinden sich heute in Kanada, Südafrika, Australien und Frankreich.

Urwald So nennt man einen wildgewachsenen und vom Menschen ungenutzten **Wald.** Der Urwald ist fast undurchdringlich und ein Stück unberührter Natur. Hohe Bäume wachsen dort bis zum natürlichen Ende ihres Lebens. Dann stürzen die Urwaldriesen um, bleiben liegen und vermodern. Im dichten Unterholz hausen ungestört vielerlei Tiere. Der Boden, die Pflanzen und die Tiere sind aufeinander eingerichtet. Urwälder gibt es noch am **Amazonas** (dort sind sie durch Raubbau aber sehr gefährdet), in Kanada und in Sibirien **(Rußland).** Zum Schutz der noch vorhandenen Urwälder versucht man heute *Nationalparks* (Reservate) zu schaffen. Bei uns finden sich im »Bayerischen Wald« noch kleine Urwaldgebiete.

Tropischer Urwald

Verdauung

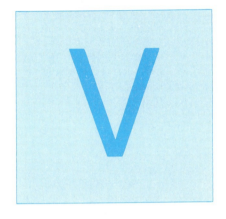

Vegetarier Dieser Begriff leitet sich ab von **Vegetation** und bezeichnet einen Menschen, der sich ausschließlich von pflanzlicher Kost ernährt. Ein Vegetarier ißt also kein Fleisch und keinen Fisch, allenfalls tierische Produkte wie Eier, Milch und Milcherzeugnisse. Ein Vegetarier lehnt es grundsätzlich ab, daß Tiere zum Zwecke des Verzehrs getötet werden.

Vegetation Allgemein versteht man darunter das Leben und Wachstum der Pflanzen. Im engeren Sinn bezeichnet der Begriff zum Beispiel die Pflanzenwelt und den Pflanzenbestand eines Gebietes. Die **Jahreszeit,** in der das Wachstum einer Pflanze am kräftigsten ist, nennt man *Vegetationsperiode.*

Verbrennungsmotor Darunter versteht man eine Maschine, die durch das Verbrennen eines Kraftstoff-Luft-Gemisches Antriebskraft erzeugt. Der Verbrennungsmotor findet in Kraftfahrzeugen (**Autos, Motorräder**) und in weiterentwickelter Form in **Flugzeugen** und **Schiffen** Verwendung. Beim *Viertakt-Ottomotor* fließt **Benzin** in eine Kraftstoffpumpe und wird von ihr in den *Vergaser* geleitet. Dort wird es sehr fein versprüht und mit Luft vermischt. Es bildet sich ein Kraftstoff-Luft-Gemisch, das durch Rohre in den **Zylinder** gelangt. Dort bewegen sich Kolben auf und ab. Beim 1. Takt saugt der abwärtsgehende Kolben das Kraftstoff-Luft-Gemisch aus dem Vergaser durch ein geöffnetes *Ventil* in den Zylinder. Beim 2. Takt preßt der aufwärtsgehende Kolben das Gemisch stark zusammen, er verdichtet es. Dabei sind Ein- und Auslaßventil geschlossen. Beim 3. Takt läßt der Funke aus einer *Zündkerze* das Gemisch explodieren. Die *Kurbelwelle* verwandelt diese Kolbenbewegung in eine Drehbewegung und überträgt sie auf die Antriebsräder des Autos. Beim 4. Takt treibt der wieder aufwärtsgehende Kolben die Verbrennungsrückstände durch das nun geöffnete Auslaßventil über den *Auspuff* ins Freie. Auch der *Wankelmotor* ist ein Viertaktmotor. Bei ihm gibt es jedoch keine Aufwärts- und Abwärtsbewegungen. Bei einer Drehbewegung des Kolbens wird dreimal gezündet. Zweitaktmotoren brauchen nur zwei Arbeitstakte, da die Kolben einen Teil der Arbeitsvorgänge leisten. Die ersten Benzinmotoren wurden 1883–85 von *Gottfried Daimler* und *Carl Benz* entwickelt.

Verdauung Sie umfaßt eine Reihe von Vorgängen, bei denen unter Mitwirkung verschiedener Verdauungsorgane die Nahrung zerkleinert wird, so daß der Organismus sie aufnehmen kann. Am Ende der Verdauung werden unverwertbare Bestandteile der Nahrung wieder ausgeschieden. Im **Mund** wird die Nahrung mit Hilfe der **Zähne** zerkleinert und mit dem Speichel gleitfähig gemacht. Durch wellenförmige Bewegungen der *Speiseröhre* gelangt der Speisebrei portionsweise in den **Magen.** Dort wird er mit den Magensäften vermischt und verflüssigt. **Leber,** *Galle* und *Bauchspeicheldrüse* scheiden Verdauungssäfte ab, durch die die wasserunlöslichen Bestandteile der Nahrung löslich gemacht werden. Vom Magen wird der Nahrungsbrei weiter in den

Vereinte Nationen

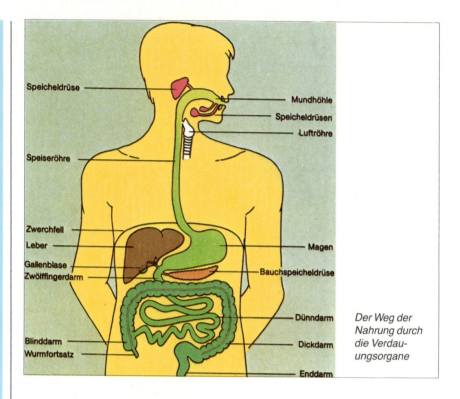

Der Weg der Nahrung durch die Verdauungsorgane

Darm geleitet, dort eingedickt und schließlich durch den *After* als Kot ausgeschieden.

Vereinte Nationen Die Aufgabe dieser internationalen Organisation ist es, den Frieden auf der Welt zu sichern und die Zusammenarbeit der Völker zu fördern. Die Vereinten Nationen oder *UNO (United Nations Organization)* wurden 1945 gegründet. Heute gehören ihr 166 Länder an. Die UNO-Mitglieder sind verpflichtet, internationale Streitigkeiten durch Verhandlungen beizulegen, gemeinsam gegen Friedensstörer vorzugehen, auf die Einhaltung der *Menschenrechte* in den Mitgliedsländern zu achten und den wirtschaftlichen, sozialen und kulturellen Fortschritt zu fördern. In der *Vollversammlung* werden Fragen der internationalen Sicherheit und Friedenswahrung beraten. Sie wählt den *Sicherheitsrat,* der bei Kriegshandlungen Maßnahmen beschließt, die zur Beilegung einer kriegerischen Auseinandersetzung führen oder eine Bedrohung des Friedens abwenden. Das *UNO-Sekretariat* wird vom *Generalsekretär* geleitet. *UNO-Friedenstruppen* werden meist zur Überwachung eines Waffenstillstandsabkommens in verschiedene Länder geschickt. Sie selbst dürfen nicht in kriegerische Handlungen eingreifen. Das *UNO-Hauptquartier* befindet sich in New York (USA), die europäische UNO-Zentrale in Genf (Schweiz). Zwei wichtige Sonderorganisationen der UNO sind die *UNESCO* (United Nations Educational Scientific and Cultural Organization) in Paris (Frankreich) und die *UNICEF* (United Nation International Children's Emergency Fund). Die Aufgabe der UNESCO ist es, in allen

Vertrag

UNO Vollversammlung

Kreuzt man ein weißes Kaninchen mit einem schwarzen Kaninchen, so werden ein Viertel der Jungen weiß, ein Viertel schwarz und die Hälfte grau.

Ländern auf dem Gebiet der Erziehung, Wissenschaft und Kultur fördernd zu wirken. Die UNICEF ist ein internationales Kinderhilfswerk, das sich auf verschiedenste Weise um die Kinder in über 150 Ländern kümmert.

Vererbung Damit wird die Weitergabe von Erbanlagen der Lebewesen an ihre Nachkommen bezeichnet. Durch die Vererbung können bestimmte Eigenschaften der Eltern beim Kind verstärkt auftreten, aber auch vorhandene Anlagen verdeckt werden. Manche Erbanlagen erscheinen auch erst nach ein oder zwei Generationen wieder. Träger der Erbanlagen sind die *Gene* auf den *Chromosomen* der **Zellen**. Die *Vererbungslehre* erforscht die Grundlagen und Gesetzmäßigkeiten der Vererbung.

Verfassung In ihr sind die Regeln festgesetzt, nach denen ein Volk in einem **Staat** zusammenlebt. Diese Regeln sind **Gesetze,** an die sich die **Bürger** und die Staatsmacht halten müssen. Sie garantieren jedem einzelnen Recht, Schutz und Sicherheit. Wer diese Regeln nicht einhält, verstößt gegen die Gesetze und zugleich gegen die Verfassung. Als erste haben sich 1787 die Amerikaner eine schriftlich niedergelegte Verfassung gegeben. Die vorläufige Verfassung der Bundesrepublik Deutschland ist das 1949 in Kraft getretene *Grundgesetz.*

Vertrag Darunter versteht man eine rechtlich verbindliche, schriftliche Abmachung zwischen zwei oder mehreren Parteien (Personen, Gesellschaften, Länder). Alle Vertragspartner müssen sich an die vertraglichen Vereinbarungen halten. Wird der Vertrag von einer Seite gebrochen, kann die andere Seite vor **Gericht** gehen und auf Erfüllung des Vertrages klagen. In der Regel kann ein Vertrag nur mit Zustimmung

Video

aller Vertragspartner gelöst werden. Wurde der Vertrag jedoch unter falschen Voraussetzungen geschlossen (hat u. a. ein Partner von einem Vertragsumstand keine Kenntnis), kann er auch einseitig gelöst werden. Manche Verträge brauchen zusätzlich noch die Bestätigung durch einen *Notar*.

Video Unter diesen Begriff faßt man in der Fernsehtechnik **(Fernsehen)** alle Verfahren zusammen, mit denen sich Bildsignale (zum Beispiel eine Fernsehsendung) aufzeichnen und später wieder abspielen lassen. Der *Videorekorder* speichert die Bildsignale auf magnetischen *Videobändern*. Mit einer *Videokamera* kann man selbst Bilder aufnehmen und über den Bildschirm des Fernsehgerätes vorführen. Heute werden bereits viele Kinofilme in Form von *Videokassetten* angeboten. Man kann sie ebenfalls über den an das Fernsehgerät angeschlossenen Videorekorder abspielen.

Virus So nennt man winzige Krankheitserreger. Viren sind nur durch ein Elektronenmikroskop **(Mikroskop)** zu erkennen. Sie rufen verschiedene Infektionskrankheiten **(Infektion)** hervor, zum Beispiel **Kinderlähmung,** *Masern, Pocken* oder *Grippe*. Bei Viruskrankheiten gibt es keine Medikamente, die die Viren abtöten oder an ihrer Vermehrung im Körper hindern können. Der einzige Schutz ist eine **Impfung.** Hat man eine Viruserkrankung überstanden, ist man in vielen Fällen für das ganze Leben *immun* dagegen, d. h. man kann sie aller Voraussicht nach nicht noch einmal bekommen.

Vitamine Das sind Wirkstoffe, die für zahlreiche Vorgänge im Körper, das Wachstum und die Erhaltung der Ge-

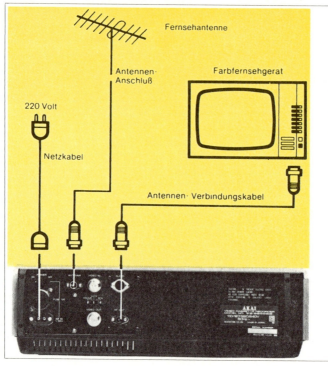

Soll eine Fernsehsendung aufgezeichnet werden, wird der Videorekorder zwischen Antenne und Fernsehgerät geschaltet

Vorgeschichte

sundheit, notwendig sind. Vitamine können im Körper selbst nicht hergestellt werden, sondern müssen ihm mit der Nahrung in ausreichender Menge zugeführt werden. Der Körper braucht bestimmte Vitamine. Hat er von diesen zu wenig oder gar keine, können Mangelerscheinungen oder Krankheiten auftreten.

Vögel Diese durch Lungen atmenden *Wirbeltiere* können mit Ausnahme der **Pinguine** und **Strauße** alle fliegen. Das Gefieder erfüllt vielfältige Aufgaben. Während der Fortpflanzungszeit wird es bei vielen Männchen auffällig, während es bei den brütenden Weibchen sowie den Jungen eine Tarnfarbe hat. Die **Federn** schützen die Vögel vor Kälte und Nässe und befähigen sie zum Fliegen. Ihre Vordergliedmaßen sind zu Flügeln umgewandelt. Alle Vögel legen kalkschalige **Eier**, die von den Vogeleltern in der Regel in selbstgebauten Nestern bebrütet werden. Die Jungvögel werden aufgezogen oder geführt *(Brutpflege)*. Vögel sind meist an einen bestimmten Lebensraum gebunden. Während der Brutzeit leben sie in festen Revieren. Sie ernähren sich hauptsächlich von Insekten, Samen, Würmern und Schnecken, *Raub-* oder *Greifvögel* machen Jagd auf andere Tiere und fressen **Aas**. *Singvögel* haben ein besonders ausgebildetes Stimmorgan. *Zugvögel* fliegen im Herbst in wärmere Länder, verbringen dort den Winter und kehren im Frühjahr wieder zurück. Es gibt etwa 8600 Vogelarten, die über die ganze Erde verteilt leben.

Volk So nennt man die Gemeinschaft vieler Menschen mit gemeinsamer Abstammung, **Sprache**, Geschichte, **Kultur** und gleichen Bräuchen. Auch die Menschen, die in einem **Staat** zusammenleben, können ein Volk bilden. Breite Bevölkerungsschichten (Arbeiter, Bauern, Handwerker) bezeichnet man ebenfalls als Volk. Auch manche Tiere leben in Völkern zusammen, zum Beispiel **Bienen** und **Ameisen**.

Völkerwanderung Um das Jahr 375 n. Chr. brach ein wildes mongolisches Reitervolk, die *Hunnen,* aus den Steppen Innerasiens hervor und stürmte nach Westen, wobei es auf die Wohnstätten der germanischen Völker in Ost- und Mitteleuropa stieß. Bereits im 1. Jahrhundert n. Chr. waren germanische Stämme aus dem Norden und Osten Europas nach Mitteleuropa gewandert, da das Klima in ihrer Heimat zu rauh war und das oft von Überschwemmung und Kälte heimgesuchte Land knapp wurde. Der Zug der Hunnen setzte die germanischen Völker westwärts in Bewegung. Es kam zur großen Völkerwanderung des 4. und 5. Jahrhunderts. Dem Druck der nach Süden drängenden Völker konnte das römische Weltreich nicht mehr Stand halten. Im Gebiet des Römerreiches errichteten die **Germanen** eigene Herrschaftsgebiete und im Jahre 410 eroberten die *Westgoten* Rom; die »Ewige Stadt« wurde erstmals eingenommen. Mit dem Zug der Langobarden nach Italien im Jahr 568 ging die Völkerwanderung zu Ende.

Vorgeschichte So bezeichnet man den Zeitraum vom ersten Auftreten des **Menschen** auf der Erde (vor etwa 600 000 Jahren) bis zum Beginn des **Altertums** (um 3000 v. Chr.). Die Vorgeschichte oder *Vorzeit* teilt man in verschiedene Abschnitte ein. Die *Altsteinzeit* (etwa 600 000 bis 10 000 v. Chr.), ist zugleich die Epoche der **Eiszeiten**. In der *Jungsteinzeit* (10 000 bis 2000 v. Chr.) war das Eis verschwunden, und die Menschen wurden seßhaft. Unsere Kenntnisse über die Vorgeschichte stützen sich auf die Funde von Geräten, Werkzeugen, Waffen, Knochen, Schmuck, Reste von Hausbauten und

Vulkan

Befestigungen, die bei Ausgrabungen gefunden wurden. Auch Felsenzeichnungen in **Höhlen** erzählen uns einiges über die Menschen der Vorzeit. In der *Bronzezeit* (etwa 2000–800 v. Chr.) und *Eisenzeit* (seit etwa 800 v. Chr.) begannen unsere Vorfahren Geräte, Werkzeuge und Waffen aus Metall herzustellen. Im Laufe der Zeit haben die Menschen auch gelernt, ihre Erkenntnisse und Beobachtungen durch vielerlei Zeichen festzuhalten und mitzuteilen. Die Erfindung der **Schrift,** die Kunst des Schreibens und Lesens dienten nun auch dazu, die Vergangenheit für die Zukunft aufzubewahren. Mit dem Zeitpunkt, an dem die Menschen zu schreiben begannen, fängt die *geschichtliche* Zeit an.

Vulkan Das ist ein feuerspeiender **Berg,** der mit dem Erdinneren durch einen Kamin in Verbindung steht. Durch diesen werden bei einem Vulkanausbruch Wasserdämpfe, Asche, Gase, Steine und eine glühendheiße, geschmolzene Gesteinsmasse, die *Lava,* hochgeschleudert. Vulkane entstehen durch die Hitze und den Druck im Erdinneren. Dabei steigt die glühende, flüssige Masse *(Magma)* aus dem Erdinneren auf und sammelt sich in einem Becken unterhalb der Erdkruste. Das *Magma* versucht, an die Oberfläche zu gelangen. Wo die Oberfläche zu schwach ist, wird durch den ungeheuren Druck die Erdkruste aufgrissen und das heiße Gestein wird durch eine riesige **Explosion** nach außen geschleudert. 1883 flog bei einem furchtbaren Vulkanausbruch die Hälfte der 800 m hohen Insel Krakatau in die Luft. Im Juni 1991 verursachte der Ausbruch des Pinatubo auf den Philippinen großen Schaden; viele Bewohner verloren ihre Habe, die Luftverschmutzung reicht bis nach Europa. Die meisten Vulkane sind heute erloschen. Einer der noch tätigen Vulkane in Europa ist der *Ätna* auf der italienischen Insel Sizilien.

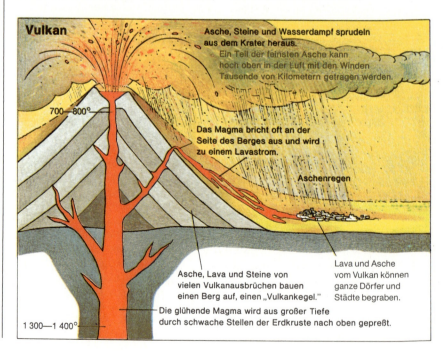

Wal

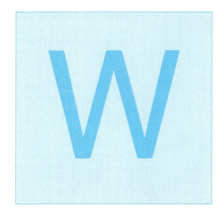

Wachs Das ist ein knetbarer Stoff, der bis zu 20°C fest ist und bei 40°C zu schmelzen beginnt. Natürliches Wachs wird von Tieren (Bienenwachs) und Pflanzen erzeugt. Künstlich gewinnt man es hauptsächlich aus *Paraffin* (einer wasserunlöslichen, wachsähnlichen Masse, die in einem chemischen Verfahren aus **Erdöl** gewonnen wird). Aus Wachs werden Kerzen, Schuhcreme, Putzmittel, Salben, Skiwachs und Farben hergestellt.

Waffen Darunter versteht man Geräte, die im Kampf zum Angriff und zur Verteidigung benutzt werden. Die ersten Waffen fand der Mensch in der Natur: Steine, Holzknüppel und Tierknochen. Er bearbeitete und verfeinerte sie. Im **Altertum** gab es nach der Entdeckung der Metalle bereits Speere, Schwerter und Schilde. Im **Mittelalter** waren Schwert, Lanze, Armbrust, Pfeil und Bogen, Dolch und Säbel in Gebrauch. In der **Neuzeit** wurden die Feuerwaffen (Geschütze, Gewehre) eingeführt und bis ins 20. Jahrhundert immer mehr vervollkommnet. Im Zweiten Weltkrieg wurden erstmals Raketenwaffen (**Rakete**) eingesetzt und die erste **Atombombe** abgeworfen.

Wahlen Allgemein versteht man darunter die Berufung einer oder mehrerer Personen für eine bestimmte Stellung durch **Abstimmung.** Durch Wahlen können die **Bürger** eines **Staates** ihren politischen Willen ausdrücken und indirekt an der Regierungsbildung teilnehmen. In einer **Demokratie** wählen die Bürger in regelmäßigen Zeitabständen (meist 4 Jahre) **Abgeordnete,** die sie und ihre Interessen im **Parlament** vertreten. Die Abgeordneten wählen den Regierungschef. Man unterscheidet zwischen aktivem (das Recht zu wählen; bei uns ab 18 Jahren) und *passivem* (das Recht, gewählt zu werden; bei uns ab 21 Jahren) Wahlrecht. In der Bundesrepublik Deutschland ist jeder Staatsbürger wahlberechtigt. Jede Wählerstimme hat das gleiche Gewicht. Die Abgeordneten werden direkt gewählt, auf den Wähler darf bei der Stimmabgabe keinerlei Druck ausgeübt werden. Jede einzelne Abstimmung muß geheim bleiben.

Wal Dieses **Säugetier** lebt vorwiegend in kalten Meeren und unternimmt weite Wanderungen. Es gibt rund 90 Walarten, die man in *Bartenwale* (Blauwal, Grönlandwal, Finnwal, Buckelwal) und *Zahnwale* (Pottwal, Schwertwal, Narwal, **Delphin,** Tümmler) einteilt. Die Zahnwale besitzen Zähne und jagen Fische, Tintenfische, Seehunde und sogar Artgenossen, Die Bartenwale haben keine Zähne. In ihrem Maul hängen vom Gaumen ausgefranste Hornplatten herab, die wie ein Sieb wirken. An ihnen bleibt die mit dem Wasser aufgenommene Nahrung (Schnecken, Krebse) hängen, wenn der Wal mit der Zunge das Wasser wieder aus dem Maul preßt. Das größte Säugetier überhaupt ist der *Blauwal.* Er kann eine Länge von 30 m und ein Gewicht von 130 t erreichen. Obwohl er wie alle Wale über **Lungen** atmet, kann er nur im Wasser leben. Am Land werden seine Organe durch sein enormes Gewicht erdrückt. Seine Nasenöffnungen liegen an einer

Wald

Walfang war früher ein gefährliches Unternehmen

erhöhten Stelle des Kopfes. Deshalb braucht er, um Luft zu schöpfen, niemals mit dem ganzen Körper aus dem Wasser aufzutauchen. In der Regel kommt er alle 10 Minuten zum Luftholen an die Oberfläche, kann dann aber auch bis zu einer Stunde tauchen. Die warme, ausgeatmete Luft ist weithin als weiße Wasserdampfsäule zu sehen. Wale bringen im Wasser lebende Junge zur Welt und säugen sie bis zu 6 Monaten. Der mit einer dicken Fettschicht geschützte Walkörper wurde zu allen Zeiten gejagt. Früher war der Walfang noch sehr gefährlich. Heute macht man mit Fangflotten Jagd auf Wale. Auf dem Fangschiff wird der Wal innerhalb einer Stunde verarbeitet. Für die Fettversorgung in der Welt spielt der Wal eine bedeutende Rolle. Da Wale aber nur alle zwei Jahre Junge zur Welt bringen, muß der Walfang kontrolliert werden, um die Tiere vor dem Aussterben zu schützen.

Wald So bezeichnet man einen größeren Baumbestand, in dem Pflanzen und Tiere eine natürliche Lebensgemeinschaft bilden. Der Wald bedeckt heute noch etwa 35 Prozent der Landfläche unserer Erde. Nur in sehr kalten, sehr trockenen und heißen Regionen gibt es keine Wälder. Der Wald tritt in unterschiedlichen Formen auf, in den **Tropen** finden wir den feuchten, heißen *Regenwald,* in den gemäßigten Zonen die sommergrünen *Laubmisch-* und *Nadelwälder,* im äußersten Norden Europas und Asiens die reinen Nadelwälder der *Taiga.* Der Wald liefert dem Menschen den wichtigen Rohstoff **Holz.** Vor 2000 Jahren bedeckten undurchdringliche Wälder drei Viertel der Landfläche Deutschlands. Als die Bevölkerung zunahm und man mehr Ackerland und Weideplätze benötigte, wurden überall Wälder gerodet und das Holz zum Heizen und für viele Dinge des Lebens sowie den Hausbau verwendet. Im 16. und 17. Jahrhundert wurde zum Bau von Kriegsschiffen in Mitteleuropa ein regelrechter Raubbau am Wald getrieben. Nur durch die Gewinnung neuer Rohstoffe in der Industrie, die das Holz weitgehend ersetzten, konnte der Wald gerettet werden. Heute wird Holz vor allem für die Herstellung von **Papier** benötigt. In jüngster Zeit ist der Wald weltweit durch das **Waldsterben** be-

Waldsterben

Herbstlicher Mischwald

droht. International bemüht man sich, durch verschiedene Maßnahmen des **Umweltschutzes** den Wald zu retten, der als Grundlage für eine gesunde Landschaft, den Wasserhaushalt der Natur, die Reinhaltung der Luft, als Lebensraum für viele Pflanzen und Tiere sowie als Erholungsraum des Menschen von größter Bedeutung ist.

Waldsterben Damit bezeichnet man Schäden an Nadel- und Laubbäumen, die in Europa, aber auch in anderen Erdteilen zum Absterben von Bäumen und ganzer Waldgebiete führen. Vom Waldsterben waren zunächst vor allem die Nadelbäume wie **Tannen,** Fichten und Kiefern betroffen. Dann aber wurden auch die als widerstandsfähiger geltenden Laubbäume in Mitleidenschaft gezogen. In der Bundesrepublik Deutschland sind bereits viele Millionen Hektar Wald geschädigt. Die genauen Ursachen des Waldsterbens sind noch nicht geklärt. Die Hauptursache scheint jedoch die Luftverschmutzung zu sein.

Waldsterben

Als vordringliche Maßnahmen gelten deshalb die Verringerung der säurebildenden **Abgase** *(Saurer Regen)* und der Einbau von Rauchgasentschwefelungsanlagen in Heizwerken. Ob diese Maßnahmen ausreichen, ist fraglich.

Wappen

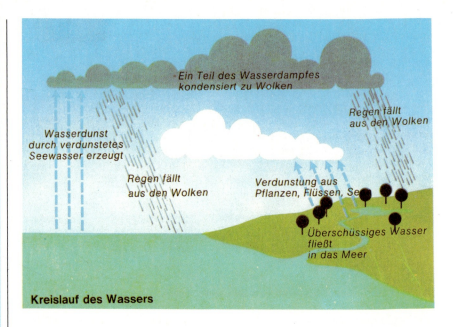

Kreislauf des Wassers

Wappen Das ist ein besonders gestaltetes Abzeichen, das eine Person, Familie oder Körperschaft kennzeichnet. Die Begriffe Wappen und Waffen hatten ursprünglich dieselbe Bedeutung. Zog im **Mittelalter** ein **Ritter** in seiner **Rüstung** in den Kampf, konnte ihn niemand erkennen. Deshalb trug er auf dem Schild oder Helm ein Erkennungszeichen. Dieses galt bald für ein ganzes Adelsgeschlecht. Später führten hohe Geistliche, Bürger und Zünfte ebenfalls eigene Wappen. Auch Städte, Länder und Organisationen haben als Hoheitszeichen Wappen. Die Wappenkunde *(Heraldik)* befaßt sich mit der Geschichte der Wappen.

Wasser Es bedeckt knapp drei Viertel der Erdoberfläche und in Form von **Eis** noch weitere Festlandgebiete. Auch der Körper von Pflanzen und Tieren besteht bei vielen Arten zum größten Teil aus Wasser. Beim erwachsenen Menschen beträgt der Wassergehalt im Körper durchschnittlich 60 Prozent seines Gewichtes. Wasser ist eine chemische Verbindung aus **Sauerstoff** und **Wasserstoff,** geht bei 100°C in Wasserdampf **(Dampf)** über und gefriert bei 0°C zu Eis. Die Sonne hält den *Wasserkreislauf* der Erde in Gang. Unter ihrer Wärme verdunstet das Meerwasser, steigt als Dampf auf und fällt als **Regen** teils aufs Meer, teils auf die Erde zurück. Ein Teil des Niederschlags verdunstet gleich wieder, ein anderer fließt in Bäche und Flüsse, in Seen und ins Meer oder versickert im Erdboden und bildet *Grundwasser.* Als **Quelle** tritt es dann an anderer Stelle wieder aus. Die Aufnahme und Abgabe von Wasser bezeichnet man als *Wasserhaushalt.* Unter *Wasserversorgung* faßt man alle Einrichtungen und Maßnahmen zusammen, mit denen die Bevölkerung, Landwirtschaft und Industrie mit Wasser versorgt werden. **Abwässer** werden in **Kläranlagen** wieder zu Trink- und Brauchwasser aufbereitet.

Wasserstoff Dieses chemische Element ist ein farb- und geruchloses **Gas.** Wasserstoff brennt mit einer sehr heißen Flamme. Führt man die heißen Verbrennungsgase ab, erhält man **Wasser.** Auf der Erde findet sich Wasserstoff vor allem im Wasser und in organischen Verbindungen. Im **Labor** stellt man Wasserstoff her, indem man verdünnte *Schwefelsäure* oder *Salzsäure* auf *Zink* einwirken läßt. Mischen sich Wasserstoff und **Sauerstoff** im Verhältnis 2:1, entsteht ein Gas, das explosionsartig verbrennt. Man bezeichnet es als *Knallgas.* Es findet bei Schweißgeräten Anwendung. Zusammen mit *Kohlenstoff* bildet Wasserstoff viele brennbare Verbindungen (Kohlenwasserstoffe) wie **Erdöl** und **Erdgas.**

Wein Das ist ein alkoholisches Getränk, (8–16 Prozent **Alkohol**), das durch *Gärung,* meist von Traubensaft, entsteht. Nach der *Weinlese* werden die Trauben in Mühlen zerquetscht und in Traubenpressen ausgepreßt (gekeltert). Den ausgepreßten Traubensaft *(Most)* läßt man in großen Fässern gären. Dabei zersetzen Hefepilze den Traubenzucker in Alkohol und *Kohlensäure.* Erst wenn der Most nicht mehr schäumt, ist die Gärung abgeschlossen. Jetzt wird der Wein mehrmals umgefüllt und in verschiedenen Verfahren weiterbehandelt. Der fertige Wein wird in Flaschen abgefüllt. Auf den Flaschenetiketten steht, woher der Wein kommt, sein Jahrgang und bestimmte Eigenschaften (trocken, halbtrocken, Spätlese, Auslese). Es gibt *Rotwein* (aus blauen und roten Trauben) und *Weißwein. Schaumweine* (Sekt und Champagner) gären in der Flasche unter Zusatz von **Zucker** noch weiter und perlen im Glas. Der führende Weinlieferant in der Welt ist Frankreich.

Welle So nennt man Schwingungen, die sich im Raum fortpflanzen. Wellen, die man sehen kann, sind Wasserwellen. Wirft man einen Stein ins Wasser, breiten sich um die Einwurfstelle kreisförmige Wellen mit Höhen *(Wellenberg)*

Weinbau

Weinrebe mit Traube

Weinlese

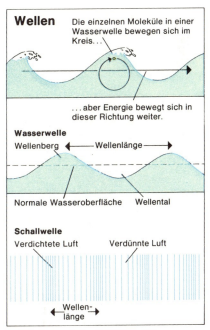

Wellen

Die einzelnen Moleküle in einer Wasserwelle bewegen sich im Kreis...

...aber Energie bewegt sich in dieser Richtung weiter.

Wasserwelle
Wellenberg ← Wellenlänge →
Normale Wasseroberfläche   Wellental

Schallwelle
Verdichtete Luft   Verdünnte Luft

← Wellenlänge →

309

Weltall

und Tälern *(Wellental)* aus. Die Wellenlänge ist der Abstand, in dem zwei Wellenberge oder Wellentäler aufeinanderfolgen. Die Schwingungszahl *(Frequenz)* ist die Anzahl der Schwingungen innerhalb einer Sekunde. Je kürzer die Wellenlänge ist, desto mehr Schwingungen werden ausgeführt, desto höher ist die Frequenz. Unsichtbare Wellen sind Schallwellen **(Schall)** und *elektromagnetische* Wellen wie Lichtwellen **(Licht), Röntgenstrahlen** und Radiowellen **(Rundfunk).**

Weltall Es umfaßt den *Weltraum* mit allen Himmelskörpern (einschließlich der **Erde**) und deren Anordnung. Jahrhundertelang hat der Mensch die Erde für den Mittelpunkt des Weltalls (auch *Universum* oder *Kosmos* genannt) gehalten. In Wirklichkeit wandert unser kleiner **Planet** um einen **Stern** (die **Sonne**) mittlerer Größe, der wiederum zusammen mit 4 Millionen anderen Sternen in einer **Milchstraße** kreist. Sie aber ist auch nur eines von Millionen Milchstraßensystemen in einem anscheinend grenzenlosen Universum. Die Wissenschaft ist bis jetzt nicht an die Grenzen des Weltalls gestoßen, sondern hat nur eine Krümmung des Weltraums entdeckt.

Wetter Unter diesem Begriff faßt man alle Erscheinungen, die sich in der **Atmosphäre** der Erde abspielen, zusammen. Zu den Wetterelementen gehören die Sonnenstrahlung, die Temperatur, der Druck und die Feuchtigkeit der Luft, die **Wolken,** der **Regen,** der **Wind** und die Sicht. Unter *Wetterlage* versteht man das Wetter in einem bestimmten Gebiet. Die *Wetterkunde (Meteorologie)* befaßt sich mit der Entstehung und Vorhersage des Wetters. In *Wetterwarten* werden die Beobachtungen und Meldungen von Wetterschiffen und Flugzeugen, Wettersatelliten **(Satellit)** und automatischen Wetterstationen gesammelt, ausgewertet und auf einer *Wetterkarte* eingetragen.

Wild Alle wild lebenden Tiere (Säugetiere und Vögel, Haarwild und Federwild), die dem Jagdrecht **(Jagd)** unterliegen, faßt man unter dem Begriff Wild zusammen. Bei uns gehören vor allem **Rehe, Hirsche** und **Hasen** zum Wild.

Wind Darunter versteht man bewegte **Luft.** Wird die Luft erwärmt, dehnt sie sich aus und steigt auf. Kalte, schwerere Luft drängt nach, dabei entstehen Luftströmungen. In manchen Gebieten weht der Wind aufgrund von Temperaturunterschieden der Luft gleichmäßig in einer bestimmten Richtung. Im Gebirge weht er bei Tag bergauf *(Aufwind)* und bei Nacht bergab *(Fallwind)*. An den Küsten bläst der Wind tagsüber vom Meer aufs Land, nachts vom Land aufs Meer. Ein jahreszeitlich bedingter Wind ist der *Monsun,* der in den Küstenländern der **Tropen** (vor allem in Indien) weht. Im Sommer weht er landeinwärts und bringt die *Regenzeit* mit sich. Im Winter strömt er landauswärts zum Meer, im Landesinneren herrscht dann Trockenheit. Die *Windstärke* wird in Graden der *Beaufort-Skala* von 0–17 angegeben. Heute mißt man sie allerdings auch in Meter pro Sekunde (m/s) oder *Knoten* in der Stunde. Die höchsten Windgeschwindigkeiten erreichen *Wirbelstürme*. Sie entstehen in den Tropen über dem Meer und heißen über dem Atlantischen Ozean *Hurrikan,* in Ostasien *Taifun.* Wenn diese Wirbelstürme mit einer Geschwindigkeit von 130 bis über 200 km/h über das Festland wandern, richten sie überall schreckliche Zerstörung an.

Windmühle Sie ist die älteste Form einer *Windkraftanlage,* die die **Energie** des **Windes** nutzt. Die bekannteste Windmühle ist die holländische, die man auch heute noch an vielen Orten in

Wissenschaft

Wirbelsturm im Pazifik, aufgenommen von der Raumkapsel Apollo 9

Holland sehen kann. Über einem Gebäude aus Stein befindet sich ein Dach mit Flügeln. Es kann so gedreht werden, daß die Flügel immer vom Wind bewegt werden können. Ein Zahnradgetriebe überträgt die Bewegungsenergie der Flügel auf die Windradwelle und setzt ein Mahlwerk in Gang.

Wirtschaft Unter diesem Begriff faßt man alle Einrichtungen, Maßnahmen und Vorgänge zusammen, die die Herstellung, den **Handel** und den Verbrauch von Waren und Gütern betreffen. Ursprünglich bezeichnete Wirtschaft die Tätigkeit des Hausherrn und Wirts. Im 17. Jahrhundert wurde mit Wirtschaft die Verwaltung eines Hauswesens oder Hofs bezeichnet. Aus diesem Wortgebrauch entwickelte sich die heutige Bedeutung.

Wissenschaft Sie arbeitet mit dem Ziel, vorhandenes Wissen, gewonnene Erkenntnisse und Beobachtungen durch Forschungen zu erweitern. Zu den *Naturwissenschaften* gehören die **Physik, Chemie, Biologie, Medizin, Astronomie** und Geologie (Lehre von der Erstehung und dem Bau der **Erde**). Die *Geisteswissenschaften* umfassen die Sprachwissenschaft, die Geschichte, die Rechts-, Wirtschafts-, Staats-

Windmühle

Wolf

und Kunstwissenschaften, die Philosophie **(Philosoph)** und Theologie (Religionswissenschaft).

Wolf Dieses wildlebende **Raubtier** ist der Vorfahre des **Hundes.** Der Wolf lebt auf der ganzen nördlichen Erdhalbkugel. Auch in Deutschland gehörte er früher zum **Wild,** ist jedoch heute fast verschwunden. Wölfe jagen ihre Beute (Rotwild, Rehe, Rentiere, Hasen) in Rudeln. Weil sie großen Schaden im Viehbestand anrichten und unter Umständen auch den Menschen gefährlich werden können, werden sie rücksichtslos verfolgt.

Wolga Sie ist der längste und wasserreichste Fluß Europas. Die Wolga entspringt nordwestlich von Moskau, der Hauptstadt **Rußlands** und mündet nach 3530 km in das *Kaspische Meer.* Sie ist die wirtschaftlich wichtigste Wasserverkehrsstraße Rußlands. Über verschiedene Kanäle ist die Wolga mit der Ostsee verbunden. Entlang des gesamten Flußlaufes sind zahlreiche Stauseen **(Staudamm)** angelegt, die für die Erzeugung von **Energie** wirtschaftlich von großer Bedeutung sind.

Wolken Die uns umgebende **Luft** kann eine bestimmte Menge Wasserdunst enthalten, ohne daß wir es sehen. Was sie aber nicht mehr aufnehmen kann, verdichtet sich und bildet Wolken, diese sind also eine Ansammlung ganz feiner, schwebender Wassertropfen. Wolken werden vom Wind hochgetrieben; je höher sie dahinziehen, desto lockerer werden sie. In einer Höhe von 10 000 m schweben die *Feder-* und *Schleierwolken.* Sie bestehen nicht aus Wassertröpfchen, sondern aus Eiskristallen, *Schäfchenwolken* sind kleine, weiße Wölkchen am Himmel, die lange ihre Form behalten. *Haufenwolken* stehen wie dicke Schaumberge tiefer am Himmel. Werden sie zu schwer, weil die Wassertropfen dicker geworden sind, sinken sie weiter herab und werden zu *Regenwolken.*

Wurzel Sie ist bei vielen Pflanzen der unterirdische Teil, breitet sich im Erdboden nach allen Richtungen aus und gibt

Wolf

Wüste

Wolken

der Pflanze einen festen Halt. Über die Wurzel nimmt die Pflanze mit Wurzelhaaren aus dem Boden in Wasser gelöste Nährsalze auf. Auch **Zähne** werden durch Wurzeln im Kiefer festgehalten. Wurzel ist auch ein Begriff aus der **Mathematik.**

Wüste Darunter versteht man größere Gebiete auf der Erde, in denen kaum Pflanzen wachsen und wo es nur unregelmäßig oder kaum regnet. Nicht alle Wüsten sind heiß und sandig, manche sind sehr kalt, andere sehr steinig. Es gibt eine Anzahl von Wüsten in tropischen Gebieten, inmitten großer **Erdteile.** Die regenbringenden Winde können sie nicht erreichen. Zu den wenigen Wüstengewächsen gehören zum Beispiel die **Kakteen,** die Wasser speichern können. In den Trockenwüsten der **Tropen** und Subtropen findet man nur in den **Oasen** einen reicheren Pflanzenbewuchs. Die bedeutendsten Wüsten der Welt sind die *Sahara* in Afrika, die *Gobi* in Asien, die inneraustralischen Wüstengebiete und die *Atacama*-Wüste in Südamerika. Die größte Wüste ist mit einer Fläche von 8,7 Millionen km^2 die Sahara. Das Klima ist sehr heiß und trocken. Tagsüber betragen die Temperaturen bis 60 °C, nachts sinken sie stellenweise bis 0 °C ab. Die Kältewüsten liegen im Süd- und Nordpolargebiet. Dort gibt es die *Eiswüsten,* Orte, die immer eis- und schneebedeckt bleiben.

Landschaft in der Sahara, der größten Wüste der Erde

Zähne

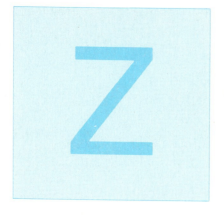

Ein erwachsener Mensch hat in der Regel 32 Zähne (8 Schneidezähne, 4 Eckzähne, 8 vordere Backenzähne, 12 hintere Backenzähne). Die vier hintersten Backenzähne heißen »Weisheitszähne« und wachsen meist erst nach dem 15. und bis zum 40. Lebensjahr. Kinder bekommen ab dem 6. Lebensmonat die ersten Zähne, die *Milchzähne*. Zwischen dem 6. und 8. Lebensjahr fangen die Milchzähne an zu wackeln, fallen aus und neue, die zweiten Zähne, wachsen nach. Mit etwa 13 Jahren hat das Kind das vollständige Gebiß.

Zähne Das sind knochenartige Gebilde im Mund, mit denen wir unsere Nahrung zerkleinern. Zähne sind außen von einer harten Schicht, dem *Zahnschmelz* umgeben. Im Inneren liegen Blutgefäße und **Nerven**. Den oberen sichtbaren Teil der Zähne nennt man *Krone*. Im *Kiefer* sitzt der unsichtbare Teil, die **Wurzel**. Sie ist mit dem Kiefer verwachsen und hält so den Zahn fest.

Zahnradbahn Diese *Bergbahn* ist einer **Eisenbahn** ähnlich und überwindet auf meist kurzen Strecken große Steigungen. Die Lokomotive einer Zahnradbahn steht immer talabwärts und schiebt oder zieht den Zug. In ihrem Fahrgestell liegt ein motorgetriebenes Zahnrad, das beim Fahren in die Lücken einer Zahnstange zwischen den Schienen greift. Die Waggons der Zahnradbahn sind stufenförmig aneinandergehängt, um für die Passagiere im Fahrgastraum die Steigung auszugleichen.

Zebra Diese schwarz-weiß gestreiften Wildpferde leben in den **Steppen** Ost- und Südafrikas. Zebras lassen sich nicht zähmen und zur Arbeit abrichten. Nach dem Muster ihres Fells wird ein Fußgängerüberweg im Straßenverkehr *Zebrastreifen* genannt. Auf ihm haben Fußgänger Vorrang, und Autos müssen davor anhalten, wenn Passanten hier die Straße überqueren wollen.

Zeichentrickfilm Hier werden alle Bilder gezeichnet und jeweils um eine winzig kleine Bewegung verändert. Die Bilder werden nacheinander von einer Filmkamera aufgenommen. Für einen Zeichentrickfilm von 1,5 Stunden Länge müssen etwa 25 000 verschiedene

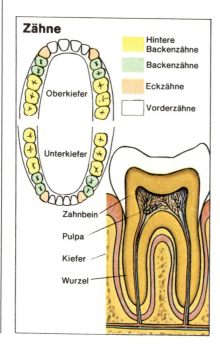

Zeit

Zebras

Zeichnungen angefertigt werden. Durch das schnelle Ablaufen der Bilder bekommt der Zuschauer den Eindruck, daß sich alle Figuren bewegen. Die meisten und bekanntesten Zeichentrickfilme wurden von dem Amerikaner *Walt Disney* hergestellt.

»Micky Maus«, Walt Disneys freche Zeichentrick-Figur

Zeit Sie umfaßt das Nacheinander von Ereignissen, den Ablauf bestimmter Vorgänge und Bewegungen. Der zwischen zwei aufeinanderfolgenden Geschehnissen liegende Zeitraum sowie die Dauer von Ereignissen lassen sich mit der **Uhr** messen. Die Zeit wird in

Zeitung

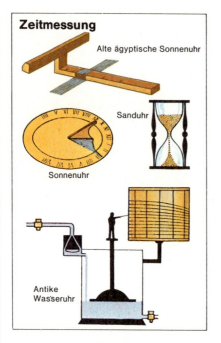

Zeitmessung
Alte ägyptische Sonnenuhr
Sanduhr
Sonnenuhr
Antike Wasseruhr

Vergangenheit, Gegenwart und Zukunft eingeteilt. Unsere Zeitrechnung beginnt mit Christi Geburt (Zeitenwende). Alles, was davor in der Geschichte geschah, erhält bei der Zeitangabe den Zusatz »vor Christus« (v. Chr.), geschichtliche Ereignisse nach der Zeitenwende werden mit »nach Christus« (n. Chr.) gekennzeichnet.

Zeitung Sie ist ein Nachrichtenblatt, das regelmäßig, meist täglich erscheint. Die Zeitung berichtet über das Tagesgeschehen aus **Politik, Wirtschaft, Kultur** und Sport und bietet im Anzeigenteil **(Anzeige)** einen Leserdienst an. Zeitungen werden von Verlagen herausgegeben. Die Mitarbeiter sind die **Journalisten** (Redakteure, Berichterstatter,

Mit dieser Rollenoffsetmaschine wird eine Zeitung gedruckt

Zigeuner

Korrespondenten, Reporter), die einen Teil ihrer Informationen von Nachrichtendiensten **(Nachrichten)** erhalten, einen anderen Teil sich selbst beschaffen und dann dazu Texte verfassen müssen. Diese werden in großen Zeitungsdruckereien vervielfältigt. *Zeitschriften* sind regelmäßig erscheinende Druckerzeugnisse (beispielsweise wöchentlich oder monatlich), die meist über ein bestimmtes Fachgebiet informieren. Eine *Illustrierte* bringt ihre Berichte vorwiegend als Bildreportagen.

Zellen   Darunter versteht man kleinste Teilchen, aus denen alle Lebewesen aufgebaut sind. Zellen erfüllen dabei vielfältige Aufgaben: Sie regeln und steuern das Wachstum, bilden das **Blut,** die **Knochen** und **Muskeln** und wehren Krankheitskeime ab. Sie sind nur unter dem Mikroskop zu erkennen. Zellen vermehren sich durch Teilung. Dabei entstehen laufend neue, die abgestoßene, tote ersetzen. Da Zellen sehr schnell altern, ist eine rasche Vermehrung nötig. Als kleinste Baustoffe brauchen Zellen viel **Energie** und **Sauerstoff.**

Zeppelin   So heißt ein lenkbares Luftfahrzeug, das von *Ferdinand Graf von Zeppelin* (1837–1917) erfunden wurde. Der Zeppelin war ein starres *Luftschiff* mit einem Gerüst aus Leichtmetall und einer Stoffhaut. Es wurde wie ein **Ballon** mit **Gas** gefüllt. Über Steuer, Segel und Luftschrauben ließ sich der Zeppelin lenken. Angetrieben wurde er durch einen Benzinmotor, der einen **Propeller** in Gang setzte. In der geschlossenen Gondel hatten bis zu 50 Personen Platz. 1924 überquerte der erste Zeppelin den Atlantischen Ozean. Heute werden Zeppeline hauptsächlich zu Werbezwecken eingesetzt.

Zigeuner   Heute nennt man dieses Wandervolk Sinti und Roma. Sie stammen wahrscheinlich aus Indien. Sie werden selten seßhaft und haben sich bis heute ihre Sitten und Bräuche bewahrt. Etwa 5 Millionen Sinti und Roma leben auf der Welt verstreut in Großfa-

Der englische Zeppelin »Skyship 500«

Zirkus

Tanzende Zigeunerin

milien zusammen, denen meist der Stammeshäuptling vorsteht. Auch heute ziehen viele Sinti und Roma mit Pferdewagen oder Autos und ihren Wohnwagen von Ort zu Ort. Sie leben meist vom Handel; ihre Frauen verkaufen Handarbeiten. Viele von ihnen sind Wahrsagerinnen und Tänzerinnen. Sinti und Roma sind hervorragende Musiker. In Deutschland unter dem Nationalsozialismus (1933–45) wurden viele Sinti und Roma wie die Juden aus rassistischen Gründen umgebracht. Immer noch finden wir in der Bevölkerung zahlreiche Vorurteile gegenüber Sinti und Roma; sie werden stark benachteiligt.

Zirkus Hier sitzen die Zuschauer in einem riesigen Zelt in aufsteigenden Sitzreihen rund um die *Manege*. Das ist die meist runde Vorführfläche, auf der die Zirkusleute in bunten, glitzernden Kostümen arbeiten. Der **Dompteur** führt Raubtierdressuren vor. Die **Akrobaten** turnen waghalsig an den verschiedensten Geräten. Die *Zauberer* zeigen geheimnisvolle Tricks. Die gefährlichen Kunststücke der Messer- und Lassowerfer lassen die Leute den Atem anhalten. Und die vielen lustigen Zwischenspiele der **Clowns** bringen die Leute immer wieder zum Lachen. Vor dem Zelt ist die Zirkusstadt aufgebaut mit Wohnwagen und Tierkäfigen. Ein Zirkus bleibt immer nur kurze Zeit an einem Ort, dann muß er weiterziehen. Einen ganzen Zirkus mit allen Artisten, Tieren und Geräten auf die Reise zu schicken, ist eine schwierige Aufgabe. Da muß jeder mit anpacken und jeder Handgriff stimmen. Weil Zirkusleute keinen festen Wohnsitz haben, müssen ihre Kinder in besonderen Schulheimen zur Schule gehen und dort auch wohnen.

Zivilisation Unter diesem Begriff versteht man allgemein eine Verfeinerung

Zwillinge

der Sitten. Im zweiten Sinne bezeichnet Zivilisation die durch den Fortschritt der **Wissenschaft** und **Technik** auf allen Gebieten geformten Lebensbedingungen. Den zivilisierten Völkern stehen die *Naturvölker* gegenüber. Sie leben noch im Urzustand wie vor vielen tausend Jahren. Die Zivilisation bringt aber auch große Nachteile mit sich. Der zivilisierte Mensch ist zunehmend von seiner technisierten **Umwelt** abhängig und kann sich den Gegebenheiten der **Natur** kaum mehr anpassen.

Zoo In Zoos oder *Tierparks* werden einheimische und fremde Tiere gehalten und seltene Tierarten auch vor dem Aussterben bewahrt. Im **Altertum** wurden bereits in China, Griechenland und Rom wilde Tiere in Käfigen gehalten. Im **Mittelalter** stellte man Bären und fremdländische Tiere in Zwingern zur Schau. Der älteste Zoo in Europa ist der 1753 gegründete Tierpark Wien-Schönbrunn (Österreich). Heute werden Zoos meist als Freigehege angelegt.

Zucker Das ist eine chemische Verbindung aus *Kohlenstoff*, **Wasserstoff** und **Sauerstoff,** die sich im Wasser löst und süß schmeckt. Zucker wird aus Früchten (Trauben oder Fruchtzucker), Zuckerrohr oder Zuckerrüben gewonnen. Der Saft aus zerquetschten Zuckerrohrstengeln oder Zuckerrübenschnitzeln wird eingekocht. Der dabei entstehende Sirup wird gereinigt und eingedickt. Der neu gewonnene bräunliche Rohzucker wird in einer *Zuckerraffinerie* nochmals gereinigt und ist dann ganz weiß. Die größten Rohrzuckerlieferanten der Welt sind Brasilien und Kuba, den meisten Rübenzucker führen Rußland, Frankreich und Deutschland aus (Bild Seite 320).

Zündholz Das ist ein Holz- oder Papierstäbchen mit einer Zündmasse an der Kuppe, die sich beim Reiben auf rauher Fläche entzündet. Die Reibflächenmasse – sie befindet sich zum Beispiel an den äußeren Seitenflächen einer Zündholzschachtel – besteht aus rotem **Phosphor**. Die Zündmasse enthält Bindemittel (Gummi), Sauerstoffträger (Braunstein) und einen die Reibung erhöhenden Stoff (Glaspulver). Heute sind die Phosphorzündhölzer von den »Sicherheitszündhölzern« verdrängt worden.

Zwillinge So nennt man zwei Geschwister, die zur gleichen Zeit im Mutterleib heranwachsen und kurz hintereinander geboren werden. *Eineiige* Zwillinge entwickeln sich aus einer ein-

Zoo

Zylinder

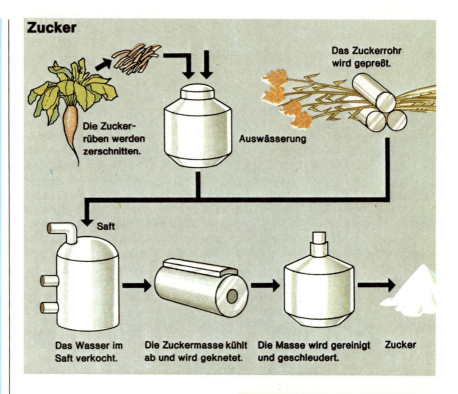

zigen befruchteten Eizelle. Sie sind immer von gleichem Geschlecht und sehen sich zum Verwechseln ähnlich. *Zweieiige* Zwillinge wachsen gleichzeitig in zwei Eizellen heran. Sie können unterschiedlichen Geschlechts sein und ähneln sich meist nur wie normale Geschwister.

Zylinder Darunter versteht man einen geometrischen Körper mit einer runden Mantelfläche und zwei kreisrunden Endflächen. In der **Technik** ist ein Zylinder ein röhrenförmiger Hohlkörper, in dem sich Kolben auf und ab bewegen **(Verbrennungsmotor).** Ein hoher steifer Herrenhut aus Filz oder Seide mit einer kleinen Krempe heißt ebenfalls Zylinder.

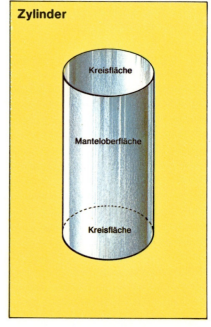